RECUPERÁRIOS
UM SÍSIFO NA ARGENTINA DO SÉCULO XXI

Editora Appris Ltda.
1.ª Edição - Copyright© 2024 do autor
Direitos de Edição Reservados à Editora Appris Ltda.

Nenhuma parte desta obra poderá ser utilizada indevidamente, sem estar de acordo com a Lei nº 9.610/98. Se incorreções forem encontradas, serão de exclusiva responsabilidade de seus organizadores. Foi realizado o Depósito Legal na Fundação Biblioteca Nacional, de acordo com as Leis nºs 10.994, de 14/12/2004, e 12.192, de 14/01/2010.

Catalogação na Fonte
Elaborado por: Josefina A. S. Guedes
Bibliotecária CRB 9/870

N434r 2024	Nemirovsky, G. G. Recuperários: um Sísifo na Argentina do século XXI / G. G. Nemirovsky. – 1. ed. – Curitiba: Appris, 2024. 340 p. ; 23 cm. – (Educação. Políticas e debates). Inclui referências. ISBN 978-65-250-5857-3 1. Trabalhadores – Argentina. 2. Empresas - Argentina. 3. Movimentos sociais – Argentina. I. Título. II. Série. CDD – 331.2

Livro de acordo com a normalização técnica da ABNT

Appris editora

Editora e Livraria Appris Ltda.
Av. Manoel Ribas, 2265 – Mercês
Curitiba/PR – CEP: 80810-002
Tel. (41) 3156 - 4731
www.editoraappris.com.br

Printed in Brazil
Impresso no Brasil

G. G. Nemirovsky

RECUPERÁRIOS
UM SÍSIFO NA ARGENTINA DO SÉCULO XXI

FICHA TÉCNICA

EDITORIAL	Augusto Coelho
	Sara C. de Andrade Coelho
COMITÊ EDITORIAL	Marli Caetano
	Andréa Barbosa Gouveia - UFPR
	Edmeire C. Pereira - UFPR
	Iraneide da Silva - UFC
	Jacques de Lima Ferreira - UP
SUPERVISOR DA PRODUÇÃO	Renata Cristina Lopes Miccelli
ASSESSORIA EDITORIAL	Nicolas da Silva Alves
REVISÃO	Camila Dias Manoel
PRODUÇÃO EDITORIAL	Sabrina Costa
DIAGRAMAÇÃO	Andrezza Libel
CAPA	Carlos Pereira
REVISÃO DE PROVA	Sabrina Costa

Àqueles rebelados, outrora despojados e despejados, que, suportando a cruz da carcaça desfigurada, libertam "espírito novo" da nobre forja recuperada.

AGRADECIMENTOS

Inicialmente, reconheço com gratidão a disposição do Programa de Pós-Graduação em Educação da Faculdade de Filosofia e Ciências da UNESP, campus de Marília, em incentivar a pesquisa da qual se originou o presente trabalho teórico. Incluo meu agradecimento à equipe da Secretaria Técnica de Pós-Graduação da UNESP, campus de Marília, por sua atenção, dedicação e presteza.

Ao Prof. Dr. Henrique T. Novaes sou imensamente grato por sua generosidade, atenção, capacidade de reflexão e de crítica, que tanto me auxiliaram no processo de escrita deste trabalho. Agradeço por me conceder uma fração do seu disputado tempo, entre atividades extensionistas e didáticas, organização de eventos, publicação de livros, participação em bancas e atividades extra-acadêmicas.

Sou grato especialmente ao Prof. Dr. Jair Pinheiro, grande intelectual público que tive a sorte e o prazer de conhecer, por me conceder espaço para participar do Grupo de Estudos Teoria da História em Althusser, sob sua coordenação, e também porque sua leitura e seus comentários foram absolutamente necessários para o amadurecimento desta pesquisa.

Expresso minha gratidão à Prof.ª Dr.ª Lia Tiriba, pois sua leitura crítica se mostrou valiosíssima para o enriquecimento da pesquisa e o melhor direcionamento dos argumentos aqui encaminhados.

Sou extremamente grato a Silvia Díaz e a Eduardo "El Vasco" Murúa, ambas personagens históricas da luta operária na Argentina, que generosamente se dispuseram a expor um pouco de suas experiências pessoais e coletivas sobre o desafio cotidiano de organizar a atividade produtiva associada. Sem esse compartilhamento dialógico, a presente pesquisa careceria de fundamentos empíricos básicos e as abstrações a que cheguei jamais teriam atingido o grau necessário de reflexão.

Dirijo minha gratidão ao Prof. Andrés Ruggeri, da Faculdade de Filosofia e Letras da Universidade de Buenos Aires, que, além de ter-me concedido uma esplêndida entrevista sobre sua experiência como coordenador do *Programa Facultad Abierta*, forneceu reflexões valiosíssimas sobre a prática da recuperação de fábricas pelos trabalhadores na Argentina.

Explicito aqui minha gratidão a Mario Hernandez, sociólogo, radialista, editor e, sobretudo, um profundo conhecedor e praticante da educação popular na Argentina, que, gentilmente, cedeu-me sua valiosa atenção para uma proveitosa entrevista.

Igualmente, sou enormemente grato a Flávio Chedid Henriques por colaborar com a pesquisa, concedendo-me espaço para acompanhar as discussões do Grupo de Pesquisa sobre Empresas Recuperadas por Trabalhadores (Gpert) e indiretamente contribuindo como fonte de pesquisa por meio de artigos e livros de sua autoria.

Agradeço aos camaradas do Grupo de Estudos e Pesquisa sobre Organizações, Trabalho e Educação (Gepote/UFMS) e do Núcleo de Epistemologias e Economia Política do Comum (Eppolium/UFMS) pela companhia, pelos diálogos profícuos e pelas discussões críticas.

Na esteira destes agradecimentos, não poderia deixar de externar minha profunda gratidão e dívida intelectual para com os mestres Paul I. Singer, Cláudio Nascimento, João Bernardo, Maurício Tragtenberg e Fernando C. P. Motta, porque seus escritos sobre cooperação e autogestão tiveram profundos impactos sobre minhas reflexões, de modo que esta pesquisa não deixa de ser, de fato, um pequeno tributo a esses grandes intelectuais.

Recomeça....
Se puderes
Sem angústia
E sem pressa.
E os passos que deres,
Nesse caminho duro
Do futuro
Dá-os em liberdade.
Enquanto não alcances
Não descanses.
De nenhum fruto queiras só metade.
E, nunca saciado,
Vai colhendo ilusões sucessivas no pomar.
Sempre a sonhar e vendo
O logro da aventura.
És homem, não te esqueças!
Só é tua a loucura
Onde, com lucidez, te reconheças...

("Sísifo", Miguel Torga, Coimbra, 1977)

PREFÁCIO

Recebi com muita alegria o convite para fazer o prefácio do livro do meu orientado de doutorado Gabriel Nemirovsky. Gabriel conheceu-me por intermédio do nosso amigo em comum, o Prof. Dr. Édi Benini, outra figura simpática e também intelectual da autogestão dos trabalhadores.

Antes de falar diretamente sobre o livro, gostaria de socializar com vocês algumas das tantas qualidades de Gabriel Nemirovsky: trata-se de um pesquisador extremamente estudioso e sistemático, muito empenhado na busca do conhecimento. Inclinado a debates mais filosóficos e "abstratos", é hoje um dos estudiosos brasileiros da obra de Hegel e Althusser.

Este livro é fruto de uma pesquisa de doutorado de quatro anos realizada pelo autor no Programa de Pós-Graduação em Educação na UNESP de Marília — cidade onde Gabriel viveu até 2020, antes de o "mundo acabar".

O livro analisa o relativamente recente fenômeno da recuperação de fábricas por trabalhadores na Argentina. Partindo de uma alegoria ao clássico personagem grego de nome Sísifo, cuja astúcia e cuja engenhosidade eram tão fascinantes que enganaram o deus Hades, o autor descreve o controle operário das fábricas recuperadas como uma transgressão ao capital, quase mítica, capaz de desencadear uma série de questões teóricas e práticas pertinentes não só à problemática da recuperação, mas, sobretudo, ao próprio alcance da luta operária pela autogestão dos trabalhadores como um fim último.

Gabriel teve a vantagem de estar na Argentina, de estudar profundamente a crise estrutural da sua economia e as lutas travadas pela classe trabalhadora, tendo em vista a autogestão das unidades produtivas em algumas empresas recuperadas por trabalhadores. Para fundamentar sua análise, o autor fez uso de entrevistas, de uma ampla pesquisa bibliográfica, de informes e de outros documentos cujos dados são apreciados mediante uma abordagem baseada no método histórico materialista, em que o autor se arrisca pelo caminho não sistematizado do "materialismo do encontro" de Louis Althusser.

Observação, escuta, leitura e escrita combinam-se neste livro com o objetivo de produzir uma perspectiva teórica capaz de interrogar se a recuperação de fábricas por trabalhadores promove "algo a mais" — além da própria ocupação (já em si mesma muito significativa) — para os trabalhadores.

Para além da forma cooperativa de trabalho, para além das mercadorias que são produzidas, para além da renda que é auferida, as recuperadas produziriam algo mais? Algo além de sua transgressão subordinada ao modo de produção capitalista?

Por outro lado, se o capitalismo emerge do encontro primordial entre o "homem com dinheiro" e o "trabalhador livre", para o autor a recuperação de fábricas por trabalhadores tem sua fagulha inicial produzida pelo encontro entre "meios de produção abandonados" e "trabalhadores em ocupação", e, desse encontro em diante, criou-se uma "pega" estrutural da qual emergem múltiplos desafios históricos.

Como sujeitos que constroem suas próprias determinações, como Sísifo, tais trabalhadores, ou "recuperários" — nos termos de Nemirovsky —, repetem cotidianamente o fardo da produção mercantil capitalista, assim como Sísifo, que repete o fardo de locomover incessantemente uma rocha descomunal monte acima; mas, longe de ser uma detenção, fazem desse ato repetitivo, os trabalhadores e Sísifo, o símbolo para sempre eternizado de sua vitória transgressiva. Se Sísifo tem sua vitória final com seu castigo perpétuo, os recuperários têm sua vitória ao promoverem a construção de uma ética disruptiva capaz de construir um "algo a mais", colocado em destaque pelo autor: o "comum".

Sempre digo nas minhas aulas que Sísifo foi condenado a carregar essa rocha descomunal monte acima, num ciclo "eterno" de sobe e desce, mas numa das subidas conseguiu construir relações de produção não capitalistas e, lá em cima, enxergar o "paraíso", a possibilidade de um modo de produção comunal, obviamente emancipado do capital.

Aqui, cabe um parêntese. No decorrer da pesquisa, Gabriel revelou-se um assíduo leitor de Hegel, por um lado, e inclinado à tradição marxista althusseriana, por outro, duas correntes teóricas que não fazem parte da minha trajetória. Mesmo assim, na qualidade de orientador, optei por continuar a ajudá-lo, especialmente porque identifiquei inúmeras qualidades na sua pesquisa e no seu jeito de pesquisar. Ele mais althusseriano, eu mais meszariano.

Infelizmente, a história não tem sido muito benevolente com a classe trabalhadora. Se não basta carregar o fardo do regime de acumulação taylorista-fordista, agora a classe trabalhadora luta contra o regime de acumulação flexível, contra o avanço da extrema direita, o avanço das políticas neoliberais ou ultraneoliberais e o risco de extinção da humanidade em função dos crimes ambientais e eventos climáticos extremos promovidos pelo avanço destrutivo do capital.

A presente jornada de pesquisa de Gabriel Nemirovsky por meio de conceitos, história, literatura e dados tem o objetivo de trazer a experiência de leitura para dentro do campo concreto dos acontecimentos que marcam a trajetória histórica da recuperação de fábricas por trabalhadoras e trabalhadores na Argentina. Enfim, o leitor e a leitora poderão conhecer melhor a realidade das recuperadas argentinas pelo prisma de uma interpretação inusitada e original, valendo-se de conceitos althusserianos mobilizados por Nemirovsky.

Boa leitura, com votos de resistência e vitória aos trabalhadores da Nossa América.

Henrique Tahan Novaes
Doutor em Política Científica e Tecnológica e coordenador do PPGE da FFC/UNESP

LISTA DE SIGLAS E ACRÔNIMOS

ACI	Aliança Cooperativa Internacional
ADS	Agência de Desenvolvimento Solidário
AER	Aparelho Econômico Recuperado
Alca	Área de Livre Comércio das Américas
Anert	Associação Nacional de Empresas Recuperadas por seus Trabalhadores
Anta	Asociación Nacional de Trabajadores Autogestionados
Anteag	Associação Nacional de Trabalhadores de Empresas de Autogestão e Participação Acionária
ATE	Asociación de Trabajadores del Estado
Aten	Asociación de Trabajadores de la Educación del Neuquén
Banade	Banco Nacional de Desenvolvimento
Bauen	Buenos Aires Una Empresa Nacional
BP	*Bachillerato Popular*
Caba	Ciudad Autónoma de Buenos Aires
CAP	Coordenadora de Ação Produtiva
CBE	Coordinadora por la Batalla Educativa
CBPL	Coordinadora de Bachilleratos Populares en Lucha
CCR	Composição do Capital Recuperado
CCAG	Cooperativa Chilavert Artes Gráficas
CCC	Corriente Clasista y Combativa
CDC	Conselhos de Defesa Civil
Ceip	Cooperativa de Educadores e Investigadores Populares
CEP	Centro de Estudios Públicos
Cepal	Comissão Econômica para a América Latina e o Caribe
CFOTL	Coordinadora de Fábricas Ocupadas y Trabajadores en Lucha

CGT	Confederación General del Trabajo
CGTA	Confederación General del Trabajo de los Argentinos
CNCT	Confederação Nacional de Cooperativas de Trabalho
Conami	Comisión Nacional de Microcrédito
CTA	Central de Trabajadores Argentinos
CTLC	Cooperativa de Trabajo Los Constituyentes
CTTP	Cooperativa de Trabajo Textiles Pigüé
CTEP	Confederação de Trabalhadores da Economia Popular
Cues	Candidatura Unificada de Estudiantes de la Salud
CUT	Central Única dos Trabalhadores
Dine	Dirección Nacional de Empresas del Estado
ENFF	Escola Nacional Florestan Fernandes
ESLN	Exército Sandinista de Libertação Nacional
EZLN	Exército Zapatista de Libertação Nacional
EUA	Estados Unidos da América
Facta	Federação Argentina de Cooperativas de Trabalhadores Autogestionados
Fasinpat	Fábrica sin Patrones
Fecootra	Federación de Cooperativas de Trabajo
Fencooter	Federación Nacional de Cooperativas de Trabajo Reconvertidas
Ffecap	Forúm Federal de Economia Cooperativa, Autogestiva e Popular
FGB	Federación Gráfica Bonaerense
Fondes	*Fondo para el Desarrollo*
FPDS	Frente Popular Darío Santillán
Frepaso	Frente País Solidario
GBA	Gran Buenos Aires
Gemsep	Grupo de Estudos sobre Movimentos Sociais e Educação Popular
GOU	Grupo de Oficiais Unidos

IIE	Institute for International Economics
Impa	Industrias Metalúrgicas y Plásticas Argentina
Inaes	Instituto Nacional de Associativismo e Economia Social
Indec	Instituto Nacional de Estatística e Censo da República Argentina
JIT	*Just in Time*
LCT	Lei de Contratos de Trabalho
MAS	Movimento ao Socialismo
MDS	Ministério do Desenvolvimento Social
MFO	Movimento de Fábricas Ocupadas
MH	Materialismo Histórico
MIJP	*Movimiento Independiente de Jubilados y Pensionados*
MMAL	*Movimiento de Mujeres Agropecuarias en Lucha*
MNER	Movimento Nacional de Empresas Recuperadas
MNFRT	Movimento Nacional de Fábricas Recuperadas por seus Trabalhadores
Moven	Movimento do Empresariado Nacional
Moat	Movimento Operário Argentino Tradicional
MOI	Movimento de Ocupantes e Inquilinos
MP	*Movimiento Piquetero*
MPC	Modo de Produção Capitalista
MPTA	Movimentos Populares Tradicionais da Argentina
MPU	Movimento Povo Unido
MST	Movimento dos Trabalhadores Rurais Sem Terra
MTA	*Movimiento de Trabajadores Argentinos*
MTD	Movimentos dos Trabalhadores Desempregados
MTE	Movimento de Trabalhadores Excluídos
MTR	Movimento Teresa Rodríguez
NMPA	Novos Movimentos Populares Argentinos

Oibescoop	Observatório Ibero-Americano do Emprego e da Economia Social e Cooperativa
ONU	Organização das Nações Unidas
PBA	Província de Buenos Aires
PIB	Produto Interno Bruto
PJ	Partido Justicialista
PFA	*Programa Facultad Abierta*
PTA	*Programa Trabajo Autogestionado*
PTS	Partido de los Trabajadores por el Socialismo
Pymes	*Pequeñas y Medianas Empresas*
RBP	Red de Bachilleratos Populares
RGC	Red Gráfica Cooperativa
Senaes	Secretaria Nacional de Economia Solidária
SOECN	Sindicato de Obreros y de Empleados Ceramistas de Neuquén
SPB	Serviço Penitenciário Bonaerense
TMR	Taxa Média de Recuperação
TR	Trabalhador Recuperado
UBA	Universidad de Buenos Aires
UCR	Unión Cívica Radical
UOM	Unión Obrera Metalúrgica
URSS	União das Repúblicas Socialistas Soviéticas
Uriec	Unidad Ejecutora de Recuperación de Empresas en Crisis
UT	Universidade dos Trabalhadores
Utep	União dos Trabalhadores da Economia Popular
UTD	Unión de Trabajadores Desocupados

SUMÁRIO

1

NA PRIMAVERA ARGENTINA UM SÍSIFO (RES)SURGE 21

1.1 A emergência histórica: contingência e necessidade 21

1.2 Sísifo e seu mito: transgressões, castigo e repetições. 26

1.3 De Sísifo à recuperação operária de fábricas: o problema de pesquisa 29

2

MÉTODO DE INVESTIGAÇÃO 33

2.1 Fundamentos e objetivo geral da pesquisa. 33

2.2 Sobre o materialismo aleatório 61

2.3 Procedimentos analíticos e expositivos. 91

3

O SÍSIFO MODERNO: FORMA SOCIAL E MAGNITUDE 135

3.1 A forma cooperativa do trabalho e o Aparelho Econômico Recuperado (AER)..135

3.2 Casos emblemáticos de recuperação operária de fábricas na Argentina 150

3.3 Federações e movimentos de recuperação e autogestão do trabalho na
Argentina. 163

3.4 Aspectos organizativos e processos autogestivos nos AERs argentinos.........176

3.5 Repetição e medida: quadro empírico e relações quantitativas 183

4

O PROCESSO HISTÓRICO-GENEALÓGICO DO SÍSIFO MODERNO ... 213

4.1 A formação social argentina sob os marcos do modo de produção capitalista ...213

4.2 O Ocidente neoliberal: elementos históricos e teóricos gerais 220

4.3 Neoliberalismo à argentina: do sonho à crise social total 228

4.4 Do desvio ao encontro: a emergência do Sísifo moderno 238

4.5 Sedimentando a "pega": o Sísifo moderno e a educação popular na Argentina...254

5

O SÍSIFO MODERNO: PERTINÊNCIAS TEÓRICO-PRÁTICAS 265

5.1 A autogestão nos AERs argentinos como crítica radical à heterogestão 265

5.2 Algumas críticas ao reducionismo dicotômico e ao formalismo 272

5.3 O Sísifo moderno e seu conteúdo particular......................................277

5.4 Expropriação de fábricas e a produção do "comum" na Argentina..............296

6
CONSIDERAÇÕES FINAIS..307

REFERÊNCIAS..319

1

NA PRIMAVERA ARGENTINA UM SÍSIFO (RES)SURGE

1.1 A emergência histórica: contingência e necessidade

Entre os sulcos e rachaduras que se acumulavam no pavimento de contradições, terror, angústias e desesperanças da encruzilhada neoliberal do trópico Sul, algo, inegavelmente, retornou à vida. Nos tortuosos flancos da transição entre os anos de 2001 e 2002 na Argentina, emergiu uma "coisa" cujas formas, constituição e função, de tão indeterminadas que eram, e são, rapidamente provocaram interpretações ambivalentes: por um olhar, essa "coisa" poderia, muito bem, pertencer à mesma espécie daquelas paisagens que se fazem presentes quando se imaginam belos campos de lavanda, margaridas ou girassóis, as quais suplementam a fantasia de fábulas infantis e romances de verão; por outro lado, porém, poderia ser um espectro do tipo dos que habitam bosques macabros de contos góticos do tipo de Mary Shelley, John Polidori, Ann Radcliffe ou Edgar Allan Poe: tal como uma planta de cor escura como a noite, de pétalas frágeis, de pedúnculo espinhento e que, em vez de atrair abelhas, pássaros, vida, oferece esconderijo a criaturas sombrias, exalando aroma de perda, melancolia e morte; haveria de ser um mero fragmento incômodo de algo que um dia foi vivo estrondo.

A "coisa" de que aqui se trata teve seu nascimento marcado pela "primavera argentina" que sacudiu o país às portas do terceiro milênio e que deu origem a uma flora diversa com sede de sobrevivência em face dos percalços das erráticas experiências econômicas malsucedidas que desembocaram numa crise política sem precedentes no fim do século XX. Entre as espécies que floresceram naquele momento, podem ser catalogadas: o movimento dos trabalhadores desempregados, que, entre outras ações e planos, obstruía estradas e vias de acesso com piquetes como forma de protesto e reivindicação; as feiras populares, entre elas as que passaram a adotar moedas sociais para fomentar a circulação de mercadorias e serviços; as assembleias de bairro que definiam estratégias políticas amplas como o slogan "Que se vão todos!"; as cooperativas de produção que organizavam a força de trabalho para a oferta de produtos básicos que beiravam a escassez em diversos bairros e comunidades devido à profundidade da crise econômica; e o movimento de ocupação por trabalhadores de fábricas falidas ou em processo de falência.

De forma equivalente, todas essas "coisas" surgiram para reclamar seu lugar de direito no vasto platô dos acontecimentos sociais de resistência naquele instante crítico. Via formas diretas de ação ou representação, denunciavam a insuficiência e ineficácia social dos instrumentos de controle socioeconômico em vigor na democracia liberal argentina e exigiam mudanças estruturais nos mecanismos políticos e "outros princípios" para a governança pública.

À diferença das demais "coisas", porém, a espécie designada pelo movimento de ocupação de fábricas por trabalhadores ofereceu ao olhar atento mais do que a observação imediata eventualmente supôs: estava claro que seu nascimento se inscreveu na necessidade prioritária da manutenção de postos de trabalho ameaçados de extinção pela catástrofe social, mas, com a transição do movimento de ocupação de fábricas a um movimento de recuperação operária de fábricas, que as transformava em unidades de produção cooperativas, poderia haver "algo a mais" que necessitava de maior atenção.

De fato, como propuseram vários autores citados nas páginas seguintes desta pesquisa, esse "algo a mais" deveria ser buscado na própria trajetória de reestruturação das formas de emprego da força de trabalho e dos meios de produção originais da empresa falida que se encontrava em recuperação em favor da coletivização de responsabilidades pela direção do processo de trabalho e pela distribuição da renda obtida com a venda da produção entre os sócios-operários, uma vez que a forma cooperativa imporia uma organização de trabalho adversa à clássica divisão entre patrões, supervisores e empregados de chão de fábrica. Tal regime interpretativo conduziu a uma redução teórica da recuperação operária de fábricas na Argentina, de forma que a recuperação de fábricas por esses trabalhadores traria efeitos diretos apenas no campo interior dos processos autogestivos que se dão no âmbito gerencial do trabalho, enquanto produto material tão somente do desafio do combate à hierarquização funcional e da recusa radical aos mecanismos e às técnicas corporativas de controle da força de trabalho, com jornadas exaustivas e controle rigoroso de produtividade, de maneira que esses trabalhadores, regidos por uma nova forma de organização associada, não teriam escolha senão a de assumir, automática e independentemente de suas respectivas vontades, o "fardo histórico" de construírem uma forma de vida alternativa ao modelo neoliberal em falência no qual antes se encontravam, ou seja, não restaria a esses operários opção que não fosse a de uma prática anticapitalista. Mas seria legítimo assumir essa determinação histórica como uma necessidade a priori advinda de uma trajetória teleológica fechada?

De fato, se se estabelece sumariamente que a totalidade da experiência de recuperação operária de unidades produtivas recuperadas se limita ao corpus dos processos gerenciais horizontalizados e, ao mesmo, tempo, se se coloca sobre os ombros desses mesmos trabalhadores a responsabilidade histórica por uma mudança estrutural da realidade objetiva, a crítica não rara à permanência de elementos capitalistas, como a necessidade da divisão hierárquico-funcional do trabalho e a produção de mercadorias, faz ressoar numa espécie de discurso kantiano em que o fenômeno do controle operário parece confinado em uma posição incapaz de ir em direção à "coisa em si" revolucionária, já que se apresentaria como ausente qualquer forma de mediação dialética entre a universalidade abstrata de um devir histórico transcendental (fazer uma revolução social) e a singularidade concreta da recuperação operária de fábricas (controle operário incipiente).

Por outro lado, mas de forma equivalente, pressupor para todos os fins que a totalidade da experiência operária de recuperação de fábricas está absolutamente restrita a sua vitalidade interna significaria concordar que a recuperação operária de fábricas é apenas uma ilha transgressora subordinada em um oceano capitalista e que, portanto, a única externalidade possível da atividade de recuperação é a produção de mercadorias para a acumulação capitalista.

É exatamente sobre a polêmica validade ou não desses argumentos que incidem as divergentes perspectivas que podem ser lançadas sobre o objeto desta pesquisa: enquanto se pode entender, por um lado, que a recuperação operária de fábricas e de seu peculiar modo de gestão representam uma alternativa à "vida dentro do capital" e da miséria humana que essa vida significa, trazendo esperança e iluminação para o desespero da cotidianidade sob o capitalismo, pode-se, ao mesmo tempo, reivindicar a interpretação de que, por outro lado, o modo de gestão empreendido nas fábricas recuperadas não passa de uma mera sombra anacrônica de uma forma de vida estagnada, impossível e insustentável no capitalismo. Como resultado, tais regimes de interpretação permitem identificar três "fios condutores" que orientariam a pesquisa, quais sejam: 1) a recuperação operária de fábricas é um apêndice atípico, mas completamente funcional e subordinado ao capital; 2) a recuperação operária de fábricas desenvolve-se como experiência imediatamente anticapitalista, ao mesmo tempo que sua existência é subordinada à rede de circulação mercantil do capital; e 3) a recuperação operária de fábricas é, em si e por si mesma, um instrumento revolucionário de emancipação humana pela radicalização democrática da direção e coordenação do processo de trabalho nas organizações produtivas sob controle operário.

Embora as três alternativas sejam portadoras de implicações variadas, tais proposições hipotéticas se apoiam, sobretudo, na dicotomia estrutural da transgressão/subordinação. No entanto, e tendo-se como **objeto de pesquisa a recuperação operária de fábricas argentinas no século XXI**, entende-se que é necessário ir além dessa dicotomia para se apreender o real histórico que emerge "da" e "na" recuperação de unidades produtivas por trabalhadores argentinos na primeira década do terceiro milênio. Superar essa dicotomia, contudo, não implica substituí-la por outra, mas, acima de tudo, evidenciar como a relação entre transgressão e subordinação impõe-se no papel de epifenômeno cuja determinação se encontra nucleada por uma imbricação mais profunda.

Por outro lado, a pesquisa aqui proposta estrutura-se em torno do entendimento de que as potencialidades históricas da recuperação operária de fábricas na Argentina existem apenas na medida em que são efetivadas na práxis concreta, isto é, de que não existe potencialidade a priori à consumação de uma dada objetividade, de tal forma que, qualquer que seja o horizonte de ação histórica aberto pela prática de recuperação operária de fábricas — transgredir e/ou se subordinar ao capital —, este está, antes de tudo, condicionado pelas circunstâncias materiais que delimitam o quadro geral em que os indivíduos podem "fazer história". Sob os auspícios deste argumento, o **objeto de pesquisa** (a recuperação operária de fábricas na Argentina) coloca-se como uma **contingência histórica**, ou seja, um acontecimento explosivo e aleatório cuja ocorrência deriva da constante atualização/conservação de uma determinada unidade instável de causalidades estruturais, observáveis em diferentes épocas históricas que se condensam e processam "na" e "pela" **luta de classes**.

Por outro ângulo, a conservação/atualização histórica da unidade contraditória (a **luta de classes**) que coloca em jogo as condições de possibilidade para a contingência aqui pesquisada evoca um sentido de **repetição**. Esse sentido se apresenta constituído por três vetores: primeiro, há a **repetição de um lugar da contingência na história**, que reserva as condições de possibilidade para o desencadeamento de ciclos, convulsões sociais e revoluções políticas; depois, há **a duração como forma de repetição contínua de uma contingência**, de acordo com a qual emergem **necessidades**; e, finalmente, surge a formação de uma **multiplicidade de singularidades** em um mesmo momento histórico como produto da **repetição extensiva** de caracteres, adquirindo a forma de uma identidade pelo diverso. Chega-se, desse modo, ao estranho resultado de que a **necessidade** *na* **história deriva de uma ocorrência meramente contingencial que tem lugar "na" repetição histórica**, ou seja, de que a contingência pode ser fruto da repetição de uma sobredeterminação estruturalmente configurada, assim como uma repetição pode ser fruto da sobredeterminação estrutural de uma contingência. E, mais estranhamente ainda, parece haver certa determinação dialética na ocorrência do "aleatório", de forma que o "contingente", em si mesmo impenetrável e inesperado, é a marca de que a História "é um processo sem sujeito".

Com efeito, é deste modo que nesta pesquisa se propõe o axioma geral de que, embora a prática da recuperação operária de fábricas na Argentina possa manifestar-se tanto como uma transgressão ao regime hierarquizante da produção micrometabólica de mercadorias quanto como subordinação à lógica macrometabólica de circulação monetário-financeira do capital, isso devém de um encontro aleatório de forças historicamente independentes entre si, com desenvolvimentos particulares, mas cujo núcleo se abre à repetição sobredeterminada. De fato, não se trata de um simplório jogo de palavras com vistas a substituir o binômio transgressão/subordinação pela categoria da repetição: com esse desvio teórico, intenta-se, sobretudo, demonstrar a existência de um "vazio" anterior, que precede e instaura a possibilidade de que a recuperação de fábricas argentinas por trabalhadores se posicione abertamente no interior do quadro imperativo da produção e reprodução do capital no século XXI. Esse movimento, ainda puramente formal, declara que existe um olhar ignorado que pode contribuir para a compreensão do acontecimento social que se põe em tela como **objeto desta pesquisa**. É com o intuito de ilustrar esse argumento que se recorre a uma alegoria ao clássico mito de Sísifo, citado em fragmentos, dramas e epopeias gregas[1], como em Ésquilo (1993), Higino (2009), Homero (1996), Pausânias (2022) e, mais tarde, na obra filosófica de Camus (2004).

---

[1] Ver também a obra de Graves (2018) como trabalho que melhor reúne os relatos clássicos de Sísifo, que assume a posição de fonte privilegiada para esta pesquisa.

1.2 Sísifo e seu mito: transgressões, castigo e repetições

Sísifo, mesmo sendo mero mortal, alçou lugar entre os grandes símbolos míticos gregos em razão de sua rebeldia e astúcia, as quais lhe lograram enganar tanto Zeus, comandante máximo do Olimpo, quanto Hades, rei supremo do mundo inferior. Como escreve Graves (2018), a história de Sísifo inicia-se com uma traição: logo após a morte de seu pai, o rei Éolo da Tessália, seu direito legítimo à sucessão real foi rechaçado por seu irmão Salmoneu, que lhe usurpou o trono. Buscando vingança, Sísifo, aconselhado pelo oráculo de Delfos, seduziu sua sobrinha Tiro, filha de Salmoneu, com quem teve dois filhos, que, segundo a profecia, tirariam a vida do avô. Ao compreender que o ódio de Sísifo por seu pai era maior do que o amor que sentia por ela, Tiro assassinou seus dois filhos. Sísifo, então, aproveitou-se da situação para denunciar falsamente Salmoneu por incesto e assassinato, conseguindo, por fim, expulsá-lo da Tessália e assumir o trono que era seu de direito.

Em outro momento, segue Graves, tendo revelado ao deus Asopo que Zeus fora o verdadeiro responsável pelo rapto de sua filha Egina em troca de Asopo conceder um manancial a Corinto, Sísifo trouxe para si a ira de Zeus, mas conseguiu escapar de sua punição ao enganar o deus Hades, que, agindo sob determinação de Zeus em razão da revelação do misterioso rapto, enviou-lhe a Morte, mas ao acorrentá-la pelo pescoço em sua morada, apelando para sua vaidade e fazendo-a pensar que se trataria de um colar, aprisionou-a por uns poucos dias em sua residência. Quando o deus da guerra, Ares, se sentiu incapaz de garantir os interesses de seus devotos pela ausência de mortes em batalhas, partiu em auxílio de seu tio Hades, libertando-o e levando Sísifo ao Tártaro para ser punido. Mais uma vez, a astúcia de Sísifo veio à tona ao pedir a sua esposa Mérope para que não enterrasse seu corpo, de modo que, quando chegasse ao Tártaro, solicitaria a Hades que pudesse retornar ao mundo dos vivos para completar devidamente os rituais fúnebres que sua esposa deixara de realizar. Acatando a seu pedido, Hades permitiu sua volta ao mundo superior, e logo Sísifo quebrou sua promessa de retornar três dias após sua partida do reino dos mortos. Esse último ato de insubordinação foi severamente punido, de modo que Sísifo foi levado à força por Hermes para seu castigo final no mundo inferior: uma vez colocado diante dos Juízes dos Mortos, segundo Graves, Sísifo foi sentenciado a rolar um enorme bloco de pedra encosta acima para o topo de um morro, mas, sempre que o tentava, o peso do bloco tornava-se insuportável antes de chegar ao seu destino, e rolaria encosta abaixo. Diante disso, Sísifo viu seus esforços repetirem-se infinitamente: esse era seu castigo por ter desafiado os deuses com sua inteligência, astúcia e sagacidade.

Nesse mito há a presença da dualidade entre transgressão e subordinação, quando, por exemplo, Sísifo coloca-se em posição de choque com as determinações divinas, e, a seu modo particular, impõe derrota amarga aos imperativos de Zeus e de outros. Por outro lado, quando é finalmente colocado sob o juízo de suas ações, encontra-se sistematicamente em posição de subordinação, mesmo que resignada, às leis e aos castigos que recebeu em contrapartida por sua audácia. Mesmo assim, é importante atentar para o papel decisivo prestado pela repetição no mito: é a repetição no emprego da astúcia possuída por Sísifo a causa de sua transgressão, e é a repetição de seu castigo a causa da subordinação de Sísifo à punição divina. Mais ainda, a primeira repetição constitui-se na "repetição da diferença" que envolve uma singularidade determinada, uma forma e um conteúdo próprios a um ato transgressivo específico diante das circunstâncias em que tal ato é praticado, já que Sísifo emprega meios diversos para superar os diferentes obstáculos, enquanto a segunda repetição é a "repetição do mesmo" e parece levar a uma generalidade indiferenciada, uma vez que sua punição interminável aparenta constituir-se num ato inútil permanente.

Observa-se, daí, que a repetição da diferença produz um circuito secundário de repetições necessárias em que tal contingência se apresenta como dissolvida, absorvida e subordinada. E, dada essa relação, a passagem de uma repetição a outra parece sustentada pelo critério da **pega**, pois apenas a contínua reprodução do primeiro ciclo de repetições resulta na ocorrência do segundo. Embora um caminho gnosiológico se coloque à vista, é preciso questionar: a) se a relação entre as duas formas de repetição é necessariamente antagônica, provocando uma nova dualidade, ou até mesmo uma dicotomia entre singularidades e generalidade; b) se o ato transgressivo se insere exclusivamente no primeiro conjunto de repetições; e c) se seria possível caminhar do segundo ciclo de repetições rumo ao primeiro, ou, dito de outra forma, se seria possível que uma dada generalidade produza uma nova singularidade.

Por outro ângulo, a relação entre generalidade e singularidade instala-se precisamente no fechamento do destino de Sísifo, pois, onde há apenas o homem, a rocha e a montanha, não há espaço para os deuses e suas maquinações causadoras de sofrimento humano inútil. No silêncio de suas repetições, o Sísifo passa por três estágios de repetição: o passo inicial é uma **transgressão primária**, a repetida produção de uma singularidade pelo uso de sua astúcia como arma contra os imperativos divinos que a tudo devem comandar; o segundo momento é regido, então, pelo castigo divino das **repetições permanentes** (a "repetição do mesmo") lançado sobre Sísifo por ter desafiado os deuses; e, emergindo disso, o terceiro gesto compreende uma nova transgressão, mas que, diferentemente da primeira, subverte repetidamente o sofrimento em potência vitoriosa e final contra os deuses, ou seja, que se apresenta como uma **transgressão disruptiva** — enquanto repete o ato de mover a rocha infernal, Sísifo comete um ato último de transgressão, o de se cristalizar como mito do humano que enganou os deuses onipotentes do Olimpo e do Hades, construindo uma ética para além da subordinação, i.e., quanto maior a duração de seu castigo, maior a permanência do símbolo de sua vitória.

À luz dessa lógica, é possível entender que, em resposta a questionamentos anteriores, a relação entre o primeiro conjunto de repetições, caracterizado pela **transgressão primária** de Sísifo, e o segundo conjunto, compreendido pelo castigo das **repetições permanentes**, não é necessariamente antagônica, mas de sobredeterminação, uma vez que as singularidades emergentes das primeiras repetições evocam, como em causalidade estruturada, a necessidade das segundas. Ademais, depreende-se que o gesto da transgressão não está exclusivamente incluído no primeiro circuito de repetições, já que o terceiro e derradeiro momento de ocorrência do conjunto de repetições também envolve, mas de maneira final e irremediável, uma nova transgressão. Por fim, e mais importante, a ética de Sísifo suspende a noção de direção, entendida como sentido das repetições, de forma que é autorizada a perspectiva de que é possível se caminhar do circuito de repetições constituintes de uma generalidade para um conjunto de repetições em que se inscreve uma nova singularidade. Um ato, finalmente, subversivo. Com efeito, é aí que se pode observar a dualidade transgressão/subordinação ser dissolvida "na" e "pela" repetição de uma causalidade, colocando em xeque o posicionamento fixo da relação entre ambos os momentos.

O que seria, então, essa **transgressão disruptiva**? Quando Sísifo desce a montanha para reiniciar sua trágica tarefa, é na estrutura Montanha-Pedra-Criatura que Sísifo assume sua vitória sobre os deuses, pois é nesse instante que seu castigo é, ao mesmo tempo, o registro eterno de sua ousadia e da humilhação que infringiu aos deuses, e a singularidade desse momento recai na contingência que a repetição produz nesse instante; a coincidência de opostos que caracteriza a prisão libertadora e a liberdade aprisionada de Sísifo. Dá-se, por essa via, um enlace entre repetições que caracteriza uma nova singularidade: o castigo eterno de Sísifo é também sua vitória eternizada, i.e., seu castigo pessoal é a marca do sacrifício universal da liberdade humana na busca por sua autodeterminação em face do fatalismo absoluto de seu fardo cotidiano, tal como considera Camus (2004) em sua apreciação sobre o mito de Sísifo. A transgressão que impõe mácula aos deuses é a abertura do horizonte existencial para uma ética disruptiva, que possibilitaria a produção, em última instância, de uma lógica alternativa àquela na qual se produziu o ponto de partida para a contingência inicial: se é possível contrariar os desejos e a forças divinas, se é possível, então, furar a pretensa barreira transcendental que separa mortais de imortais, faz-se possível, portanto, imputar a si mesmo, como o fez Sísifo, as determinações de sua própria existência em superação às potências alheias e hostis. Assim, o mortal torna-se imortal; e o finito, infinito.

1.3 De Sísifo à recuperação operária de fábricas: o problema de pesquisa

O encontro de forças independentes entre si, a astúcia de Sísifo, por um lado, e a determinação divina, por outro, produziu uma nova possibilidade ontológica para os mortais, sempre já condenados por sua condição provisória, efêmera e frágil de existência, na medida em que tal contingência, de fato, se concretizou, de modo que subordinação e transgressão passam a se entrecruzar mutuamente, produzindo momentos particulares capazes de exceder quaisquer suposições sobre o estado de coisas anterior. Nesse sentido, é somente a partir da ocorrência do encontro que se pode colocar retroativamente uma interrogação sobre as condições de possibilidade para tal acontecimento vir a ser realizado.

Retornando da metáfora mítica de Sísifo, o encontro entre a força de trabalho operária situada à mercê da miséria social e os meios de produção recém-abandonados por seus donos no zênite da crise estrutural argentina no período 2001-2002 porta em si uma singularidade de contradições não só econômicas, mas também jurídico-políticas e ideológicas, bem como inúmeras implicações para cada uma destas instâncias, quando consideradas organicamente vinculadas a um todo complexo estruturado sob a dominância do Modo de Produção Capitalista (MPC). Diante de sua condenação à forma-mercadoria de existência, sempre já ordenada a produzir e a reproduzir-se como capital, a força de trabalho empenhada na recuperação de fábricas põe em movimento não só a produção material, mas, exatamente em função desta, outros elementos, como poderá ser vislumbrado nesta pesquisa, também passam a tomar vida.

Esses "outros elementos", ou **formas transgressivas** derivadas da **transgressão primária**, podem ser destacados como vinculados às instâncias da totalidade da experiência de ocupação e recuperação vivenciada pelos trabalhadores. O que significa levar em consideração os aspectos interiores e exteriores a essa primeira transgressão, sem negligenciar as contradições e inconsistências estruturais que lhe são próprias. Contudo, tais elementos são meras expressões de relações sociais circunscritas e inscritas ao quadro de práticas coletivas de direção da vida organizativa sob o cotidiano de recuperação de fábricas pelos trabalhadores.

Como a pesquisa evidencia nos próximos capítulos, a participação de movimentos populares e organizações operárias, a constituição de movimentos e federações especificamente voltados para a recuperação de fábricas, a instituição de espaços orientados para a educação popular secundária no ambiente interior às fábricas e o esforço coletivo entre rua-bairro-fábrica pela expropriação definitiva de estruturas produtivas não são somente elementos de fundo ao auxílio da recuperação de fábricas por trabalhadores, mas constituem-se em pilares fundamentais da experiência operária de controle da produção na Argentina no decorrer do período analisado.

Quando trabalhadores se propõem coletivamente a realizar a tarefa de colocar em movimento uma massa de meios de produção sob seus próprios critérios de planejamento, direção e coordenação, a metáfora sisífica encontra-se em estado de operação: ao desafiarem os imperativos da gestão patronal capitalista, tais trabalhadores se condicionam a suportar um circuito permanente de produção e circulação de mercadorias, mas a sua existência rebelde permite questionar a posição do capital como forma hegemônica de controle e coordenação da vida material, política e intelectual, tal como a lógica neoliberal supõe e impõe.

Se a recuperação de fábricas por trabalhadores na Argentina constitui uma **transgressão primária** e a necessidade incessante da produção de mercadorias do capital, o castigo de **repetições permanentes**, o seguinte **problema de pesquisa** encontra-se posto: seria a experiência cotidiana do trabalho dos operários em fábricas recuperadas capaz de conduzir à produção de uma **forma disruptiva** situada para além dos muros das fábricas? Para se responder a essa questão, será necessário demonstrar como, de fato, a recuperação operária de fábricas na Argentina se tornaria um elemento desestabilizador do estado de coisas regido pelo capital, e quais os vetores que, se existirem, permitiriam a sua transição de uma mera **forma transgressiva** a uma **forma disruptiva**.

Para dar conta da investigação desse problema de pesquisa, seguir-se-á uma jornada de conceitos, discussões e análises que têm como fundamento uma reflexão orientada sob o contexto das lutas de classes. E, se é esse, portanto, o longo movimento da reflexão que permite a apreensão de determinada contingência e da série de necessidades que decorrem desta, chega-se, enfim, ao fio condutor deste estudo, que tem como seu princípio gnosiológico a relação entre a emergência abrupta do **inesperado** e sua **repetição**. Resta, no entanto, instituir um caminho epistemológico adequado que servirá de sustentação para a aplicação desta reflexão inicial ao objeto de pesquisa proposto, isto é, que servirá como farol referencial para operar as categorias e os conceitos.

MÉTODO DE INVESTIGAÇÃO

2.1 Fundamentos e objetivo geral da pesquisa

Em função das coordenadas delineadas pela seção anterior, cabe agora operacionalizar o regime de interpretação acolhido em atenção às exigências científicas do trabalho teórico aqui proposto. Sendo assim, o marco zero desta pesquisa consiste na constatação de que a expansão em escala mundial[2] no século XXI das experiências de ocupação e recuperação de fábricas por trabalhadores veio a torná-la uma fórmula, uma tecnologia de mobilização social, de reivindicação prático-política para a conquista de condições materiais de reprodução social da força de trabalho em territórios nos quais a devastação socioeconômica perpetrada pelo ritmo e grau de exploração humana e das forças produtivas no modo de produção capitalista[3], desde o fim do século XX até a sua acentuada degradação estrutural em 2002, colocou em xeque quaisquer possibilidades objetivas de "normalização civilizatória" diante do hegemônico regime especulativo de acumulação de capital que pôs em falência as estruturas econômica e política argentinas.

Diante da proposição colocada, o primeiro movimento da reflexão em direção à compreensão do que é a recuperação operária de fábricas no século XXI consiste em considerar que, embora o encontro original entre meios de produção livres e de operários ameaçados pela miséria na Argentina no século XXI tenha sido uma ocorrência inesperada com relação a sua forma histórica contingencial, as práticas de ocupação e de recuperação de meios de produção podem ser compreendidas como experiências que têm

---

[2] Segundo dados do portal eletrônico Workers Control (Controle Operário, em português), a fábrica de chás FRalib e de sorvetes Pilpa, na França, assim como da fabricante de peças automotivas Rimaflow, na Itália, da fábrica de químicos Vio.me, na Grécia, da fabricante de chaminés Dita, na Bósnia, da fabricante de janelas New Era Windows Cooperative, nos Estados Unidos, e de casos menos expressivos na Alemanha e na Inglaterra, situam essa pulsão pela auto-organização dos trabalhadores para além das fronteiras latino-americanas de países como Argentina, Brasil, Uruguai, Venezuela, onde a crescente onda de recuperação proletária de fábricas é, sem embargos, a mais pujante no século XXI.

[3] O tratamento teórico rigoroso sobre o conceito de modo de produção capitalista poderá ser lido mais adiante. Por agora, sua utilização apenas confirma um alcance descritivo fortuito, cujo conteúdo está carregado de pressupostos de ordem funcionalista, como "sistema capitalista" ou "ordem capitalista".

como lastro uma longa tradição de lutas sociais pela autonomia da classe operária exercitadas ao longo da história de maturação do movimento operário mundial, em momentos que se alternaram entre posições ofensivas e defensivas dos trabalhadores no controle direto da produção e/ou de direção social mais abrangente, situadas para além das formas tradicionais de disputa político-partidária e das reivindicações econômicas de sindicatos por meio de greves e paralisações.

Entre as formas de experiência operária deste cariz, encontram-se as práticas de democratização direta realizadas por trabalhadores, por meio da participação operária em comissões de fábrica, da cogestão operária da produção, da fundação de cooperativas de produção e/ou circulação e de moradias coletivas de caráter operário-popular, de tomada e conversão dos meios de produção pelos trabalhadores, da formação de conselhos operários e, enfim, por meio da construção, coordenação e concreção de um projeto radicalmente democrático e socialmente totalizante de direção político-produtiva.

Em seu nível mais simples de existência, essas experiências ainda se encontram incipientes e se limitam a formas restritas de participação em decisões coletivas e negociações diretas entre patrões e funcionários dentro do próprio interior da unidade produtiva — as comissões de fábricas — sobre condições internas da produção, do ambiente de trabalho, de jornadas, de intervalos, de recebimentos de comissões e de valores resultantes de uma política de participação nos resultados da empresa, de férias, de qualificação, de resolução de conflitos etc. Segundo Rodrigues (1990), devido à restrição de seu escopo decisório, as comissões de fábrica são a forma mais básica de organização classista operária e possibilitam uma introdução política dos trabalhadores aos conflitos e impasses econômicos da luta social mais ampla entre classes. Por outro lado, de acordo com Motta (1986), a participação operária nas decisões não raramente se submete à tarefa de ratificação de decisões, planos, metas e objetivos já deliberados e definidos em instâncias superiores das organizações, e, por isso, não se deve correr o risco de se hiperdimensionar a participação operária como mecanismo de reivindicação.

Continuando sob o espectro da participação, a cogestão, como explica Motta, implica um nível mais profundo de colaboração de classes entre operários e patrões, já que tem como objetivo harmonizar as condições empresariais da produção, incluindo, entre as fileiras de trabalhadores mais explorados, representantes de conselhos fiscais e da equipe administrativa, como gestores e engenheiros, inclinados a apoiar as posições burguesas de seus chefes. De fato, a cogestão pode ser tida como um modo de enrijecimento ou burocratização da reivindicação operária, de modo a colocar, ante o horizonte da luta de classes, os espaços e posições de controle e cargos dentro de uma organização.

Fora do ambiente de participação organizacional sob gestão patronal, o cooperativismo popular[4] de consumo, produção e habitação, conforme Cole (1944), foi um poderoso instrumento de organização operária contra o desemprego generalizado causado pelo aprofundamento tecnológico da produção e teve como objetivo a formação de coletivos autônomos de trabalhadores voltados ao exercício de coordenação econômica sobre a oferta de meios de subsistência, de educação, de moradia e cultura de forma a garantir sua provisão para as camadas populares.

Avançando sobre as condições de produção, a tomada e a conversão de meios de produção pelos trabalhadores, conforme descrevem historicamente Mandel (1974), Novaes (2011) e Nascimento (2019), ocorreriam como resultado de um processo de rebelião popular em face de uma agudização abrupta de uma crise econômica, durante a qual operários, ao contrário de paralisarem suas atividades em torno de uma greve para negociação de termos conciliatórios, empregam força física para barrar a entrada de patrões e gerentes nas fábricas, protegendo máquinas e matérias-primas e tocando a produção e sua venda por conta própria e em seu benefício, convertendo os resultados em repartições democráticas entre os operários em luta. Avrich (1974) entende essa etapa de transformação organizativa pontual como "controle operário da produção", no qual o processo de trabalho capitalista, calcado nas relações de exploração de classes entre dirigentes e dirigidos, testemunha uma mudança abrupta e radical em sua estrutura em favor do estabelecimento de relações de compartilhamento e distribuição de esforços entre operários.

Atingindo um grau mais profundo na atividade classista, a organização dos conselhos operários situa-se como raiz da conscientização política do operariado, segundo Rühle (2013), para além das formas burocrático-formais separadas no sistema jurídico burguês do sindicato, o braço corporativo, e dos partidos, o braço institucional, das reivindicações e de colaboração de classe. Em conformidade com a teoria conselhista de Pannekoek (2013), os conselhos são uma forma organizativa de transição para uma estrutura

---

[4] É importante guardar a diferença entre o cooperativismo popular, empreendido por trabalhadores para os próprios trabalhadores, do grande cooperativismo burguês, que tem como expressões, por exemplo, as mega-cooperativas do agronegócio mundial.

mais desenvolvida de poder popular, que regulam, em um nível ampliado, a produção social, e têm, por isso, um caráter de autogoverno industrial. Essa organização da produção social se dá sob as deliberações de um organismo uno e articulado da classe operária, fundindo progressivamente economia e política, formalmente separadas no MPC.

Em um nível mais desenvolvido e acabado, a luta operária por sua autonomia atingiria grau tal que a prática da direção política sobre a produção e a reprodução sociais se encontraria sob os meios de gestão e execução definidos por um programa de ação da classe operária. Certamente, um empreendimento desse tipo ocorreria sob o pano de fundo de um contexto sociopolítico de disjunção estrutural do modo de produção capitalista pelo qual a classe operária e suas instituições dariam cabo a um processo de construção de mudanças radicais da base econômica e das instâncias jurídico-política e ideológica, em favor de um projeto de democratização profunda das relações entre os indivíduos sob o exercício do governo operário.

Dispostas em ordem crescente de complexidade organizativa e amplitude social, as lutas e experiências operárias descritas anteriormente se apresentam como numa trajetória evolutiva que vai dos níveis mais "baixos" aos mais "altos" de autonomia, a depender do resultado das relações de forças sociopolíticas de classe, tanto na esfera micrometabólica corporativa quanto na esfera macrometabólica da direção social do Estado. Essa forma de classificação se faz possível tanto por uma perspectiva socialista de socialização da produção, coligada a uma proposta de transição ao socialismo sustentada nas práticas espontâneas e organizadas de democracia operária, quanto pela perspectiva de um caminho para a construção da autogestão, seja esse orientado pela proposta político-ideológica anarquista, seja pela via do chamado "socialismo autogestionário".

A propósito da socialização, o contexto histórico em que se deu sua proposta política mais desenvolvida data do biênio revolucionário alemão entre 1918-1919, em meio à formação da Comissão de Socialização, que reunia intelectuais orgânicos de distintos matizes ideológicos sob o pano de fundo da social-democracia alemã, entre os quais podem ser citados: Rosa Luxemburg, Otto Neurath e Karl Korsch.

No texto-manifesto *A socialização da sociedade* (de 1918), Luxemburg (2019) compreende a socialização como um processo de transferência da propriedade privada dos capitalistas para a totalidade dos trabalhadores, valendo-se da nacionalização dos meios de produção e mediante o que a autora denomina "decisões soberanas" orientadas à construção de uma economia fundada em novas bases em direção ao socialismo. Nesses termos, a autora explica que:

> Hoje, em cada empresa, a produção é dirigida pelo próprio capitalista isolado. O que e como deve ser produzido, quando e como as mercadorias fabricadas devem ser vendidas é o empresário quem determina. Os trabalhadores jamais cuidam disso, eles são apenas máquinas vivas que têm de executar seu trabalho. Na economia socialista tudo isso precisa ser diferente! O empresário privado desaparece. A produção não tem mais como objetivo enriquecer o indivíduo, mas fornecer à coletividade, meios de satisfazer todas as necessidades. Consequentemente, as fábricas, empresas, explorações agrícolas precisam adaptar-se segundo pontos de vista totalmente novos: Primeiro: se a produção deve ter por objetivo assegurar a todos uma vida digna, fornecer a todos alimentação abundante, vestuário e outros meios culturais de existência, então a produtividade do trabalho precisa ser muito maior que hoje. Os campos precisam fornecer colheitas maiores, nas fábricas precisa ser utilizada a mais alta técnica; quando às minas de carvão e minério, apenas as mais rentáveis precisam ser exploradas etc. Segue-se daí que a socialização se estenderá, antes de mais nada, às grandes empresas industriais e agrícolas [...]. Segundo: para que na sociedade todos possam usufruir do bem-estar, todos precisam trabalhar. Apenas quem executa trabalho útil para a coletividade, quer trabalho manual, quer intelectual, pode exigir da sociedade meios para a satisfação de suas necessidades [...]. Terceiro: a partir do mesmo ponto de vista, isto é, do bem-estar da coletividade, é preciso que os meios de produção, assim como as forças de trabalho sejam inteligentemente administradas e economizadas. (LUXEMBURG, 2019, p. 436-437).

Depreende-se da citação que, para Luxemburg, a socialização é o marco fundamental para a reestruturação socialista das forças produtivas com o objetivo de aumentos qualitativos em termos de bem-estar dos trabalhadores, aumentos quantitativos da produção pelo crescimento da força de trabalho disponível e do desenvolvimento do trabalho útil, e aumento da eficiência econômica nos termos da redução e extinção do desperdício de recursos. Além disso, a esfera da organização do trabalho ao nível da planta produtiva individual também deve estar inscrita nesses princípios gerais anteriormente delineados, de forma que:

> Cada empresa socialista precisa, naturalmente, de um dirigente técnico que entenda exatamente do assunto, que estabeleça o que é mais necessário para que tudo funcione, para que seja atingida a divisão do trabalho mais correta e o mais alto rendimento. Ora, isso significa seguir essas ordens de boa vontade, na íntegra, manter a disciplina e a ordem, sem provocar atritos nem confusões. Numa palavra: o trabalhador da economia socialista precisa mostrar que também pode trabalhar zelosa e ordeiramente sem o chicote da fome, sem o capitalista e seus contramestres atrás das costas, que pode manter a disciplina e fazer o melhor. Para isso é preciso autodisciplina interior, maturidade moral, senso de dignidade, todo um renascimento interior do proletário. (LUXEMBURG, 2019, p. 437-438).

Sem embargos, a autora constrói uma noção idealizada de organização do trabalho sob o viés da socialização, mas nem por isso perde de vista a necessidade concreta de o processo de socialização atingir um grau tal que o próprio trabalho seja a força motriz em direção a uma transformação substantiva do modo de produção da vida material. De fato, a integração entre a esfera de direção e coordenação societal e a esfera de direção e coordenação da produção da fábrica individual indica, sobretudo, uma fluidez contínua na qual não parece ceder-se espaço a possíveis contradições entre concepção, comando e execução da produção material. No entanto, é precisamente aí que Luxemburg (2019) alerta para a necessidade do aprendizado espontâneo das massas trabalhadoras em direção à pretendida maturação intelectual a fim de superar os desafios permanentes da socialização desde a fábrica cooperativa, entendida por Luxemburg (2008) como pequenas unidades de produção socializada, ao governo operário em escala social ampliada.

De forma mais sistematizada, a proposta de Otto Neurath realizada em 1919, contida na compilação de textos de Neurath (2005), esclarece que seu conceito de socialização abarca a totalidade da economia, sem se remeter a um ramo particular da produção, evitando reduzir seu escopo à socialização de plantas industriais individuais, de nacionalização da propriedade ou de alguma função estatal redistributiva de lucros. Dessa forma, alerta Neurath (2005, p. 348, tradução minha) que a

> [...] socialização é uma reconstrução organizacional, e não uma operação legal pela qual a propriedade privada é transformada em propriedade comum. Esta última não seria válida a menos que uma economia administrada guiada por um plano fosse criada também.

Aprofundando sua concepção econômica, Neurath prescreve uma formulação em que a socialização implica necessariamente: 1) a deposição da economia de mercado em favor da construção de uma economia administrada (planificação central); 2) a deposição do "governo dos mestres" em favor do "governo da comunidade"; 3) ao contrário de uma "economia dos mestres", uma "economia coletiva"; e 4) como resultado, obtém-se uma economia que privilegia o uso racional dos recursos em vez de sua subutilização sistemática pelo capital privado. Ainda, o autor esclarece que:

> Do ponto de vista da engenharia social, a socialização poderia ser realizada por um governo despótico tanto quanto por uma república de conselhos. A adequabilidade dessas distintas formas institucionais do ponto de vista político depende de circunstâncias históricas. Grandes porções da população, especialmente os trabalhadores manuais, que demandam uma socialização, concebem o corrente aparato parlamentar como uma imortalização da intelectualidade urbana. Assim como a última revolução depôs o governo da aristocracia e dos proprietários fundiários por meio da intelectualidade urbana, que era próxima ao pensamento capitalista, mesmo em seus redutos não capitalistas, a presente revolução deporá o governo intelectualidade urbana pela totalidade dos trabalhadores. (NEURATH, 2005, p. 364, tradução minha).

Contudo, mesmo que sob uma perspectiva autoritária a socialização também pudesse ser alcançada, Neurath advoga para a necessidade de articulação dos conselhos econômicos, incluindo aí o conceito de "firma constitucional" evocado pelo autor, pelo qual se estabelece uma hierarquia que parte de uma base de conselhos operários e de fábricas, agregando organizações sindicais e federações, e culminando num "alto conselho de controle trabalhadores e agricultores" aliado à "administração econômica central" para o controle sobre a totalidade da economia. Segundo Neurath (2005, p. 365), "é somente por meio da hierarquia desses tipos de conselhos econômicos que os trabalhadores serão capazes de se disciplinar".

De fato, para Otto Neurath, a socialização tem um claro sentido de organização integrada entre a base operária e uma administração estatal centralizada, passando por unidades cooperativas e companhias de capital privado ou estatal, por conselhos de fábricas e sindicatos operários, chegando à esfera dos altos conselhos econômicos. Assim, o autor dá preferência à prática operária em torno de um plano sistematizado de socialização que prioriza uma estratégia de coordenação coletiva do trabalho em lugar do espontaneísmo das massas.

Em seu clássico escrito de 1919 chamado "O que é socialização?", Korsch (1975) delimita o que ele afirma ser um programa de socialismo prático com o objetivo de substituir a propriedade privada capitalista por uma economia comunal socialista. Para tanto, seria necessário socializar os meios de produção (terra, instrumentos, maquinaria etc.), cujo processo dependeria de dois caminhos: ou a expropriação dos capitalistas privados via ação estatal por meio de uma jurisdição pública sobre o direito privado, ou a transformação interna da propriedade privada capitalista nos termos de uma organização coletiva de órgãos regulados publicamente, como as federações territoriais e de categorias profissionais dos produtores diretos. Sobre isso, Korsch (1975, p. 69, tradução minha) diferencia essas duas formas de socialização:

> a) Socialização, enquanto nacionalização ou comunalização de plantas, bem como na articulação entre as plantas produtivas e as cooperativas de consumo, é indireta sob o ponto de vista dos trabalhadores da produção, direta sob o ponto de vista dos consumidores. Em nenhum desses três casos o trabalhador da produção imediatamente alcança qualquer espaço no controle e nos benefícios da produção, mas, ao contrário, permanece, como antes, um trabalhador assalariado. Isso é devido à substituição do proprietário capitalista por funcionários do Estado, pela comunidade ou pela cooperativa de consumo [...] nenhuma propriedade da totalidade pela comunidade seria criada por essa suposta socialização, mas, ao contrário, uma *propriedade especial* dos consumidores. [...] b) a forma de socialização que é direta do ponto de vista dos trabalhadores, e indireta do ponto de vista da totalidade dos consumidores, consiste na transferência da propriedade sobre todos os meios de produção de uma planta (um ramo da produção) para os trabalhadores que participam desta planta (participantes daquele ramo da indústria). Por meio dessa transferência, os trabalhadores que participam na produção alcançam total controle sobre o processo de produção e seu resultado. Esse processo não conseguirá criar sozinho a verdadeira propriedade da comunidade mais do que aquele discutido anteriormente em *a*). Em contrapartida, o capitalismo do proprietário privado seria somente substituído por um capitalismo-do-produtor, uma propriedade especial de certos grupos de produtores.

Compreendendo a necessidade de articular as duas formas básicas de socialização para construir uma verdadeira propriedade comum a fim de se evitar a instauração de desequilíbrios em favor do Estado, dos con-

RECUPERÁRIOS: UM SÍSIFO NA ARGENTINA DO SÉCULO XXI

sumidores e dos produtores, o autor defende o que denomina "autonomia industrial" como meio para o estabelecimento de mecanismos de decisão compartilhados entre as esferas envolvidas na totalidade da produção social, principalmente levando em consideração; a) a distribuição dos resultados da produção e b) a distribuição do controle sobre o processo de trabalho. Sobre a autonomia industrial, Korsch (1975, p. 75, tradução minha) expõe:

> O que é autonomia industrial? A autonomia industrial existe quando, em toda indústria ("indústria" aqui é utilizada em sentido amplo de qualquer atividade econômica planejada incluindo a agricultura), os representantes dos trabalhadores que participam da produção se colocam como executivos controlando o processo de produção, lugar do antigo proprietário ou do gestor apontado por ele.

No entanto, o autor define uma articulação que limita o controle operário da produção nas plantas produtivas individuais a uma regulação superior, a ser exercida por meio de sindicatos ou outra forma de associação de trabalhadores, estabelecendo uma forma hierárquica de subordinação dos produtores diretos em relação a seus representantes, que assumiriam, então, a personificação de uma categoria social de planejadores e dirigentes-gerais da produção e das relações de produção.

Por outro lado, como argumenta Korsch, seria possível que o processo de autonomização industrial se realizasse inicialmente em uma planta produtiva individual por meio da organização participativa dos trabalhadores, porém a socialização pretendida pelo autor só se efetivaria por uma conversão dos meios de produção em ampla escala, garantida por sua transferência à propriedade comunitária da sociedade. Tal tarefa ensejaria, contudo, o que o autor descreve como uma "educação para o socialismo", com base em algumas etapas fundamentais, tais como: a ação política por intermédio de uma legislação nacional e de coordenação local; o encorajamento ativo de esforços de cooperação entre consumidores e produtores; e a ação política/econômica da classe operária em codeterminação das associações dos produtores e seus representantes eleitos.

Com efeito, a proposta de Korsch encaminha-se para um encadeamento em que a socialização da produção pressupõe a autonomia industrial, e esta, por seu turno, pressupõe a organização participativa dos produtores diretos nas unidades produtivas individuais. Tal forma de disposição lógica autoriza, logo, a supor que existem diferentes graus e formas pelas quais a autonomia industrial pode ser construída, considerando o controle dos produtores diretos sobre os meios de produção sob as diferentes condições de organização participativa destes, partindo da cooperação em plantas individuais e indo até formas mais complexas de direção sociopolítica sob a forma de comunas e de conselhos operários.

Em abstração das diferenças entre as perspectivas político-ideológicas que cada proponente da socialização apresentado anteriormente possa ter, tanto Rosa Luxemburg quanto Otto Neurath e Karl Korsch acentuam pontos imprescindíveis para produzir as coordenadas em que podem ser localizadas as experiências de recuperação operária de fábricas, sejam estas formas de um **aprendizado espontâneo do operariado**, sejam veículos de uma **estratégia de coordenação coletiva do trabalho**, ou ainda sejam fontes para o exercício de uma **autonomia industrial**.

No campo prático-político da autogestão, por outro lado, parecem insuperáveis as barreiras semânticas construídas pela disputa ideológica entre grupos revolucionários distintos que reivindicam propriedade sobre o conceito original do termo. No entanto, em sua raiz histórica, o termo "autogestão" foi traduzido diretamente do sérvio *samoupravjie* e cunhado na experiência iugoslava de trabalho associado, sob o comando do presidente socialista Josip Broz Tito no século XX, mas, desde sua difusão no Maio de 1968 francês, principalmente articulada pelo grupo "socialismo ou barbárie", sua terminologia tem sido adotada para indicar múltiplos processos sociopolíticos e práticas organizativas. Desse modo, para o objetivo da presente seção desta pesquisa, são apresentadas as perspectivas dos seguintes autores proponentes da autogestão: Edvard Kardelj, Alain Guillerm, Yvon Bourdet, Cornelius Castoriadis, Daniel Mothé e Alfredo Bonanno.

Defensor da ruptura da Iugoslávia socialista com a União das Repúblicas Socialistas Soviéticas (URSS) a partir de 1948 e principal propositor da autogestão enquanto estratégia nacional de produção em oposição ao centralismo democrático soviético, Edvard Kardelj compreende que:

> As forças de vanguarda do socialismo e da sociedade socialista, portanto, devem ter apenas um objetivo: criar, de acordo com as possibilidades oferecidas pelo momento histórico, as condições nas quais a pessoa seja o mais livre possível para seu desenvolvimento e realização, isto é, poder — com base na propriedade social dos meios de produção — trabalhar livremente e, consequentemente, criar sua própria felicidade. A autogestão nada mais é do que isso. (KARDELJ, 2007, p. 22, tradução minha).

Para tanto, Kardelj (2007) esclarece ser fundamental a integração entre as diferentes formas de organização que compreendiam o sistema iugoslavo de autogestão, sendo elas: 1) as organizações de produção de trabalho associado; 2) as organizações sociopolíticas (que discutem temas como saúde, educação, ciência e cultura); 3) as assembleias comunais; e 4) o sistema de delegados (representantes eleitos pelas organizações da base produtiva e representantes eleitos pelas organizações sociopolíticas). Somente por meio da coordenação entre essas organizações se sustentaria um avanço contínuo na reforma do sistema político em favor da autogestão socialista.

Partindo de uma abordagem mais sistematizante, Guillerm e Bourdet (1976, p. 37) afirmam que a autogestão

> [...] deve ser compreendida em sentido generalizado e que não se pode realizar senão por uma revolução radical, que transforme completamente a sociedade em todos os planos, dialeticamente ligados, da economia, da política e da vida social [evitando reduzi-la ou, até mesmo, confundi-la com formas de participação, cogestão, controle operário da produção e cooperativismo operário].

Sobre isso, destacam os autores:

> Assim, enquanto a participação, o controle e cooperativas concernem apenas à produção e à economia, a autogestão é uma transformação radical, não somente econômica, mas política, levando-se em conta que ela destrói a noção comum de política (como gestão reservada a uma casta de políticos) para criar um outro sentido da palavra política: a saber, a manipulação, sem intermediário e em todos os níveis, de todos os *seus negócios* por todos os homens. (GUILLERM; BOURDET, 1976, p. 30-31).

Precisamente por entenderem que as transformações econômicas mobilizadas pela socialização da produção são insuficientes, os autores advogam que são os conselhos operários a forma embrionária da autogestão, citando como exemplos a Comuna de Paris de 1871 e os *sovietes* russos em 1905. Em ambos os casos, é o operariado que acaba por concentrar poder político e energia criativa suficientes para determinar coletivamente um novo ordenamento jurídico e ideológico para a gestão da vida organizativa e social em caráter ampliado, promovendo uma via para um florescimento mais complexo da autogestão.

Após o diagnóstico de que a sociedade em geral, governada sob os imperativos de produção do capital, se organiza em torno da hierarquia, tanto nas empresas quanto nas escolas e universidades quanto no Estado, Castoriadis e Mothé (1983) afirmam ser este o fundamento do comando verticalizado que subordina uma vasta camada social às decisões de grupos particulares dirigentes, por meio da existência de um aparato social divorciado da capacidade de decisão direta cuja função é a direção social. Tal aparato, a burocracia estatal, vê-se sustentado por princípios como "saber" e "competência", que justificam a hierarquia na medida em que dão suporte para o falso argumento segundo o qual os conflitos e contradições expostos pela coletividade demandam o exercício de uma entidade superior capaz de preservar a disciplina e a coesão social.

Contudo, compreendem os autores que a hierarquia mesma já é exatamente, e por si só, o próprio conflito antagônico essencial a que é chamada a prover uma solução, já que é o conflito entre castas de dirigentes e massas dirigidas o que fundamenta a hierarquia como forma organizada e institucionalizada de coação, segundo Castoriadis e Mothé. Sob esse contexto, os autores afirmam que a autogestão seria então uma forma de reestruturação profunda do modo de organização social que privilegiaria mecanismos de decisão coletiva direta, de compartilhamento de informações e cooperação, e de emprego racional do saber e da competência. A esse respeito, escrevem:

> Queremos uma sociedade autogerida. O que isto quer dizer? Uma sociedade que se gere, isto é, dirige a si mesma. [...]. Uma sociedade autogerida é uma sociedade onde todas as decisões são tomadas pela coletividade que é, a cada vez, concernida pelo objeto dessas decisões. Isto é, um sistema onde aqueles que realizam uma atividade decidem coletivamente o que devem fazer e como fazê-lo nos limites exclusivos que lhes traçar sua coexistência com outras unidades coletivas. Desta forma, decisões que dizem respeito aos trabalhadores de uma oficina devem ser tomadas pelos trabalhadores dessa oficina; aquelas que se referem a outras oficinas ao mesmo tempo, pelos respectivos trabalhadores ou pelos delegados eleitos e revogáveis; aquelas que dizem respeito a toda a empresa, por todo o pessoal da empresa; aquelas que se referem ao bairro, pelos moradores desse bairro, e aquelas que dizem respeito a toda a sociedade, pela totalidade dos homens e das mulheres que nela vivem. (CASTORIADIS; MOTHÉ, 1983, p. 212-213).

Em complementaridade a essa noção, Mothé, no verbete "autogestão" do *Dicionário internacional da outra economia*, escreve que:

> A autogestão é um projeto de organização democrática que privilegia a democracia direta. esta constitui um sistema em que voluntariamente, sem perceberem remuneração e sem recorrerem a intermediários, os cidadãos debatem todas as questões importantes, em assembléias. [...]. A democracia participativa é uma forma atenuada de autogestão, consistindo em reunir-se, em assembléias, o conjunto dos atores envolvidos em um tema com vistas a debatê-lo (por exemplo, a organização do trabalho em uma oficina ou a limpeza urbana em determinado bairro). Frequentemente, o papel dessas assembléias é apenas consultivo, e a participação nesses encontros não é conquistada por seus executantes, mas viabilizada pelos dirigentes. A democracia radical é uma forma ampliada de autogestão, na qual todos os cidadãos devem poder debater e votar sobre as leis e regras administrativas que lhes digam respeito. sua consequência é o aumento do poder direto do cidadão [...]. (MOTHÉ, 2009, p. 26).

Em ambos os esclarecimentos, seja o de Castoriadis e Mothé (1983), seja o de Mothé (2009), fica clara a identidade que os autores estabelecem entre a autogestão e a democracia direta enquanto forma radical de viabilizar decisões coletivas a respeito das questões econômicas, políticas e ideológicas que atravessam o cotidiano da vida social. No entanto, em Mothé (2009) a autogestão é apresentada como correlata ao nível de participação dos cidadãos nas esferas particulares da produção e circulação econômicas e na esfera jurídico-política, de modo que fica sugerida a gradação das possibilidades de autogestão segundo níveis inferiores e superiores, a depender das instâncias e circunstâncias em que tal participação é realizada.

Orientando-se por uma noção tridimensional da busca pela autonomia dos trabalhadores, Bonanno (1977) compreende a construção da autogestão por meio de pilares fundamentais, tais como: a autogestão da produção; a autogestão da luta operária; e a autogestão do processo revolucionário. Sobre isso, afirma o autor:

> A autogestão não pode ser considerada como uma questão puramente técnica, enquadrada e codificada em orientações precisas, mesmo como uma iniciativa de base, não apenas como uma característica de natureza técnico-organizacional. Isso significaria reduzir a autogestão ao problema de como fazer a sociedade futura, uma vez que a atual seja destruída

> pelo ato revolucionário. É óbvio que essa concepção deve ser corrigida. Autogestão é também, e principalmente, autogestão das lutas que conduzirão as classes de produtores e explorados a destruir o poder dos patrões. Em outras palavras, não podemos esperar construir uma sociedade futura gerida com base em uma organização piramidal da luta, construída por um partido ou por uma casta dirigente de caráter profissional. [...] O problema não é apenas o que fazer a seguir, mas principalmente o que fazer neste tempo para que depois não nos encontremos diante de uma estrutura que inutiliza os esforços dos trabalhadores. Portanto, primeiro, a autogestão da luta, depois, uma vez destruído o poder dos patrões, a autogestão do trabalho da sociedade. (BONANNO, 1977, p. 2, tradução minha).

Dessa proposição pode-se depreender que Bonanno (1977, p. 3, tradução minha) supõe uma relação dialética entre a gestão da luta, da produção e do processo revolucionário pelos próprios trabalhadores, de modo que

> [...] a autogestão da luta e a organização da economia pressupõem a organização revolucionária da luta decidida e determinada desde a base e a união das empresas de produção nas mãos dos trabalhadores.

Deste breve aporte sobre os sentidos da autogestão compilados à luz de Edvard Kardelj, Alain Guillerm, Yvon Bourdet, Cornelius Castoriadis, Daniel Mothé e Alfredo Bonanno, separou-se a ênfase dada pelos autores à **autonomia organizativa**, à **democracia direta**, à **decisão coletiva** e à **direção sociopolítica ampla**.

Em que pese a diferença programática entre anarquistas, socialistas e comunistas a respeito da permanência do Estado como poder centralizado de direção jurídico-política de uma formação social capitalista, o avanço, em profundidade e amplitude, dos processos de autonomização operária parece recair numa mesma forma germinal de organização, tanto para os proponentes da socialização quanto para os da autogestão, a saber: o controle operário da produção.

O argumento sustenta-se para os adeptos da socialização, uma vez que o controle operário da produção é a unidade básica por onde se aprende e se exercita espontaneamente o poder operário para a racionalização econômica dos recursos humanos e materiais, como colocado por Luxemburg (2019), e para a construção de uma estratégia operária que possa ser integrada em nível social ampliado por um mecanismo de deliberação e direção coletivizado. Por outro lado, mesmo que Neurath (2005) declare a insuficiência do controle operário das fábricas sob o contexto de uma socialização integral, o autor não nega sua relevância para a construção de assembleias e de conselhos superiores. Ainda, para Korsch (1975) o controle operário da produção seria a base para sustentar um processo de socialização capaz de transformar a propriedade internamente, por meio da reestruturação das relações de produção nas fábricas, que permite o controle dos trabalhadores sobre suas condições de produção em favor de uma crescente autonomia industrial.

Por sua vez, para os proponentes da autogestão, o controle operário da produção apresentar-se-ia como forma de construção da autonomia organizativa em que os próprios trabalhadores concentram os mecanismos democráticos diretos para a decisão coletiva a respeito de suas circunstâncias objetivas de trabalho. Apesar da argumentação de Guillerm e Bourdet (1976) de que o controle operário da produção se reduz ao aspecto econômico da vida social, essa experiência se torna fundamental para a prática política dos conselhos operários, compreendidos por Guillerm e Bourdet como um modo germinal de autogestão, uma vez que a perspectiva de controle social e radicalmente democrático da totalidade de uma formação social inclui não só as esferas política e ideológica, mas a econômica. Igualmente, o controle operário aparece como mecanismo de ruptura, desde a base, das formas de hierarquia social e de seus mecanismos de coação/coesão, como indicado por Castoriadis e Mothé (1983), e, por outro lado, articula, o aspecto técnico da autogestão da produção ao aspecto político da autogestão da luta operária em torno de um processo de deterioração do poder patronal, tal como propõe Bonanno (1977).

Nesse sentido, tomando-se por base a hipótese de que a recuperação operária de fábricas na Argentina no século XXI é de fato o exercício progressivo do controle operário da produção, tanto as perspectivas da socialização quanto as da autogestão são relevantes para localizar a potência social desse fenômeno. Portanto, se o **problema de pesquisa** questiona se o sacrifício de Sísifo realizado pelos trabalhadores em fábricas recuperadas é capaz de dar ensejo a uma **forma de transgressão** para além dos muros de fábrica, o que se está questionando é: seria o controle operário da produção realizado pelos trabalhadores em fábricas recuperadas um veículo de uma estratégia de socialização aliada a um processo de autogestão?

O primeiro passo em direção a uma resposta adequada a este problema é o de identificar primeiramente quais os elementos da recuperação operária de fábricas que estão dispostos dentro dos muros de fábrica, ou seja, que se inscrevem na prática do controle operário da produção, e aqueles que se situariam para além dos muros de fábrica, tanto em relação à socialização quanto à autogestão.

Assim, em referência à socialização, o controle operário da produção contém o elemento do **aprendizado espontâneo** em sua constituição, dada a necessidade de formação e informação contínua dos trabalhadores a respeito do processo produtivo, da divisão do trabalho, dos processos decisórios e da repartição dos resultados da produção. Por outro lado, o controle operário da produção cria um horizonte de possibilidades tanto para a **coordenação do trabalho** entre trabalhadores de diferentes plantas industriais quanto para a construção da **autonomia industrial**, que, de fato, seriam mecanismos de articulação entre o "lado de dentro" e o "lado de fora" dos muros de fábricas.

Pela perspectiva da autogestão, o controle operário da produção, na recuperação de fábricas, oferece-se como um nível inferior de autogestão, pois estaria circunscrito a um aspecto técnico-produtivo, mas que porta o elemento da autogestão da luta operária e do combate à hierarquia, enquanto despotismo patronal, por meio do instrumento da **democracia direta** via formação de assembleias para a **decisão coletiva**. Pelo ângulo do que poderia ser vislumbrado para "além dos muros de fábrica", a recuperação operária de fábricas pode se lançar ao caminho de construção da **direção sociopolítica ampla** mediante a aliança entre operários das fábricas recuperadas e das comunidades populares por meio de movimentos sociais urbanos e do campo, em favor de um projeto político orientado pela e para a soberania popular.

Em razão disso, convém subdividir os processos de autogestão em duas formas fundamentais: a) a **autogestão econômico-corporativa**; e b) a **autogestão comunal**. A característica elementar dessa divisão é que os dois tipos de autogestão pressupõem o controle operário da produção como meio de luta social. Aceito isso, o primeiro tipo apresentado refere-se à autogestão que se circunscreve à esfera de interesses produtivos das fábricas recuperadas, seja por meio de movimentos de contestação, reivindicação e resistência, seja por meio de projetos e estratégias mobilizadas por movimentos dos próprios trabalhadores em autogestão. Já o segundo tipo, que pressupõe a consolidação da **autogestão econômico-corporativa**, é ao mesmo tempo uma ampliação e um aprofundamento dos processos autogestivos, pois vinculam-se à criação de espaços democráticos de deliberação e execução que vão além de questões econômicas imediatas e, ao mesmo tempo, atingem interesses de outros grupos subalternos inseridos nas camadas populares, valendo-se de ações relativas à educação e cultura, por exemplo. A autogestão desse segundo tipo, que pressupõe a presença prevalente de um princípio **ético-político**, enfim, representa um escopo "para-além-de-si" da ação histórica de um grupo social.[5]

Nesses termos, a experimentação da **autogestão econômico-corporativa** equivaleria semântica e politicamente a uma **estratégia restrita de socialização**; enquanto a experimentação da **autogestão comunal**, a uma **estratégia ampliada de socialização** vinculada a um exercício do "político". Sendo assim, e orientando-se pelos critérios epistêmico-tipológicos lançados aqui, torna-se possível prosseguir na pesquisa tendo-se como referência apenas o escopo social em que a prática autogestiva é realizada a fim de se refletir sobre "se", "como" e "em que circunstâncias" as experimentações de recuperação operária de fábricas na Argentina se apresentam como meios para o desenvolvimento de elementos para "além dos muros" de fábricas.

Ao estabelecer o emprego dessas terminologias de autogestão, pode-se considerar que o conjunto histórico de práticas autogestivas se inicia pela série de investidas dos tecelões de Lyon, França, entre 1831 e 1934 (os *canuts*) e depois pela direção da produção perpetrada pelo cooperativismo revolucionário na Europa durante o século XIX, tendo a cooperativa têxtil Rochdale, em Manchester/Inglaterra, a sua forma mais bem acabada, e os intelectuais Robert Owen, Charles Fourier e Louis Blanc, denominados "socialistas utópicos", como seus mais relevantes proponentes teóricos. Owen, aliás, colocou em prática seu receituário cooperativista com a fundação de uma colônia em New Lanark, nos Estados Unidos, sustentada por princípios de uma educação de crianças e jovens, e de dignidade do trabalho — instalação de janelas na fábrica e redução da jornada de trabalho —, que deixaram marcas na luta operária oitocentista (NOVAES, 2011).

Na América Latina, por exemplo, a onda migratória europeia ao fim do século XIX trouxe consigo indivíduos com ideais de transformação social provenientes de diferentes tradições do movimento operário: socialistas, comunistas, anarquistas, sindicalistas revolucionários etc. A respeito disso, a instalação da Colônia Cecília entre 1889 e 1893 em Palmeira, no estado brasileiro do Paraná, foi a cristalização de um empreendimento do imigrante italiano Giovani Rossi, que sob uma orientação utopista, a despeito das vigorosas críticas de italianos como o socialista Filippo Turati

---

[5] Resgata-se aqui a noção de Gramsci (2014) a respeito dos níveis da consciência política coletiva para designar a **autogestão econômico-corporativa** e a **autogestão ético-política**.

e o anarquista Errico Malatesta, logrou desenvolver na recente república brasileira uma comunidade de mais de 200 habitantes, como relatam Schmidt (1980) e Felici (1998).

Como maior legado de direção social operária no século XIX, adiciona-se àquele conjunto de experiências de socialização, com todos os méritos e limites, a Comuna de Paris, erguida em 1871, em que operários insurretos, os "communards", lutaram para provocar o exílio do imperador Louis Bonaparte na inimiga Prússia sob comando de Bismarck, conquistando o controle político e produtivo da capital francesa, e, assim, coordenaram por 72 dias um governo revolucionariamente democrático no coração da Europa ocidental. Segundo Coggiola (2011), o governo revolucionário implantou diversas medidas radicais de democratização, desmilitarização e laicização da governança pública, tais como: sufrágio universal, revogação imediata de mandatos, igualdade entre sexos, instalação de comitês de bairro, redução das jornadas de trabalho, legalização de sindicatos, educação gratuita e secular, o exército permanente foi substituído pela guarda popular. O que chama mais atenção, de fato, como destaca Coggiola, é o decreto de 16 de abril de 1871 que estabeleceu a reabertura de fábricas e oficinas fechadas para que os operários mesmos tomassem conta da produção, por meio da formação de cooperativas. Também houve a proposta de expropriação de capitais privados em favor da coletividade, sem que, no entanto, a medida fosse implementada. Conforme considera Del Roio (2011), um dos aspectos notáveis da Comuna foram as importantes alianças sociais de camponeses e artesãos em torno do operariado parisiense.

Na primeira metade do século XX, tem-se, na América Latina, a conformação entre 1910-1911 da Comuna de Morelos, segundo Nascimento (2016) liderada pela aliança de camponeses e Zapata, sob o horizonte da Revolução Mexicana, e, na Argentina, conforme Ronchi (2016), a abertura da cooperativa integral "El Hogar Obrero" (O Lar Operário, em português), que resistiu produzindo pelo longo período entre 1905 e 1991. Já na Europa, segundo Di Paola (2011) e Durgan (2011), houve a proliferação dos "conselhos operários", em especial na Rússia, os denominados "sovietes", que catalisaram a proposta comunista das revoluções em 1905 e 1917; também na Alemanha, entre 1914 e 1918; em Turim, Itália, entre 1919 e 1920, no *biennio rosso*; em Budapeste, em 1919; e na Espanha dois anos antes da guerra civil, em oposição ao fascismo emergente, com a formação da resistência operária na Comuna das Astúrias em 1934.

Mais tarde — tanto com as experiências operárias no bloco soviético quanto com as experiências das lutas pela emancipação nacional de colônias e de países sob influência do rígido processo de estalinização burocrática — diferentes formas de organização da produção denominadas "autogestão" começaram a aparecer, por exemplo: sob a hegemonia estatal de Tito, na Iugoslávia, na qual frutificaram comissões executivas de fábrica alinhadas ao decreto da autogestão de 1950; na Hungria, na contrarrevolução de 1956, dirigida pelo ímpeto operário pela democratização política e pela desestalinização nacional; na Tchecoslováquia soviética, em 1968, por ocasião da abertura política alcançada pela liderança de Alexander Dubček em contraposição à centralização burocrática da União Soviética; e na Argélia, ao fim da guerra de libertação nacional em 1962, como forma de organização autônoma da produção e ocupação das fábricas abandonadas por ex-colonos (SOUTHGATE, 2011; PINHEIRO; MARTORANO, 2013).

Durante as décadas de 1950 e 1960, a Ásia também foi palco de grandes levantes pela autogestão. Na Indonésia, entre 1954 e 1957, a luta contra a ocupação japonesa e o colonialismo holandês, de acordo com Gil de San Vicente (2013), impulsionou massas populares urbanas, conselhos e comitês de fábrica contra o Estado, e, em 1964, sob forte repressão governamental, o lema *Aksi Sefikah* (Ocupação e Controle da Terra, em português) era amplamente reivindicado nas mobilizações. No Vietnam, por sua vez, após décadas de conflitos pela liberação nacional da ocupação francesa iniciada em 1859, com a ascensão do comunismo nacionalista proposto pelo líder Ho Chi Minh, a ampla reforma agrária implementada por seu governo garantiu, como afirma Gil de San Vicente, 50% das terras sob controle cooperativo do campesinato. Por fim, na China maoísta, como aponta Nascimento (2016), a Comuna de Shangai, erigida cerca de dez anos após a revolução comunista, foi importante organização popular no campo que envolveu a transformação das relações de produção em três: a reforma agrária, a cooperação agrícola e a formação da Comuna. De fato, a Comuna Popular na China operava como base local do poder político chinês, pois as famílias, organizadas na Comuna, assumiram-se a posição de comando e controle das decisões locais, envolvendo os processos de produção, distribuição e financiamento do plantio.

No mesmo interstício que vai de 1950 e 1960, a América Latina também testemunhou a ascensão de novas práticas de socialização operária. Em Cuba, como descreve Löwy (2003), a incessante luta contra o engessamento burocrático do Estado tinha como pilar a autogestão social realizada por conselhos e assembleias operárias, alinhadas com a proposta feita em 1961 pelo líder revolucionário Ernesto Che Guevara para a conformação de assembleias de produção, que deveriam conter todos os operários de uma unidade produtiva, nas quais se discutiriam não só a política de produção imediata da fábrica, como também os encaminhamentos propostos pelo planejamento central do governo cubano.

Na década de 1970, as experiências de autogestão operária nos países de capitalismo mais desenvolvido sofreram forte refluxo histórico, provocado sobremaneira pela reestruturação produtiva mundial e pelo enfraquecimento das estratégias sindicais diante da nova hegemonia política emergente. Por exemplo, na Grã-Bretanha, em que trabalhadores, 260 à época, renunciaram às práticas sindicais tradicionais de paralisação da produção e greves para promoverem a ocupação e consequente cogestão da fábrica de navios "UCS" em 1971. Na Itália, conforme o relato de Cuninhame (2011), a formação de conselhos operários apoiada pelas três confederações trabalhistas — Confederazione Generale Italiana del Lavoro, Confederazione Italiana dei Sindacati Lavoratori e Unioni Italiana di Lavoro — encontrou forte oposição dentro do próprio movimento operário italiano com a emergência do "movimento autonomista" que se opunha tanto à hegemonia sindical quanto à recente aliança nacional entre o Partido Comunista Italiano e o partido Democracia Cristã, incitando práticas de recusa ao trabalho e sabotagem industrial para a negociação salarial que iam de encontro às práticas "conselhistas" pretendidas pelo grupo tradicional da vanguarda trabalhista que se organizava para o controle estratégico da produção nacional. No entanto, cabe mencionar que, contrariando essa trajetória histórica de derrocada da socialização operária, a ampla e profunda crise da forma capitalista anacrônica, e ainda marcada por um colonialismo brutal entre Europa e África, impulsionou a luta antifascista capitaneada pelo Movimento das Forças Armadas contra o governo de Salazar em Portugal, em 1974, e em 1975 fez florescer diversas iniciativas de autogestão operária em fábricas ocupadas, como relatam Varela, Paço e Alcântara (2014).

Fora do eixo europeu, ainda na década de 1970, Chile, Peru e Nicarágua foram solo fértil para os levantes populares e de auto-organização operária. No Chile, por meio da presidência de Salvador Allende, eleito graças a uma aliança entre partidos e movimentos progressistas sob a consigna da Unidade Popular, os primeiros passos para uma mudança radical da estrutura social foram a reforma agrária, a implantação da propriedade social e o comitê de trabalhadores. Como afirma Nascimento (2016), os comitês e a propriedade social dos meios de produção colocaram nas mãos dos trabalhadores a totalidade das unidades produtivas e, em 1972, a organização do proletariado industrial logrou constituir os denominados "Cordões Industriais" para a defesa do controle operário da produção. No Peru, a experiência do socialismo militarizado, sob o governo de Velasco Alvarado, entre 1968 e 1975, conforme relata Nascimento (2018), também teve como intenção a instituição da propriedade social dos meios de produção por meio da participação popular e da Comunidade de Trabalho que previa a distribuição de excedentes e da sociedade entre os trabalhadores (em unidades produtivas já constituídas), e, em novas fábricas, não haveria a personalidade da propriedade privada, mas sim a da propriedade coletiva, característica da "empresa socialista". Na Nicarágua, ao fim da década de 1970, as iniciativas de socialização operária emergiram no calor da luta do Exército Sandinista de Libertação Nacional (ESLN) contra o governo de Somoza, com a formação, segundo Zimermman (2006), do Movimento Povo Unido (MPU) e de sua estratégia de fundação dos Conselhos de Defesa Civil (CDC) nos bairros e nas fábricas, impulsionando a construção de Comitês de Trabalhadores.

Encerrando o circuito pelo século XX, e em decorrência da profunda crise das dívidas nacionais nos anos 80 e da subsequente reestruturação produtiva provocada pela malfadada abertura mercantil-financeira de seus países ao projeto neoliberal de mundialização do capital, a América Latina tornou-se palco principal para as práticas operárias de socialização produtiva e política. No Brasil, país pioneiro dessa nova fase histórica, como registram Henriques e Thiollent (2013), na década de 1980, o experimento de recuperação por trabalhadores de uma empresa de extração de carvão mineral, a Cooperminas, em Criciúma/SC, deu impulso para o desenvolvimento, nos anos 1990, da Associação Nacional de Trabalhadores de Empresas de Autogestão e Participação Acionária (Anteag). Além disso, a conformação da cooperativa Uniwidia, que emergiu da massa falida da metalúrgica Cervin em 1999 e assumiu um processo de autogestão permeado por reviravoltas e desvios, foi importantíssima para o fortalecimento da recém-criada Agência de Desenvolvimento Solidário (ADS) da Central Única dos Trabalhadores (CUT). Na Argentina, de acordo com o relato de Ruggeri (2018), no rastro histórico das recuperações na década de 1950 da têxtil Cita e da gráfica Cogtal, e, em 1980, da empresa de cerâmicas Lozadur, as novas recuperações da gráfica Campichuelo e da metalúrgica Adabor, em 1992, do frigorífico Yaguané, 1996, da metalúrgica Impa, em 1998, e da metalúrgica Unión y

Fuerza, já em 2000, por exemplo, demonstram a robustez do caso argentino e a crescente mobilização política, midiática e acadêmica que se seguiu ao seu desenvolvimento. No Uruguai, por sua vez, surgiram em 1993 tanto empreendimento associado de motoristas Cooperativa Radio Taxi del Cerro quanto a fábrica têxtil e a madeireira Cooperativa Maderera del Norte, e, mais tarde, em 1995, a livraria Librería Cooperativa del Cordón, e, respectivamente, da fábrica de plásticos Niboplast, e do moinho de trigo e milho Cooperativa de Trabalhadores Molino Santa Rosa, em 1999.

No campo da direção social mais ampla, convém destacar o levante pela soberania e autonomia dos povos e saberes tradicionais de herança Maia realizado pelo Exército Zapatista de Libertação Nacional (EZLN) no México, na década de 1990, mais precisamente após 1.º de janeiro de 1994, como forma de oposição ao acordo comercial celebrado entre Estados Unidos, Canadá e México — o Nafta — e, em geral, ao padrão de dominação dos países de capitalismo avançando sobre a periferia capitalista que a mundialização financeira, comercial e produtiva realmente implicava. Conforme identifica Dal Ri (2017, p. 187), o movimento zapatista, cujo EZLN atua como organismo de proteção territorial, "defende uma gestão democrática do território, a participação direta da população nos assuntos públicos, a partilha da terra e da colheita com uma organização autônoma da produção, ou seja, por meio do trabalho associado". Além disso, ainda segundo Dal Ri (2017, p. 187), "Os Zapatistas desenvolvem um programa educacional e tem suas próprias escolas com ensino fundamental e médio. O seu sistema de educação é denominado *La otra educación*".

Chegado o século XXI, encerra-se a inventariação do universo de experiências operárias de organização e direção da produção com a inclusão da vigorosa profusão de iniciativas de socialização ocorridas ainda em solo latino-americano, principalmente, mas não de forma exclusiva, em países nos quais houve a ascensão de líderes carismático-populares; no Brasil, Lula em 2003; na Argentina, Néstor Kirchner em 2003; na Venezuela, Hugo Chávez, desde 1998, que a partir de 2005 deu início a um programa de incentivo à "autogestão" pela expropriação de fábricas.

O caso brasileiro, de acordo com Henriques *et al.* (2013), conta, no início da segunda década do século XXI, com 67 empresas recuperadas, envolvendo um total de 1.704 trabalhadores, cuja propulsão inicial dada pela formação do Movimento de Fábricas Ocupadas (MFO), em 2002, e da Secretaria Nacional de Economia Solidária (Senaes), em 2003, ligada ao

Ministério do Trabalho e Emprego, bem como das ocupações das fábricas Cipla e Interfibras, em Santa Catarina, e da recuperação da fábrica de embalagens Flaskô, no interior de São Paulo, foi fundamental para a continuidade e expansão do processo de ocupação/recuperação de fábricas em território nacional.

Na Venezuela, sob os auspícios do presidente Hugo Chávez, em janeiro de 2005, como descrevem Novaes e Lima Filho (2006), a expropriação da fábrica de celulose Venepal para as mãos do Estado abriu as portas do modelo denominado "cogestão revolucionária", em que a competência pela direção e organização da produção ficaria a cargo dos trabalhadores. Conforme as expropriações ganhavam corpo no governo chavista, a correlação de forças políticas começou a indicar que a "cogestão reformista tradicional", entre Estado e capitalistas, começaria a prevalecer sobre a proposta radical inicial, e, de acordo com Moreno e Sanabria (2006), as novas expropriações em 2006 passaram a desconsiderar a participação coletiva dos trabalhadores na propriedade da fábrica, em favor da propriedade privada por parte de um capitalista.

Por seu turno, a experiência uruguaia, cujos números ficam atrás apenas das ocorrências argentinas, teve seu dinamismo no século XXI impulsionado pela constituição da Asociación Nacional de Empresas Recuperadas por sus Trabajadores (Anert) em 2007 e do *Fondo para el Desarrollo* (Fondes), um fundo público criado em 2010 para investimentos em fábricas recuperadas. Com os esforços conjuntos dessas instituições, várias organizações retornaram a produzir com base no controle operário: o estudo de Pablo Martí, Thul e Cancela (2014) aponta que, conforme dados do segundo mapeamento nacional de cooperativas realizado em 2008, 17 fábricas recuperadas surgiram a partir da crise econômica nacional de 2002, das quais 2 têm mais de cem membros associados.

Na Argentina, fonte do conjunto de experiências mais desenvolvidas no século XXI, a consolidação do Movimento Nacional de Empresas Recuperadas (MNER), do Movimento Nacional de Fábricas Recuperadas por seus Trabalhadores (MNFRT) e, mais tardiamente, da Federação Argentina de Cooperativas de Trabalhadores Autogestionados (Facta) abrigou centenas de experiências que, segundo dados do *Programa Facultad Abierta* — doravante PFA — (UBA, 2018), reúnem 384 iniciativas de recuperação da produção pela autogestão de trabalhadores, que somam um grupo de 15.525 homens e mulheres. Dentre os experimentos de recuperação operária no século XXI, destacam-se a Fábrica sin Patrones (Fasinpat), produtora de cerâmicos, a Cooperativa Hotel Buenos Aires Una Empresa Nacional (Hotel Bauen), a confecção Cooperativa de Trabajo Textiles Pigüé (CTTP) e a Cooperativa Chilavert Artes Gráficas (CCAG).

Apresentado dessa maneira, o sintético inventário cronológico de experiências de socialização operária entre os séculos XIX, XX e XXI consta comumente como fundamento genealógico de pesquisas endereçadas não somente à temática da recuperação de empresas por trabalhadores na América Latina, mas também, e de uma forma mais genérica, às diversas formas pelas quais a auto-organização operária se manifesta na atualidade histórica. São exemplos os trabalhos teóricos produzidos por Magnani (2003), Singer (2010), Henriques (2013), Novaes (2011), e Ruggeri (2018), entre outros.

No entanto, em que pese a necessidade de se organizar determinada manifestação empírica para dar-se início a uma investigação teórica consistente, faz-se premente considerar que lugar da reflexão tal inventário ocupa: a) o lugar de uma determinação unilateral provocada pelo esforço especulativo-metafísico para o qual o real concreto é produto da disposição ideal de conceitos puros; b) o lugar determinado unilateralmente pela efetivação de uma experiência comum advinda de objetos singulares presumidamente apreensíveis, externos e uniformes, característico do esforço empiricista — e também funcionalista — de descrição, catalogação e comparação de elementos diversos de uma totalidade mecanicamente articulada, sob critérios axiomáticos de exclusão de possíveis distorções subjetivistas; c) o lugar de uma expressão lógica de desenvolvimento, apontada para a contínua evolução de um espírito absoluto pressuposto, tal como um sujeito transcendental, guiado por uma teleologia fechada, dirigida por um Sentido e orientada pela identificação Sujeito-Objeto, tal como propõe o idealismo alemão e, em especial, o hegeliano; d) o lugar de uma matriz prescritiva para a ação social — à maneira da sociologia weberiana — de sujeitos mobilizados por princípios valorativos substantivos e diametralmente opostos à racionalidade instrumental capitalista, como portadores automáticos de uma herança/tradição supra-histórica; ou d) o lugar de um quadro abstrato de referência voltado à tentativa de sistematização de um dado corpo empírico de práticas materiais, resultante, sobretudo, de determinações históricas gerais e particulares, e da forma de produção e reprodução de uma existência social objetiva, instauradora de qualquer possibilidade de reflexão subjetiva que a ela se dirija, em concordância com as premissas lógico-epistemológicas do materialismo fundado por Karl Marx e Friedrich Engels.

Em recusa à adoção de qualquer forma de aparição de um Sujeito transcendental, de um Espírito Absoluto, que paire sobre a práxis social concreta e que justifique a emergência de um Sentido histórico inevitável agarrado a um apelo humanístico ideologicamente formatado, pode-se afirmar, a princípio, que para esta pesquisa o exercício de classificação e categorização de determinados objetos teóricos não deve ser confundido com a concreta disposição empírica dos objetos reais sobre os quais o conhecimento se produz, tal como afirmou Aristóteles (1985) em seu *Órganon*. Assume-se, assim, a posição de um estudo declaradamente materialista da história, segundo o qual não há a garantia ontológica de uma transcendência positiva encarregada de uma síntese absoluta, ou seja, a presente pesquisa propõe o abandono de quaisquer hipóteses de "inevitabilidade histórica" da superação do capital pelo operariado por meio da socialização político-produtiva do trabalho social, cujo ímpeto "natural" estivesse predeterminado por uma trajetória teleológica fechada que fatalmente recairia no chamado "paradigma de Hölderlin". Pelo contrário, se a recuperação operária de fábricas argentinas está associada, em qualquer grau, a uma ação histórica disruptiva sob a égide de uma ética subversiva, isso deve ser tomado como resultado de um processo, e não como um pressuposto idealista.

Nomeado assim em homenagem ao poeta alemão Friedrich Hölderlin (1770-1843), o tal paradigma é explicitado no poema "Patmos", de 1802, cuja primeira estrofe, Hölderlin (1991, p. 180), traz o enigmático paradoxo "Está perto, e difícil de alcançar, o Deus. Mas onde há perigo há também a salvação". O paradoxo surge na contradição de ser sentida, ou intuída, a proximidade com "Deus" e, mesmo assim, ser difícil experimentá-la sensorialmente, pois, conforme se compreende do poema, a possibilidade de sua concreção só se realiza no zênite do perigo, sob a forma de uma redenção reconciliadora providencial. Segundo Žižek (2014), a proposição fundamental contida nessa linha de raciocínio direciona a reflexão a esperar que, diante de uma histórica e trágica decadência cumulativa do Ser, abrir-se-ia, por reversão, o horizonte para a sua transcendência — um salto — a um nível superior de existência.

Seguindo essa trajetória analítica, poder-se-ia considerar como fundamento de pesquisa a equivocada premissa de que a luta pela autogestão nas fábricas recuperadas argentinas estaria sempre já e irrevogavelmente na trilha histórica, em última instância, de um destino manifesto do operariado segundo o qual este deveria provocar a decadência do MPC rumo a uma transição comunista, e, por isso, essa luta se situaria como germe de uma força social naturalmente antagônica ao capital, e responsável por levar adiante a missão revolucionária da classe trabalhadora pela libertação de sua condição oprimida de existência. Nesse sentido, sobressair-se-ia a conclusão irrazoável de que o advento das iniciativas operárias de recuperação de fábricas estaria diretamente determinado pela crise do capital, como se fosse reação automática, e a única possível, em relação ao pavor social constituído pela expectativa de desemprego estrutural e de extrema pauperização. No entanto, vigora, nessa perspectiva equivocada, o pensamento subsidiário segundo o qual Liberdade e Necessidade devem ocupar posições antinômicas, pois a Liberdade aí se encontraria reduzida à possibilidade de uma escolha sob indiferença, ou seja, de uma escolha na qual o resultado não exige nenhum compromisso ético de um indivíduo com as consequências de seu gesto (a escolha por lutar ou não pela autogestão teria como denominador o simples aspecto da ocupação laboral diante de tantas outras opções), e a Necessidade passaria a ser compreendida como resultado previamente concebido cumpridor de uma profecia sempre já atualizada aos parâmetros das novas circunstâncias sócio-históricas em que esta deve ser realizada (a autogestão atuaria como cumprimento de um dever histórico e, por isso, não poderia ser fruto de uma escolha livre).

A completa rejeição ao "paradigma de Hölderlin" impõe, portanto, o desafio de não se deixar cair na tentação de reservar a uma entidade prometeica a redenção histórica. É por isso que, de fato, Ruda (2016) pondera a favor do fatalismo histórico, cuja proposição essencial possibilita acesso não somente à estrutura em que se manifesta a "liberdade" para além do sentido de "escolha sob a indiferença", mas, mais profundamente, na direção do entendimento da liberdade enquanto substância ontológica: de fato, uma decisão está sempre já vinculada às necessidades postas por uma contingência e, por isso, é preciso apreender as circunstâncias concretas que estruturam um determinado encontro entre elementos, sua repetição e suas relações consequentes. É nesse sentido que, para Descartes (1989), Spinoza (2009) e Kant (2006), a Liberdade é correlativa da Necessidade, pois ambas emergem *na* e *com base na* ocorrência de uma contingência traumática, aleatória, cuja consequência paradoxal se apresenta sob a afirmação de que o sujeito é "forçado" a ser livre quando confrontado com o peso ético de sua liberdade de decisão. É exatamente nesse sentido que a decisão de lutar pela recuperação de fábricas não está reduzida a uma mera escolha entre diferentes ocupações de trabalho: a opção por ocupar, resistir e produzir confronta o indivíduo (trabalhador) com a responsabilidade de decidir "o que" e "como produzir" e quais o critérios para distribuir os resultados financeiros da circulação, isto é, tal escolha implica um horizonte de questões muito mais amplo e profundo do que a incerteza imediata acerca de "para quem" e "por quanto" o trabalhador poderá vender sua força de trabalho.

Com atenção às questões ponderadas até o momento, a perspectiva que permite esquadrinhar as coordenadas teóricas adequadas a um estudo que se propõe a identificar os mecanismo estruturais que regem a práxis concreta da recuperação operária de fábricas no interior do MPC vincula-se à tradição filosófica do materialismo marxista, cujas disciplinas se bifurcam no Materialismo Histórico (MH) e no materialismo dialético tais como instrumentos ora para a formulação de categorias abstratas que correspondem a determinações da existência, ora para fundamentar as condições de possibilidade para a emergência de distintos regimes de interpretação e suas teorias correlatas. Mesmo assim, e contrapondo-se à certeza cristalina da filiação filosófica deste estudo, a notável profusão de autores, métodos e leituras que, por um lado, se dizem inspirados no marxismo ou, por outro, se denominam e se colocam como desenvolvedores de estudos marxianos provoca reiterados questionamentos sobre a possibilidade de estruturação de um campo particular de análise denominado marxismo. Desse modo, as indeterminações e as disputas ideológicas, políticas, práticas e teóricas que dominam seu interior e o dirigem à fragmentação levam a que se concorde com Badiou (2005) quando este autor afirma que o marxismo não existe, pois tal nome se refere a uma multiplicidade tão díspar de reflexões que sua única função é fornecer a falsa ideia de paradigma harmonioso ou de conjunto rígido de noções impermeáveis — dois pontos de vista equivocados.

Dentro da miríade de posições arregimentadas sob a sombra do marxismo, a presente pesquisa declara-se sujeita à leitura materialista de cariz althusseriano, que tem no intelectual franco-argelino Louis Althusser seu maior expoente teórico, mas que também conta com as grandiosas contribuições de Étienne Balibar, Pierre Macherey, Jacques Rancière e Roger Establet. Por outro lado, nem mesmo o pensamento de Althusser esteve isento de saltos, desvios, rupturas, lacunas e suturas, já que seus esforços para livrar o materialismo marxista de intrusões ideológicas do idealismo hegeliano e do humanismo teórico em favor de uma posição rigidamente científica marcaram sua biografia política e intelectual durante toda sua maturidade até o último de seus escritos.

Segundo Boito Jr. (2013), a produção teórica de Althusser pode ser dividida em três fases: a primeira é marcada pelos escritos dos anos 1960 e que se fazem presentes na coletânea *Pour Marx* (Por Marx, em português), publicada em 1965 em Paris e traduzida para o português em 1967 sob o título "Análise crítica da teoria marxista"; e, em 1979, sob o título "A favor de Marx", e na obra conjunta *Lire Le capital* (Ler O capital, em português), publicada em 1968 em Paris, e editada em português em dois volumes pela editora Zahar em 1979; a segunda fase compreende o esforço intelectual de Althusser na década de 1970 para reagir às polêmicas teóricas que alimentava e ao criticismo ortodoxo que o taxava de formalista e teoricista, por um lado, e de estruturalista, por outro, além de tentar apontar equívocos da prática política do Partido Comunista Francês. Pertencem a esta fase o conjunto de trabalhos publicados sob os títulos "Elementos de autocrítica", "Sustentação de tese em Amiens", "Marxismo e luta de classes", "Resposta a John Lewis", reunidos na coletânea *Positions* (Posições, em português), de 1976, publicada em português em dois volumes, respectivamente nos anos 1978 e 1980. Além disso, inscrevem-se nesta fase o trabalho de 1978 de título "Ce qui ne peut durer dans le Parti Communiste Français" (O que não pode durar no Partido Comunista Francês, em português), traduzido para o espanhol no mesmo ano, e "Il marxismo come teoria finita" (O marxismo como teoria finita, em português) de 1978, publicado em português em 1998 na revista *Outubro*; a terceira fase, já na década de 1980, comporta o texto polêmico de Althusser de título "Le currant suterrain du matérialisme de la encontre" (A corrente subterrânea do materialismo do encontro, em português), escrito em 1982, publicado em português na *Revista Crítica Marxista* em 2005.

No entanto, contrariamente ao argumento de Boito Jr. (2013) e de Ípola (2018) de que a terceira fase intelectual de Althusser representaria uma ruptura profunda com sua produção precedente, este estudo se apoia em Motta (2014) ao enfatizar que, embora a terceira fase do pensamento de Althusser implique uma notável diferença de forma e, até mesmo, um deslocamento em relação às questões e às interpretações que ele estabeleceu durante 1960 e 1970, a permanência da luta de classes como elemento central de sua teorização, bem como da ideologia e dos aparelhos ideológicos de Estado como propulsores da reprodução social no MPC, desautoriza a tese de ter havido uma ruptura epistemológica no seu pensamento. Conforme Morfino (2005), a permanência de sua negação de qualquer intervenção teleológica sobre a processualidade real, de sua defesa do primado da relação sobre os elementos, de seu anti-humanismo teórico, de sua firme posição

RECUPERÁRIOS: UM SÍSIFO NA ARGENTINA DO SÉCULO XXI

da ausência de objeto na filosofia e de sua crítica à estrutura metafísica da realidade que supõe uma origem, um sujeito e uma finalidade ao processo histórico, de sua primeira a sua última fase intelectual, sugere que a tese de ruptura epistemológica não é válida.

Desse modo, defende-se aqui a continuidade de seu raciocínio no prosseguimento de uma trajetória eivada de recuos e desvios que possibilitaram a Althusser e à leitura althusseriana estabelecer conceitos fundamentais como os de "estrutura", "causalidade estrutural", "modo de produção", "sobredeterminação", "ideologia", "encontro", entre outros. Ademais, pode-se também argumentar favoravelmente à existência de problemas científicos tratados especificamente em cada fase da produção teórica de Althusser: na primeira fase, os problemas da ciência em Marx e de sua ruptura com a ideologia hegeliana, bem como da estrutura, de seus níveis e relações sociais, assumem o ponto central do trabalho teórico de Althusser; na segunda fase, a centralidade dos escritos de Althusser é ocupada pelo problema de sua aproximação com o pensamento estruturalista francês, com o desvio teórico que o faz se aproximar de Spinoza e com a justificativa de sua crítica ao humanismo teórico; na terceira e inacabada fase de seus desenvolvimentos teóricos, o problema que dirige sua atividade intelectual corresponde ao desafio de se resgatar a tradição materialista de Epicuro, ofuscada por Marx em seu estágio de maturidade intelectual, de forma a se compreender que a ausência precede a presença e o aleatório precede a estrutura, conduzindo à formulação, mesmo que precária, de uma ontologia do real.

Se somente ao fim de sua teorização Althusser apresenta os elementos que firmam o solo para o real pelo qual se edificam uma formação social e seus respectivos modos de produção, apresenta-se como razoável o argumento de que é pela terceira fase que se deve iniciar a configurar a fundamentação teórica da presente pesquisa, principalmente quando se deve colocar em jogo a correspondência entre necessidade e liberdade, entre o acaso e repetição, com o **objetivo geral de pesquisa** direcionado a identificar as **formas transgressivas** estruturadas no bojo da recuperação operária de fábricas na Argentina.

2.2 Sobre o materialismo aleatório

Em sua obra inacabada "A corrente subterrânea do materialismo do encontro", Althusser (2005) desenvolve uma linha interpretativa crítica ao que denomina "materialismo da essência". Para tanto, parte da filosofia da natureza de Epicuro, passando por intelectuais como Maquiavel, Hobbes e Rousseau, e atravessando, por fim, o pensamento de Spinoza, Marx, Heidegger e Derrida, de forma a contestar a armadilha filosófica e epistemológica relegada pela dialética idealista ao materialismo racionalista – dentre o qual a própria tradição de Marx, Engels e Lenin faz parte – que acabou por consolidar a primazia do "negativo" e da "substância" sobre o "positivo" e o "vazio".

Althusser (2005, p. 9) inicia seu texto com o provocativo enunciado "Chove." e, então, conduz o leitor ao objetivo de sua pesquisa: resgatar a potência criativa do acaso como elemento fundante da necessidade. A trajetória de argumentação proposta por Althusser estabelece que num primeiro momento nada existe, e, nesse nada, precipita-se uma chuva de átomos submetidos a um paralelismo, ou seja, livres de qualquer relação entre si. Da queda em paralelo dos átomos, decorre um desvio inesperado que suspende a não relação entre algumas dessas partículas e as faz entrar em choque umas com as outras. Desse desvio aleatório surge, logo, um Encontro, e este, por sua vez, pode ou não dar origem a uma ligação, uma "pega", como propõe Althusser. A "pega" do encontro entre os átomos põe em jogo a possibilidade da existência de um Mundo, pois, antes do encontro, os átomos em suspensão paralela no vazio não compreendiam existência nenhuma, apenas uma forma abstrata dela. Erigido o Mundo do encontro que "pegou", desenvolvem-se por ele e para ele, como consequência, leis que regulam a reprodução dos entes que nele habitam, fornecendo-lhes um sentido, uma Razão.

O encadeamento dos distintos momentos concebidos por esta filosofia segue, portanto, a seguinte disposição: o Vazio (coisa alguma), a Queda (o paralelismo), o Desvio (a ruptura do paralelismo), o Encontro (o choque de elementos), o Mundo (a pega do encontro) e um Sentido (a Razão do Mundo). Dessa forma, fica estabelecida a subsunção de qualquer Sentido Metafísico, Necessidade, ou Causa à contingência inapelável do acaso, e, por isso, o Desvio torna-se, assim, o fato constituinte por excelência, enquanto o Mundo, por sua vez, assume o lugar de fato constituído, suspendendo, desse modo, quaisquer interrogações existenciais interessadas em questões de Origem ou de Propósitos, na ineficaz tentativa de se racionalizar a priori o aleatório.

Tamanha inversão da relação entre causalidade e casualidade, entre necessidade e contingência, repousa não somente na recuperação do pensamento epicurista relacionado ao desvio como movimento constituinte da realidade, mas também na referência à filosofia de Heidegger, principalmente a que este autor elabora na obra *O ser e o tempo*, na qual Heidegger (2004) caracteriza o Homem como a um "ser-aí", lançado no Mundo como a um ente cuja diferença específica dos outros recai na qualidade de ser capaz de se questionar sobre si mesmo e de, com isso, abrir-se ao horizonte ontológico do Ser.

O fundamento das questões levantadas por Heidegger (2015) recai sobre o fato de que o "questionar-se sobre si mesmo" é um acontecimento derivado, e não constituinte, do quadro transcendental que configura determinada dimensão ôntica (empírica) da existência, ou seja, é necessário que primeiro tenha havido a contingência criadora e totalizante na qual o animal humano se encontrará lançado, pela qual ele poderá questionar-se sobre si. Por essa razão, o Ontológico (o reino do número, das essências) só pode ser pensado por meio do Ôntico (reino das aparências, do empírico), isto é, a coisa "em-si" do idealismo alemão encontra-se como consequência, então, ao ponto do Encontro resultante do Desvio.

Se o natural (inorgânico e orgânico), e, portanto, a matéria, não é mais o universo das causalidades, se suas leis são fatos constituídos pelo Encontro aleatório, é o acidente, portanto, e nada além disso, que produz, com sua "pega", os efeitos estruturantes de uma realidade. Pressupor a totalidade concreta como a um "todo harmonioso" capaz de se regular perpetuamente seria ignorar em absoluto que a duração do Encontro se sujeita sempre ao limite de sua provisoriedade. A necessidade, a razão e o sentido sempre têm como marco zero a sua frente um todo acabado, unilateral, mas cuja validade está sempre em jogo e cujas regras devem ser sempre forçadas a uma reprodução que pode não ocorrer. É com esse intuito que Althusser (2005) enuncia que o objeto da filosofia não é a origem, a razão, o sentido ou a lei da existência, mas o Vazio a que tudo está submetido, inclusive ela própria. Em certo ponto, Althusser questiona-se se esse raciocínio ainda se encontra dentro dos limites do materialismo. Ao que ele mesmo responde:

> Isso ainda é materialismo? A questão não tem muito sentido em Heidegger, que se situa deliberadamente fora das grandes divisões e denominações da filosofia ocidental. Mas, então, as teses de Epicuro são elas ainda materialistas? Talvez sim, mas com a condição de terminar com esta concepção de materialismo que o define, sobre um fundo de questões e conceitos comuns, como resposta ao idealismo. Por comodidade, continuaremos a falar de materialismo do encontro; porém, é necessário saber que Heidegger está nele incluído e que este materialismo do encontro escapa aos critérios

> clássicos de qualquer materialismo, e que precisamos, mesmo assim, de uma palavra para designar a coisa. (ALTHUSSER, 2005, p. 12).

Buscando explicitar de modo mais arguto sua proposição, Althusser captura em Maquiavel a referência que lhe permite demonstrar o primado da contingência sobre a necessidade, exatamente pela confirmação do poderoso apelo à necessidade da contingência. Para Althusser, Maquiavel utiliza-se da política como objeto para sua filosofia do encontro: aspirando à unificação da Itália sob um Estado nacional, Maquiavel pondera a necessidade de um encontro entre fortuna e virtude como meios pelos quais um indivíduo poderá realizar a tarefa histórica da superação da fragmentação dos reinos e repúblicas italianas. Fortuna que é já em si mesma o encontro entre indivíduo e circunstâncias conjunturais favoráveis à satisfação de seus interesses e à Virtude, que, por sua vez, também é encontro, mas encontro que registra a capacidade de mediação entre os interesses pessoais daquele que governa com os daqueles que são por ele governados. Por fim, é dessa sucessão de encontros que se forma o Príncipe, e do encontro deste com os outros homens (seus súditos) emergirão as leis que regularão o enlace social. No entanto, como pontua Althusser (2005, p. 13), para Maquiavel tal Príncipe deveria ser inevitavelmente "Um homem do nada, saído do nada e partindo de um lugar indefinido", afastado dos conflitos regionais sustentados por ambições locais imediatas que aprofundam a fragmentação político-territorial italiana, em vez de superá-la. Ou seja, a emergência puramente contingencial de um homem dotado do "nada" como principal atributo poderia engendrar as necessidades adequadas para a tarefa histórica da unificação nacional, pelas quais o encontro entre Fortuna e Virtude se faria vital para o sucesso.

Para Althusser, o recurso a Maquiavel não se encontra exatamente incrustado na dimensão imediatamente política de sua análise, mas, acima de tudo, no seu empreendimento teórico que mostra a possibilidade de se libertar a filosofia mesma de suas amarras essencialistas, pois uma filosofia que deixa de repousar sobre a certeza de uma finalidade ou predestinação acaba não só por reconhecer o Vazio como ponto de partida para a matéria, mas também por alocar o Vazio como eixo por onde orbita a própria filosofia. Sobre isso, o autor explica que:

> Observar-se-á, assim, que esta filosofia é em tudo e por tudo uma filosofia do vazio: não só a filosofia que diz que o vazio preexiste aos átomos que caem nele, mas uma filosofia que

> faz o vazio filosófico para se dar existência: uma filosofia que, em lugar de partir dos famosos "problemas filosóficos" ("por que há alguma coisa e não o nada?), começa por evacuar todo problema filosófico, rejeitando, portanto, se dar qualquer "objeto" ("a filosofia não tem objeto"), para partir só do nada e desta variação infinitesimal e aleatória do nada, que é o desvio da queda. Existe crítica mais radical a qualquer filosofia na sua pretensão de dizer a verdade sobre as coisas? Existe maneira mais impressionante de dizer que o "objeto" por excelência da filosofia é o nada, o nulo, o vazio? (ALTHUSSER, 2005, p. 15).

A consequência imediata de se afirmar o Vazio como lócus da filosofia consiste na admissão de que o próprio pensamento é, sobretudo, resultado de um encadeamento de desvios e encontros aleatórios sem a garantia de um resultado necessário, ou seja, as próprias condições de possibilidade do pensamento estão sempre já lançadas sobre formas inconsistentes de associações entre conceitos, categorias e os entes aos quais representam. Como explica Althusser (2005, p. 17):

> O pensamento só é a sucessão de modos do atributo pensado, e reenvia, não a um Sujeito, mas, conforme um paralelismo correto, à sucessão dos modos do atributo extensão. É também interessante a maneira como o pensamento se constitui no homem. Que ele comece a pensar por pensamentos confusos e a partir de rumores (*par ouï-dire*) até que estes elementos acabem por "pegar" forma no pensar segundo "noções comuns" (do primeiro ao segundo gênero, depois ao terceiro gênero: pelas essências singulares), isto importa, porque o homem poderia ficar nos rumores, e a "pega" poderia não se dar entre os pensamentos do primeiro gênero e os do segundo. Essa é a sorte da maioria das pessoas que ficam no primeiro gênero e no imaginário, quer dizer, na ilusão de pensar, embora elas não pensem. É assim. Pode-se ficar no primeiro gênero ou pode-se não ficar nele. Não há, como em Descartes, uma necessidade imanente que faça passar do pensamento confuso ao pensamento claro e distinto, não há cogito, não há qualquer momento necessário de reflexão que assegure esta passagem. Pode acontecer ou não. E a experiência mostra que em regra geral não acontece, salvo na exceção de uma filosofia consciente de não ser nada.

Se tanto o abstrato quanto o real são, portanto, determinações derivadas do desvio aleatório, tal filosofia põe em xeque a pretensão racionalizante da teoria do conhecimento, pois suspende-se por completo a dependência de um Sujeito. Trata-se, assim, de uma filosofia materialista que reconhece a produção do real e da subjetividade como processualidades sem Sujeito, já que o indivíduo está sempre já assujeitado (lançado) a uma rede de interações, fluxos, representações e símbolos que precedem sua existência material e fornecem o quadro de coordenadas que regulam a sua reprodução social. De maneira tal que Althusser (2005, p. 26) afirma:

> Diremos que o materialismo do encontro só é chamado "materialismo" provisoriamente para marcar fortemente sua oposição radical a qualquer idealismo da consciência, da razão, seja qual for sua destinação. [...]. Diremos, enfim, que o materialismo do encontro não é o de um sujeito (seja Deus ou o proletariado), mas o de um processo sem sujeito, que impõe aos sujeitos (indivíduos ou outros) aos quais domina a ordem de seu desenvolvimento sem fim definido.

A radical perspectiva do encontro como processualidade sem sujeito é endossada, como aponta Althusser, pela opção filosófica de Spinoza de se partir da entidade divina como marco da ética, ao contrário de alçar sua filosofia ao encontro da pretensa iluminação irradiada pela perfeição abstrata dessa entidade, que indica a resolutividade de Spinoza por atribuir a Deus a incompletude do Vazio, pois, se Deus, conforme Spinoza, é tudo, Ele é, portanto, nada. Sua ética é, assim, o primado do acidente inaugural, a natureza. E por isso Althusser (2005, p. 16-17) o relaciona a Epicuro:

> [...] Epicuro partia também da natureza como aquilo fora do qual nada existe. O que é, então, este deus espinosiano? Uma substância absoluta, única e infinita, dotada de um número infinito de atributos infinitos. Evidentemente, é uma maneira de dizer que o que possa existir só existe em Deus, seja este "o que quer que seja", conhecido ou desconhecido. [...]. Que Deus não seja nada mais do que natureza, e que esta natureza seja a soma infinita de um número infinito de atributos paralelos, faz não só com que não reste nada a dizer de Deus, mas que não reste, também, nada a dizer do grande problema que invadiu toda a filosofia ocidental desde Aristóteles e, sobretudo, depois de Descartes: o problema do conhecimento e seu duplo correlato, o sujeito cognoscente e o objeto conhecido.

De fato, como se segue do raciocínio de Althusser, sendo Deus, para Spinoza, nada além de natureza e sendo esta, por um lado, um conjunto infinito de atributos infinitos e, por outro, uma cadeia aleatória de acidentes particulares, logo a natureza é ela mesma tanto o acidente dos acidentes como o reino do paralelismo, ou seja, ela é "O" não encontro entre infinitos encontros particulares e independentes entre si. Isso significa que mesmo a relação entre corpo e subjetividade é regida pelo não encontro de encontros particulares, pois, se para a teoria do conhecimento a consciência pensante é sujeito e objeto do conhecimento, ela é, ao contrário e antes de tudo, fruto do desvio que extingue o não encontro e produz o "estalo" do entendimento quando as duas paralelas se encontram.

Em razão desse movimento de regressão da totalidade a sua queda desviante original, Althusser pôde compreender não só a natureza e o pensamento como encontros "desencontrantes", mas também a própria socialidade como tal. É em função disto que se apresentam as citações a Hobbes, Rousseau e Marx: de Hobbes, Althusser capta o temor entre os indivíduos atomizados inseridos numa permanente e caótica guerra de todos contra todos, característica do Estado de Natureza, como fundamento para que esses homens se lançassem em um contrato, limitando suas liberdades, ao constituírem uma entidade política absoluta, o Leviatã, que garantiria à força a liberdade e a ordem social; de Rousseau, reflete sobre a crítica que este autor dirige aos pensadores do Direito Natural, discorrendo sobre as diferenças entre o estado de pura natureza e estado de natureza, de modo que no estado de pura natureza os indivíduos atomizados são dispostos em uma situação de não encontro permanente, não existindo nenhuma forma de relação social entre si, e, no estado de natureza, tanto na circunstância de guerra permanente quanto na de contrato, os indivíduos encontram-se e formam vínculos sociais entre si, reconhecem-se, e lançam-se à vida coletiva e a suas contingências e contradições; de Marx, a concepção fundamental resgatada por Althusser diz respeito à cara noção de encontro como fundamento constituinte do MPC, no qual se cruzam o "homem com dinheiro", possuidor dos meios de produção, e o "trabalhador livre", possuidor de sua força de trabalho, e desse encontro aleatório, que poderia não dar em nada (a pega deu-se na Inglaterra, mas não na Itália), emergiram as necessidades para a reprodução cada vez mais ampliada dessa relação contingente entre possuidores.

Igualmente, as concepções de Hobbes, Rousseau e Marx, cada qual a sua maneira, expuseram a socialidade como "pega" resultante de um encontro aleatório que rompe com determinado paralelismo, mas que, mesmo assim, ainda se sedimenta por sobre o vazio original em que a chuva epicurista se precipita. Althusser ainda cita o exemplo histórico do movimento de Maio de 1968 na França, em que marcharam estudantes e trabalhadores, sem, contudo, romperem com o paralelismo de suas fileiras para se conformarem num bloco conjunto de manifestantes e darem origem, assim, a um encontro do qual a "pega" poderia ter tido como resultado um impacto político e social muito mais amplo e profundo do que o que teve. Por outro lado, também se pode citar cada episódio de irrupção operária em torno da socialização dos meios de produção e da direção social como ponto de possibilidade para a ruptura de determinado paralelismo vigente, como, por exemplo, a Comuna de Paris e a revolução bolchevique de 1917.

Para entender, no entanto, de modo mais claro os tópicos que fundamentam o seu resgate do materialismo do encontro, Althusser (2005, p. 26) enumera os pontos que permitem localizar suas referências e colocá-las de modo ordenado para se interpretar o modo como uma determinada trajetória vai do Vazio a um Encontro:

> Diremos [...] que o materialismo do encontro se sustenta numa certa interpretação de uma única proposição: há ("*es gibt*", Heidegger) e seus desenvolvimentos ou implicações, a saber: "há" = "não há nada" (*il y a = il n'y a rien*); "há" = "houve sempre-já nada" (*il y a = il y a toujours-déjà eu rien*), quer dizer, "coisa alguma". O "sempre-já", do qual fiz abundante uso até agora nos meus ensaios, mas que não foi sempre percebido, é a grife [...] desta antecedência de qualquer coisa em relação a si mesma, portanto em relação a qualquer origem. Diremos, então, que o materialismo do encontro tem sua base na tese do primado da positividade sobre a negatividade (Deleuze), na tese do primado do desvio sobre a retidão do trajeto direito (cuja Origem é desvio e não razão), na tese do primado da desordem sobre a ordem (pensamos na teoria dos "rumores" [ver supra]), na tese do primado da "disseminação" sobre a posição do sentido em qualquer significante (Derrida) e no surgimento da ordem no seio mesmo da desordem que produz o mundo. Diremos que o materialismo do encontro se sustenta também por inteiro na negação do fim, de qualquer teologia, seja racional, mundana, moral, política ou estética.

O caminho traçado por Althusser na demarcação teórica de seu projeto de resgate do materialismo do encontro carrega a problemática inicial, além do caráter fragmentário e inacabado de sua proposta, como declara Althusser em alguns momentos do texto, de ter sido elaborado sob circunstâncias adversas[6] que o levaram a fazer as referências de memória, podendo abrir

---

[6] Como narram os editores François Matheron e Oliver Corpet da compilação *Philosophy of the encounter* (Filosofia do encontro, em português), Louis Althusser escreveu partes do manuscrito quando ainda estava internado em uma clínica para tratamento de distúrbios psíquicos em virtude de seu comportamento psicótico o qual, aliás, tornou-lhe inimputável pelo homicídio de sua própria esposa.

espaço para equívocos do autor ou para mal-entendidos na interpretação de seu texto. Diante dessas questões, a estratégia de Morfino (2005) é se ater aos conceitos elencados por Althusser (2005) e às possibilidades de sentido e significação das quais eles se fazem portadores, sejam eles: Vazio/Nada, Encontro, Fato/Fatalidade, Conjuntura e Necessidade/Contingência.

Conforme Morfino, o conceito de Vazio apresenta em Althusser um sentido contingente, a depender da situação em que tal conceito é convocado pelo autor, deixando-se apreender como: a) negação determinada, em que o termo "Vazio" representa um recuo absoluto em relação a qualquer noção idealista de substância primordial; b) como ponto que permite se chegar à efetividade de algo que "é" e que "há", sem concessões à normatividade ou às pressuposições teleológicas sobre a positividade de uma existência determinada; e c) como liberdade de movimento do "tornar-a-ser" dos elementos que caem no Nada.

Por sua vez, o termo "Encontro" é receptáculo, segundo Morfino, de um sentido estreitamente correlacionado ao conceito de Vazio/Nada. Em Althusser, Encontros devem ser avaliados segundo os fatos de que: a) podem ocorrer ou não; b) podem ser breves ou duráveis, de modo que a durabilidade não implica garantia de continuidade; c) são originados por séries de acúmulos de encontros precedentes sujeitos aos fatos anterior-mente enumerados; d) os elementos em encontro possuem uma afinidade aleatória, de maneira que é a circunstância de um encontro que constitui retroativamente as condições de possibilidade do encontro; e e) após sua efetivação, a estrutura formada pelos elementos constituintes do encontro lhes subordina a suas necessidades de preservação.

O conceito de Fato presente em Althusser, explica Morfino, assume o conteúdo de ocorrência cuja facticidade está relacionada às condições de possibilidade dotadas pela ação de uma lei tendencial. Ou seja, Althusser não compreende o fato como substância absoluta, mas enquanto forma relativa que assume determinada posição no encadeamento de efetivações que definem um encontro. No entanto, a efetivação de um Fato depende das circunstâncias que propiciam a conjunção de elementos favoráveis a sua ocorrência ou, como propõe Morfino (2005, p. 140), "Existem conjunturas políticas, ideológicas, filosóficas: a conjuntura é o fato do mundo que se apresenta diante da prática, que é possível sempre e somente nos interstícios deste fato".

Por fim, o binômio Necessidade/Contingência, depreende Morfino, aparece como uma contradição em termos, pois, no quadro teleológico do idealismo dialético, as contingências estão subsumidas à necessidade de identidade e conciliação entre os elementos contraditórios de um encontro. Porém, em Althusser, a necessidade não se relaciona à vontade de um sujeito transcendental, mas opera como vetor posto e pressuposto por uma contingência, e nunca independente desta, pois, ao mesmo tempo que o materialismo do encontro supõe que as necessidades de uma estrutura são provisórias e tendenciais, ou seja, que correspondem à "contingência da necessidade", o materialismo do encontro também prescreve a existência de um lugar da contingência no movimento total do qual a ontologia de um realidade se faz possível, isto é, o materialismo do encontro supõe uma "necessidade da contingência" que, de acordo com Morfino (2005, p. 140), "não é a necessidade que a contingência tem, não é a necessidade que atravessa a contingência, mas a necessidade que a contingência é".

Embora o esforço de Morfino para construção de um léxico do materialismo do encontro em Althusser possa ter clarificado em termos gerais os dispositivos conceituais por meio dos quais Althusser propõe sua análise da realidade, restam questões sobre a aproximação do filósofo franco-argelino com as leituras pós-estruturalistas elaboradas por Gilles Deleuze e por Jacques Derrida.

Althusser recorre ao Deleuze (1988) de *Diferença e repetição*, incorporando ao materialismo do encontro a recusa de Deleuze ao argumento de que toda determinação é negação, uma vez que, para Deleuze, essa proposição mistificaria o caráter afirmativo e primaz da diferença entre elementos sobre o da oposição entre eles ou de uma identidade ou síntese forçadas por uma Ideia Absoluta; os átomos em queda livre no vazio não representam uma multiplicidade indiferenciada, mas, ao contrário, fluxos de elementos singulares inteiramente diferençáveis para si. Escreve Deleuze que o negativo é uma ilusão, uma mera imagem distorcida da real diferença entre elementos, proporcionada por artifícios lógicos limitados pela consciência e pelas possibilidades de problematização que esta é capaz de conceber. Por sua vez, o Vazio excede à Razão e constitui-se numa superfície de indiferença sobre a qual flutuam, segundo Deleuze (1988, p. 63), "determinações não-ligadas, como membros esparsos, cabeças sem pescoço, braços sem ombro, olhos sem fronte".

Por outro lado, a referência a Derrida tem como alvo o conceito de disseminação que este elaborou em 1972 em crítica à linguística estrutural e ao conceito de polissemia. À linguística estrutural de Ferdinand de Saussure que estipula um lugar fixo de significado para um significante em sua relação com outros, Derrida (1981) opõe o conceito de vestígio segundo o qual um significante é sempre já resultado de uma conjunção de outros elementos (significantes, significados, sinais), acarretando uma regressão ao infinito, de modo que o vestígio não é uma presença, mas um simulacro, que torna a presença excedente em relação a si mesma, e não apenas a soma, ou estrutura combinatória dos elementos que deixam traços na formação de um significante. A regressão ao infinito leva à polissemia, enquanto os espaços entre diferentes signos, segundo o estruturalismo, revelariam o sentido de um discurso. Para Derrida, ao contrário, os espaços entre signos não seriam portadores de um sentido universal, mas sim do jogo das diferenças entre eles e que os coloca em relação uns com os outros, sem as quais os termos não teriam significado nem função num texto. É dessa forma que Derrida (1981, p. 7) define a disseminação como "precisamente a impossibilidade de se reduzir um texto como tal aos seus efeitos de sentido, conteúdo, tese e tema". Se, de um lado, a polissemia encontra-se nos confins de um discurso totalmente enquadrado, delimitado por uma Razão, a disseminação escapa a essa formulação por ser a "diferença sem lugar".

Materialismo, Diferença e Disseminação, ou o encontro de Deleuze e Derrida com Althusser, atuam em conjunção, em resgate de uma corrente filosófica que resistiu às tentações do humanismo e do essencialismo e que sobre elas estendeu o mastro do aleatório. Contudo, mesmo que se saiba que o materialismo do encontro é um materialismo, no sentido de que se opõe diametralmente a um idealismo, cabe a pergunta: é o materialismo do encontro um materialismo dialético? Se sim, então de que forma e em qual sentido se afirma essa dialética?

Para se responder a todas essas questões, não basta repetir a fórmula evocada por Althusser ao afirmar que o materialismo do encontro assim se denomina em razão de sua crítica ao idealismo, pois não seria suficiente se afirmar que o materialismo do encontro é dialético no sentido de que se opõe a uma concepção empiricista e feuerbachiana da matéria e também ao idealismo dialético de Hegel, tal como definido como a dança de contradições, identidades, reversões e conciliações redentoras. Não. Pode-se afirmar que o materialismo do encontro é dialético no sentido de que ele não é uma simples oposição às formas precedentes ou idealistas de materialismo, mas é, sim, um movimento de radicalização da dialética. Althusser desenvolve, em primeiro lugar, uma dialética materialista a qual corresponde à constituição de determinada realidade, indo da platitude do Vazio, atravessando a multiplicidade de elementos diferençáveis entre si em Queda, chegando ao Desvio, ao Encontro e ao Mundo. No entanto, a dialética do encontro radicaliza tanto a perspectiva tradicional da dialética como choque de posições contraditórias (tese/antítese) que produzem ao fim uma síntese, uma unidade sempre já imanente aos elementos da contradição original, quanto a noção de dialética como Lei pétrea da realidade e de sua transformação histórica, em que quantidades e qualidades se acumulam e se transformam umas nas outras como passos necessários ao perpassar de etapas de desenvolvimento com uma finalidade e uma intencionalidade profetizadas.

A radicalidade da dialética do encontro de Althusser está exatamente presente na admissão de que o gesto fundamental a operar toda a cadeia de transformações de partículas em queda sob paralelismo em uma estrutura, um Mundo, com sentido e necessidades, escapa, de fato, a qualquer lógica dialética inspiradora de uma identidade de contrários ou da ação de uma lei histórica: o Desvio é o deslocamento infinitesimal de séries de elementos empiricamente distintos, lançado aleatoriamente por sobre o tabuleiro indiferente do Vazio/Nada, que, prescindindo de contradição, repousa na diferença extrínseca das singularidades "encontrantes" para que o Desvio tome lugar. Reconhecer como primeiro momento um fato inteiramente "não dialetizável" como o Desvio, que ocupa o lugar de transição entre "coisa alguma" e "algo", precisamente por lançar a "possibilidade de algo", significa compreender a própria dialética não mais como jogo do negativo, mas como choque de afirmações unilaterais que se sujeitam ao antagonismo puro do encontro entre o dialético e sua impossibilidade. Do desvio, consequentemente, só resta seu vestígio no Encontro que deu "pega", assim como na disseminação de Derrida em que um texto, um todo estruturado, não pode ser reduzido a um sentido prévio das partículas que o formam, mas, ao contrário, é somente após a estruturação do Mundo que se revela um sentido que domina as partes. Logo, o Desvio ocupa o espaço do "não localizável" e que é, contudo, o elemento catalisador da dialética materialista que envolve o Encontro e, por sua vez, o todo estruturado não representa uma síntese ou unidade simples da diferença, senão uma articulação complexa do diverso.

Em segundo lugar, se não se trata, todavia, de uma dialética em sua versão clássica de contradição/conciliação, qual é, portanto, a dialética que entra em operação no materialismo do Encontro? Responder a essa questão envolve uma revisita ao Althusser (1979) de *A favor de Marx*, obra na qual o autor se dedica, entre outras coisas, a traçar o marco diferencial entre a dialética hegeliana e a de Marx: no capítulo intitulado "Contradição e sobredeterminação; notas para uma pesquisa", Althusser apresenta seu argumento valendo-se da dificuldade em se compreender a dialética de Marx como "inversão" da dialética de Hegel, pois, de fato, se em Hegel a dialética se encontra de forma mistificada em razão da filosofia especulativa, não trataria apenas de uma inversão, mas de uma extração desmistificadora.

Atribuindo o esforço de "inversão" a Feuerbach, este Althusser compreende em Marx uma articulação para além da contradição hegeliana em que cada elemento em contradição é, no entanto, abstraído pela lógica em favor de uma identidade simples entre opostos aparentes. Ao contrário, em Marx, segundo Althusser, o todo não é a suprassunção das diferenças, e sim uma complexidade estruturada que apresenta como caráter primordial a dominância de uma contradição por sobre as outras, que não é, contudo, uma imposição unilateral, mas resultante da própria relação entre os elementos contraditórios que põe e pressupõe a dominância de uma contradição em referência às demais. É o que Althusser denomina sobredeterminação. Mas qual a relação entre a sobredeterminação e o encontro?

Morfino (2005) fornece pistas a essa resposta ao afirmar que, quando formada determinada estrutura desencadeada pela "pega" do encontro", dá-se o primado da estrutura sobre os elementos, isto é, essa estrutura passa a dominar os elementos que a compõem, de maneira que tal estrutura não pode ser reduzida aos caracteres individuais e seus respectivos lugares no encontro — um todo complexo estruturado não é igual à soma de suas partes —, mas corresponde a uma configuração inteiramente nova que apresenta necessidades de articulação próprias. Pode-se admitir, com riscos, que o primado da estrutura sobre os elementos é a marca de um efeito de sobredeterminação, de modo que a "afinidade" dos elementos que se encontram não precisa ser pensada como resultado de uma simetria ou de uma reciprocidade metafísica, uma vez que o desvio é a quebra mesma da ordem simétrica do paralelismo, mas de uma relação de forças, um choque de partículas, cuja energia de ligação produz uma forma e um conteúdo irredutíveis. A sobredeterminação é, pois, a dominância exercida por um elemento do encontro, cujas condições de possibilidade estão sempre lançadas pela relação mesma desse elemento com os outros, e as condições de possibilidade desses outros são correlativas à existência do elemento dominante. Esse é o vestígio da afinidade. A unilateralidade das diferenças entre os elementos é o próprio combustível para a articulação de um todo complexo com dominante, e a reprodução dessas diferenças, agora estruturadas hierarquicamente, como efeito de sobredeterminação, lançam possibilidades da Lei, da Razão do Mundo.

O terceiro ponto a ser destacado na articulação teórica de Althusser refere-se à própria causalidade do encontro. Voltando a Althusser (2005), um encontro é produto de um desvio aleatório, é, portanto, uma singularidade, uma finitude saída do paralelismo infinito entre partículas. E é também, o Encontro, um encontro de infinitos encontros, pois cada elemento de um encontro represente, por si só, infinitas cadeias de desvios precedentes que poderiam ter ocorrido ou não, e que podem vir a não ocorrer mais. A possibilidade problemática que Althusser tangencia, mas não explora, é a possibilidade de o Encontro ser resultado de um desencontro desviante primordial.

Althusser tangencia essa questão de maneira bastante crítica, principalmente quando menciona Marx e sua hipótese de formação do MPC como causalidade posta diretamente pela desintegração do modo de produção feudal. Ao subordinar a ocorrência do Encontro entre o "homem com dinheiro" e o "produtor livre" a tal hipótese de decomposição do feudalismo, Marx n'*O capital*, segundo Althusser, passaria a operar dentro do quadro teleológico e essencialista da história, pois:

> Marx deixa deliberadamente de lado o caráter aleatório do "encontro" e de sua "pega" para pensar somente no fato consumado da "pega" e portanto na sua predestinação. Segundo essa hipótese, nenhum elemento tem mais uma história independente, mas sim uma história que leva a um fim: aquele de se adaptar às outras histórias, dado que a história forma um todo que reproduz sem cessar os próprios elementos, adequados à sua engrenagem. É assim que Marx e Engels pensarão o proletariado como "produto da grande indústria", "produto da exploração capitalista", "produto do capitalismo", confundindo a produção do proletariado com sua reprodução capitalista ampliada, como se o modo de produção capitalista tivesse preexistido a um de seus elementos essenciais, a mão-de-obra despossuida. Aqui, as histórias próprias não flutuam mais na história, como tantos átomos no vazio, graças a um "encontro" que poderia não se dar. Tudo está consumado por antecipação, a estrutura precede seus elementos e os reproduz para reproduzir a estrutura. [...]. Donde vem, segundo Marx, esse homem com dinheiro? Não se sabe exatamente: do capitalismo comercial? [...]; da usura? Da acumulação primitiva? Da pilhagem das colônias? No limite, pouco nos importa, mas importa singularmente a Marx – o essencial é o resultado: que ele exista. Marx abandona essa tese, preferindo a tese de uma

> mítica "decomposição" do modo de produção feudal e do nascimento da burguesia no seio mesmo desta decomposição, o que introduz novos enigmas. (ALTHUSSER, 2005, p. 34).

Embora Althusser entenda esse movimento de Marx n'*O capital* como recuo radical do Encontro em favor da hipostasia de uma Necessidade da História, haveria ainda a possibilidade de uma interpretação alternativa não arriscada por Althusser. Em termos breves: se se regredir um pouco mais na história do Ocidente, pode-se pensar na formação mesma do modo de produção feudal como o próprio Desencontro subsumido ao paralelismo, pois o que seriam os feudos senão as partículas fragmentárias em suspensão no Vazio proporcionado pela desintegração do modo antigo de produção? Tal alternativa implicaria automaticamente a dedução de que o feudalismo seria o paralelismo rompido pela forma transicional provocada pela conjunção da monarquia absoluta e formação dos Estados nacionais, da acumulação mercantil e financeira, da espoliação e expulsão das comunidades rurais e da urbanização, das corporações de ofício e das primeiras unidades domésticas de produção, da burocracia e burguesia nascentes, que, logo, poderia ser identificada como o longo Desvio que possibilitou o Encontro favorável à emergência do MPC.

Com efeito, se se localizar o Desencontro como a condição de possibilidade para o desvio, tem-se como consequência que não só o Encontro, enquanto choque de partículas, produz uma estrutura qualitativamente diferente e irredutível aos elementos individuais que lhe deram origem, mas também o Desencontro, enquanto momento de desagregação estrutural de um todo complexo com dominância, lançaria sobre o Vazio séries de elementos portadores de caracteres que foram modificados em sua forma e conteúdo por sua subordinação estrutural precedente. Assim como o Encontro, o Desencontro também é produto da aleatoriedade, do acidente, dado que sua ocorrência nunca é anunciada previamente e seu zênite pode ser provocado por possibilidades infinitas que podem, por seu turno, colocar entraves à sobredeterminação estrutural, e, assim, liquidar a "pega" de um Encontro.

Subsidiariamente ao tópico anterior, o quarto, e último, aspecto do materialismo em Althusser posto à luz aqui se refere à categoria que, embora não articulada por Althusser ao longo de seu raciocínio sobre o encontro, não deixa de estar presente em cada segmento de seu argumento teórico: a repetição. Em diferentes níveis, de diferentes modos e com efeitos diversos, a repetição é o alicerce ausente do materialismo da contingência: primeiramente isso decorre da constatação de que, se o ponto de partida desse materialismo é o Vazio, ou seja, a inexistência de coisa alguma, e o ponto de chegada é novamente o Vazio, tendo-se como ponto médio um encontro de partículas, a longa repetição de vazio-a-vazio é o quadro geral em que se esquadrinha a possibilidade do "algo provisório" que se põe como a um distúrbio temporário.

Num segundo instante, a conformação mesma do paralelismo dos elementos ou da ruptura de sua simetria implica a posição antagônica assumida, de um lado, pela possibilidade da afinidade entre partículas não relacionadas e, de outro, à resistência que estas podem apresentar à possibilidade de um choque entre si. Essa imagem do paralelismo ou do desvio como resultantes de uma relação de forças significa que também a manutenção do paralelismo é produto de uma repetição: uma repetição do mesmo, do não-relacionado, da existência abstrata sem um corpo para existir concretamente. Logo, o desvio é o momento em que a afinidade finalmente vence a resistência entre os elementos, interrompendo a série de repetições que reproduzia a sua não-relação contínua.

Chega-se, então, ao Encontro, sendo este uma possibilidade lançada pelo Desvio. O Encontro, porém, só produz um Mundo (um odo complexo estruturado), se houver "pega", e, uma vez que a "pega" é, sobretudo, efeito da duração de um encontro, novamente a repetição tem aí lugar. Para durar, e daí "pegar", um encontro deve se repetir em sua novidade. Dessa repetição emerge a potência criadora do "novo", de uma estrutura complexa de elementos, correspondências, contradições, intervalos e sob dominância. A repetição é, assim, um "ato em processo" a partir do qual os elementos de uma estrutura convergem (são "convergidos") para seus respectivos lugares e funções particulares na reprodução sobredeterminada da "pega" e de sua novidade. O "novo", parido da "pega", que se encontra lançado à incerteza de sua continuidade, tem sob seu modo específico de reprodução sua única saída para prolongar sua existência. Sobre a reprodução do todo estruturado incide, então, a marca da sobredeterminação, ou seja, de uma determinada combinação entre os elementos de um todo complexo, na qual se põe a dominância de um sobre os demais termos.

Essa ressonância característica da sobredeterminação é precisamente a repetição: um termo dominante de uma estrutura somente o é na medida em que cada elemento da estrutura reflete, em si mesmo e em relação aos demais, suas próprias condições de existência, sua própria posição de fato, dada a forma conjuntural assumida pelo todo complexo, e seu próprio lugar na hierarquia dos elementos de uma estrutura. Assim, os elementos que, no Encontro, apresentavam uns aos outros diferenças particulares que se punham de forma unilateral passam a interiorizar essas diferenças quando se conformam de forma articulada num "todo", e, por esse processo de reflexão, tal como Althusser (1979) o descreve, expressam de forma imanente e relacional tais diferenças que antes eram externas e singulares. Esse redobramento das diferenças (a passagem da singularidade à estrutura) é a repetição dos condicionantes causais que possibilitam que dada conjunção de elementos seja efeito de um todo complexo estruturado com dominante.

Numa leitura mais arriscada, pode-se afirmar que há ainda um último nível em que a repetição pode estar articulada nessa dialética materialista de Althusser (2005): a repetição histórica. Em Marx, a repetição histórica surge como tópico de introdutório de seu *O 18 de Brumário de Luís Bonaparte*, em que Marx (2011a, p. 25) sugere, como aforismo, que "Hegel comenta que todos os grandes fatos e todos os grandes personagens da história mundial são encenados, por assim dizer, duas vezes. Ele se esqueceu de acrescentar: a primeira vez como tragédia, a segunda como farsa". Por sua vez, Hegel (2001) elabora a repetição em um duplo nível, cuja explicação deve começar pela seguinte citação:

> César pôs um fim ao formalismo vazio desse título [a República][7], fez de si mestre, e uniu o mundo romano pela força em oposição a frações isoladas. Apesar disso, vemos os mais nobres de Roma supondo que o governo de César seria mero acidente, e todas as posições de interesse dependentes de sua individualidade. Pensaram assim Cícero, Brutus e Cássio. Eles acreditavam que, se esse único indivíduo fosse retirado do caminho, a República seria, consequentemente, restaurada. Possuído por essa poderosa alucinação, Brutus, um homem de nobre caráter, e Cássio, dotado de uma energia prática maior que a de Cícero, assassinaram o indivíduo cujas virtudes apreciavam. Mas se tornou imediatamente manifesto que somente a *vontade de um* poderia guiar o Estado Romano, e como os romanos estavam compelidos a adotar essa opinião; já que em todos os períodos do mundo uma revolução política é sancionada pela opinião dos homens quando ela repete a si mesma. Portanto, Napoleão foi derrotado duas vezes, e os Bourbon duas vezes exilados. Pela repetição daquilo que primeiro apareceu meramente como fruto do acaso e da contingência e se torna uma existência real e ratificada. (HEGEL, 2001, p. 332).

---

[7] Inserção minha.

O primeiro e mais perceptível nível da repetição em Hegel é a repetição de um mesmo conteúdo, de uma mesma Ideia, daquilo que escapa à singularidade e se torna genérico. O que parecia ser ímpeto isolado de Caio Júlio César contra a República sob governo de Pompeu, cujo arranjo conjuntural favorecia o pensamento equivocado dirigido à individualização dos feitos conquistados e das manobras políticas de Júlio César, assumiu o caráter geral da vontade romana. Daí o fato de que a repetição, num primeiro momento, é a ratificação da Ideia, é, portanto, o Encontro da Ideia com o Espírito do Mundo; uma repetição da qual apenas as formas variam.

O segundo, e talvez mais importante, nível da repetição acontece como consequência do primeiro: a ratificação da Ideia, ou seja, da vontade geral, retoma o caminho da singularidade como seu fundamento. Isso ocorre porque, no caminho da vontade singular a sua ratificação geral pela opinião dos homens, a Ideia da unificação sob o *governo de um* transforma o nome próprio de Júlio César em título, de forma que Otávio Augusto é, de fato, o primeiro César da história do Império Romano. E essa repetição formal carrega agora um conteúdo completamente diferente diante da generalidade atingida pela primeira repetição, pois leva de volta a uma singularidade, mas não à mesma singularidade, e sim a um "novo", que é, todavia, Encontro, pois, se o primeiro rompe com o paralelismo dos domínios fragmentários da República no exterior, o segundo rompe com o paralelismo entre os poderes do Senado e do Governo em favor do controle unificado exercido pelo Imperador.

Marx (2011a) repete Hegel (2001) ao adotar uma linha argumentativa crítica em relação a intelectuais tais quais, por exemplo, Victor Hugo e Proudhon, cujas narrativas objetivistas e românticas, ao invés de denunciarem a usurpação do Estado francês pelas mãos da grande burguesia e de Luís Napoleão, deram lugar a uma interpretação que enaltecia individualmente as supostas virtudes do último, como se o avanço da sua concentração de poder fosse um empreendimento fruto unicamente de seu cálculo e de sua vontade em operação. Ao repetir Hegel, mas submetendo a dialética idealista a uma dialética com dominante estrutural, Marx dá início a uma narrativa histórica vibrante, com os detalhes das lutas de classes e das relações de força dentro do Estado entre o Poder Legislativo e a burocracia de Bonaparte, dando ênfase às contingências e suas implicações para os rumos políticos da França pós-1848. Com isso, Marx fez-se capaz de posicionar adequadamente Bonaparte na estrutura de elementos difusos e contraditórios que integraram a rapsódia tragicômica que se seguiu da deposição de Luís Filipe de Orleans em fevereiro de 1848 até dezembro de 1852, data em que Bonaparte se proclamou imperador da França. É somente aí que a adição que Marx fez ao comentário de Hegel sobre a repetição histórica se torna completamente inteligível: na repetição o primeiro acontecimento é marcado pelo signo da tragédia, da contingência avassaladora, tal como a emergência do primeiro Napoleão e instauração do Império Francês como lápide da Revolução Francesa, o segundo acontecimento porta os caracteres formais do primeiro enaltecendo o seu conteúdo e traduzindo-o a seus interesses contingenciais, pois a consequência da revolução de fevereiro de 1848 que reinstituiu a república foi a reinstauração do Império sob as mãos de um Bonaparte, desta vez o sobrinho.

Se o primeiro acontecimento sugere a existência de um Excesso inapreensível imediatamente pelo estado das formas de consciência de uma época histórica específica (os romanos em relação a Júlio César, por exemplo), o segundo acontecimento, que é em Hegel a ratificação de uma Ideia pela vontade geral e em Marx a encenação de uma farsa, é, assim, nada mais que a absorção do Excesso provocado anteriormente por meio de estruturação complexa em favor de um elemento dominante (no caso, a forma política da República francesa instalada em 1848 permitia às burguesias dinásticas da alta finança e grandes proprietárias de latifúndios a articularem suas forças e seus interesses econômicos conjuntamente contra os industriais e comerciantes que formavam uma fração da burguesia republicana). Por outro lado, essa repetição que se desembaraça de uma singularidade e recai na generalidade também é engendradora de uma nova singularidade, de maneira que, ao mesmo tempo que a repetição absorve o Excesso do primeiro acontecimento, um novo Excesso é produzido.

A repetição histórica, tanto em Hegel quanto em Marx, demonstra que, sob o marco de um acontecimento revolucionário, dois encontros podem estar atrelados, embora separados no tempo. Do primeiro Encontro, uma enorme destruição criadora de largo alcance que afeta até mesmo outros paralelismos (e uma revolução burguesa teve esse efeito nos Estados Unidos e na França), dando-se a "pega", emerge uma estrutura complexa com determinações, contradições, subestruturas, antagonismos etc., que demarca as leis e as condições de possibilidade para a ocorrência de outros encontros, sendo estes resultantes de conjunturas e limitados pela contingência das circunstâncias e da configuração estrutural dos elementos que se põem em jogo. Por exemplo, a Revolução Francesa de 1789 centra-se no esforço para possibilitar a destituição da Coroa em favor do estabelecimento de uma república burguesa, com direitos civis, humanos e individuais resguardados constitucionalmente, e o golpe de 1852 dado por Bonaparte marca exatamente o ponto em que a burguesia francesa se destitui do poder estatal em favor da autocracia de Bonaparte para garantir o domínio burguês sobre a produção e reprodução social. Um intervalo de 63 anos separa os dois Encontros, mas os dois apresentam-se como contingências que põem na ordem do dia um determinado conteúdo — a dominação social burguesa —, sendo o primeiro a sua manifestação excessiva; e o segundo, sua encenação ratificadora. Não só isso, mas, além de ser encenação, a repetição lança um nova singularidade, pois, se a França sob o primeiro Bonaparte devastou as fronteiras políticas da Europa com os confrontos militares, invasões e bloqueio econômico, a França sob Luís Bonaparte foi o marco de uma aliança internacional inesperada entre burguesias quando Bismarck, chanceler do Segundo Império Alemão, ofereceu apoio a Bonaparte para rechaçar militarmente o perigo proletário contido na Comuna de Paris e garantir assim os interesses burgueses.

Chega-se ao resultado de que Diferença (singularidade) e Repetição (generalização), embora aparentemente contraditórias, são, de fato, articuladas, produzindo-se e reproduzindo-se mutuamente nas séries de contingências, tal como elabora Deleuze (1988). Porém, à revelia de sua posição crítica em relação à dialética, a intervenção da sobredeterminação estrutural compreendida por Althusser (1979) retoma a dialética materialista de Marx ao condicionar as contingências e seus elementos ao primado da estrutura sobre as partes. Depois de formado um Mundo, as leis condicionam as possibilidades de Encontro que podem ocorrer em seus domínios estruturais, de forma que são as articulações conjunturais de seus elementos que medeiam o modo e a intensidade das ocorrências irruptivas ou disruptivas. Se, por exemplo, as Revoluções Americana de 1776 e Francesa de 1789 foram as plataformas de ascensão da burguesia à classe dominante; e a Guerra de Secessão de 1865 nos EUA e o golpe de Bonaparte de 1852 na França confirmações históricas da hegemonia burguesa, também a Comuna de Paris de 1872 e a Revolução Russa de 1917 foram encontros mediados (em sua clara natureza antagônica) pelo domínio burguês da produção social. Ambos os eventos disruptivos, de 1872 e 1917, se encontram sujeitos aos mesmos critérios da "pega", embora sejam encontros dirigidos ao Desencontro, ou seja, à desagregação da estrutura em que ocorreram.

De fato, dados os argumentos expressados até aqui, o mito de Sísifo encarna exatamente a lógica materialista do encontro e da repetição: primeiro, Sísifo, assim como todos os mortais, vê-se lançado ao paralelismo de suas opções, ou temer e obedecer aos deuses ou se impor contra a lei divina; rompendo com o paralelismo inicial, Sísifo repetidamente escolhe se insubordinar aos desígnios divinos, o que é, em si, um evento singular revolucionário, enganando o próprio Hades neste processo; a repetição da insubordinação é uma repetição de conteúdo, já que as formas da insubordinação sempre variavam de acordo com as exigências da conjuntura; a astúcia de Sísifo é o elemento estruturante de sua vida, isto é, o elemento que sobredetermina seu Mundo e sua relação com os outros elementos (sua esposa, por exemplo); o julgamento de Sísifo, o encontro de Sísifo com os Juízes do Inferno, é um acontecimento disruptivo que acarreta o Desencontro, ou a desagregação da estrutura de seu Mundo; da desagregação surge um novo paralelismo, o de Sísifo e o bloco de pedra. E o castigo de Sísifo impele-o a rolar o bloco de pedra montanha acima repetidamente; dá-se, portanto, o Encontro entre Sísifo e o bloco de pedra; do trabalho aparentemente inútil e genérico, estipulado pelo seu castigo, a articulação entre Sísifo, Pedra e Montanha cria uma "pega" e instaura um novo Mundo; Esse "instaurar de um novo Mundo" é também a produção de uma nova Diferença, de uma nova singularidade, um espaço momentaneamente livre da dominação de divindades; por fim, de obstáculo a sua liberdade, o imenso bloco de pedra torna-se símbolo de sua vitória.

É nesse sentido que as categorias analíticas da **transgressão primária**, do **castigo das repetições**, da **transgressão disruptiva** operacionalizam na pesquisa aquilo que o materialismo do encontro desenvolvido por Althusser (2005) apresenta como consequências últimas e ontológicas da realidade e do pensamento. **Diferença** e **Repetição** são assim, dialeticamente, articuladas à lógica **Desvio-Encontro-Pega-Mundo-Razão**, bem como esta se constitui no fundamento para a **Ética Subversiva** de Sísifo: da recuperação operária de fábricas surge um Excesso inesperado que transborda a vida organizativa interna à fábrica e que coloca em jogo a possibilidade de um "algo-a-mais".

Naturalmente, localizar com precisão o sujeito-na-história designado de **Sísifo Moderno**, tendo-se como pano de fundo o materialismo marxista, significa apresentar os caminhos lógico-teóricos que podem delinear as coordenadas fundamentais relacionadas à luta de classes e aos sujeitos que nela se colocam enquanto formas de vida e de consciência radicalmente críticas.

Para o núcleo de uma leitura ortodoxa do marxismo, especialmente denotado no *Manifesto do Partido Comunista*, de 1848, Marx e Engels (1998) compreendem a classe trabalhadora, sob a liderança do proletariado, como o sujeito capaz de efetivar o Desencontro da brutal estrutura de exploração do MPC para instaurar uma nova formação social sem classes e, consequentemente, sem os antagonismos característicos do modo de produção precedente, tal como retoma Marx (2008) em seu famoso prefácio de 1859.

Contra essa leitura escatológica centrada num destino manifesto da classe trabalhadora e de sua vanguarda militante (proletariado, sindicatos operários e partidos comunistas), Gerald Cohen, por exemplo, lança alguns questionamentos lógicos em direção ao argumento essencialista da revolução social pela classe trabalhadora. Para Gerald Cohen (1983), a definição marxista clássica da classe trabalhadora como portadora de uma nova universalidade depende da premissa geral de que os trabalhadores, como massa uniforme, são forçados a vender sua força de trabalho. No entanto, conforme Cohen, as transformações capitalistas das circunstâncias objetivas e históricas das relações de produção e de trabalho permitem negar essa afirmação por meio da proposição de que há algum trabalhador que não seja forçado a vender sua força de trabalho. Cohen demonstra a validade de sua proposição ao recorrer ao exemplo de trabalhadores que ocupam posições socioeconômicas superiores às do proletariado, este sim forçado a vender seu trabalho para reproduzir suas condições precárias de subsistência.

Com a afirmação desse argumento principal, o filósofo canadense prossegue ao afirmar que: a) o proletariado não é o único produtor da riqueza social; b) a classe trabalhadora não é formada exclusivamente pelos membros mais explorados e necessitados da sociedade; e c) na situação de relativamente escassas oportunidades para a ascensão à camada salarial média, enquanto, por um lado, o proletário individual se encontra livre para decidir se deve continuar ou não como membro do proletariado, o proletariado em conjunto está sujeito, por outro lado, a um "aprisionamento coletivo" cuja consequência mais profunda é a persistência da reprodução das condições de vida em face das incertezas pós-ascensionais e da perpetuação do apelo ao pertencimento de classe. A conjunção das três afirmações implica a admissão de que: d) diversos membros classe trabalhadora têm mais a perder com uma potencial revolução socialista do que apenas seus grilhões; e e) o proletariado na sua concepção tradicional, como operariado assalariado industrial, consequentemente, tem perdido a centralidade da ação revolucionária para implantar uma potencial universalidade anticapitalista.

Partindo da lacuna percebida por Coehn (1983), no artigo intitulado "The revolt of the salaried bourgeoise" (A revolta da burguesia assalariada, em português), Žižek (2012) explora ainda mais a fissura da classe trabalhadora no capitalismo tardio ao afirmar que a forma mais desenvolvida e acabada de exploração capitalista, ao contrário da antiga centralidade da produção de mais-valor pela extensão de jornadas e pela intensificação do ritmo de trabalho, apresenta sua razão-de-ser na crescente privatização de recursos comuns, principalmente os relativos ao "intelecto geral": casos de bilionários das tecnologias de informação e comunicação, como Steve Jobs e Bill Gates, que obtêm renda pelo aluguel do "intelecto geral", cujos lucros estão completamente desvinculados do tempo de trabalho despendido pela massa assalariada dos trabalhadores que eles contratam. Segundo Žižek, são esses casos mais notórios de desvinculação objetiva entre valor de troca e tempo de trabalho, que permitiriam apontar a tendência histórica de ascensão planetária de uma camada assalariada nos segmentos megacorporativos e burocrático-estatais, cujos ganhos ultrapassam em boa margem suas necessidades materiais de subsistência.

De acordo com o filósofo esloveno, essa camada de trabalhadores forma a chamada "burguesia salarial"[8] que recebe um excedente remuneratório (ou superávit salarial) relativo à reapropriação de parte do mais-valor produzido pelo aluguel do "intelecto geral", o qual não se sustenta como medida econômica de performance e eficiência produtiva, mas, sim, em virtude de seu compromisso político-ideológico de não engajamento classista em favor do proletariado. Pelo contrário, como declara Žižek, várias manifestações políticas de grupos pertencentes a essa camada assalariada são motivadas, na atualidade histórica, pelo medo do potencial rebaixamento de seu confortável padrão de vida aos padrões precários do proletariado, aprofundando o abismo estrutural que separa os interesses e as possibilidades de uma ação política integrada da classe trabalhadora. Segundo este autor, entre as manifestações recentes que apresentam tais características, merecem citação: o movimento *Occupy Wall Street* (Ocupe Wall Street, em português) e o movimento inicial da "Primavera Árabe", por exemplo.

Dados os questionamentos sobre a capacidade de uma ação organizada da classe trabalhadora como titular de um processo autenticamente revolucionário, tais como os de Coehn (1983) e de Žižek (2012), após os movimentos de maio de 1968 e da derrocada da URSS desde a década de 1980 até seu momento derradeiro em 1991, proposições teóricas têm se

---

[8] Pode-se, sem maiores problemas, indicar que a burguesia assalariada em Žižek (2012) possui os atributos daquilo que Saes (2005) conceitua como classe média, já que esta, por sua vez, se apresenta como grupo social que agrega trabalhadores assalariados e/ou comissionados cujo lugar no processo de trabalho se destina a funções indiretamente produtivas ou inteiramente improdutivas em relação ao mais-valor a ser realizado pela circulação.

dividido entre um primeiro grupo que intenta a defesa de uma descentralização do trabalho como veículo de transformação social radical e um segundo grupo que compreende o surgimento de novas possibilidades de Encontro pelo engajamento social no século XXI capazes de formas inovadoras de organização em prol de uma democratização radical das relações políticas e produtivas.

Entre o primeiro grupo de autores, situam-se, por exemplo, Gorz (1982), Habermas (1991) e Offe (1989). Em que pesem as diferenças formais entre proposições de cada um, tais intelectuais endossam a tese de que as transformações das técnicas de organização do processo de trabalho, a introdução nos processos produtivos de tecnologias revolucionárias de comunicação e informação, a crescente automação do maquinário fabril e dos meios de produção na prestação de serviços, que resultam conjuntamente no desemprego estrutural massificado e na marginalização do trabalho produtivo, trazem como consequência a invalidação, diante da configuração presente do MPC, da centralidade da classe trabalhadora para proceder a um projeto de reestruturação social radical. Lideram entre tais perspectivas as interpretações de Habermas (1991) segundo as quais, mesmo que o trabalho humano tenha sido o pilar do desenvolvimento material das condições de existência da espécie humana, a complexificação das relações sociais e dos vínculos intersubjetivos pressupõe um primado da linguagem sobre o trabalho, de modo que se instaura uma dualidade entre o "mundo da vida" (das interações comunicativas intersubjetivas e da constituição de espaços públicos para a deliberação racional sobre questões do coletivo) e o "mundo do trabalho" (lócus por excelência da racionalidade instrumental que aprisiona os indivíduos às suas atividades imediatas de produção).

Encontrando-se entre os autores que pertencem ao segundo grupo (os que veem novas possibilidades de radicalização para além da classe trabalhadora tradicional), Hardt e Negri (2004) polemizam ainda mais profundamente o descentramento da massa trabalhadora na luta pela emancipação humana, por meio da insurgência de novos movimentos pela autonomia e democracia em escala mundial contra o que denominam "Império". De acordo com os autores, ao contrário da uniformidade de identidade que a massa oferece, ou seja, da indiferença provocada pela supressão das particularidades individuais de seus membros, e, principalmente, em oposição ao conceito de classe trabalhadora, que, segundo os autores, é utilizado arbitrariamente para inscrever apenas trabalhadores assalariados, excluindo a camada não remunerada e em ocupações intermitentes do "trabalho reprodutivo", emerge o conceito de "multidão", formada pela interseção de várias formas de trabalho, identidades, culturas, etnicidades, gerações, ou seja, um conceito inclusivo que, por essa abertura, se torna mais combativo diante dos tentáculos políticos, econômicos e armados que reprimem a democracia no atual estágio do capitalismo neoliberal.

Em defesa de seu ponto de vista, Hardt e Negri afirmam que, embora o número de trabalhadores industriais não tenha caído substancialmente, as mudanças no padrão econômico mundial entre os séculos XX e XXI permitem compreender que a classe trabalhadora tradicionalmente assalariada da indústria não comporta mais a forma hegemônica de produção de valor, pois o surgimento de novas formas de "trabalho imaterial", centradas na denominada produção social, volta-se primordialmente à produção de relações comunicativo-afetivas, as quais se sobrepõem, segundo Hardt e Negri, à restrita objetivação material-física, pautada fundamentalmente em relações econômicas diretas, e isso significa que a "multidão", por abrigar as diversas formas de produção social, carrega em si um potencial democratizante mais amplo e profundo do que o contido na classe trabalhadora industrial-tradicional.

Pertencendo ao segundo grupo, mas mais modesto quanto às possibilidades futuras de luta pela transformação radical da sociedade no século XXI, Standing (2014) articula as mudanças estruturais das relações de trabalho (maior flexibilidade dos contratos, perda de direitos e garantias laborais, intensificação de jornadas, rebaixamento da remuneração) à emergência de um novo grupo social subalterno: o precariado. Segundo Standing, esse grupo, que não pertence à classe média, nem à classe trabalhadora mais oprimida (que poderíamos denominar proletariado), denuncia por meio de seu crescimento global a profunda crise social a que levou a implementação, sem restrições, da agenda neoliberal. Essa caótica classe-em-formação, como salienta Standing, não é desejosa de um simples retorno ao trabalhismo tradicional do Estado de bem-estar europeu, e, embora não possua ainda uma agenda coesa, dispõe-se contrariamente à hegemonia clássica de partidos e sindicatos trabalhistas. Standing utiliza como exemplo as demonstrações do Primeiro de Maio em Milão, que logo se tornou pan-europeu em favor da instituição da livre migração e de uma renda básica universal, mais tarde rompeu as fronteiras da Europa, atingindo um estatuto internacional ao chegar ao Japão. Para Standing, a mundialização do precariado coloca em jogo uma complexa bifurcação histórica que supõe os antagonismos entre uma "política de inferno" e uma "política de paraíso".

Na agenda política de inferno, o precariado, submetido à fronteira entre a luta social e a marginalização penal pelo Estado de direito, recairia nos braços do discurso político demagogo e populista de uma coletividade fragmentária de "livre mercado" e neodarwinista, em que se sobressairiam: 1) o utilitarismo ou a metafísica da decisão certa sob a indiferença; 2) a sistemática invasão de privacidade; 3) a educação panóptica, segundo a qual o regime educativo se vê robotizado pela introdução irrestrita dos meios eletrônicos nos processos de ensino-aprendizagem para monitorar, disciplinar e avaliar o desempenho de estudantes, mesmo fora de seus ambientes escolares; 4) estratégias panópticas de recrutamento, seleção, monitoramento e promoção de funcionários que refinam a segmentação e a discriminação da força de trabalho designada ao precariado, incluindo formas de contratação baseadas em seleção genética e hormonal de candidatos a empregos temporários e mal remunerados; e 5) o Estado paternalista e terapêutico que, por um lado, estrutura as escolhas dos indivíduos para determinados fins (desde a reciclagem, a qualificação profissional, o consumo hedonista, a opinião pública ao voto) e programas públicos de saúde para a tratamentos e medicalização massiva de indivíduos com transtornos de ansiedade, depressão, personalidade em razão de fatores desencadeados pela insegurança e vulnerabilidade de suas respectivas condições de subsistência. Como resultado desse arranjo político, dá-se o *workfare* (ou "política de condicionalidade", em português) pelo qual se desenvolvem programas públicos de incentivos que visam modelar o comportamento de seus beneficiários de acordo com interesses da agenda política governamental. Especialmente, o *workfare* tem atingido o precariado, fazendo-o crescer substancialmente em países de capitalismo avançado, como Reino Unido e Estados Unidos, e acarreta, afirma Standing, o desgaste da democracia e na escalada do neofascismo.

Para evitar o que designa como "política de inferno", Standing esforça-se para esboçar a possibilidade de que o precariado se transforme em motor de um autêntico processo emancipatório ou da chamada "política de paraíso". Em princípio, Standing (2014, p. 233) aponta que o precariado "se encontra hoje, desejando controle sobre a vida, um renascimento da solidariedade social e uma autonomia sustentável". Na sequência, o autor esclarece que:

> A principal necessidade do precariado é a segurança econômica, para que seus membros tenham algum controle sobre suas perspectivas de vida e a sensação de que os choques e os

> riscos podem ser gerenciados. Isso só pode ser alcançado se a segurança de renda for garantida. No entanto, os grupos mais vulneráveis também precisam de "agência", a capacidade individual e coletiva para representar seus interesses. (STANDING, 2014, p. 235-236).

Em defesa de um nova universalidade, para além da socialdemocracia, do trabalhismo e, certamente, do neoliberalismo, o precariado, segundo o autor, habitado por diferentes grupos, interesses e recortado por diferentes Direitos, poderia se articular em torno de garantias de acesso a trabalhos dignos, de garantias à cidadania para os imigrantes, de recuperação e manutenção das identidades culturais dos múltiplos indivíduos do precariado, da luta pela desmercantilização da educação, da libertação do trabalho como realização compulsiva de tarefas, e a sua completa mercantilização, ou seja, a sua inteira cotação monetária sem a intervenção de elementos não financeiros que incrementam a desigualdade de renda entre as ocupações do precariado em relação aos empregos essenciais e, de acordo com Standing, distorcem a eficiência dos mercados de trabalho. Esse seria, como descreve o conjunto de imperativos que colocam o precariado no centro da luta contemporânea pela igualdade:

> O ethos igualitário mudou. O bastão está sendo levantado pelo precariado, a classe em ascensão numa sociedade terciária, onde os meios de produção são nebulosos e dispersos, e muitas vezes pertencentes aos trabalhadores, de qualquer modo. Toda transformação é marcada por uma luta em relação aos principais recursos da época. [...] No capitalismo industrial, a luta era sobre os meios de produção, as fábricas, as fazendas e as minas. Os trabalhadores queriam trabalho decente e uma parte dos lucros em troca de conceder o controle do trabalho aos gerentes. Mas na sociedade terciária de hoje, a luta progressista acontecerá por causa do acesso e do controle desiguais em relação a cinco recursos principais. Esses recursos podem ser resumidos em segurança econômica, tempo, espaço de qualidade, conhecimento e capital financeiro. A luta progressista será sobre esses cinco recursos. Sabemos que a elite e os assalariados têm a maior parte do capital financeiro [...]. O controle da renda proveniente do capital financeiro significa que eles podem comprar mais do espaço privatizado de qualidade, comprimindo as áreas públicas com que o precariado e os outros contam, e podem ter controle sobre o próprio tempo [...]. (STANDING, 2014, p. 255).

Ao fim, Standing propõe de forma polêmica a crescente mercantilização do trabalho e a própria fissão da classe trabalhadora provocada pela luta do precariado contra assalariados, dentre os quais até mesmo o proletariado faz parte, como veículos catalisadores da universalidade igualitária essencialmente disposta pela substância imanente da multidão de trabalhadores precarizados.

É curioso notar que, apesar da disparidade entre suas noções e teses, tanto Gorz (1982) quanto Hardt e Negri (2004) e Standing (2014) se arvoram no "paradigma de Hölderlin", pois em todos estes as possibilidades vindouras de uma providência emancipatória surgem como consequência inevitável de condições presentes dramaticamente desfavoráveis. Em Gorz, a emancipação dos trabalhadores pela trajetória de "fim do trabalho" e *ipso facto* sua autonomia sobre suas atividades decorrerem inevitavelmente das circunstâncias irrefreáveis do aumento da produtividade, da automação do trabalho, cujos resultados são a multiplicação em escala exponencial dos "sem emprego" cuja enorme quantidade levará a cabo a transformação radical da presente sociedade exatamente por sua implosão. Para Hardt e Negri, a luz no fim do túnel surge do fato de a produção imaterial ser cada vez mais hegemônica na produção de mais-valor, o que significa que a produção está cada vez mais direcionada à produção de relações sociais, ou seja, que passa a haver um primado do "político" sobre o "econômico". A multidão, responsável por esse tipo de produção, exatamente por seu caráter fluídico, desuniforme e multifacetado entra em contato com a possibilidade de produção direta de uma de democracia radicalmente nova e revolucionária. E em Standing a perspectiva de crescimento mundial e inevitável do precariado, por meio dos desacertos políticos da socialdemocracia e da reestruturação neoliberal dos mercados de trabalho, são exatamente os elementos que podem permitir ao precariado ser protagonista da luta social no século XXI. E, por outro lado, os dois grupos de intelectuais concordam, em maior ou menor grau, com a impossibilidade não só da ocorrência de Encontros com "pega" na e para a classe operária, como também de Desvios que possam gerar tais encontros.

Excetuando-se a esse quadro teórico, mas ainda assim contidas no segundo grupo, estão as análises do sociólogo brasileiro Ricardo Antunes (2018) no livro *O privilégio da servidão*, sobre a ascensão desta nova morfologia do trabalho e de seus impactos sobre a configuração da classe trabalhadora. Durante seu itinerário expositivo, Antunes demonstra a profunda reestruturação que o atual estágio de avanço das forças produtivas provoca sobre as "condições de proletariedade" da força de trabalho, deslocando a hegemonia do proletariado industrial em favor da emergência irrefreável do proletariado de serviços, cujas relações de trabalho envolvem formas de precarização estrutural em que jornadas de trabalho intermitentes, mal pagas, insalubres e psicologicamente mais nocivas à saúde da força de trabalho perfazem o cotidiano de milhões de trabalhadores em escala planetária, os quais o autor denomina "infoproletários". É nesse contexto de deslocamento de "hegemonia" — e por que não de vanguarda? — do proletariado industrial em direção ao proletariado de serviços que Antunes declara a centralidade das lutas sociais, que incluem a lutas do trabalho, em oposição a uma persistência anacrônica da superada centralidade do operariado, como vanguarda de um projeto social alternativo, anticapitalista e anticapital. Além disso, Antunes expõe como a ascensão desse novo proletariado, equivocadamente entendido pelo discurso cotidiano como uma "nova classe média", está intrinsecamente relacionada ao crescimento subordinado do proletariado industrial em países do Leste Asiático, principalmente China e Coreia do Sul, onde as condições de trabalho em empresas subcontratadas intensivas em processos de trabalho manufatureiro do tipo fordista-taylorista, não raro, têm provocado o adoecimento e o suicídio de contingentes relevantes de trabalhadores.

De fato, é possível compreender que o feito de Antunes é ponderar pela centralidade das lutas sociais dentro das quais as lutas pelo trabalho operam como vetor transversal às outras. As lutas por moradia, por reconhecimento identitário, por propriedade fundiária de comunidades tradicionais e nativas, por preservação de ecossistemas, por direitos reprodutivos, por garantias de proteção a mulheres, negros e LGBTs carregam elementos para o seu fortalecimento mútuo com as lutas do trabalho: são os casos de trabalhadores urbanos despojados de residência que congregam grupos de resistência e ocupação de imóveis abandonados em grandes centros urbanos, de comunidades caiçara que vivem de pesca e artesanato e dependem da preservação ecológica para manter suas condições de vida, de camponeses, agricultores assentados e indígenas que necessitam de políticas de reforma agrária e demarcação de terras para poderem produzir alimentos e reproduzirem suas condições sociais de existência, de mulheres em situação vulnerável ou que não desejam ter sua vida escolar e profissional interrompida por uma gravidez acidental ou não intencional, de mulheres, negros e LGBTs que lutam contra a desigualdade salarial e discriminação de gênero, e contra o assédio sexual/moral no ambiente de trabalho.

Partindo-se da noção de articulação das lutas sociais gerais com a luta pelo trabalho em Antunes (2018) e contrariando o manifesto utópico de Hardt e Negri (2004) e de Standing (2014), a presente pesquisa busca recentrar a classe operária enquanto lócus de manifestação de um Encontro. Essa opção parece mais frutífera do que a de procurar a forja conceitual de novos sujeitos universais e missões históricas anteprojetadas em esquemas teleológicos.

É preciso qualificar, contudo, que esse recentramento da classe operária não significa ponderar a favor de um apriorismo lógico segundo o qual possa se situar a categoria "trabalho" como dispositivo ontológico central da socialidade, isto é, como categoria dotada de prioridade sobre as demais, sejam quais forem os estágios de desenvolvimento das relações sociais e quais as contingências em questão. A própria adoção do Encontro como fundamento ontológico da realidade se torna incompatível com a existência de um elemento cuja necessidade se encontra pressuposta antes mesmo da ocorrência que o possibilita entrar em jogo na estrutura da socialidade. Seja trabalho, seja linguagem, é a contingência do Encontro e sua posterior "pega" que determinam retroativamente qual ou quais elementos se encontram em sobredeterminação na estrutura.

Se, por um lado, o Encontro em tela é a conjunção/combinação de trabalhadores com os meios de produção desvinculados dos capitalistas, entre as "pegas" desse Encontro estão, sem reservas, as **formas transgressivas** que dele se desenvolvem. Isso posto, a argumentação aqui proposta segue o caminho aberto pela leitura althusseriana do Encontro e de suas articulações, em favor de uma compreensão sobre a ética cujos termos se produzem e se reproduzem tanto diacrônica quanto sincronicamente, de forma que o primeiro Encontro leva, pela necessidade da contingência, a um segundo Encontro, ou a uma repetição dentro de outra, que retorna, em forma, ao mesmo lugar de onde se partiu, mas incorpora outro conteúdo singular ao *continuum* de suas séries, como se fizessem parte de um corpo só, tal que parece ter, a uma primeira vista, duas faces (uma interior e outra exterior), mas possui apenas uma superfície. Ou seja, entende-se aqui a ética não enquanto forma somente reduzida a uma disposição funcional ou moral num processo definido axiomaticamente, mas como forma inteiramente dialética de relação social complexa e sobredeterminada pelos vetores que lhe dão materialidade.

Retomando o ponto anterior, tal Encontro (o dos trabalhadores com os meios de produção abandonados/sabotados pelos patrões), antes de tudo, não alude à criação de monstruosas massas ávidas por destruir as bases do capitalismo ocidental, pelo menos não no presente estado dos termos, como pretende a multidão ou o precariado, mas é sobretudo fruto de um desvio infinitesimal, como escreve Althusser (2005), envolvendo cerca de 16 mil trabalhadores, cuja aleatoriedade do Encontro e as possibilidades que ele põe em jogo certamente são merecedoras de uma apreciação teórica original, principalmente na quadra histórica em que a América Latina se vê, às voltas com uma espécie de governantes inclinados ao autoritarismo, à centralização antidemocrática e ao "populismo liberal".

Para o Brasil, país de onde parte o investigador desta pesquisa, a ocorrência deste Encontro na Argentina serve de experiência e aprendizado à classe operária brasileira sobre as lutas pelo trabalho para além das estratégias tradicionais de reivindicação por meio de partidos, federações e sindicatos. Esse aprendizado se deve também à percepção de que a luta pela ocupação e recuperação de unidades produtivas abarca instâncias que não podem ser reduzidas ao polo economicista de análise, porque, de fato, inclui elementos políticos e ideológicos intrínsecos à luta de classes e à conjuntura proporcionada pela relação de forças no interior do próprio Estado capitalista.

O próprio interesse por esse objeto de pesquisa é também o produto de um acontecimento: o encontro entre este pesquisador e as formas alternativas de organização da produção desenvolvidas pelos próprios trabalhadores. Desde a graduação, pesquisando sobre formas cooperativas e familiares de produção, passando pela escrita da dissertação de mestrado, voltada à investigação da economia popular solidária, suas formas de manifestação e suas implicações no seio do metabolismo do capital no século XXI, chegando a esta investigação mais madura sobre as determinações emergentes do Encontro entre os trabalhadores ameaçados pela desocupação estrutural e as fábricas falidas e, até mesmo, esvaziadas e sabotadas pelos ex-patrões na Argentina.

2.3 Procedimentos analíticos e expositivos

Pôr em articulação os requisitos para se responder ao problema de pesquisa levantado com base na recuperação de fábricas por trabalhadores na Argentina e à luz do discurso científico marxista coloca como prioridade o desafio epistemológico de definição do modo pelo qual se dá a relação entre o materialismo histórico e o materialismo do encontro. Mesmo a noção de repetição histórica lançada na seção anterior é insuficiente para eliminar os impasses entre contingência e História, pois, apesar de não ser, aqui, entendida como mero espelhamento ou imitação, a repetição histórica ainda aparece como um evento preso ao fato consumado da primeira ocorrência a que vem a se suceder posteriormente, completando o quadro da repetição.

Se, por um lado, o rigor conceitual anterior permitiu vislumbrar o materialismo do encontro e seus elementos nocionais enquanto modo de expressão do primado da contingência sobre a forma e o da estrutura sobre seus elementos, resta, por outro, apreciar com o mesmo rigor o materialismo histórico. O objetivo de tal empreitada é ao mesmo tempo identificar e demonstrar as condições de possibilidade para o Encontro entre as disciplinas do Aleatório e da História, e também as condições de possibilidade da própria repetição histórica.

O materialismo histórico é compreendido por Althusser (1967, p. 13) como

> [...] a ciência da História. Pode ser definido ainda com maior precisão como a ciência dos modos de produção, de sua estrutura própria, de sua constituição e de seu funcionamento, e das formas de transição [...].

Althusser (1979) indica que a descoberta desse continente científico (a teoria da história) não foi, como se pode pensar, uma simples virada de ponto de vista ou reforma teórica incremental, mas sim o resultado de um processo dramático, violento e crítico de ruptura epistemológica do pensamento de Marx que marca, segundo Althusser, a diferença entre seus escritos de juventude (até os *Manuscritos econômico-filosóficos*, 1844), de ruptura (*A ideologia alemã*, 1845), de maturação (entre 1845 e a redação dos esboços de *O capital*, 1857) e de maturidade (entre 1857 e 1883, incluindo aí, portanto, sua *Contribuição à crítica da economia política* e *O capital*).

Tendo-se em vista essa evolução do pensamento de Marx, Althusser (1967, p. 14) registra que:

> A teoria da história, teoria dos diferentes modos de produção, é, de direito, a ciência da totalidade orgânica em que consiste toda formação social dependente de um modo de produção determinado. Ora, cada totalidade social compreende, como expõe Marx, o conjunto articulado de seus diferentes níveis: a infraestrutura econômica, a superestrutura jurídico-política e a superestrutura ideológica. A teoria da história, ou materialismo histórico, é a teoria da natureza específica desta totalidade, portanto do conjunto de seus níveis, e do tipo de

articulação e de determinação que une uns aos outros e que fundamenta ao mesmo tempo sua dependência em relação ao nível económico, determinante em última instância, e o grau de autonomia relativa de cada um.

Em consideração a essa afirmação, é preciso abrir aqui um breve parêntese sobre a "determinação em última instância. Para Motta (2014, p. 15), a concepção de materialismo do encontro no último Althusser é incompatível com a noção de instância dominante pelo seu "abandono da determinação em última instância pelo econômico, já que tudo pode determinar". De fato, a proposição de Althusser (2006) pode levar a conclusões apressadas sobre seu pretenso abandono teórico das questões de juventude e até mesmo autorizar, com isso, a tese de ruptura epistemológica em seu pensamento tardio. Mas, se examinar-se com cuidado a questão em tela, não parece que este Althusser se desfaz da determinação em última instância, ou seja, da sobredeterminação estrutural. Quando Althusser (2006, p. 263) responde[9] em entrevista à filósofa Fernanda Navarro que "qualquer coisa pode ser determinante em última instância, o que significa dizer que qualquer coisa possa dominar. Foi o que Marx disse da política em Atenas e da religião em Roma, em uma teoria implícita do deslocamento da instância dominante", é preciso ter em mente o contexto de sua resposta. A pergunta de Fernanda Navarro questiona como Althusser posiciona o materialismo aleatório (do encontro), ao que ele responde:

Sobre esse assunto, nós podemos dizer que o materialismo aleatório postula o primado da materialidade sobre qualquer outra coisa, incluindo o aleatório. Materialidade pode ser simplesmente matéria, mas não necessariamente matéria bruta. Essa materialidade pode se diferenciar muito bem da matéria do físico ou do químico, ou do trabalhador que transforma metal ou a terra. Pode ser a materialidade de uma montagem experimental. Deixe-me levar as coisas ao extremo: ela pode ser um mero vestígio, a materialidade de um gesto que deixa um vestígio e é indiscernível do vestígio que deixa na parede de uma caverna, ou numa folha de papel. [...]. O primado da materialidade é universal. Isso não significa que o primado da infraestrutura (equivocadamente concebida como a soma das forças produtivas materiais mais materiais brutos) é determinante em última instância. A universalidade dessa última proposição é absurda a não

---

[9] Tradução minha.

> ser que ela seja tomada em combinação com as relações de produção. "Tudo depende", Marx escreve em uma passagem de Contribuição à crítica da Economia Política sobre se as formas prioritárias logicamente também o são historicamente. Tudo depende: uma frase aleatória, não dialética[10]. (ALTHUSSER, 2006, p. 262-263).

O primado da materialidade é o primado da relação. Da matéria ainda posta ao paralelismo e sujeita a uma existência apenas abstrata e precipitante sobre o Vazio, não se pode dizer "não há relação", e sim "há uma não relação" entre elementos que já são, em si, resultados de contingências anteriores, ou seja, relações e conjunções. Essa mudança aparentemente formal faz toda a diferença. Para que se faça válido o primado da relação, é necessária a prioridade ontológica da "não relação", e o interlúdio que ao mesmo tempo dissipa o primeiro momento e possibilita o segundo é precisamente o Desvio: o gesto vestigial da materialidade.

Pela resposta de Althusser, torna-se possível a interlocução entre o materialismo do encontro e a determinação em última instância. Mais ainda, Althusser não descarta, como leva a pensar Motta, o econômico como instância determinante em última instância, ou seja, como dominante, mas esclarece que este argumento só se faz válido na medida em que, por infraestrutura econômica, esteja contemplada a combinação entre forças produtivas materiais e as relações de produção.

Mesmo assim, à luz deste argumento, ainda se poderia declarar que tal proposição althusseriana é demasiado determinista, pois, ao jogar sobre o econômico a determinação em última instância de uma totalidade orgânica, seria possível compreender que, por sobre as relações de produção, o desenvolvimento técnico da força de trabalho e tecnológico dos meios de produção deteria certo primado. Evitando de forma contundente essa hipótese equivocada, em momentos distintos de sua maturação intelectual, Althusser (2006, 2008) argumenta em favor do primado das relações de produção sobre as forças produtivas materiais, pois, não custa ressaltar, no caso do MPC as relações de produção são também relações de exploração entre a classe dominante e a subalterna. É o grau de desenvolvimento das relações de produção, segundo Althusser (2008), que propulsiona o desenvolvimento das forças produtivas. Isso garante a centralidade da luta de classes como "motor" da história, como afirmaram Marx e Engels (1998).

---

[10] Tradução minha.

RECUPERÁRIOS: UM SÍSIFO NA ARGENTINA DO SÉCULO XXI

Fechando o parêntese e retornando ao tópico principal, pode-se perguntar a que história, afinal, se refere o MH, ou melhor, que conceito de História é o objeto do MH? Em princípio, é possível identificar distintas formas pelas quais Marx faz uso da história para demonstrar e deduzir seus argumentos. Principalmente, n'*A ideologia alemã*, no *Manifesto do Partido Comunista*, na *Contribuição à crítica da economia política* e em *O capital*.

N'*A ideologia alemã*, Marx e Engels (2007, p. 40-41) definem que:

> A história nada mais é do que o suceder-se de gerações distintas, em que cada uma delas explora os materiais, os capitais e as forças de produção a ela transmitidas pelas gerações anteriores; portanto, por um lado ela continua a atividade anterior sob condições totalmente alteradas e, por outro, modifica com uma atividade completamente diferente as antigas condições, o que então pode ser especulativamente distorcido, ao converter-se a história posterior na finalidade da anterior, por exemplo, quando se atribui à descoberta da América a finalidade de facilitar a irrupção da Revolução Francesa [...]. Na história que se deu até aqui é sem dúvida um fato empírico que os indivíduos singulares, com a expansão da atividade numa atividade histórico-mundial, tornaram-se cada vez mais submetidos a um poder que lhes é estranho (cuja opressão eles também representavam como um ardil do assim chamado espírito universal etc.), um poder que se torna cada vez maior e que se revela, em última instância, como mercado mundial. [...] Finalmente, da concepção de história exposta acima obtemos, ainda, os seguintes resultados: 1) No desenvolvimento das forças produtivas advém uma fase em que surgem forças produtivas e meios de intercâmbio que, no marco das relações existentes, causam somente malefícios e não são mais forças de produção, mas forças de destruição (maquinaria e dinheiro) – e, ligada a isso, surge uma classe que tem de suportar todos os fardos da sociedade sem desfrutar de suas vantagens e que, expulsa da sociedade, é forçada à mais decidida oposição a todas as outras classes; uma classe que configura a maioria dos membros da sociedade e da qual emana a consciência da necessidade de uma revolução radical [...].

A definição de História como um suceder-se relativamente autônomo entre gerações as quais devem lidar com as condições de existência herdadas de gerações anteriores e partir delas para desenvolverem suas próprias representa uma ruptura, segundo Marx e Engels, com a possibilidade distorção ideológica da história pela intrusão metafísica de uma necessidade, ou finalidade supra-histórica. No entanto, ao fim do excerto, Marx e Engels submetem-se a uma expressão escatológica da história na medida em que condicionam a transformação das forças produtivas em forças destrutivas à emergência de uma classe de despossuídos (a classe trabalhadora) cuja consciência da necessidade de uma revolução radical seria deterministicamente pressuposta. De fato, essa trajetória de sobressaltos e retornos configura o texto de ruptura de Marx na revolução teórica singular de seu pensamento.

É conhecida a passagem inicial do *Manifesto do Partido Comunista* em que Marx e Engels (1998, p. 40) afirmam "A história de todas as sociedades até hoje existentes é a história das lutas de classes". Dessa forma, Marx e Engels (1998) logram determinar a centralidade da materialidade por sobre quaisquer formas de "leis históricas" sustentadas por uma mítica evolução da consciência de um povo ou de espírito absoluto hölderliano. Conforme dão sequência à exposição do texto, os autores enfatizam o caráter revolucionário da burguesia, embora não especifiquem bem se ela é produto ou causa do mercado mundial, na transformação das antigas relações feudais, familiares, tribais, tradicionais, em relações monetárias ligadas à multiplicação e concentração dos meios de produção e também à constituição de um exército de despossuídos. Da classe burguesa, que seria ao mesmo tempo efeito e causa das circunstâncias que os cercam, deriva, pois, a grande indústria, e desta, afirmam Marx e Engels, a massa proletária. Produzido o antagonismo catalisador da luta de classes na sociedade moderna, Marx e Engels acabam por sepultar o destino da sociedade burguesa pelas mãos do proletariado organizado e consciente da necessidade de agir em prol de uma revolução comunista que libertará os povos da opressão rumo à sociedade livre de classes.

Novamente, a articulação teórica de Marx e Engels caracteriza-se primeiramente pelo avanço em sua estrutura epistemológica, uma vez que está posta a centralidade de um elemento cuja noção mais favorece a perspectiva do Desvio, do Encontro etc., mas que, em segundo lugar, acaba cedendo espaço a uma inversão ao idealismo, pois, se há uma indefinição quanto à natureza da burguesia e de sua constituição, mais essencialista ainda é a afirmação de que o proletariado deve sua formação à indústria, ao mercado mundial, ao assalariamento, à propriedade privada concentrada, isto é, a perspectiva do Encontro é inteiramente deslocada para a criação providencial de uma classe destinada pela Razão a se opor visceralmente à sua mestre criadora, tal como a Criatura contra Frankenstein no conto de

Shelley (2016). Com esse artifício, Marx e Engels eximem-se de explicar o evento histórico, o Desvio, que levou uma massa de pessoas a tentar a vida nos pequenos burgos, vilarejos em ascensão e a buscar sustento com atividades esporádicas em corporações de ofício e, depois, em manufaturas.

Já no texto de sua fase madura conhecido por *Contribuição* à *crítica da economia política*, é famoso o excerto de seu muito citado prefácio no qual Marx (2008) aponta não uma hipótese, mas a linha mesma de seu raciocínio sobre a História enquanto forma estruturada de formação, correspondência, contradição e transição de uma formação social a outra:

> [...] na produção social da própria existência, os homens entram em relações determinadas, necessárias, independentes de sua vontade; essas relações de produção correspondem a um grau determinado de desenvolvimento de suas forças produtivas materiais. A totalidade dessas relações de produção constitui a estrutura econômica da sociedade, a base real sobre a qual se eleva uma superestrutura jurídica e política e à qual correspondem formas sociais determinadas de consciência. O modo de produção da vida material condiciona o processo de vida social, política e intelectual [...]. Em uma certa etapa de seu desenvolvimento, as forças produtivas materiais da sociedade entram em contradição com as relações de produção existentes, ou, o que não é mais que sua expressão jurídica, com as relações de propriedade no seio das quais elas se haviam desenvolvido até então. De formas evolutivas das forças produtivas que eram, essas relações convertem-se em entraves. Abre-se, então, uma época de revolução social. A transformação que se produziu na base econômica transforma mais ou menos lenta ou rapidamente toda a colossal superestrutura. (MARX, 2008, p. 47-48).

Nessa longa citação, Marx expõe implicitamente um conceito de História no qual se manifesta uma profunda correspondência entre uma formação social e o modo de produção de sua vida material, sendo este, por sua vez, o determinante em última instância das estruturas jurídicas, políticas e ideológicas. Demonstra, portanto, um refinamento teórico relevante de Marx em relação aos escritos anteriores, pois, ao contrário de ser a mera sucessão de elementos soltos ou em suspensão, a História mesmo aparece como categoria social articulada a elementos estruturais discriminados teoricamente. Além disso, o modo de produção da vida material ou a estrutura econômica, compreendida aqui como conjunto da totalidade de relações de produção em acordo com determinado estágio de desenvolvimento das forças produtivas, é recipiente, na visão de Marx, tanto de condições evolutivas e agregadoras das relações sociais da totalidade orgânica (a formação social) quanto de condições destrutivas e disruptivas que acendem o pavio de uma época revolucionária da qual se origina um período de transição.

É daí que se deve a noção comum, mas equivocada, deste Marx como defensor de uma estrutura social estanque que subsiste na espera de sua liquidação pela implosão das contradições econômicas, pois seriam estas as exclusivas responsáveis por uma possível convulsão social. O equívoco gerado por esse mal-entendido é ocultar a natureza das contradições interiores ao econômico. Retomando um ponto já esclarecido em parte, o econômico é a instância na qual se somam as forças produtivas com as relações de produção. Enquanto as primeiras representam caracteres relacionados a índices técnicos e tecnológicos, as segundas são o lócus da distribuição do trabalho socialmente necessário entre os lugares de classe que cada agente da produção deve ocupar (a burguesia, os lugares mais indiretos e improdutivos, e, o proletariado, as posições mais subalternas e produtivas). Nas relações sociais de produção, toma lugar a luta de classes. Porém, como já afirmavam Marx e Engels (1998, p. 48), "toda luta de classes é uma luta política" e, portanto, dado o primado das relações de produção sobre as forças produtivas, o "político" também atinge o âmago do "econômico". Não se pode, de modo algum, acusar Marx (2008) de arbitrar em favor de uma unilateralidade causal.

O núcleo realmente problemático desse prefácio se encontra mais adiante quando Marx (2008, p. 48) afirma:

> Uma sociedade jamais desaparece antes que estejam desenvolvidas todas as forças produtivas que possa conter, e as relações de produção novas e superiores não tomam jamais seu lugar antes que as condições materiais de existência dessas relações tenham sido incubadas no próprio seio da velha sociedade. Eis porque a humanidade não se propõe nunca senão os problemas que ela pode resolver, pois, aprofundando a análise, ver-se-á sempre que o próprio problema só se apresenta quando as condições materiais para resolvê-lo existem ou estão em vias de existir. Em grandes traços, podem ser os modos de produção asiático, antigo, feudal e burguês moderno designados como outras tantas épocas progressivas da formação da sociedade econômica. As relações de produção burguesas são a última forma antagônica do processo de produção social, antagônica não no sentido

> de um antagonismo individual, mas de um antagonismo que nasce das condições de existência sociais dos indivíduos; as forças produtivas que se desenvolvem no seio da sociedade burguesa criam, ao mesmo tempo, as condições materiais para resolver esse antagonismo.

Após ter exposto de forma célebre a lógica histórica do desenvolvimento e transição das formações sociais e apontar a relação fundamental entre estas e o modo de produção que as determina, bem como suas estruturas, níveis e contradições internas, Marx coloca explicitamente uma proposição provocativa do ponto de vista da teoria da história: a superação de uma sociedade implica a saturação, ainda no interior dela mesma, do grau técnico e tecnológico da produtividade da força de trabalho e dos meios de produção. Ao mesmo tempo que recusa a qualquer possibilidade do aleatório, do Desvio e do Encontro, ao dialetizar e interiorizar as condições de possibilidade para a transição, Marx foi utilizado como fundamento a uma tradição marxista forjada no âmbito do VI Congresso da III Internacional Comunista, organizado em 1928, e exposta em 1938 por Stalin (1977), que inaugura uma interpretação "etapista" do desenvolvimento histórico segundo a qual há uma trajetória fixa de transição das formações sociais, passando todas igualmente pelos modos de produção asiático, antigo, feudal e capitalista, e, portanto, um Estado de transição socialista num país economicamente atrasado teria como tarefa histórica a indução do avanço das forças produtivas para provocar o desenvolvimento destas com as relações de produção, cujo acúmulo poderia, por sua vez, promover um salto ao comunismo. Essa visão "etapista" ainda carrega consigo, como eixo principal, o primado das forças produtivas sobre as relações de produção, subvertendo os polos da contradição na infraestrutura econômica.

Além disso, outro ponto do excerto provoca questionamentos: em uma formação social qualquer, o acúmulo de contradições nos níveis e instâncias estruturais está sempre sujeito a uma resolução pela própria forma de articulação interior da produção material, ou seja, "onde surge o perigo, surge também aquilo que pode nos salvar". A máxima hölderliana volta aparecer para resolver a cadeia histórica de problemas e garantir uma possível redenção comunista aos antagonismos sociais. Ao afirmar, por exemplo, que a humanidade só é capaz de lançar problemas para os quais os meios materiais de resolução já estão em vias de aparecer, Marx retira inteiramente do quadro ontológico a possibilidade de uma ocorrência abrupta, imprevisível, capaz de destruir, reestruturar e criar elementos, isto é, inserir ou dissipar novos Desvios e Encontros para além do que o fechamento histórico proporcionado pela Razão dialética permite idealizar.

No zênite do seu amadurecimento intelectual demonstrado n'*O capital*, Marx (2011b) no Livro 1 expõe, no prefácio da primeira edição, publicada em 1867, que:

> O país industrialmente mais desenvolvido não faz mais do que mostrar ao menos desenvolvido a imagem de seu próprio futuro. [...]. Onde a produção capitalista se instalou plenamente entre nós [Alemanha não-unificada][11] – por exemplo, nas fábricas propriamente ditas –, as condições são muito piores que na Inglaterra, pois aqui não há o contrapeso das leis fabris. Em todas as outras esferas, atormenta-nos, do mesmo modo como nos demais países ocidentais do continente europeu, não só o desenvolvimento da produção capitalista, mas também a falta desse desenvolvimento. Além das misérias modernas, aflige-nos toda uma série de misérias herdadas, decorrentes da permanência vegetativa de modos de produção arcaicos e antiquados, com o seu séquito de relações sociais e políticas anacrônicas. Padecemos não apenas por causa dos vivos, mas também por causa dos mortos.

Nesse excerto, Marx vai ainda mais a fundo em sua problemática estrutural, lançada anteriormente em 1859 na *Contribuição*, ao retomar não só a questão do modo de produção como elemento dominante de uma formação social (no exemplo, a inglesa), mas até mesmo por colocar em jogo a existência de uma relação de dominância e subjugação histórica entre os próprios modos de produção presentes em uma formação social como elemento, em si, contraditório. No caso da Alemanha, a penetração e desenvolvimento do modo de produção mais avançado (o MPC) entra em confronto com a permanência de modos de produção arcaicos e tem como resultado um conjunto de contradições próprio que não é, de forma alguma, equivalente para outras formações sociais. Se a *Contribuição* havia deixado alguma pendência teórica que pudesse ser favorável ao pensamento "etapista" da história, esse prefácio já derruba por terra essa possibilidade, embora outra tradição marxista tenha sido erigida nas bases desse novo pensamento de Marx.

É o caso, por exemplo, da "lei do desenvolvimento desigual e combinado" enunciada por Trotsky (1906) e que compreende as contradições das relações sociais, principalmente as econômicas, em países de

---

[11] Inserção do autor.

capitalismo tardiamente desenvolvido, tal como a URSS, como resultado de um plexo de relações de produção e circulação que sucumbem aos imperativos do mercado mundial e do imperialismo burgueses, ao contrário de serem exclusivamente produto de circunstâncias internas aos países, como o atraso industrial e a dependência da produção agrícola camponesa arcaica. Essa compreensão trotskista logrou alcançar uma teoria histórica fundamentada na formação de um todo complexo articulado com formações sociais específicas relativamente autônomas.

Num segundo momento, Marx (2011b) propõe como resultado de sua argumentação sobre as contradições inerentes ao desenvolvimento das forças produtivas capitalistas "a lei geral da acumulação capitalista", que aponta para uma tendência histórica de diminuição da taxa média de lucros proporcionada pela centralização de capitais em vista da concorrência monopolista intercapitalista, pelo emprego intensivo de capital constante (mormente o capital fixo) nos processos de trabalho em detrimento da incorporação de força de trabalho vivo: como a fonte que nutre o capital é o trabalho vivo excedente, se seu emprego decai relativamente ao montante total de capital, a taxa média de lucro alcançada pelos capitalistas tende a se reduzir ao longo dos ciclos de rotação e ocasionar convulsões sociais explosivas exatamente por eliminar o emprego de uma grande massa de trabalhadores, rebaixar os salários dos remanescentes na produção, e formar uma superpopulação relativa de desocupados, ou exército industrial de reserva, para pressionar para baixo o preço do trabalho e aumentar a miserabilidade das camadas mais baixas da classe trabalhadora.

A tendência à crise do MPC e a possibilidade de sua superação encontram-se descritas não mais por uma imposição idealista de um Sujeito redentor, mas pelo rigor de uma tendência histórica complexa que envolve o derradeiro encontro explosivo entre o ritmo de avanço destrutivo das forças produtivas e o acirramento das lutas classes, culminando na expropriação dos capitalistas, mas essa "expropriação se consuma por meio do jogo das leis imanentes da própria produção capitalista", de acordo com Marx (2011b, p. 1.012). Embora este Marx seja tentado novamente pelo argumento em favor de uma revolução final em dissolução do MPC pelas vias de uma insurreição proletária, n'*O capital* tal consequência se situa como possibilidade de conclusão, levando-se em consideração a tendência de determinado "vir-a-ser" de um fato, isto é, Marx, diferentemente de seus escritos anteriores, expõe a expropriação dos capitalistas como resultado de um Encontro, e não mais como seu elemento causador.

Um terceiro momento exemplar de seu amadurecimento, e talvez o mais importante, caracteriza-se com a preocupação de Marx (2011b) em esclarecer o "ponto cego" que havia deixado para trás no *Manifesto*, escrito com Engels em 1848, qual seja: a produção social do proletariado. Se àquele momento a reprodução do proletariado como mercadoria, como capital vivo que vende sua força de trabalho em troca de sua subsistência, já se encontrava esclarecida, havia, ainda, por outro lado, a necessidade de colocar em evidência os termos históricos de sua constituição. Para tanto, Marx (2011b, p. 959-963) afirma que:

> [...] a acumulação do capital pressupõe o mais-valor, o mais-valor, a produção capitalista, e esta, por sua vez, a existência de massas relativamente grandes de capital e de força de trabalho nas mãos de produtores de mercadorias. Todo esse movimento parece, portanto, girar num círculo vicioso, do qual só podemos escapar supondo uma acumulação "primitiva" [...] prévia à acumulação capitalista, uma acumulação que não é resultado do modo de produção capitalista, mas seu ponto de partida. [...]. O processo que cria a relação capitalista não pode ser senão o processo de separação entre o trabalhador e a propriedade das condições de realização de seu trabalho, processo que, por um lado, transforma em capital os meios sociais de subsistência e de produção e, por outro, converte os produtores diretos em trabalhadores assalariados. A assim chamada acumulação primitiva não é, por conseguinte, mais do que o processo histórico de separação entre produtor e meio de produção. Ela aparece como "primitiva" porque constitui a pré-história do capital e do modo de produção que lhe corresponde. A estrutura econômica da sociedade capitalista surgiu da estrutura econômica da sociedade feudal. A dissolução desta última liberou os elementos daquela. [...]. O ponto de partida do desenvolvimento que deu origem tanto ao trabalhador assalariado como ao capitalista foi a subjugação do trabalhador.

Da citação extrai-se que Marx inverte o giro dos ponteiros, pois, ao invés de pôr em movimento os processos conclusivos da tendência histórica da acumulação capitalista, busca, ao contrário, interpretar a realidade presente com base em tendências engendradas em períodos anteriores, assim como formas preparatórias de um fato conclusivo presente. Por isso, então, a pesquisa levou-o a pensar uma acumulação prévia produtora dos elementos necessários à consumação da estrutura econômica do MPC. Em que pese Althusser (2005) ter invalidado a fórmula geral deste procedi-

RECUPERÁRIOS: UM SÍSIFO NA ARGENTINA DO SÉCULO XXI

mento, pois Marx (2011b) teria sabotado as possibilidades de intervenção do acaso, do Desvio e Encontro na formação da estrutura econômica do MPC em favor de um fechamento histórico, o argumento de Marx de que, antes de se defrontarem no mercado o homem possuidor de dinheiro e o trabalhador livre, é preciso que exista o trabalhador livre significa que, antes de apresentar as implicações do Encontro entre burguês e proletário, é imprescindível compreender o Desencontro entre o produtor direto e sua propriedade sobre os meios de produção individuais.

O termo fundamental deste Desencontro, ou seja, o Desvio histórico que separa os elementos em análise (produtor direto e propriedade individual) é atingido por uma absoluta aleatoriedade. Como narra Marx, a manufatura flamenga de lã havia impulsionado a demanda e consequentemente o preço da lã, e, observando a possibilidade de ganhos financeiros, a nobreza feudal inglesa, sobrevivente da reorganização senhorial que as invasões normandas provocaram, deliberadamente, e à margem da legalidade, deu início a um processo histórico sem precedentes de expropriação das terras comunais e privadas dos camponeses autônomos entre os séculos XV e XVI. O objetivo desse confisco colossal de terras era transformar as pequenas propriedades individuais em grandes pastagens para ovelhas, desmontando com isso os alicerces da estrutura econômica feudal, expulsando enormes contingentes populacionais do campo em direção à miséria servil nas cidades.

A *yeomanry*, classe de pequenos produtores rurais autônomos, começou a ser dizimada, e nem a própria Igreja foi poupada pelos saques de terras, pois principalmente durante a Reforma suas posses foram confiscadas, presenteadas ou vendidas, bem como as terras estatais que também foram alvo de uma transferência sem igual na história para os novos senhores de terras (*landlords*). As velhas classes do modo de produção feudal, como aponta Marx, dissiparam-se em favor de um nova composição de assalariados rurais, arrendatários, aristocratas das altas finanças, latifundiários, intermediários comerciantes, proletários urbanos, donos de fabriquetas domésticas e lumpenproletários (membros de classes dissolvidas que desenvolvem atividades ilícitas e/ou clandestinas como meio de vida).

Dada a irrupção aleatória da dissolução feudal inglesa, Marx toma nota das legislações aprovadas do século XVI em diante para a compressão de salários por categorias de trabalho. Já que o período anterior de saques, usurpação e violência no campo havia culminado no êxodo de massas despossuídas e desesperadas às cidades, era preciso, portanto, reproduzi-las em sua subsistência miserável para prover a manufatura nascente de proletários famintos. São citados vários exemplos desde Henrique VIII, com sua severa legislação antivadiagem de 1530, até a Lei Complementar de 29 de junho de 1871 aprovada pelo parlamento inglês, que tirou do domínio legal comum as punições contra greves laborais e as colocou sob uma jurisdição penal de exceção a ser executada no âmbito do direito privado pelos próprios patrões. Esse processo histórico-social estrutura as condições de possibilidade para a sedimentação da separação do produtor direto (o camponês independente) dos seus meios de produção (sua propriedade individual, ou seja, a propriedade fundada sobre a base do próprio trabalho de seu possuidor), enquanto submete ao Desvio aleatório, a passagem dessa propriedade individual a uma nova forma de propriedade baseada na exploração coletiva de trabalhadores despossuídos de meios de produção cuja única propriedade é sua força de trabalho. Nessa passagem, dá-se a formação da propriedade privada capitalista: o momento fundamental para a constituição do MPC. Como escreve Marx (2011b, p. 1.010):

> No que resulta a acumulação primitiva do capital, isto é, sua gênese histórica? Na medida em que não é transformação direta de escravos e servos em trabalhadores assalariados, ou seja, mera mudança de forma, ela não significa mais do que a expropriação dos produtores diretos, isto é, a dissolução da propriedade privada fundada no próprio trabalho.

O que chama atenção nesse último excerto é precisamente o termo "gênese" a que Marx faz referência em sua análise. Vinte e dois anos após a escrita de *A ideologia alemã*, Marx supera seu conceito de Histórica como desenrolar sucessivo de caracteres materiais herdados por formações sociais e aqueles a serem herdados por outras para fundamentar a periodização histórica por meio da estruturação, desagregação e transição dos modos de produção. Não se busca mais em Marx (2011b) uma Origem ou uma Necessidade da História, mas sim uma genealogia das necessidades na História como decorrência do Desvio e do Encontro ocasionados pela acumulação primitiva. Balibar (1980, p. 243-244) complementa que:

> [...] a genealogia não se faz a partir de um resultado global, mas distributivamente, elemento por elemento. E sobretudo ela considera separadamente a formação dos dois elementos principais que entram na estrutura capitalista: o trabalhador 'livre' (história da separação do produtor e dos meios de produção) e o capital (história da usura, do capital mercantil, etc.). Nessas condições a análise da acumulação primitiva não

> coincide, e jamais pode coincidir com a história do modo ou dos modos de produção anteriores conhecidos pela sua estrutura. A unidade indissociável que os dois elementos possuem na estrutura capitalista é suprimida na análise, e não é substituída por uma unidade semelhante pertencente ao modo de produção anterior. [...]. A dissolução de um [modo de produção], isso é, a evolução necessária de sua estrutura, não é idêntica à constituição de outra [ordem econômica] em seu conceito: em vez de ser pensada no nível das estruturas, a passagem é pensada no nível dos elementos.[12]

De acordo com a análise de Balibar (1980, p. 244, grifo do autor), Marx (2011b), não opera a História em um nível teórico, uma vez que não se encontra restrito ao aspecto descritivo da relação de dominância dos elementos por uma determinada estrutura, e, por isso, permite apreender "a independência relativa da formação dos diferentes elementos da estrutura capitalista e a *diversidade das vias históricas* dessa formação". Por isso, ao narrar num estilo épico a acumulação primitiva como desvio que pelo acaso interligou a decomposição feudal à estruturação rudimentar do capitalismo, Marx atravessa a história com um corte singular e que marca a existência de "duas histórias": uma sempre já liquidada e outra em-vias-de-ser. Sobre as duas histórias, Althusser (2006, p. 263-264, grifo do autor) posiciona-se[13]:

> Podemos dizer que há dois tipos de história, duas histórias: de começo, a História dos historiadores tradicionais, etnólogos, sociólogos e antropólogos que podem falar de "leis" da História porque eles consideram apenas os fatos consumados da história passada. História, nesse caso, se apresenta como um objeto totalmente estático do qual as determinações podem ser estudadas como aquelas de um objeto físico; é um objeto que está morto porque é passado. [...]. Há uma outra palavra em alemão, *Geschichte*, que designa uma história não consumada, mas história *no presente [au présent]*, sem dúvida determinada em grande parte, ainda assim apenas em parte, pelo passado já consumado; pois, uma história que é presente, que é vívida, está também aberta a um futuro que é incerto, não antecipável, ainda não consumado, e, por isso, *aleatório*. A história vívida obedece apenas a uma constante (não uma lei): a constante da luta de classes. Marx não se utiliza do termo "constante", o qual eu retirei de Lévi-Strauss, mas a expressão genial: "lei tendencial", capaz de infringir (mas não

---

[12] Inserções minhas.

[13] Tradução minha.

contradizer) *a lei tendencial primária*, a qual significa que uma tendência não possui forma ou figura de uma lei linear, mas que pode bifurcar sob o impacto de um encontro com outra tendência, e assim *ad infinitum*.[14]

Procurando articular, por um lado, o Aleatório e a Estrutura, e, por outro, a Genealogia e a História como objeto vívido, o procedimento para análise do Encontro pelo qual se disseminou o movimento de recuperação operária de fábricas na Argentina tem como seu fundamento primeiro a identificação genealógica dos elementos que colocaram em jogo o Desvio histórico instaurador das condições de possibilidade para esse movimento, tendo como "atrator" a luta de classes entre "o homem com dinheiro" e o "trabalhador livre" e sua repetição histórica no MPC. Desse modo, a primeira fase da pesquisa tem por **objetivo específico** apresentar a história presente do MPC na formação social argentina, evidenciando os elementos históricos que levaram ao Desencontro explosivo entre capitalistas e proletários, causando uma fissura radical no tecido produtivo na década de 1990, e, também, apresentar a trajetória das lutas operárias argentinas que enquadraram a possibilidade de organização dos trabalhadores pela ocupação e recuperação de fábricas falidas e/ou sabotadas.

Convém, na sequência desta exposição, colocar em ordem os conceitos fundamentais que norteiam o quadro analítico deste estudo, tais como: formação social, modo de produção, forças produtivas, relações de produção, processo de trabalho, divisão social e técnica do trabalho, mercadoria, dinheiro, processo de circulação, mais-valor, capital, composição orgânica e técnica do capital, classes sociais, Estado, reprodução, ideologia, entre outros. O **objetivo específico** deste procedimento é analisar a recuperação operária de fábricas argentinas pelo prisma do aparato conceitual marxista compreendido pela leitura althusseriana, e, assim, apreender o movimento concreto, suas contradições, correspondências, continuidades e rupturas presentes no terreno das articulações intra e interestruturais dominado pelo MPC.

No texto intitulado *Sobre a reprodução*, Althusser (2008), sempre preocupado com o estatuto científico do marxismo, empreende um esforço inicial de sistematização dos principais conceitos que dirigem a dialética materialista de Marx. O primeiro conceito de que Althusser lança mão é o de "formação social" em lugar do termo usual "sociedade". Como aponta o

---

[14] Inserções de Alhusser.

autor, sociedade é uma representação preenchida de pressupostos e supostos alheios a uma teoria científica, oriundos de um espontaneísmo político, moral, religioso, jurídico e pseudocientífico, em suma, ideológicos. De acordo com Althusser, Marx (1985), no contexto de sua resposta crítica a Proudhon em 1847 sobre as categorias econômicas e sua eficácia histórica específica, já registra a debilidade da terminologia ideológica "sociedade" em contraposição a uma representação histórico-concreta digna da ciência que estava em vias de inaugurar, qual seja: a formação social. Designando uma estrutura social historicamente singular, articulada por estruturas, níveis, relações e práticas específicas, o conceito de formação social encontra-se mais próximo de representar a totalidade orgânica, complexa e com dominante que tem lugar na ordem empírica da realidade. Boito Jr. (2013) cita, por exemplo, o caso do capitalismo brasileiro da Primeira República, o capitalismo liberal e imperialista francês do século XXI, a formação social russa antes e após a revolução de 1917 etc. O conceito de formação social permite a avaliação rigorosa e periodizada de uma dada estrutura social, pois, como registra Althusser (2008, p. 41), pertence a um "sistema teórico de conceitos" dentre os quais o conceito de modo de produção é central.

Por sua vez, a conceituação de modo de produção sofreu uma modificação profunda durante a evolução intelectual de Althusser, expandindo-se consideravelmente entre a primeira e a segunda fases do seu pensamento, ou seja, entre as décadas de 1960 e 1970. Primeiramente, no texto *Sobre a reprodução*, Althusser (2008, p. 44) explica que, "Como o próprio nome indica, um modo de produção é uma maneira, uma forma (um modo) de produzir... o quê? Os bens materiais indispensáveis para a existência material dos homens [...] que vivem em determinada formação social". Aprofundando-se no tema, Althusser (2008, p. 42) pondera: "O que é que constitui um modo de produção? É a unidade entre o que Marx chama, por um lado, de Forças Produtivas e, por outro, de Relações de Produção". Com efeito, esta definição se encontra no limite daquilo que Marx (2008) denomina como "estrutura econômica" ou "a base material sobre a qual se ergue uma imensa superestrutura"; e se, por um lado, a formação social indica um todo complexo articulado e, por outro, o modo de produção, situa-se apenas ao nível do econômico, de maneira que não há apenas um, mas modos de produção diversos em contradição, como se daria sua articulação com os outros níveis, ou melhor, com a superestrutura jurídica, política e ideológica, sem que a determinação em última instância pelo econômico sugira um determinismo unilateral?

Procurando evitar esse beco teórico, Althusser, segundo Boito Jr. (2013), amplia radicalmente o conteúdo designado pelo conceito de modo de produção. Sob a forma ampliada, tal conceito passa a incorporar não só a instância do econômico, mas também o político e o ideológico, e é a articulação entre essas três estruturas que define a forma histórica de um modo de produção, sendo o econômico a instância determinante em última instância. Como explica Boito Jr. (2013), a determinação pelo econômico em última instância implica somente admitir que é o nível de desenvolvimento da estrutura econômica (relações de produção mais forças produtivas) que determina qual instância do todo social será dominante no quadro de um modo de produção. Essa concepção possibilitou a Marx, conforme Boito Jr. (2013), a apreender que, devido ao baixo grau de desenvolvimento econômico, a instância ideológica em que operava a religião católica se figurou como dominante no modo de produção feudal. No MPC, o grau sem precedentes de desenvolvimento econômico — lembrando que para Marx (2011b), como comenta Balibar (1980), a instância econômica no MPC incorpora também a circulação, a distribuição do produto social e o seu consumo (produtivo e individual) sob a dominância da esfera de produção — determina a instância econômica como dominante do modo de produção.

Sem reservas, ao desviar do beco envolvido pelo determinismo economicista, a leitura althusseriana, como se constata em Poulantzas (1977) e Harnecker (1983), logrou apresentar adequadamente as articulações entre a formação social e o modo de produção que lhe é dominante, colocando em evidência o "efeito de sociedade" que tais articulações entre as instâncias relativamente autônoma de um modo de produção produz. Do que foi exposto até aqui, pode-se deduzir que uma formação social historicamente determinada é produto das contradições e correspondências relativas à condição de dominância de um modo de produção sobre os demais. E que, portanto, dada a autonomia relativa de cada instância de um modo de produção, cada antagonismo e submissão entre estruturas, níveis e práticas apresenta determinada temporalidade para se manifestar e se adequar ao quadro de imperativos oriundo do modo de produção que o faz dominante. Fato que é ilustrado no prefácio de *Contribuição à crítica da economia política*, em que Marx (2008) registra que modificações repentinas ocorridas na base material seguem um ritmo lento e gradual na imensa superestrutura.

Retomando-se a questão da base material e sua composição dada pela unidade entre forças produtivas e relações de produção, tal como Althusser (2008) havia considerado, embora ele mesmo tenha colocado em evidência a ausência de uma teoria sobre a unidade específica que se dá entre eles elementos, cabe deduzir deles os seus componentes específicos. Das forças produtivas, Althusser (2008, p. 48, grifo do autor) considera que:

> Nós diremos que as Forças Produtivas de um modo de produção são constituídas pela *unidade* de um jogo complexo e regulamentado que coloca em cena: - *o objeto de trabalho*, a natureza, sob diferentes formas (inclusive a "energia natural" que, de qualquer maneira, precisa sempre ser "captada", quer se trate do simples vento ou de uma corrente de água, ou ser utilizada – a gravidade), mas, antes de tudo, a matéria-prima [...]; - os *instrumentos de produção*; - os *agentes de produção* (ou força de trabalho). Marx designa por *Meios de Produção* o conjunto: objeto de trabalho + instrumentos de trabalho (ou de produção). Marx designa por *Força de Trabalho* o conjunto das diferentes formas de dispêndio de atividade (física e outra) do conjunto dos agentes dos processos de trabalho, portanto, dos indivíduos tecnicamente aptos a utilizarem os Meios de Produção existentes [...]. Retomando esses termos, temos, então, a famosa equação; *Forças Produtivas = (Unidade) Meios de Produção + Forças de Trabalho.*

As forças produtivas são precisamente o conjunto de elementos que, para colocar em movimento a produção no MPC, o "homem com dinheiro", (o capitalista) deve possuir a fim de que seu consumo produtivo dê vida a novos bens que possam ser colocados à venda. Com não só o caráter de valores de uso, ou seja, de bens úteis a determinado propósito humano, como também sob o caráter de valores de troca, isto é, de produtos de relações de produção historicamente determinadas pelas quais os valores de uso podem ser intercambiados entre si, tais bens se apresentam sob a forma de mercadorias. No MPC, os meios de produção foram submetidos a uma revolução tecnológica incessante desde a Revolução Industrial do século XVIII até o domínio da máquina sobre o trabalhador e a automação da produção no século XXI. Correspondendo a cada etapa dessa evolução, a força de trabalho capitalista também se desenvolveu sobremaneira ao longo desses períodos, desde a manufatura, passando pela indústria, grande indústria, chegando ao que Alves (2018) denomina "maquinofatura", ou sistema autônomo de máquinas que domina o ritmo, a intensidade e as operações dos trabalhadores. Marx e Engels (2007) empregam o termo "modo de cooperação" para designar a forma como um determinado conjunto de pessoas, dado o estado da técnica e da tecnologia, distribuem e integram suas atividades laborais num processo de transformação dos objetos de trabalho em bens para o consumo produtivo ou individual, chamado processo de trabalho.

Meios de produção e força de trabalho devem, então, se encontrar para mobilizar determinado processo de trabalho. No MPC, tais elementos se encontram sob a forma de mercadorias, ou seja, têm, além do caráter de valores de uso que atendem a determinado propósito humano, uma determinada porção de trabalho humano geral (abstrato) que possibilita a quantificação e, como efeito, a troca entre si. Enquanto valores de uso, tais bens são substâncias qualitativas indiferentes ao modo de produção em que são produzidos, pois destinam-se a satisfazer carências humanas como fome, sede, abrigo, segurança, vestimentas etc., mas, enquanto valores de troca, explica Marx (2008), tais bens são produtos de relações de produção historicamente específicas, desenvolvidas no seio de um modo de produção, que atendem a necessidades sociais de seu tempo. A cisão entre trabalhadores e os meios de produção alcançada na acumulação primitiva e reproduzida pelo MPC sedimenta uma camada de trabalhadores despossuídos que vivem de vender sua força de trabalho ao "homem com dinheiro" que os explora coletivamente.

Conforme Marx (2011b), a exploração coletiva dos trabalhadores rompe com a força produtiva individual que cada trabalhador isolado continha, por exemplo nas corporações de ofício, nas quais o mestre artesão detinha os meios de trabalho e as habilidades requisitadas para se produzir determinado bem. Rompendo com o monopólio do trabalho e submetendo uma coletividade de trabalhadores miseráveis (o proletariado) à repetição de sua existência subalterna, o MPC conseguiu agregar sob seu comando uma massa de trabalho comum, sob a qual quaisquer diferenças qualitativas do trabalho concreto (artesão, operário etc.) são dissipadas em favor do trabalho enquanto precipitação abstrata. A continuidade da exploração do trabalho coletivo e o assalariamento em massa de tais trabalhadores ao nível de sua subsistência, em troca do dispêndio de sua força de trabalho, instauram como mercadoria fundamental ao MPC a própria força de trabalho. É no movimento interior à produção, caracterizado pela diferença entre o que os trabalhadores adquirem pela venda de sua força de trabalho e aquilo que eles efetivamente produzem ao capitalista, que se dá a incorporação de um "valor novo" à produção, pois, enquanto as forças produtivas são consumidas durante um processo de trabalho, os trabalhadores transferem o valor dos meios de produção aos bens finais produzidos, e, dada a extensão da jornada de trabalho ou a intensidade do trabalho, possibilitam ao capitalista a extração de uma quantidade específica de sobretrabalho (trabalho excedente que supera a quantidade de trabalho necessária para os trabalhadores se reproduzirem socialmente) e de um mais-valor.

É importante notar aí, no entanto, que Marx (2011b), observando a natureza da produção capitalista e a transformação da força de trabalho individual num corpo coletivo de trabalhadores, apresenta distinções entre os conceitos de trabalho produtivo e trabalho improdutivo. Sobre isso, Marx (2011b, p. 706) inicia sua explicação do seguinte modo:

> A produção capitalista não é apenas produção de mercadoria, mas essencialmente produção de mais-valor. O trabalhador produz não para si, mas para o capital. Não basta, por isso, que ele produza em geral. Ele tem de produzir mais-valor. Só é produtivo o trabalhador que produz mais-valor para o capitalista ou serve à autovalorização do capital.

Discutindo essa questão, Poulantzas (1975) contribui para esclarecer o pensamento de Marx (2011b) ao afirmar que, por exemplo, trabalhadores de setores de serviços e comércio, tais como trabalhadores de setores logísticos, ou de intermediação financeira, ou, ainda, de venda de serviços de telecomunicações, isto é, circunscritos à esfera da circulação capitalista, não são, portanto, trabalhadores produtivos, no sentido de que não produzem o mais-valor pela execução de suas atividades. Contudo, como resultado de sua exploração coletiva pelo capital, efetuam a repartição do mais-valor tornada efetiva pela transferência do mais-valor obtido na esfera da produção em direção à reprodução das condições econômicas de produção, e, com isso, à manutenção da divisão hierárquica do trabalho na sociedade de classes capitalista.

Isso posto, ao analisar as relações de produção capitalistas, Althusser (2008) destaca a dualidade destas, pois, além do critério técnico da divisão do trabalho (distribuição do trabalho entre os agentes da produção), nas sociedade de classes a distribuição do trabalho tem lugares reservados às classes sociais, de maneira que os agentes de produção se dividem entre técnicos, analistas, administradores, supervisores (trabalhadores indiretos), de um lado, e operários que trabalham diretamente sobre a produção, consolidando uma divisão hierárquica entre o trabalho intelectual e trabalho manual. Além disso, ao longo do desenvolvimento do MPC, o proprietário dos meios de produção deixa de ocupar um lugar na produção, mas relaciona-se à produção por ter propriedade sobre os bens produzidos e sobre o trabalho excedente extraído dos trabalhadores diretos. Por isso, Althusser (2008, p. 51) conclui: "As relações de produção capitalistas são as relações de exploração capitalistas", pois tem lugar, ali, a luta de classes entre proprietários e proletariado.

Na composição do antagonismo entre essas duas extremidades das relações de produção/exploração capitalistas, tem lugar o critério da propriedade, isto é, das relações de propriedade que designam as formas e os meios sob os quais ocorre a apropriação dos meios de produção e do produto do trabalho social. É aí que se deve diferenciar, como escrevem Althusser (2008) e Poulantzas (1975), a propriedade jurídica e a propriedade econômica real, de modo que a última é a forma de legitimação e garantia estatais da primeira; e esta, a forma de disposição e mobilização dos meios e objetos da produção. Sendo assim, a distribuição e a apropriação dos resultados da produção (as rendas) não são meras resultantes das relações de mercado entre oferta e demanda por mercadorias (meios de produção, meios de consumo e força de trabalho), mas sempre já produzidas pelas próprias relações de produção em que a propriedade econômica real é exercida.

Do processo de trabalho como transformação de matérias e desgaste de meios de trabalho para a obtenção de produtos, a exploração capitalista sobre os produtores diretos passa a revestir tal circuito de transformação num processo de valorização que se descola de sua materialidade. Ocupando lugares de classe antagônicos nesse processo material, a determinação formal desse circuito opera a produção do mais-valor necessário à formação do capital. Marx (2011b) estabelece que tal processo de determinação formal domina o conjunto de manifestações em que o capital se apresenta, reunindo e subsumindo as diferentes formas de capital à própria lógica da forma industrial do capital, sendo esta a expressão da transformação do capital monetário (o dinheiro) em capital constante (meios de produção) e capital variável (força de trabalho) para produzir mercadorias cuja venda realize o mais-valor gerado na produção sob a forma de lucro. Chega-se assim à famosa expressão $D - M - D'$, que demonstra a produção de capital como uma sequência na qual o dinheiro (D) compra mercadorias (força de trabalho e meios de produção) para produzir novas mercadorias (M) com o objetivo de vendê-las e obter como retorno uma parcela adicional de dinheiro (D'), de forma que $D' - D > 0$, e, assim, o capitalista consiga recursos monetários suficientes não só para satisfazer seu consumo burguês, mas também para revertê-los na produção, aprimorando e comprando novos meios de produção e arcando com a massa de salários dos trabalhadores, para novamente dar conta do processo de produção e circulação que transforma o dinheiro em capital.

O processo de troca envolvido na passagem de dinheiro em mercadoria e, desta, a mais dinheiro só ocorre porque o dinheiro assume o lugar de equivalente universal, ou seja, de representante geral da riqueza social, uma vez que seu uso como meio circulante tem como propósito regular e legitimar as operações de troca entre as diferentes porções de trabalho comum abstrato incorporadas às mercadorias. Assim, a troca de diferentes formas qualitativas da riqueza (dinheiro e mercadoria) torna-se a troca de equivalentes quantidades de trabalho comum. Sob essa máscara de equivalência, a porção do produto social apropriada pela força de trabalho é quantitativamente menor do que a parte que cabe ao lucro do capitalista e à remuneração dos meios de produção, e, com isso, a reprodução social das condições de produção pode ser efetuada. Como escreve Marx (2011b, p. 780-781):

> Seja qual for a forma social do processo de produção, ele tem de ser contínuo ou percorrer periodicamente, sempre de novo, os mesmos estágios. Assim como uma sociedade não pode deixar de consumir, tampouco pode deixar de produzir. Portanto, considerado do ponto de vista de uma interdependência contínua e do fluxo contínuo de sua renovação, todo processo social de produção é simultaneamente processo de reprodução. As condições da produção são, ao mesmo tempo, as condições da reprodução. Nenhuma sociedade pode produzir continuamente, isto é, reproduzir, sem reconverter continuamente uma parte de seus produtos em meios de produção ou elementos da nova produção, [...]. Se a produção tem forma capitalista, também o tem a reprodução. Como no modo de produção capitalista o processo de trabalho aparece apenas como um meio para o processo de valorização, também a reprodução aparece tão somente como um meio de reproduzir como capital o valor adiantado, isto é, como valor que se valoriza. Por conseguinte, a máscara econômica do capitalista só se adere a um homem pelo fato de que seu dinheiro funciona continuamente como capital.

Certamente, entram diretamente nas condições de reprodução social não só os determinantes econômicos provenientes da produção, troca, distribuição e consumo, mas também os elementos relativos às instâncias política e ideológica do MPC, tal como propõe Althusser (2008). Política, já que a própria existência do dinheiro como equivalente geral depende de relações jurídicas de propriedade de foro estatal e o emprego, por exemplo, de forças repressivas por parte do Estado contra as lutas operárias, freando e barrando conquistas sociais para defender os interesses hegemônicos burgueses, aparecem como efeitos do Poder de Estado. Ideológica, uma vez que a relação imaginária dos indivíduos com suas condições de existência corresponde à realização de rituais materiais sob os quais os indivíduos se acham sempre já assujeitados às suas circunstâncias de vida e se reconhecem como ocupantes voluntários dos lugares de classe estabelecidos, de um lado, pela divisão social do trabalho e reproduzidos, de outro, na divisão técnica do trabalho.

Evitando a redução da instância política à forma estatal de articulação das forças sociais antagônicas no MPC, Althusser, segundo Buci-Glucksmann (1980), promoveu, com base nos escritos de Antonio Gramsci, uma modificação profunda da teoria marxista do Estado ao distinguir teoricamente o "político" do Estado, até mesmo para incutir no movimento operário a compreensão da política para além da ideologia burguesa do Estado e lutar pelo seu fenecimento ulterior. Em segundo lugar, Althusser (2008) demarca um ponto de inflexão nas leituras de Marx e Lenin sobre o Estado por oferecer uma distinção teórica entre Poder de Estado e Aparelho de Estado. Enquanto o primeiro designa a capacidade de articulação e condensação de interesses burgueses em favor da fração burguesa ou bloco burguês (aliança de classes sob domínio burguês) no exercício de sua hegemonia e do seu projeto de dominação social sob determinado regime de acumulação de capital, o segundo designa a materialidade institucional do Estado, seja pela sua forma judiciária, seja por sua forma militar, por sua forma escolar etc.

À sombra de tal estatuto teórico, Althusser logra separar o funcionamento desta materialidade institucional do Estado em dois grupos de aparelhos: por um lado, estão compreendidos os Aparelhos Repressivos do Estado nos quais estão contidos todas as instituições cuja função é reprimir, julgar, punir, aprisionar, em suma, incentivar de forma coercitiva determinadas práticas sociais em detrimento de outras tidas como prejudiciais a reprodução, em normalidade, da sociedade — leia-se dos interesses burgueses hegemônicos —; por outro lado, estão os Aparelhos Ideológicos do Estado, em cuja composição estão a família, a escola, os sindicatos, as igrejas e templos, partidos políticos etc., que têm como função primária a reprodução dos rituais materiais por meio dos quais os indivíduos se reconhecem como sujeitos e se reproduzem socialmente se subsumindo as suas posições de classe e aos seus lugares de classe nas relações de produção.

É certo, pois, que com isso a diferença entre as esferas privada e pública da vida social passa a indicar apenas uma distinção formal-jurídica do arcabouço burocrático burguês, já que, em termos de hegemonia e Poder de Estado, as práticas de classe, as lutas de classe e as relações de forças sociais fazem-se presentes tanto nos aparelhos econômicos burgueses quanto nos aparelhos repressivos e ideológicos do Estado. A luta pela hegemonia e pela construção e posse do Poder de Estado passa necessariamente pelo antagonismo em todas as instâncias de um modo de produção. A diferença entre os aparelhos de Estado e os aparelhos econômicos burgueses dá-se no nível da função: dos primeiros na reprodução social capitalista, e, dos segundos, na extração direta do sobretrabalho. Se, no entanto, é o modo de extração de mais-valor que determina, em última instância, o modo de articulação entre as instâncias ideológica, política e econômica de um modo de produção dominante e, dessa forma, a produção indica os caminhos pelos quais a reprodução pode ser desempenhada, então, concordando-se com Gramsci (2015), pode-se afirmar que a hegemonia burguesa, entendida como posse do Poder de Estado burguês, nasce na fábrica capitalista.

Se assim o é, entra em jogo, portanto, a própria forma capitalista de reprodução das forças produtivas, ou, como Althusser o coloca, a reprodução das condições materiais de produção. Como o capital é, em si, um circuito de repetição que necessita da passagem $D — D'$, isto é, da metamorfose do dinheiro (D) em mais-dinheiro (D'), em que a partícula M da mercadoria se vê totalmente suprimida pela relação fetichista do valor de troca sob a qual o valor de uso (a utilidade humana do produto) só se realiza na medida em que o acúmulo de mais-valor se efetiva na circulação pelo lucro do capital. A reincorporação de parcela desse lucro em meios de produção (recondicionamento, aprimoramento, aquisição etc.) é condição necessária, mas não suficiente para reproduzir em escala ampliada as condições de produção.

Como descreve Marx (2015) nos esboços d'*O capital*, publicados postumamente sob o título *Grundrisse*, na medida em que a processo material de trabalho é absorvido e subordinado ao processo formal de produção do mais-valor e em que os meios de trabalho anteriormente controlados pelos trabalhadores passam a lhes subordinar com o advento do sistema de máquinas, a incorporação das ciências aplicadas (tais como as engenharias mecânica, industrial mecatrônica, computacional, elétrica, de fluídos etc.), faz-se cada vez mais necessária e reincorpora cada vez maiores parcelas do lucro capitalista revertido na produção, isto é, na massa de capital adiantado para a produção. Esse capital que se consome durante o processo de produção se denomina capital constante, uma vez que seu desgaste ocorre em proporção direta e regular à intensidade de seu emprego na transformação de matérias brutas e primas (capital circulante) em produtos acabados. Na passagem dos meios de trabalho enquanto instrumentos dos trabalhadores à maquinaria desenvolvida,

Não é como no instrumento, que o trabalhador anima como um órgão com a sua própria habilidade e atividade e cujo manejo, em consequência, dependia de sua virtuosidade. Ao contrário, a própria máquina, que para o trabalhador possui destreza e força, é o virtuose que possui sua própria alma nas leis mecânicas que nela atuam e que para seu contínuo automovimento consome carvão, óleo etc. (|matérias instrumentais), da mesma maneira que o trabalhador consome alimentos. A atividade do trabalhador, limitada a uma mera abstração da atividade, é determinada e regulada em todos os aspectos pelo movimento da maquinaria, e não o inverso. A ciência, que força os membros inanimados da maquinaria a agirem adequadamente como autômatos por sua construção, não existe na consciência do trabalhador, mas atua sobre ele por meio da máquina como poder estranho, como poder da própria máquina. Na produção baseada na maquinaria, a apropriação do trabalho vivo pelo trabalho objetivado – da força ou atividade valorizadora pelo valor existente por si, inerente ao conceito do capital – é posta como caráter do próprio processo de produção, inclusive de acordo com os seus elementos materiais e seu movimento material. O processo de produção deixou de ser processo de trabalho no sentido de processo dominado pelo trabalho como unidade que o governa. Ao contrário, o trabalho aparece unicamente como órgão consciente, disperso em muitos pontos do sistema mecânico em forma de trabalhadores vivos individuais, subsumido ao processo total da própria maquinaria, ele próprio só um membro do sistema, cuja unidade não existe nos trabalhadores vivos, mas na maquinaria viva (ativa), que, diante da atividade isolada, insignificante do trabalhador, aparece como organismo poderoso. Na maquinaria, o trabalho objetivado se contrapõe ao trabalho vivo no próprio processo do trabalho como o poder que o governa, poder que, de acordo com sua forma, o capital é como apropriação do trabalho vivo. A assimilação do processo do trabalho como simples momento do processo de valorização do capital também é posta quanto ao aspecto material pela transformação do meio de trabalho em maquinaria e do trabalho vivo em mero acessório vivo dessa maquinaria, como meio de sua ação. (MARX, 2015, p. 930-931).

Em correspondência aos meios de produção, a reprodução da força de trabalho também seguiu no MPC um ritmo intensificado de ampliação. Seu mecanismo básico de reprodução material é a remuneração paga em contrapartida à venda de sua capacidade diária de utilização de instrumentos e de subordinação ao tempo e ao ritmo da maquinaria, ou seja, seu salário, que para a empresa é o capital de trabalho a ser adiantado para mover o processo produtivo. Não obstante, é preciso também que a reprodução da força de trabalho seja capaz de garantir um estado de qualificação técnico--funcional adequado às diferentes posições, etapas, tarefas e cargos que os processos de trabalho exigem. É preciso, portanto, que a força de trabalho esteja sempre apta para garantir que o investimento no avanço dos meios de produção traga retornos aos capitalistas na forma de produtividade do trabalho. Contudo, como ressalta Althusser (2008, p. 73-74):

> [...] a reprodução da força de trabalho exige não só uma reprodução de sua *qualificação*, mas, ao mesmo tempo, uma reprodução da sua submissão às regras do respeito à ordem estabelecida, isto é, por parte dos operários, uma reprodução de sua submissão à *ideologia dominante*, e por parte dos agentes da exploração e da repressão, uma reprodução de sua *capacidade para manipular bem a ideologia dominante*, a fim de que garantam "pela palavra" a dominação da classe dominante.

Este fato leva a compreender que é preciso, fazendo uso dos termos de Foucault (1987), disciplinar corpos por meio da reprodução ideológica incessante, e de modo a não levantar maiores resistências àqueles que inculcam as práticas materiais que resultaram na obediência de uns e mando de outros. É nesse sentido que, para Althusser (2008), a escola capitalista detém a centralidade entre os aparelhos ideológicos de estado na reprodução desse efeito de reconhecimento que a ideologia dominante promove nos indivíduos. Por meio de metodologias cada vez mais interativas de ensino/ aprendizagem, a escola capitalista, seja de esfera pública, seja privada, é lócus institucional que sustenta a divisão social e técnica do trabalho.

Não só a escola, mas a educação em sentido amplo é refém, no plano dessas relações antagônicas entre burguesia e classe operária, de uma ética que, segundo as considerações de Nemirovsky e Novaes (2015), voltou-se para três funções fundamentais: a) empregabilidade e autoexploração; b) empreendedorismo e gestão; e c) pesquisa e desenvolvimento da tecnociência (ciência aplicada a propósitos capitalistas). Ainda, de acordo com Nemirovsky e Novaes (2018, p. 88):

> O objetivo último desta educação burguesa formal é fornecer: a) força de trabalho para operações lineares, rotinizadas e padronizadas em diferentes processos de trabalho produtivo e reprodutivo e, por outro lado, trabalhadores autônomos, os

proclamados profissionais liberais, os quais submetem a seu próprio controle a concepção, a organização e a execução de seu próprio trabalho; b) quadros de média e alta gerência nas corporações para comando e controle sobre os produtores diretos; e c) pesquisadores para o desenvolvimento de novos métodos, insumos e maquinários industriais, tecnologias de produção, informação e comunicação e mercadorias para consumo final.

Vê-se que, além da educação em sentido amplo, a teoria organizacional cumpre papel fundamental na reprodução da força de trabalho. Enquanto a escola ajusta as capacidades cognitivas e motoras da força de trabalho para desempenhar funções operacionais hodiernas do trabalho manual, a academia de ensino superior ministra, por sua vez, os conteúdos gerenciais exigidos para a ocupação de quadros médios e estratégicos da produção, cujos lugares de classe, obviamente, se reservam aos filhos da burguesia. Não só dessa maneira, mas também a academia superior produz, dissemina e reproduz ideologicamente, sob a aparência do rigor científico, formas mais produtivas de divisão técnica do trabalho orientadas à produção de modos de cooperação, dos quais falam Marx e Engels (2007), eficientes, poupadores de energia e de esforço humano. Entra aí o conjunto de práticas oriundas das teorias organizacionais, denunciadas por Tragtenberg (1974) e Motta (1979) como estratégias de dominação ideológica da burguesia sobre o operariado.

Isso ocorre porque, acompanhando o avanço da corporação capitalista, a personificação das funções de direção, coordenação e controle também se modifica profundamente como fruto da cristalização crescente da forma burocrática de organização da qual o surgimento de um corpo administrativo formal, nas organizações capitalistas de produção, foi a consequência necessária, adequada, da separação entre a esfera da propriedade econômica dos meios de produção e a esfera do controle formal sobre os meios de gestão, iniciada sob a formação das sociedades de ações limitadas e encontrada, na sua forma mais acabada, das corporações transnacionais de sociedades anônimas com propriedade móvel negociada em mercados financeiros.

De fato, como salienta Marx (2011b, p. 504), a função de "direção, supervisão e mediação torna-se função do capital assim que o trabalho a ele subordinado torna-se cooperativo". E complementa:

> Se a direção capitalista é dúplice em seu conteúdo, em razão da duplicidade do próprio processo de produção a ser dirigido – que é, por um lado, processo social de trabalho para

> a produção de um produto e, por outro, processo de valorização do capital –, ela é despótica em sua forma. Com o desenvolvimento da cooperação em maior escala, esse despotismo desenvolve suas formas próprias. Assim como o capitalista é inicialmente libertado do trabalho manual tão logo seu capital tenha atingido aquela grandeza mínima com a qual tem início a produção verdadeiramente capitalista, agora ele transfere a função de supervisão direta e contínua dos trabalhadores individuais e dos grupos de trabalhadores a uma espécie particular de assalariados. Do mesmo modo que um exército necessita de oficiais militares, uma massa de trabalhadores que coopera sob o comando do mesmo capital necessita de oficiais (dirigentes, gerentes) e suboficiais (capatazes, *foremen, overlookers, contre-maîtres*) industriais que exerçam o comando durante o processo de trabalho em nome do capital. O trabalho de supervisão torna-se sua função fixa e exclusiva. (MARX, 2011b, p. 505).

Durante o século XX, contudo, aprofundou-se a ruptura entre a propriedade econômica e o controle formal sobre o processo de trabalho, de modo que a ascensão dos *Chief Executive Officers*[15] nas corporações transacionais, características do novo imperialismo, conforme Harvey (2004), logrou liberar totalmente o capitalista do exercício das atividades práticas de dominação de classe no interior do processo de produção.

Em consequência, o comando sobre a reprodução ampliada da produção de mais-valor por meio da exploração do trabalho assalariado desloca-se formalmente para o corpo tecnocrático de gestão da organização, e, então, a burguesia (proprietária real da produção mercantil) torna-se livre, por sua vez, para aprofundar suas práticas de espoliação financeirizada, caracterizando o momento histórico, já vislumbrado por Marx (2011b), em que a lógica funcional do capitalista não mais se distancia da lógica de rendimento parasitário reproduzida pela sua condição de mero arrendador do capital.

Sob esse contexto, embora haja certa confusão a respeito da determinação estrutural de classe exercida sobre as personificações funcionais/técnicas do corpo gerencial da organização, Poulantzas (1975, p. 195), ao discorrer sobre "o problema dos dirigentes", estabelece dois pontos fundamentais:

> a) os poderes envolvendo tanto a utilização de recursos, alocação dos meios de produção para este ou aquele uso, ou a direção do processo de trabalho, estão interligados

---

[15] Termo que designa a posição funcional mais alta no corpo diretivo-executivo de uma corporação capitalista.

> com as relações econômicas de propriedade e posse, e essas relações definem um lugar particular, o lugar do capital. b) os agentes de direção que diretamente exercitam esses poderes e que concretizam as "funções do capital" ocupam o lugar do capital e, logo, pertencem à classe burguesa mesmo que eles não possuam a propriedade formal-legal. Em todos os casos, portanto, os dirigentes são um segmento integral da classe burguesa.

Naturalmente, a própria evolução e o contínuo aprofundamento da prática gerencial não poderiam estar desvinculados de um quadro ideológico propício para a descrição e prescrição de métodos e técnicas profissionais de administração de organizações. Conforme aponta Poulantzas, em consequência do fato de os managers exercerem "função do capital" e pertencerem às frações burguesas que comandam a acumulação e reprodução do capital, a ideologia administrativa herda os caracteres fundamentais da ideologia burguesa, sendo, portanto, a materialização destes na práxis organizacional.

Como, de fato, demonstra a pesquisa de Boltanski e Chiapello (2009), é na literatura gerencial que se manifesta de forma específica a ideologia administrativa, constituindo-se em tratados teóricos seminais, periódicos científicos, revistas temáticas, manuais acadêmicos e de best-sellers de escopo pontual sobre estratégias comerciais, liderança, motivação etc. Em análise crítica dessa literatura e de seu corpo ideológico, podem ser destacadas diferentes escolas e enfoques do pensamento gerencial, entre os quais estão: a escola clássica de Taylor e Fayol; a escola de relações humanas de Elton Mayo; a escola behaviorista, de Chester Barnard; o enfoque desenvolvimentista de Lawrence e Lorsch; o enfoque estruturalista, de Amitai Etzioni; o enfoque sistêmico, de Katz e Kahn; e o enfoque contingencialista. Muito embora seja grande a variedade de perspectivas abordadas por essas escolas e enfoques, Faria (1985, p. 190) descreve que:

> A teoria administrativa, de Taylor e Fayol até a nova moda da teoria Z, como se observou, não é senão uma constante repetição de um mesmo tema. Os diversos enfoques que compõem a teoria administrativa são variações das concepções de gerência científica de Taylor e da administração geral de Fayol e, desta forma, são enfoques em essencial semelhantes. A teoria administrativa acentua e valoriza o saber teórico-científico, ou seja, a concepção do trabalho e o controle do processo produtivo por parte de uma minoria. Os avanços das técnicas administrativas de controle se dão, portanto, em

termos de desqualificação do trabalho operário, na medida em que promovem exatamente o trabalho intelectual de um grupo dirigente.

Se, por um lado, o avanço tecnológico dramático dos meios de produção deu sustentação para o crescimento exponencial da produtividade humana, e, se de outro, a penetração cada vez maior e mais desenvolvida das práticas gerenciais maneja com mais eficácia a força de trabalho, tornando mais produtiva uma massa cada vez mais enxuta de trabalhadores diretos, então a própria proporção entre os elementos que compõem a massa de capital mobilizada pelo capitalista na produção sofreu profundas alterações desde as análises de Marx (2011b) no século XIX até o século XXI. Essa proporção entre os tais elementos que conformam a massa de capital invertido na produção recebe o nome "composição do capital", e seu conceito levanta algumas considerações:

> A composição do capital deve ser considerada em dois sentidos. Sob o aspecto do valor, ela se determina pela proporção em que o capital se reparte em capital constante ou valor dos meios de produção e capital variável ou valor da força de trabalho, a soma total dos salários. Sob o aspecto da matéria, isto é, do modo como esta funciona no processo de produção, todo capital se divide em meios de produção e força viva de trabalho; essa composição é determinada pela proporção entre a massa dos meios de produção empregados e a quantidade de trabalho exigida para seu emprego. Chamo a primeira de composição de valor e a segunda, de composição técnica do capital. Entre ambas existe uma estreita correlação. Para expressá-la, chamo a composição de valor do capital, porquanto é determinada pela composição técnica do capital e reflete suas modificações, de composição orgânica do capital. (MARX, 2011b, p. 835-836).

Enquanto a reprodução ampliada (a acumulação) de capital significa o aumento da composição orgânica do capital, já que, em termos de valor de troca, tanto os meios de produção quanto a força de trabalho implicam uma massa cada vez maior de dinheiro a ser trocada para sua apropriação mercantil, as proporções relativas de capital constante e capital variável que compõem a massa de capital podem sofrer variações tanto na escala da divisão do trabalho social (divisão entre ramos diferentes de produção) quanto na escala da divisão intercapitais correntes num mesmo ramo.

As diferentes proporções que se dão no nível técnico da composição do capital determinam, conforme Marx (2017), o montante de valor correspondente à composição orgânica do capital, pois, dada a quantidade de horas de trabalho totais mobilizadas na produção, maior ou menor será a extração de sobretrabalho operada pelo capitalista, e, assim, menor ou maior será a taxa de mais-valor gerada na produção, produzindo impactos diretos sobre a taxa de lucro obtida por determinado capital. Uma vez que a taxa de mais-valor que compõe o valor-de-troca de uma mercadoria é dada pela relação $\frac{m}{v}$, na qual m é o mais-valor (obtido pela diferença entre o valor produzido pelo trabalho e o valor da força de trabalho) e v é a massa de capital adiantada para o fundo de salários da força de trabalho, e a taxa de lucro corresponde à fórmula $\frac{m}{c+v}$, em que o mais-valor (m) se encontra dividido pela soma do capital total invertida na produção (o capital constante "c" e o capital variável "v").

Dada a tendência histórica da acumulação capitalista da centralização e concentração de capitais ocasionadas pela concorrência monopolística intercapitalista e dado o crescimento da produtividade do trabalho que implica a diminuição das horas de trabalho necessárias à mobilização de uma mesma massa de meios de produção, então a pressão para baixo do preço da força de trabalho, em consequência do aumento da oferta de trabalhadores em relação à demanda média pela força de trabalho, traz consigo, além do aumento da pauperização da classe operária, a tendência à queda da taxa média de lucro capitalista e as prováveis crises econômicas e políticas derivadas dessa tendência.

Sob esse contexto, o assalariamento assumiu novas configurações, e novas formas de extração do sobretrabalho desenvolveram-se ao longo das passagens do fordismo-taylorismo à reestruturação produtiva hegemonizada pelo toyotismo, e da fase de mundialização do capital sob dominância financeira à consolidação de uma riqueza social cada vez mais etérea, dirigida por um regime de valorização do valor que encurta radicalmente o que Marx (2017) denomina de rotação do capital, ou seja, o tempo de produção e o tempo de circulação do mais-valor, aumentando artificialmente a taxa de lucro das corporações em correspondência ao ciclo de inflação periódica dos ativos financeiros, em particular, dos títulos de dívida dos Estados nacionais. Entra aí, necessariamente, e em contraposição ao discurso neoliberal de minimização do Estado ou até mesmo do discurso mistificador de separação entre Estado e Mercado, um aprofundamento da função fundamental do Estado enquanto gestor da moeda, tal qual já afirmava Brunhoff (1976).

O impacto de tais mudanças na morfologia dos assalariados provocou distinções profundas entre os grupos de agentes da produção que, conforme o exame de Poulantzas (1975) sobre os dirigentes, compreendem a nova pequena burguesia, um conjunto de assalariados que desempenham funções improdutivas, do ponto de vista da geração de mais-valor, e que não ocupam lugar nem na burguesia, nem na classe operária. São conjuntos de assalariados que ocupam lugares nas relações de produção especificamente voltados à repartição da massa de mais-valor; vendem, pois, serviços ao capital e são pagos por sua renda; como é o caso dos dirigentes da produção capitalista cuja função é prover economias ao capital burguês pela diferença entre o mais-valor gerado e o mais-valor consumido em suas atividades de gestão. Não são, portanto, explorados pelo capital, mas dirigem métodos e técnicas de exploração para extração de sobretrabalho da classe operária. Sob as determinações políticas e ideológicas, a nova pequena burguesia opõe-se diretamente à classe operária, assumindo posições nas conjunturas políticas próprias à reprodução ideológica da dominação burguesa, pois o conteúdo do trabalho intelectual que exercem é marcado pelo uso de meio de incentivo e controle despóticos da força de trabalho.

Em relação à classe operária, as mudanças causadas pelo avanço das forças produtivas no MPC trouxe diversos desafios econômicos, em razão do papel defensivo e até mesmo subserviente que os sindicatos trabalhistas passaram a exercer ante os capitalistas, e políticos, em razão da dificuldades demonstradas por partidos políticos trabalhistas e comunistas de implementar pautas de defesa da universalidade de serviços públicos e da defesa da classe operária frente aos ataques neoliberais aos seus direitos trabalhistas e previdenciários. As camadas tradicionais do operariado, tais como a aristocracia operária, formada por assalariados produtivos que, por sua condição de liderança e comando operacional sobre os outros operários, acabam assumindo, como descreve Poulantzas, posições de classe da burguesia, e o proletariado industrial, que, por sua baixa remuneração, são subsumidos à compulsão por se repetirem como meros instrumentos descartáveis da valorização do valor, acabaram por conviver com o que Antunes e Braga (2009) denominam "infoproletários", ou o proletariado de serviços de telecomunicação, explorado de forma proporcionalmente mais intensiva e precarizada do que o proletariado tradicional em vista da crescente desindustrialização em países latino-americanos como Brasil e Argentina, além da camada crescente dos trabalhadores que, por sua ocupação subalterna, intermitente e vulnerável, receberam de Fuchs (2010) a classificação de "trabalhadores reprodutivos", pois têm como função reproduzir as condições gerais de exploração do capital, ao mesmo tempo que fornecem mais-valor ao capital individual que os explora.

Além disso, há ainda os trabalhadores de Hardt e Negri (2004) e Standing (2014). De acordo com os primeiros, a mudança radical dos padrões de produção e reprodução social levou ao surgimento de uma massa de trabalhadores, chamada multidão, cujas práticas de trabalho envolvem formas comunicativas e relacionais, ou seja, que produzem, por si, relações sociais dinâmicas e totalizantes capazes de emancipar as massas do "império" capitalista pelas vias de uma produção biopolítica combativa ao biopoder burguês. Standing argumenta a favor do crescimento de uma classe de trabalhadores, o precariado, portadora de possibilidades de construção de uma nova ética frontalmente opositora aos interesses e visões tradicionais da política e da hegemonia defendidos anteriormente pela luta operária histórica.

Por outro lado, também é preciso ter em mente as lutas populares, que estão além do escopo específico de reivindicações operárias, mas que são complementares a estas, pois buscam centralizar problemas relativos às condições de reprodução social (moradia, liberdades civis, educação/ saúde/transporte público, entre outros.) das populações de distritos urbanos periféricos e pauperizados pela especulação imobiliária, com baixa expectativa de vida e perspectivas de emprego, renda, e padrão de consumo cada vez mais reduzidas, onde a massa operária reproduz seu cotidiano. Pondo, aliás, em perspectiva e em exercício a luta social por um outro tipo de ética, tal como Novaes (2015) considera com seu exame sobre a recuperação de fábricas por trabalhadores e outros movimentos sociais, tais como o Movimento dos Trabalhadores Rurais Sem Terra (MST), agregando a esse ponto o movimento zapatista, conforme o estudo de Dal Ri (2017).

Isso posto, cabe, portanto, utilizar os conceitos apresentados aqui para identificar, nos trabalhadores de fábricas recuperadas argentinas, as determinações estruturais de classe que permitem localizá-los adequadamente no horizonte das relações econômicas, políticas e ideológicas particulares às articulações do MPC objetivado na formação social argentina a partir da década de 1990, para, enfim, colocar em evidência como sua luta pela recuperação de fábricas se relaciona, por um lado, à classe operária e, por outro, às lutas populares, de maneira que seja possível de expor, por um lado, a relação entre a recuperação operária de fábricas argentinas e a pequena burguesia (seja a tradicional, seja a nova) e, por outro, a possibilidade de articulação desses trabalhadores à "multidão" contemporânea ou ao perigoso precariado.

Para tanto, entram em cena as condições epistemológicas de operacionalização da análise que se pretende fazer como conjunto de etapas lógicas diferenciáveis que organizam e tornam possível o discurso científico. O princípio que guarda as condições de possibilidade para esse discurso é dado, segundo Althusser (1979) e por Marx (2015), na medida em que tais pensadores advertem para a separação primordial entre "objetos reais" e "objetos do conhecimento", cuja identidade idealista proposta por Hegel deve ser rejeitada de saída por uma perspectiva comprometida com o materialismo. Objetos reais são aqueles cuja materialidade é constatada antes e depois da ação cognoscente de um indivíduo, ou seja, são objetos que compõem uma totalidade empírica (concreta), enquanto, por outro lado, os objetos de conhecimento são elementos que compõem um sistema teórico de conceitos articulados num discurso cujo resultado é a produção de um "efeito de conhecimento", isto é, de um discurso em que, como propõe Althusser (1996), a posição do Sujeito encontra-se excluída de seus enunciados, argumentos e resultados, pois a teoria científica supõe sua positivação universal e genérica.

Segundo Althusser (1978), os elementos pertencentes a um sistema teórico dividem-se em dois grupos: o primeiro é formado por elementos formais-abstratos que correspondem aos chamados conceitos teóricos. O segundo é composto por elementos de conhecimento que designam as formas conceituais empíricas correspondentes aos parâmetros objetivo-particulares aos objetos reais. De modo que, como explica Althusser (1978, p. 55-57):

> Os conceitos teóricos (em sentido estrito) dizem respeito às determinações ou objetos abstratos-formais. Os conceitos empíricos dizem respeito às determinações da singularidade dos objetos concretos. Assim, diremos que o conceito de modo de produção é um conceito teórico, e que se refere ao modo de produção em geral, que não é um objeto existente no sentido estrito, mas que é indispensável para o conhecimento de toda a formação social, dado que toda a formação social é estruturada pela combinação de vários modos de produção. Da mesma maneira, diremos que o conceito de modo de produção capitalista é um conceito teórico, e que se refere ao modo de produção capitalista em geral, que não é um objeto existente no sentido estrito (o modo de produção capitalista

não existe em sentido estrito; apenas existem formações sociais em que domina o modo de produção capitalista), mas que, no entanto, é indispensável ao conhecimento de qualquer formação social sob a dominação do dito modo de produção capitalista, etc. O mesmo acontece para todos os conceitos teóricos de Marx: modo de produção, forças produtivas (ou relações técnicas de produção), relações sociais de produção, instância do político, do ideológico, o conceito de articulação das instâncias, o conceito de formação social, o conceito de conjuntura, o conceito de prática, de teoria, etc. Estes conceitos não nos dão o conhecimento das determinações ou elementos (diremos objetos) abstratos-formais que são indispensáveis para a produção do conhecimento concreto dos objetos concretos. Ao dizer que estes objetos são abstratos-formais, não fazemos mais do que fazer uso da terminologia empregada pelo próprio Marx que, em O Capital, se move na «abstração» e produz o conhecimento de «formas», e de «formas complexas». Os conceitos empíricos dizem respeito às determinações da singularidade dos objetos concretos, quer dizer, ao facto de determinada formação social apresentar esta ou aquela configuração, determinados traços, determinadas disposições singulares, que a qualificam como existente. Os conceitos empíricos acrescentam, pois, algo de essencial aos conceitos estritamente teóricos: precisamente as determinações da existência (em sentido estrito) dos objetos concretos.

Diferenciados os elementos que se combinam em um discurso teórico, é importante atentar para o fato de a relação entre conceitos não ser dada nem por meio de uma diferença extrínseca entre eles, em que os conceitos teóricos sejam redutíveis a dados empíricos do real concreto, nem, por outro lado, a silogismos lógicos que deduzam dos conceitos teóricos os conceitos empíricos. Além disso, como consta em Althusser (1978), os conceitos empíricos não são, de maneira alguma, casos particulares de conceitos teóricos, ou seja, conceitos que fornecem apenas um termo predicativo a generalizações, mas, ao contrário, são expressões da realização dos conceitos teóricos no conhecimento concreto sobre os objetos reais.

Não basta, no entanto, admitir que determinado discurso possua caráter teórico para que este efetivamente produza uma teoria adequada ao conhecimento científico sobre objetos reais. O mecanismo de articulação que torna possível tal processo de trabalho é o método ou maneira pela qual conceitos teóricos e empíricos são tratados na prática teórica de uma pesquisa. Na leitura althusseriana de Establet (1980) e em Althusser (1979), tal método corresponde a uma passagem e mutação de noções impregnadas de intuições e representações de caráter polissêmico cotidiano até a teoria elaborada propriamente dita. Incide, assim, aí a ruptura que Bachelard (2006) descreve como superação do conhecimento comum-espontâneo em favor do desenvolvimento de um conhecimento novo, livre, propriamente científico. Tese na qual Althusser (1979) mesmo se baseou para fundamentar sua proposta de ruptura epistemológica radical presente na obra de Marx (as diferenças entre o jovem e o velho Marx).

O método teórico de um discurso científico envolve uma processualidade específica da qual se tem como resultado a produção de um conhecimento geral, e isso implica conceber as particularidades distintivas das generalidades que precisam ser articuladas para se atingir o fim pretendido de um trabalho teórico. Como observa Pinheiro (2016), a processualidade desse trabalho circunscreve um circuito de abstração e três níveis de "generalidades" definidas como de tipo I, II e III. Conforme Althusser (1979), as generalidades do tipo I caracterizam-se por seu caráter ideológico (noções morais, espontâneas, comuns) e são, por assim dizer, a matéria-prima a ser transformada pela prática teórica; as generalidades de tipo II são os meios de produção com os quais a prática teórica transforma a matéria-prima ideológica, de maneira que tais generalidades conformam conceitos teóricos. Por fim, as generalidades do tipo III são propriamente os conceitos empíricos sob os quais o conhecimento concreto dos objetos reais se encontra em um corpo teórico científico. Sobre a relação entre as generalidades, Althusser (1979, p. 161-162) declara que:

> [...] (1) entre a Generalidade I e a Generalidade III jamais pode haver identidade de essência, mas sempre transformação real, seja pela transformação de uma generalidade ideológica em uma generalidade científica (mutação que se reflete sob a forma que Bachelard chamou, por exemplo, de "cesura epistemológica"), seja pela produção de uma nova generalidade científica que rejeita a antiga "englobando-a", isto é, define sua "relatividade" e seus limites (subordinados) de validade; (2) o trabalho que permite passar da Generalidade I à Generalidade III, isto é, se fizermos abstração das diferenças essenciais que distinguem Generalidade I e Generalidade III, do "abstrato" ao "concreto", não concerne senão ao processo da prática teórica, isto é, passa-se totalmente "no conhecimento".

A prática teórica, conforme Althusser (1979, p. 161), é a atividade que "produz Generalidades III pelo trabalho das Generalidades II sobre as Generalidades I". Vale ressaltar, contudo, que Althusser jamais dirige as Generalidade I a uma correspondência imediata com dados diretos da experiência ou da natureza, pois tais generalidades consistem em noções e juízos sempre já produzidos por uma intervenção, consciente ou inconsciente, da subjetividade sobre qualquer que seja um determinado fato e/ou fenômeno. Além disso, Althusser destaca em nota que a chamada "teoria" produzida pelo corpo conceitual das Generalidades III não é uma suprassunção idealista, e, portanto, ideológica, das diferenças nocionais das Generalidades I em uma síntese metafísica absoluta, mas, em diametral contraste com isso, numa unidade contraditória e complexa governada pela forma de articulação entre conceitos e técnicas em que estes se aplicam.

Igualmente, o processo de passagem do ideológico ao teórico pode ser adequadamente compreendido à luz do materialismo aleatório, de forma que: num primeiro momento, têm-se as noções ideológicas em paralelismo, desconectadas de um arranjo teórico sistematizado, despencando sobre o Vazio; num segundo momento, as noções ideológicas sofrem um Desvio, de forma que tais noções são reconstruídas, chocadas umas contra as outras, rejeitadas e incorporadas no processo de concepção de elementos abstrato-formais que culminam nas formação de conceitos teóricos; do segundo momento, segue-se o Encontro, uma contingência, em que tais conceitos teóricos se esbarram e se realizam sob uma forma estruturada e hierarquizada de conhecimento concreto sobre os objetos reais, ou conceitos empíricos. O que significa afirmar que no processo do trabalho teórico se inscreve uma dialética aleatória, pois, à diferença da ideologia, não se pode determinar antecipadamente, com base numa necessidade exterior, uma teleologia do conhecimento, mas uma história totalmente aberta em que a cada passo a teoria se defronta com a ideologia e pode não a superar.

É nesse sentido que termos consagrados na literatura teórica sobre a recuperação operária de fábricas na Argentina, tais como "autogestão", "democracia", "autonomia", "trabalho associado", "gestão coletiva", "fábricas sem patrão", entre outros, são trazidos à investigação científica aqui pretendida com a finalidade de tratá-los sob o método teórico descrito, com vistas à produção de Generalidades III, sob as quais se possa articular um conceito empírico adequado à singularidade do Encontro real de elementos a que esta pesquisa tem como objeto. Para tanto, o estudo proposto encontra-se submetido, imprescindivelmente, a um conjunto de fases de seleção, coleta e análise de dados que se encontra qualificado sob os nomes de pesquisa documental, bibliográfica e dialógica, cuja divisão não impõe nenhuma forma de hierarquia estrutural e dependência entre tais pesquisas, mas somente tem como objetivo conduzi-las a uma articulação para a produção de conhecimento novo:

a. Na pesquisa documental, serão observados dados secundários relativos aos mapeamentos periódicos produzidos pela atividade de extensão do *Programa Facultad Abierta*, da Faculdad de Filosofía y Letras da Universidad de Buenos Aires (UBA), sob a orientação do professor Andrés Ruggeri. Serão utilizados nesta pesquisa os documentos referentes aos mapeamentos de fábricas recuperadas na Argentina para os anos 2002, 2004, 2010, 2014, 2016 e 2017. Os dados extraídos desses documentos, tais como o número de fábricas, o número de trabalhadores, a distribuição territorial/produtiva/setorial de suas atividades, contribuíram para a produção de índices de proporção variáveis no tempo que permitem uma análise particular e global da tendência histórica nesse início de século XXI da recuperação operária de fábricas na Argentina;

b. A pesquisa bibliográfica, por sua vez, tem como função prover quatro tipos de dados: 1) o "estado da arte" do debate argentino sobre a recuperação operária de fábricas na Argentina; 2) a história econômica, política e social recente da Argentina da década de 1990 ao conflito social agudo às portas do terceiro milênio; 3) a ocupação e a recuperação de unidades produtivas na Argentina em relação aos movimentos sociais tradicionais da luta operária e os emergentes dos anos 1990; e 4) a discussão teórica das noções primárias destacadas sobre o "lugar" e a natureza da recuperação de fábricas na luta de classes no MPC para a utilização de Generalidades II e a clarificação conceitual e sistematização necessária à emergência de Generalidades III. A bibliografia selecionada teve como critério o impacto qualitativo produzido pela inovação, originalidade e, principalmente, a seminalidade dos autores escolhidos em detrimento de fatores quantitativos de impacto intelectual comumente associados a uma sistematização bibliométrica, que demonstra apenas uma disseminação passiva do conhecimento. Com efeito, o estabelecimento do "estado da arte" sobre a recuperação operária de fábricas na Argentina apoiou-se, principal, mas não exclusivamente, nas contribuições de Esteban Magnani, Andrés Ruggeri, Gabriel Fajn, Julián Rebón; Mario Hernandez e María Gracia. Por seu turno, os ítens 2 e 3 da pesquisa bibliográfica foram esquematizados, principalmente, com base nas contribuições de Mónica Ramos, Ezequiel Adamovsky, Mario Rapoport e Eduardo Basualdo. Finalmente, o quarto item da pesquisa bibliográfica contempla a seleção de múltiplos autores que discorrem sobre temas teóricos amplos ligados à questão da natureza do trabalho autogerido em meio ao MPC, como Karl Polanyi, Boaventura de Sousa Santos, Francisco de Oliveira e José Luis Coraggio;

c. A assim nomeada pesquisa dialógica[16] contempla a condução de entrevistas não estruturadas com personagens históricos envolvidos direta e indiretamente com a recuperação operária de fábricas argentinas. Desta forma, foram selecionados: Andrés Ruggeri, Eduardo "Vasco" Murúa, Silvia Díaz e Mario Hernandez. Tais encontros tiveram como objetivos localizar nas narrativas a genealogia histórica da recuperação operária de fábricas, a forma de participação destes interlocutores nos movimentos de recuperação de fábricas que se seguiram à "pega" do Encontro em principalmente, a identificação de **formas transgressivas** vinculadas aos processos de ocupação e recuperação de fábricas;

  i. O primeiro destes encontros foi realizado na sede da Industria Metal*úrgica* y Plástica Argentina (Impa), localizada no bairro de Almagro, na Ciudad Autónoma de Buenos Aires (Caba), recuperada em 1998, com o dirigente Eduardo Murúa, escolhido em virtude de seu protagonismo na recuperação de fábricas por trabalhadores na Argentina e pelo comprometimento político ao ajudar outras fábricas em processo de ocupação e recuperação por meio do Movimento Nacional de Empresas Recuperadas, na data de 05/09/2017 às 14 h.;

  ii. O encontro com Andrés Ruggeri ocorreu no dia 06/09/2017, em um almoço na cooperativa La Cacerola, também localizada em Almagro, Buenos Aires, e o fato de se despontar como um

---

[16] Emprega-se aqui o termo "dialógica" de acordo com o sentido dado por Freire (2019), em que dialogia designa um processo de "pronunciamento do mundo" (recurso à linguagem como expressão de memórias, reconhecimento, descobertas e transformação da realidade social) que tem lugar no encontro entre dois sujeitos que ocupam posições de intercâmbio igualitárias em um diálogo colaborativo, no qual se respeita, assim, a autonomia de pensamento e de articulações conceituais de cada interlocutor.

intelectual militante da recuperação de fábricas por trabalhadores, seja por meio de sua coordenação do *Programa Facultad Abierta*, seja por meio da publicação de livros e artigos que disseminam abordagens teóricas e práticas da recuperação ou ainda pela organização dos Encontros Internacionais "A Economia dos Trabalhadores", nos quais os participantes, intelectuais comprometidos e trabalhadores de cooperativas constroem e trocam entre si conhecimento sobre a reprodução social das iniciativas de cooperação de trabalhadores;

iii. No mesmo dia 06/09/2017, às 17 h, realizou-se o primeiro encontro com Silvia Diaz na La Cacerola, escolhida como interlocutora por sua relevante experiência pessoal durante a crise sem precedentes de 2001 na Argentina, por sua trajetória política como militante progressista, por seu protagonismo como dirigente da cooperativa de trabalho La Cacerola e por sua participação direta na Federación Argentina de Cooperativas de Trabajadores Autogestionados. Além disso, um segundo encontro com Silvia Diaz ocorreu na tarde de 27/09/2019, na Escola Nacional Florestan Fernandes (ENFF), em Guararema/SP, Brasil, no qual foram retomadas questões pertinentes que não haviam sido inteiramente esclarecidas pela primeira entrevista ou cujas respostas só puderam emergir com o intervalo temporal;

iv. No dia 28/09/2019, às 15 h 30 min, na ENFF, deu-se o encontro com Mario Hernandez, interlocutor que se fez relevante por suas atividades como periodista, editor da revista *Herramienta* entre 1996 e 2001, coordenador da editora Topía entre 2004 e 2011, radialista premiado na Caba, e que acompanhou o crescimento conjunto dos Movimentos de Trabalhadores Desempregados (MTD), das demandas cada vez maiores das camadas urbanas pauperizadas e subalternas por uma educação popular e do movimento de trabalhadores pela ocupação e recuperação de fábricas na Argentina.

É preciso reforçar, entretanto, que tais pessoas, para usar os mesmos termos de Marx (2011b), não foram selecionadas para que delas fosse feito um quadro com cores róseas, mas, ao contrário, porque, sobretudo, representam personificações que ocupam lugares específicos nas relações de forças sociais cujo objeto é a recuperação de fábricas por trabalhadores. De fato, é necessário, por outro lado, compreender que tais personificações não podem ser, de maneira alguma, reduzidas a um conceito de individualidade atomístico sob o qual um indivíduo se caracteriza por uma independência abstrata que torna possível isolá-lo da estrutura social e suas determinações. Ao contrário, entra aqui um conceito de individualidade à sombra do primado da materialidade do social, ou seja, das relações sociais sobre os elementos dessas relações, incluindo aí os indivíduos, tal como Morfino (2007) afirma. Nessa perspectiva, os vínculos sociais entre os indivíduos caracterizam-se por interações nas quais se articulam simultaneamente os polos ativo e passivo de uma troca simbólica e não necessariamente equivalente entre um indivíduo e uma multiplicidade de indivíduos, a que Balibar (1997) denomina transindividualidade. Em outros termos, argumenta-se aqui para a necessidade de se compreender que o indivíduo posicionado como interlocutor nesta pesquisa apresenta em sua narrativa uma determinação múltipla e não rastreável, da qual apenas restam vestígios da troca simbólica entre o interlocutor e a multiplicidade de outros indivíduos com quem houve Encontro.

Igualmente, não se pode ignorar o fato de se entrar em operação na narrativa desses interlocutores ouvidos a(s) ideologia(s) com base na(s) qual(is) esses indivíduos sempre já se reconhecem como sujeitos de uma determinada prática econômica, política ou ideológica, bem como a ação da(s) ideologia(s) na própria condução dos diálogos por este entrevistador, e é desse modo, como explica Bodenheimer (1984), que recaí aí exatamente a obscenidade de fazer perguntas, pois os questionamentos a um interlocutor provocam a formulação de enunciados exteriores, cujo propósito é a extração de um núcleo de significantes e sentidos pertencentes somente a uma das partes da experiência dialógica (o questionado). E se, de fato, a dialogia em Freire (2019a) tem por base um processo colaborativo, é relevante destacar que entrevistador e entrevistado se apresentam um ao outro sempre em uma situação imediata de posições antagônicas e somente por meio do compartilhamento de enunciados, significantes, sentidos entre os dois pode ocorrer o Desvio que acarreta o Encontro necessário a uma pesquisa dialógica propriamente dita.

Por isso, a escolha da entrevista não estruturada como instrumento da pesquisa dialógica se fez válida, pois, conforme Mattos (2005), possibilita uma conversação aberta, uma troca dialógica em que o interlocutor se põe em autonomia para definir a forma de elaboração de sua resposta. Acima de tudo, esse exercício dialógico franco permitiu uma troca bilíngue (português/espanhol) entre entrevistador e entrevistados, em que a escuta e a observação foram postas à prova a cada palavra que se pronunciava, permitindo, mesmo ao revés de alguns momentos de mal-entendidos ocasionais, uma recuperação e um entendimento da memória, e também do sofrimento, a que Dunker e Thebas (2019) fazem menção, postos em movimento pelas narrativas.

Dadas as exigências formais do quadro procedimental e analítico desta investigação, o aparato expositivo da pesquisa contempla a seguinte sequência de tópicos: a) a seção de número 3 tem como função particular a apresentação dos elementos consumados pelo Encontro entre operários e meios de produção "livres" dos capitalistas, à luz de suas expressões qualitativas e quantitativas, complementadas com a intervenção de tópicos selecionados das narrativas obtidas pela pesquisa dialógica, tendo-se em perspectiva identificação de **formas transgressivas** "entremeadas *à*" e "oriundas da" recuperação de fábricas; b) a seção número 4 tem como função particular apresentar os elementos histórico-genealógicos que criaram as condições de possibilidade para o Encontro, tanto do ponto de vista do capital (a penetração do neoliberalismo e sua crise na Argentina) quanto do ponto de vista do trabalho (as formas de luta e organização operárias na Argentina); c) a quinta seção tem como propósito a apresentação da discussão teórica abarcando conceitualmente as noções já produzidas e consolidas no "estado da arte" do debate sobre as fábricas recuperadas por trabalhadores e conduzindo essa discussão para a produção da teoria pretendida: a da articulação específica entre trabalho e **formas transgressivas** no contexto de recuperação operária; e d) à guisa de considerações finais, os encaminhamentos empíricos, histórico-genealógicos e teóricos (em sentido estrito) são colocados em articulação uns com os outros para que sejam compreensíveis os elementos constitutivos e constituídos pela recuperação operária de fábricas na Argentina.

3

O SÍSIFO MODERNO: FORMA SOCIAL
E MAGNITUDE

3.1 A forma cooperativa do trabalho e o Aparelho Econômico Recuperado (AER)

Sob as exigências do trabalho teórico, o enquadramento conceitual visa, sobretudo, estabelecer as linhas demarcatórias, mesmo que provisórias e precárias, entre determinadas formas de presentificação e seus modos particulares de existência. Portanto, se a carência preliminar da investigação demanda circunscrever com certa precisão as manifestações que conformam o "horizonte ôntico", ou seja, que habitam o plano da matéria sensível/experimentável, como o define Heidegger (2015), para estabelecer seus parâmetros cognoscíveis fundamentais, deve-se, portanto, operar a distinção crucial entre o essencial (o fenomenal) e o modo existenciário (comum e cotidiano) de um ente.

No terreno do materialismo marxista, essa diferenciação recai na separação real-concreta entre a configuração superestrutural universal de um ente, ou seja, conforme compreendido pelo conjunto formal-legal de relações jurídico-políticas de propriedade, e o ente em seu modo material e histórico de ser/estar no Mundo, conforme as coordenadas sociais sobredeterminadas pela estrutura econômica. De maneira que, segundo o materialismo do Encontro em Althusser (2005), como resultado de um Encontro que deu "pega", as duas determinações conformam o mesmo lado de um fato registrado e sedimentado na estrutura de uma formação social. Trata-se de separá-los e identificar como estes se entrelaçam na forma consumada do Encontro, isto é, tendo-se como referência a fixação de um determinado conteúdo a ser repetido legal e concretamente.

Respeitando a validade do argumento *supra*, é preciso, então, denunciar a "forma de presença" imediata, empírica, em que se situa o ente/objeto de pesquisa: a recuperação operária de unidades produtivas na formação social Argentina no século XXI. Desse objeto, dois atributos primários devem ser destacados sumariamente: a) trata-se de um objeto relacional, que existe *no* e *para* o Encontro do qual é apenas um entre os resultados possíveis, jamais desvinculando-se deste; e b) trata-se apenas de recuperações de unidades nas quais um coletivo de trabalhadores (no caso, ex-funcionários) se mobiliza para o reerguimento e manutenção do processo produtivo, excetuando-se, portanto, os casos de recuperação judicial movidos por ex-patrões e capitalistas interessados em executar dívidas pela venda do capital constante e dos produtos-mercadorias da firma (figura contratual que representa economicamente uma unidade de negócios) em recuperação.

Surge, então, um primeiro desafio, que se refere à notação terminológica mais apropriada a ser adotada para denominar este ente: é comum que se encontre na literatura sobre esse tema tanto a terminologia "Empresa Recuperada por Trabalhadores" (ERT), por exemplo, em Ruggeri (2018), Rebón (2005, 2007), Hirtz e Giacone (2011), enquanto outros autores, como Novaes (2005, 2007), Fernández (2008), Fajn (2004), Bosch (2007), Zibechi (2006) e Gracia (2011), utilizam a denominação "fábrica recuperada", e até mesmo há os casos de Lavaca (2007) e Magnani (2003) que empregam ambas as terminologias como significantes intercambiáveis.

Pouco se esclarece, entretanto, qual o critério adotado para diferenciar as duas nomenclaturas. Se, de fato, o objetivo é reconhecer que o impulso para a recuperação de unidades produtivas por trabalhadores argentinos no século XXI teve sua origem nos setores têxtil, gráfico, metalúrgico, plástico e ceramista, por exemplo, a terminologia "fábrica" parece mais apropriada para remeter o "conceito" ao seu conteúdo original. No entanto, esse termo apresenta certo anacronismo quando deparado com a necessidade de inclusão de estabelecimentos não fabris, principalmente provenientes dos setores de serviços, tais como restaurantes e hotéis, e, desse modo, o termo "empresa" qualifica-se como mais adequado pela sua capacidade de agregação conceitual. Do mesmo modo, se a escolha recair sobre os aspectos jurídico-legais da recuperação de unidades produtivas por seus ex-funcionários, a aderência ao termo "empresa" é quase automática, dada sua tipificação já consagrada no direito comercial argentino. Por isso, em função tanto da sua melhor adequação teórico-conceitual quanto do seu emprego na prática forense[17], o termo "empresa" apresenta-se, empiricamente, como mais eficaz entre as opções possíveis.

---

[17] Por exemplo, a *Ley de Quiebras e de Concursos* sancionada pela Presidência argentina em 2011, que dispõe sobre os dispositivos legais para a quitação de compromissos financeiros e patrimoniais de um devedor declarado insolvente.

Desse modo, o critério de definição parece ter sido até agora o de uma escolha sem grandes preocupações e riscos, já que tem origem "intuitiva", espontânea e aparentemente neutra. Contudo é preciso cuidado, apesar das facilidades e conveniências do uso comum de um termo, pois a adoção espontânea de uma terminologia ordinária e já bem estabelecida no ordenamento jurídico burguês pode causar mais conflitos do que resolvê-los, uma vez que a unidade produtiva em recuperação pode passar de uma entidade prevista juridicamente como empresa[18], com um quadro de proprietários, que, assumindo para si as responsabilidades pelas decisões e riscos, faz jus aos lucros e prejuízos, e diferenciam-se de seus funcionários, que, por não terem participação nos riscos do negócio, fazem jus apenas aos seus salários, ou têm direito, no máximo, a uma fatia de lucro a ser distribuída no fim do calendário civil, à figura jurídica da cooperativa de trabalho, em que ex-funcionários, decididos a encaminhar a recuperação judicial, assumem para si todas as responsabilidades relativas às decisões, organização e execução da produção, e, em razão disso, apresentam-se como um corpo híbrido de trabalhadores/dirigentes "sem patrões", sob o peso da igualdade entre si. Assim, o termo "empresa recuperada" pode levar ao entendimento equivocado de que a personalidade jurídica da unidade produtiva em recuperação sob a estrutura de cooperativa se mantém, pelo menos em sua "forma legal", sob a figura de um empreendimento cujas estruturas de propriedade, funcional e de distribuição de rendas continuam hierarquicamente diferenciadas.

Esperando não reproduzir nesta pesquisa as confusões terminológicas de outrora, pode-se advogar favoravelmente ao sentido da palavra "fábrica", mas desta vez em correlação a seu cognato britânico *fabric*, que designa a trama de uma dada composição têxtil, sem a qual nenhuma confecção se sustenta, e, nesse sentido, se incorporaria a esse termo o sentido de uma "prioridade ontogenética", ou seja, a fábrica, nessa perspectiva, apresentar-se-ia como a tessitura que viabilizaria o surgimento do Ser investigado (a recuperação), e, consequentemente, a sentença "recuperar a empresa" portaria o sentido de se "tecer a fábrica" que sustenta a produção e reprodução da recuperação operária de unidades produtivas, como lócus da Repetição desta diferença e desta singularidade ontológicas. É dessa maneira que esse

---

[18] No Art. 5º da Lei Nacional 20.744 — Argentina (1976) —, decretada como *Ley de Contrato de Trabajo* define como empresa "a organização instrumental de recursos humanos, materiais imateriais, ordenados sob uma direção para alcançar fins econômicos ou benéficos". Igualmente, em continuação, o Art. 5º define empresário como "quem dirige a empresa, por si ou meio de outras pessoas, e com a qual se relacionam hierarquicamente com os trabalhadores, qualquer que seja a participação que as leis permitam a esses na gestão e direção da empresa".

sentido de "fábrica" pretende sustentar a adoção, de aqui em diante, do termo "aparelho econômico recuperado", como dispositivo de recuperação/ tessitura, para se designar quaisquer formas que as unidades de produção em situação de recuperação econômico-judicial por ex-trabalhadores possam apresentar, sob as condições de sua reestruturação jurídica guiada sob a figura de uma cooperativa de trabalho.

Necessariamente, um AER só pode vir a existir como ente posterior ao fato de uma determinada unidade empresarial ter-se encontrado em situação de insolvabilidade econômico-financeira, tal como previsto pelo estatuto jurídico que regulamenta essa circunstância. Ureta *et al.* (2012) esclarecem que não existe na Argentina um processo único que regule a recuperação de fábricas pelos seus ex-trabalhadores, cabendo distintas formas em que a recuperação pode se dar. Por exemplo, se o acúmulo de dívidas trabalhistas, tributárias e comerciais tornou inviável a atividade econômica de determinado estabelecimento, seus responsáveis legais podem ingressar com um pedido judicial de "concurso preventivo", regulado pela Lei 26.684 — Argentina (2011) —, que em seus Art. 12º e 13º prevê a constituição de cooperativa por trabalhadores do respectivo estabelecimento para a con- tinuidade da produção. Nesse caso, os créditos trabalhistas devidos pelos patrões são utilizados pelos trabalhadores para inscreverem-se no "concurso de credores", sobretudo para a aquisição de cotas do capital social da pessoa jurídica em "concurso".

Caso os patrões não consigam honrar os compromissos financeiros firmados no "concurso preventivo" com seus credores, inicia-se, contudo, a fase de "quebra" judicial da firma, e a lei de 2011 passou a dispor que, conforme explicam Ureta *et al.* (2012), há três possibilidades em que os trabalhadores poderiam dar continuidade ao processo produtivo da uni- dade em recuperação: a primeira refere-se à oportunidade de aquisição total do capital social da empresa insolvente pela cooperativa formada pelos trabalhadores inscrita no ato do concurso preventivo e, assim, tor- nar-se a proprietária definitiva dos meios de produção; a segunda, por sua vez, estabelece de forma provisória que a posse e o usufruto dos meios de produção da empresa em falência passem aos trabalhadores confor- mados em cooperativas para que estes deem continuidade à produção, sem, contudo, fazer com que o processo de "quebra" seja interrompido. Se em todo caso nenhum credor, mesmo os trabalhadores, conseguir o montante financeiro necessário para adquirir a propriedade da firma, declara-se a sua quebra judicial e dá-se início ao seu "esvaziamento" por meio da venda de seus ativos patrimoniais para a cobertura dos passivos acumulados; a terceira possibilidade, assim como a primeira, assume caráter definitivo e irrevogável em relação à propriedade e à posse dos meios de produção pelos trabalhadores associados em cooperativa. Primeiramente, a Lei de Concursos e Quebras de 2011 estabelece a prioridade de tais trabalhadores na aquisição da massa falida da firma, mas, ao contrário do que aconteceria no primeiro caso — o pagamento se referia somente ao patrimônio líquido da empresa —, os trabalhadores devem quitar o valor total da firma a ser estipulado judicialmente pelo Juiz do processo de quebra. No entanto, o estabelecimento de tal valor abre espaço para possibilidades de manipulações jurídicas suspeitas e práticas patronais fraudulentas, que exigem constante vigilância e conhecimento por parte dos trabalhadores interessados no controle operário sobre os meios de produção.

No entanto, como bem relata o estudo de Ruggeri (2018), são grandes as possibilidades de que os trabalhadores associados em cooperativas não tenham condições financeiras necessárias para realizar os aportes definidos tanto na primeira quanto na terceira hipóteses dispostas na lei. Em razão disso, editaram-se excepcionalmente "leis de expropriação" como formas de salvaguarda ao direito dos trabalhadores de assumirem o controle de uma dada firma em recuperação judicial. Como explicam Ureta *et al.* (2012), a expropriação é a transferência de propriedade realizada perante a legitimação jurídica do Estado, mediante indenização paga aos proprietários originais, disciplinada pela Lei nacional n.º 21.499 de 1977 e por leis específicas de cada província argentina.

Na capital nacional Buenos Aires, em 2004, a sanção da Lei n.º 1.529 – Cidade Autônoma de Buenos Aires (2005) — veio a prover uma resposta jurídica ao impasse gerado pela luta operária em torno da recuperação de unidades econômicas, tendo como ponto principal a declaração da utilidade pública de bens imóveis. Nesse caso, se a empresa declarada quebrada tiver sido entendida legislativamente como de utilidade pública, ou seja, caso tenha ocorrido a manifestação judicial de sua relevância econômica para a manutenção das condições sociais de reprodução da força de trabalho, a cooperativa de trabalho que dirige o AER em questão pode, então, obter a propriedade definitiva sobre os meios de produção. Por outro lado, a Lei n.º 13.828 de 2008 promulgada pela Província de Buenos Aires (PBA) estabelece em seu Art. 7º, segundo Província de Buenos Aires (2008), a formação de um Fundo Especial de Recuperação de Fábricas, constituído de recursos financeiros do Poder Executivo provincial, contribuindo sobremaneira para o cumprimento de prazos e taxas de indenização fixados para a expropriação dos meios de produção na província.

No entanto, a ausência de uma lei regulamentar de caráter nacional e dependência de entendimento legislativo para aplicação do princípio da "utilidade pública" coloca o resultado dos processos individuais de expropriação sob incerteza, e disso resulta a inexistência de dispositivos protetivos legais para que os trabalhadores não sejam desalojados de um AER mediante decisão judicial. Além disso, uma "lei de expropriação" não pode ser tomada como uma solução definitiva, uma vez que tal prática imporia ao Estado a responsabilidade pelos custos da transferência da propriedade e dos encargos laborais subsequentes, o que resulta muitas vezes na prática de revenda de ativos ou na concessão de comodatos (usufruto) temporários do Estado a cooperativas de trabalhadores. Em última hipótese de expropriação, surge, porém, a possibilidade da "estatização", em que a propriedade privada é transferida do Estado para si próprio, responsabilizando-se, portanto, pela manutenção da atividade produtiva da fábrica, dos seus custos financeiros, comerciais e trabalhistas. Foi exatamente sob os auspícios dessa última e mais problemática saída que foi suscitada a reivindicação de certos grupos de trabalhadores pela chamada "estatização sob controle operário", que manteria a propriedade do Estado sobre a fábrica e seus meios de produção, porém delegaria a organização, direção e administração do processo de trabalho aos trabalhadores associados.

Certamente, não se deve ousar a aceitar a hipótese de que tais procedimentos jurídico-legais das diversas fases da recuperação de um fábrica se dão de forma idílica. Tal postura negligenciaria, de fato, os diversos problemas com os quais devem lidar os trabalhadores desejosos de protegerem seus postos de trabalho por meio da continuidade do processo produtivo em uma fábrica em recuperação. Nesse ponto, são preciosos os relatos contidos em Lavaca (2007) e Gracia e Cavaliere (2007), que expõem os conflitos e perigos reais enfrentados pelos trabalhadores, desde as ocupações precárias em frente aos portões da firma para evitar o "esvaziamento fraudulento" da estrutura produtiva (maquinário, equipamentos, estoques etc.) por ex-patrões desejosos de liquidar seus bens imediatamente, até as constantes ações físicas de resistência, barrando a entrada de capangas patronais e ações de despejo violentas por autoridades judiciais. A resistência material dos trabalhadores, bem como o apoio de seus familiares e o envolvimento de outros movimentos sociais, é imprescindível para a continuidade do processo de recuperação.

Naturalmente, é preciso enfatizar, o processo de recuperação não se limita ao processo de retomada da produção por trabalhadores, o que também pode ocorrer, caso a firma em falência seja adquirida por outros sócios capitalistas e personalidades jurídicas que não contemplam a forma legal de cooperativas de trabalho, como fundações e organizações civis não governamentais. Nesse caso, faz-se a opção por condensar um entendimento sobre fábricas recuperadas em sua definição mínima, em que estas sejam tomadas aqui como aquelas de cujos trabalhadores que, ultrapassando a mera ocupação e resistência iniciais, lançam-se ao controle do processo de trabalho da unidade produtiva, sem, contudo, disporem definitivamente da propriedade jurídico-legal sobre os meios de produção, ou seja, esse conjunto acaba por incluir fábricas recuperadas cujo processo de recuperação pelos trabalhadores ainda não atingiu um estágio final e irrevogável. Isso significa que, no marco das disposições legais, as fábricas recuperadas são para este estudo aquelas cuja recuperação judicial é garantida pela conformação de trabalhadores apenas sob a forma jurídica de "cooperativa de trabalho", já inscrita formalmente no Instituto Nacional de Associativismo e Economia Social (Inaes)[19] ou em formação. E, em função do entrelaçamento conceitual entre a recuperação de unidades produtivas por trabalhadores e o cooperativismo, em sua forma de cooperativismo de trabalho, e a dependência burocrática que subordina a recuperação por trabalhadores à cooperação dos trabalhadores na Argentina, alguma provisão sobre o tema se faz premente para que se prossiga o presente esforço de descrição.

Com efeito, o cooperativismo em geral é forma de atividade de associação jurídica que historicamente comtempla diferentes áreas, conforme as necessidades específicas que determinada organização coletiva deve prover, principalmente: consumo, suprido por compras coletivas em grandes quantidades que diminuem o preço final de dado bem ou serviço, impactando menos o coletivo de cooperados do que se estes estivessem em unidades isoladas; comercialização, suprida por meio de centrais de vendas de produtos de cooperativas e cooperados, possibilitando a formação de canais de troca e circulação menos custosos e autônomos em relação aos grandes canais empresariais tradicionais; crédito, suprido pela formação de fundos coletivos assistenciais que permitem às cooperativas escapar do estrangulamento forçado por conglomerados financeiros

---

[19] Como esclarecem Feser *et al.* (2012), o órgão nacional de controle, cuja jurisdição é a Cidade Autônoma de Buenos Aires, é o Inaes, porém, no caso de cooperativas de trabalho localizadas em outras cidades e províncias, outras organizações de controle são encontradas.

monopolistas e conseguir o financiamento para suas atividades de rotina e de investimento; e trabalho, suprida pela associação de trabalhadores que constituem uma organização coletiva para conceber, dirigir e executar um determinado processo produtivo e a divisão dos excedentes financeiros de acordo com as prioridades definidas pelo conjunto dos trabalhadores. À diferença de empresas mercantis, como sociedades anônimas e companhias de risco limitado, a cooperativa, atestam Ureta *et al.* (2012, p. 11), "é uma sociedade de pessoas, não de capitais, que se fundamenta na igualdade de direitos de seus integrantes a respeito da gestão social e que não tem por finalidade o lucro".

Tais características remontam, de fato, ao momento de eclosão das experiências do cooperativismo no Ocidente europeu do século XIX, principalmente marcadas pela elaboração principiológica realizada na França em 1831 por Philippe Buchez, no periódico *Jornal de Ciências Morais e Políticas* contra o pano de fundo da grave e sem precedentes deterioração das condições de vida da classe trabalhadora urbana. De acordo com Mladenatz (1933), Lambert (1975), Laville (1999) e Vuotto (2011), o programa de Buchez incluía os seguintes tópicos: a) cada associado deveria ser tomado como empresário, e dentre os associados deveria ser eleito um ou um conjunto de representantes; b) cada associado faria jus a um rendimento salarial mensal, em relação ao dia de trabalho ou à tarefa realizada e de acordo com sua habilidade individual; c) deveria ser feita a reserva do montante equivalente ao exigido pelas necessidades de formação/aumento de capital, provisões para emergências e distribuição entre os associados como função de seu esforço de trabalho individual; d) o capital social deveria ser incrementado, em caráter inalienável, em 20% dos ganhos, garantindo a indissolubilidade da associação de trabalhadores; e e) o dever de não ocupar por mais de um ano trabalhadores não associados, dado que ao fim deste período a cooperativa estaria obrigada a admitir estes trabalhadores em virtude do aumento de sua capacidade produtiva.

Pouco mais de uma década depois, em 1844, a Inglaterra tornou-se solo para uma experiência seminal de cooperativismo que viria a se tornar símbolo para todas as associações cooperativas futuras, denominada "Pioneiros de Rochdale". Conforme Singer (2010), os "pioneiros" eram, inicialmente, um conjunto de 28 operários, que formaram primeiramente uma cooperativa de consumo cujo objetivo era possibilitar o estabelecimento futuro de uma colônia autossuficiente constantemente em expansão. Para tanto, segundo Cole (1944), tais operários estabeleceram e difundiram o seguinte conjunto de preceitos organizativos basilares: a) decisões na cooperativa seriam tomadas em uma assembleia, de forma que cada indivíduo poderia dar seu voto independentemente do montante financeiro que este tenha investido; b) a cooperativa manter-se-ia aberta à livre adesão e exclusão de membros; c) sobre o montante financiado por terceiros, a cooperativa pagaria uma taxa de juros fixa; d) o excedente anual seria dividido entre os membros em proporção às compras de cada um na cooperativa; e) as vendas realizadas pela cooperativa seriam feitas sempre à vista; f) os produtos vendidos pela cooperativa não poderiam ser adulterados; g) a cooperativa empenhar-se-ia na educação cooperativa; e h) a cooperativa manter-se-ia neutra em questões religiosas e políticas.

Moldando seus estatutos à sombra dos ordenamentos encaminhados por Buchez e pelos Pioneiros de Rochdale, as cooperativas europeias multiplicaram-se sobremaneira no século XIX, tanto em decorrência da transição histórica da produção capitalista doméstico-artesanal para a produção capitalista fabril-manufatureira, cuja intensificação técnica e tecnológica pela incorporação de máquinas levava, por um lado, ao rebaixamento dos salários e, por outro, à exclusão de massas crescentes de trabalhadores da produção industrial, quanto em decorrência da educação cooperativa, que tornava a associação uma prática mais próxima e possível para os trabalhadores e do seu entorno comunitário, e a assimilação de novos associados recém-expulsos da manufatura capitalista que buscavam desesperadamente alguma fonte de renda para manter suas condições mínimas de subsistência. Igualmente, as publicações de obras e a própria prática dos denominados "socialistas utópicos"[20], representados principalmente por Charles Fourier e Pierre-Joseph Proudhon, na França, e por Robert Owen, na Inglaterra. Não obstante, em agosto de 1895 foi constituída em Londres a Aliança Cooperativa Internacional (ACI), cujo propósito era o de prestar auxílio, normalizar e difundir práticas para a formação de cooperativas em escala global, e sua criação contou com a participação de delegações provenientes dos seguintes países: Alemanha, Argentina, Austrália, Bélgica, Dinamarca, Estados Unidos, França, Holanda, Índia, Itália, Sérvia e Suíça.

Na Argentina, o movimento cooperativista floresceu a reboque da imigração massiva de proletários europeus nas décadas finais do século XIX e que traziam consigo as tradições e práticas do trabalho associado diante da voracidade do avanço da fase concorrencial do capital nos países de

---

[20] Tal designação foi dada por F. Engels (1985) em sua obra *Do socialismo utópico ao socialismo científico*. Para uma aproximação mais minuciosa das teorias utopistas, ver Motta (1987).

desenvolvimento industrial mais pujante. Plotinsky (2015) cita os exemplos do dirigente socialista Francês Alejo Peyret, do catalão Victory y Suarez e do alemão Germán L'Allemant. Daniel Plotinsky descreve que o movimento cooperativista argentino podia ser dividido em duas frentes: de um lado do movimento estava um grupo formado por operários que tinham o propósito de se libertarem das condições miseráveis do assalariamento, e, de outro, estava o grupo de entidades formado por integrantes das classes médias e da pequena burguesia que tinham como intento o desenvolvimento de suas atividades comerciais e industriais. Conforme destaca Plotinsky, é preciso ressaltar que, até as primeiras décadas do século XX, eram designadas cooperativas não somente as que originalmente o eram, mas também companhias e associações mercantis com propósitos de lucro.

Apesar de só ganhar força ao fim do século XIX, Plotinsky afirma que ainda em 1855 se fundou a primeira cooperativa argentina, denominada "Associação Panificadora do Povo", cujo primeiro tesoureiro integrava o Clube Socialista de Paraná, região de Entre Rios. Na sequência, os franceses Maximiliano e Oscar Savoyat fundaram a cooperativa de consumo "O Apiário" em 1865. Além disso, apontam Montes e Ressel (2003) que em 1875 foi fundada a "Cooperativa de Produção e Consumo de Buenos Aires" pelo sociólogo francês Adolfo Vaillant. Já a partir da década de 1880, houve as fundações da "Sociedade Cooperativa de Almacenes", pelo descendente inglês David Atwell; da cooperativa "Les Egaux", fundada por imigrantes franceses fugidos da repressão autoritária pós-Comuna de Paris dos anos 70 na França; e da cooperativa de comércio e consumo "Companhia Mercantil do Chubut", por imigrantes galeses. Finalmente, o fim desse ciclo inicial de impulso cooperativista dá-se em função das fundações da "Cooperativa Operária de Consumo", em 1898; e do "Lar Operário", em 1905, ambas fundadas por obra de Juan B. Justo, dirigente do Partido Socialista; e pela formação da "Confederação Entrerriana de Cooperativas", em 1913; e da "Associação de Cooperativas Rurais Zona Central", em 1922, ambas categorizadas como cooperativas de segundo grau, ou seja, como cooperativas de cooperativas.

No século XX, décadas depois, a promulgação da Lei Nacional n.º 20.337 em maio de 1973 — Argentina (1973) — alterou profundamente o quadro jurídico regido desde 1926 pela Lei 11.388 e dispôs em seus 121 artigos uma norma generalizadora para disciplinar a constituição, o funcionamento e a dissolução de quaisquer formas de associações cooperativas na Argentina. Como enfatizam Montes e Ressel (2003, p. 15-16), o Art. 2º pacifica a seguinte definição de cooperativa:

> 1º Possuem um capital variável e de duração ilimitada; 2º Não estabelecem um limite estatutário mínimo nem máximo ao de associados nem de capital; 3º Concedem um voto a cada associado, qualquer que seja o número de suas cotas sociais e não outorgam vantagens nem privilégios a seus iniciadores, fundadores e conselheiros, nem preferência a parte alguma do capital; 4º Reconhecem um juro limitado às cotas sociais, se o estatuto autoriza a aplicação de excedentes a alguma retribuição ao capital; 5º Contam com um número mínimo de 10 associados salvo as exceções que expressamente admitir a autoridade de aplicação e o previsto para as cooperativas de grau superior; 6º Distribuem os excedentes em proporção ao uso dos serviços sociais, em conformidade com as disposições desta lei [...]; 7º Não têm como fim principal nem acessório a propaganda de ideias políticas, religiosas, de nacionalidade, região ou raça, nem impõem condições de admissão vinculadas com elas; 8º Fomentam a educação cooperativa; 9º Preveem a integração cooperativa; 10º Prestam serviços a seus associados e não associados nas condições que para este último caso estabeleça a autoridade de aplicação [...]; 11º Limitam a responsabilidade dos associados ao montante das cotas sociais subscritas; 12º Estabelecem o não fracionamento das reservas sociais [...] em caso de liquidação; São sujeito de direto com alcance fixado nesta lei.[21]

Como consequência desta nova legislação e da conformação do Inaes enquanto autoridade de aplicação desta lei, apontam Montes e Ressel que, durante a década de 1980, cerca de 4 mil cooperativas haviam sido registradas e circunscreviam um universo de aproximadamente 9 milhões de associados. Já na década de 1990, o aumento do desemprego em razão da onda de privatizações acarretou uma diminuição do número absoluto de cooperativas, mas um aumento relativo das cooperativas de trabalho, que representavam, à época, cerca de 35% do total. Durante esse período, por outro lado, o bicentenário de fundação da ACI serviu de impulsão ao movimento cooperativo global e, logo, o argentino, ao incorporar de forma mais clara os princípios de cooperativismo em correspondência com a emergência de novas necessidades diante das mudanças radicais provocadas pela mundialização da exploração capitalista e avanço dos programas neoliberais de reforma do Estado[22].

---

[21] Tradução minha.

[22] A definição, os princípios e os valores definidos pela ACI podem ser acessados no portal eletrônico: https://www.ica.coop/en. Acesso em: 11 set. 2013.

De forma comparativa, os dados expostos pela pesquisa de Montes e Ressel demonstram que em 2002 havia o registro de 16.008 cooperativas, um crescimento expressivo em relação a 1985, em que estavam registradas somente 4.204. Todavia, o número de associados decresceu assustadoramente do patamar de 10.592.359 associados em 1985 para 6.874.064 em 2002. Somente na Caba, houve a perda de 2.089.932 trabalhadores cooperados em relação a 1985. Apesar de todas as mudanças, a província de Buenos Aires manteve sua participação relativa em aproximadamente 25% durante todo o período analisado (1985-2002). Em relação aos estratos setoriais, incluindo cooperativas agropecuárias, de crédito, de consumo, de seguros, de serviços públicos, de habitação e de trabalho, a participação relativa das últimas na amostra total (16.008) foi de 28,1%.

Nos dados coletados em 2007 e publicados pelo Inaes (ARGENTINA, 2008), estavam registradas 12.760 cooperativas, queda de 20,3% em relação a 2002, e aumento da concentração de associações na Caba para 14,5 %. Além disso, houve aumento significativo de associados, de 6.874.064 em 2002 para 9.392.713 em 2007. Ainda segundo a publicação, estavam registradas 3.848 cooperativas de trabalho, ou seja, 30,15% do total, somando cerca de 60 mil trabalhadores associados e cuja maioria havia sido criada por meio de políticas públicas e programas de incentivo implementados entre 2003 e 2007 pelo então governo judicialista do presidente Néstor Kirchner. Os dados mais atuais das cooperativas argentinas divulgados pelo Inaes (ARGENTINA, [2019]) identificam, por sua vez, a presença de 25.748 associações em seu território nacional, das quais 2.624 se localizam na Caba; e, do total nacional, 19.211 qualificam-se como cooperativas de trabalho. Adicionalmente, em relação às cooperativas de segundo grau na Argentina, os dados do Inaes (ARGENTINA, 2019) declaram a matrícula de 168 federações de cooperativas, entre as quais 46 são de trabalho, e 14 fazem-se presentes na Caba. Por fim, o conjunto das cooperativas de terceiro grau é composto por sete organizações: a Confederação Argentina de Trabalhadores Cooperativos Associados, a Confederação Cooperativa da República Argentina, a Confederação Nacional de Cooperativas de Trabalho (CNCT), a Confederação Intercooperativa Agropecuária, a Confederação de Entidades Cooperativas de Habitação da República Argentina, a Confederação Argentina Interfederativa de Cooperativas de Eletricidade e Outros Serviços Públicos e a Confederação Nacional de Cooperativas Água Potável — entre as quais, seis têm sua sede legal na Caba e uma em Córdoba.

Formado o quadro geral do cooperativismo argentino, é importante dar ênfase ao fato de que as fábricas recuperadas compõem um subconjunto inscrito no cooperativismo de trabalho, ou seja, estão, de todo modo, atreladas à ausência de um marco legal específico para essa tipologia particular da cooperação, conforme denunciam Feser *et al.* (2012). Nesse caso, faz-se premente a seguinte diferenciação: de modo a evitar as possíveis confusões analíticas que poderiam emergir pela contraposição entre uma cooperativa de trabalho cujos associados desempenhariam as mesmas etapas de produção, produzindo individualmente os mesmos produtos, e uma cooperativa de trabalho formada sob o contexto de uma fábrica recuperada cujos associados desempenhariam atividades parcelares e diferenciáveis, contribuindo para a produção de um único bem/serviço, convém nomear de "cooperativa de produção" as cooperativas de trabalho provenientes da recuperação de fábricas. No entanto, enquanto cooperativas, os AERs estabelecem em sua constituição formal uma divisão tripartite entre suas subestruturas funcionais, sejam elas: a assembleia de associados, o conselho administrativo e a sindicatura.

Conforme explicam Ressel *et al.* (2013), a assembleia expressa a vontade coletiva dos membros associados por meio de decisões por maioria sobre aspectos variados, como o estatuto, o planejamento estratégico, a execução da produção, o controle do trabalho, a distribuição de excedentes e investimentos. Ainda, é preciso diferenciar as assembleias em "assembleia constituinte", "assembleia ordinária" e "assembleia extraordinária": a primeira refere-se à assembleia organizada para promover o ato de fundação formal da cooperativa, em que são decididos aspectos concernentes a formação de estatuto, da integralização de cotas sociais, da designação de conselheiros administrativos e de síndicos; a de segundo tipo é a assembleia que deve ser organizada, por razão legal, uma vez ao ano para acolher a avaliação dos associados sobre o desempenho gerencial do conselho administrativo em relação aos resultados obtidos e do seu modo de gestão, assim como deve acolher informes da sindicatura e da auditoria externa; a de terceiro tipo, por sua vez, compõe-se das assembleias convocadas a qualquer momento para a apreciação de temas que demandam a ciência de todos os associados. Segundo Ruggeri (2018), 88% das fábricas recuperadas realizam assembleias de forma regular; e 44% destas, pelo menos uma vez por semana; e 35%, uma vez ao mês.

O conselho administrativo, de acordo com Ressel *et al.* (2013), é a estrutura de direção e comando gerencial eleita em assembleia de associados para implementar as ações correspondentes aos objetivos e diretrizes necessários para atender ao objeto social da cooperativa. Diferentemente da assembleia de associados, cuja existência é pontual e temporária, o conselho de administração é permanente, não podendo ter suas funções exercidas por qualquer outra estrutura. Sua composição mínima é de três membros associados (cada qual ocupante de uma cadeira, seja ela a presidência, seja a secretaria ou a tesouraria), cujos mandatos não podem exceder três anos. Conforme estabelecido no Art. 67 da Lei 20.337 da Argentina (1973), os gastos efetuados pelos membros do conselho administrativo na sua atividade de direção devem ser reembolsados, mas, mesmo assim, a remuneração dos conselheiros por sua atividade administrativa é alvo de controvérsias entre membros não conselheiros, que têm o receio de que a remuneração torne a atividade administrativa mais importante do que a atividade-fim da cooperativa, e membros conselheiros que denunciam a complexidade de suas atribuições institucionais para fazerem jus a uma remuneração compensatória. Por fim, mesmo que empossados legitimamente por meio de eleição, os conselheiros podem ter sua designação revogada a qualquer momento por assembleia, caso incorram em irregularidades durante seus mandatos.

Por seu turno, a sindicatura é uma subestrutura responsável por fiscalizar a adequação entre as práticas realizadas pelo conselho administrativo, a legislação e o estatuto da cooperativa, e as decisões feitas em assembleia. Assim como o conselho administrativo, a sindicatura opera de forma permanente e pode ser ocupada por um ou mais membros associados eleitos por assembleia. Caso seja desempenhada coletivamente, a sindicatura recebe o nome de comissão de fiscalização. Suas atribuições particulares incluem: a) participar com direito a voz, mas sem voto, de reuniões do conselho administrativo; b) participar das assembleias com direito a voz em todos os pontos em deliberação, mas não possui voto em assuntos que concernam a áreas sob sua responsabilidade; c) impugnar judicialmente todas as decisões tomadas em assembleia que infrinjam a lei, o estatuto ou outras normativas; d) convocar assembleias extraordinárias; e) fiscalizar os livros que compõem os registros da administração sempre que considerar adequado; e f) em não se obtendo a satisfação de seus requerimentos com o conselho administrativo, cabe à sindicatura a responsabilidade de informar o Inaes sobre os fatos.

Em resumo, a rotina da "vida produtiva" é desempenhada por um regime de governança compartilhado entre a estrutura diretiva/técnica, e por isso "executiva", denominada "conselho administrativo", a estrutura que se pode designar consultiva/deliberativa, portanto "legislativa", intitulada "assembleia de associados", e a estrutura "judiciária" desempenhada pela "sindicatura". Enquanto o conselho administrativo é dotado de uma função gerencial, associada à reprodução das condições de produção, ou seja, à manutenção e ao controle sobre o processo de trabalho e dos excedentes gerados por este, a assembleia de associados é o espaço de exercício da tomada democrática de decisões e da hierarquização de necessidades coletivas, em que os trabalhadores experimentam a possibilidade de igualdade e autonomia entre si e disciplinam o próprio modo de distribuição e reprodução continuada da força de trabalho. Nesse sentido, a "sindicatura" aprece como órgão de mediação funcional cujo objetivo fundamental é modular os imperativos do controle organizacional em face das decisões da assembleia para que estas sejam efetivamente implementadas, embora o mais importante, o modo de implementação, esteja única e exclusivamente dirigido pelo conselho administrativo.

Se, por um lado, ficou esclarecida que a forma jurídica ocupada por um AER é a de uma cooperativa de trabalho, e que esta conduz a uma nova relação de trabalho entre os agentes da produção, resta, por outro, identificar quem são estes, ou melhor, o modo como emergem esses agentes da produção que efetivamente colocam um AER em pé. Isso implica, por sua vez, o entendimento de que o Encontro entre meios de produção livres e trabalhadores desocupados também é um Encontro entre relações de propriedade e relações de produção no seio do MPC.

Na formação social argentina, isto é particularmente importante, porque entram em contradição no próprio âmago das relações jurídicas o conceito de trabalho, ainda válido legalmente, operado pela Lei de Contrato de Trabalho (LCT) — Argentina (1976) — e o exercício da forma cooperativa de produção previsto pela Lei nacional n.º 20.337 de 1973, uma vez que o Art. 4º da LCT define trabalho como toda atividade que se preste em favor de quem tem a faculdade de dirigi-la, em troca de uma remuneração, ou seja, tal conceito compreende o trabalho apenas da perspectiva de um quadro hierárquico de relações de poder entre comandante e subordinado, enquanto, segundo a lei de 1973, a figura jurídica da cooperativa institui a exigência da igualdade formal entre os sócios independentemente da quantidade de capital aportado por eles na integralização do patrimônio social da cooperativa, ou seja, segue-se a máxima "uma voz, um voto", de maneira que, numa cooperativa de trabalho, a igualdade das condições materiais entre sócios/trabalhadores/dirigentes/dirigidos entra em choque com o conceito de trabalho da LCT, pois o conceito de trabalho operado nestas cooperativas deixa de ser enquadrado pela perspectiva do comando hierárquico imediato de uma segunda parte personificada por um patrão material e juridicamente distinto diante dos trabalhadores.

Por essa razão, identificar os processos e os caracteres reais-concretos que configuram a formação da força de trabalho em AERs argentinos se faz imprescindível. É preciso, para tanto, recorrer aos exemplos de resistência, ocupação e recuperação que forjam tais agentes da produção. Entre os casos que permitem conduzir a investigação ao campo empírico da transição da força de trabalho a sua forma final enquanto corpo de agentes da produção em AERs, podem ser citados: a Industria Metalúrgica y Plástica Argentina, a Textiles Pigüé, o Hotel Bauen, a Fasinpat, a gráfica Chilavert, a Cooperativa de Trabajo Los Constituyentes (CTLC).

3.2 Casos emblemáticos de recuperação operária de fábricas na Argentina

A Industria Metalúrgica y Plástica Argentina, localizada no bairro de Almagro, na capital nacional, existe como fábrica recuperada desde 22 de maio de 1998 após, segundo Robertazzi e Murúa (2013), atravessar diversas etapas históricas: como empresa privada nas décadas de 1920, denominada Fábrica Nacional de Envases de Estaño, e 1940, com o nome Lienau, Sueiro y Grench S.R.L, ainda como fábrica de envases de estanho, de modo que passou a ser designada de forma definitiva como Impa em 1941, período em que começa a desenvolver a produção de aviões e bens para uso militar; como empresa estatal no interstício 1946 e 1960, sob comando do presidente Juan Domingo Perón, em que passa a compor o quadro da *Dirección Nacional de Empresas del Estado* (Dine) e a partir de 1950, dada a queda em sua produção de itens militares e do fechamento de suas unidades em Quilmes e San Martín, direciona sua planta para a produção de alumínio, bicicletas e maçanetas; como cooperativa entre 1961, ano em que os trabalhadores impediram o fechamento decretado da Impa e a transformaram em uma cooperativa de trabalho e consumo, que, apesar dos esforços, não logrou resistir nem à crescente concentração de sua direção e comando em poucas mãos, nem ao ciclo de políticas neoliberais dos anos 80 e 90, e em 97 sua frágil situação econômica culmina na convocação de credores para o término de sua atividade produtiva; e, finalmente, como unidade recuperada a partir de 1998, liderada por Eduardo "Vasco" Murúa, em que a resistência feita por trabalhadores da

Impa contra o esvaziamento da fábrica encontrou eco, segundo Robertazzi e Murúa, na luta sindical, política e das camadas populares[23] de seu entorno comunitário.

Em entrevista concedida a este pesquisador, Eduardo Murúa, este importante personagem da recuperação operária de fábricas na Argentina, destacou alguns fatos interessantes sobre a Impa:

> *A Impa foi a primeira empresa de Buenos Aires. Com a recuperação da Impa, aprendemos que poderíamos fazê-lo em outros lugares e começos e a nos solidarizar com outras lutas. Aí fomos recuperando outras fábricas, e da própria lógica das circunstâncias originou-se o Movimento Nacional de Empresas Recuperadas. Muitos companheiros, mesmo após trabalhar 30, 40 anos nessas fábricas não puderam se aposentar porque os patrões não haviam feito as contribuições patronais para a previdência social; além disso, não havia nenhum seguro ou indenização pelo atraso de pagamentos ou demissão. Daí é preciso mencionar que desde o início o Estado se apresentou como um elemento de luta contra nossos interesses, uma vez que em seu início fomos ameaçados com ordens de despejo e repressão, e mesmo após 15 anos de recuperação ainda não havíamos sido contemplados com o seu reconhecimento legal. Tendo isso em consideração, nós nunca pleiteamos a estatização sob controle operário, apenas a estatização dos meios de produção, de forma que, além das figuras da propriedade privada e da propriedade estatal, lutamos pela conformação da propriedade social. Somente em 2015 obtivemos uma decisão favorável a expropriação.* (MURÚA, 2017, s/p).

Outro aspecto interessante sobre a Impa é sua estrutura de repartição das rendas entre os trabalhadores cooperados. Sobre isso, Murúa alega que:

> *Na Impa, todos ganham igual, do coordenador-geral ao companheiro que te atendeu na portaria. No princípio fizemos isso porque ganhávamos tão pouco que pensamos: temos que dividir. Depois, tomamos uma decisão que provocou polêmica porque a princípio, anteriormente, se discutia que um trabalhador deveria ganhar de acordo com sua capacidade de produção, e não segundo sua categoria, e nós seguimos insistindo que todos deveriam ganhar igual. Eu estou convencido que é melhor uma repartição igualitária, não por uma questão de burocratização da fábrica (da divisão entre*

---

[23] O trabalho de Pinheiro (2011) permite entender as camadas populares como estrato social correspondente à luta de classes no MPC, mas que pressupõe a tríade cidadão-consumidor-trabalhador, localizada geograficamente em periferias urbanas pauperizadas, cujas demandas concernem a meios de reprodução coletivos, como saúde, assistência social, habitação, educação, alimentação, segurança e transporte.

> coordenadoria e os outros trabalhadores), mas *porque legitima uma maior autoridade da diretoria para dialogar e poder cobrar comprometimento de nossos companheiros. No entanto, alguns companheiros levantaram a questão se este tipo de divisão seria* injusto, já que eram os companheiros que mais sabiam, *os que mais conheciam e os que mais se mobilizavam fora da fábrica e ganhariam igual ao companheiro que somente se dedicava à produção, e isso, de fato, tem um peso muito forte. Mesmo assim, decidimos em assembleia a repartição igualitária dos ganhos e, em contrapartida, tivemos que ver com as consequências disso para o movimento.* (MURÚA, 2017, s/p).

Além dessas questões históricas e administrativas, a Impa não somente atende ao processamento de alumínio e à fabricação de vasilhames descartáveis, como também serve de estrutura para o desenvolvimento de variadas atividades. A Impa conta com a iniciativa do "Museu do Trabalho", cujo objetivo é de preservar a memória operária dos trabalhadores, de suas experiências e relatos históricos, assim como promoveu a "Oficina Livre de Desenho" como forma de exposição e desenvolvimento de um acervo imagético sobre a fábrica. Além disso, a Impa apresenta-se como incubadora de outras cooperativas, voltadas para a educação escolar regular, para oficinas de teatro, dança e percussão. Mais ainda, segundo Murúa (2017, s/p) relatou em entrevista "*a Impa tem em funcionamento um projeto para aposentados que se estrutura em um programa para terceira idade, enquanto o nosso Complexo de Saúde se encontra engavetado pelo governo Macri*". Por tudo isso, em 2011, a Impa foi reconhecida pelo Estado argentino como patrimônio cultural da capital nacional. Por outro lado, em relação à constituição de outras fábricas recuperadas, a Impa, como aponta Ruggeri (2018), tem presença fundamental como suporte político e, até mesmo financeiro, contribuindo, como agente principal do Movimento Nacional de Empresas Recuperadas, para a geração de um fundo responsável por disponibilizar recursos de modo a financiar o início das atividades dessas unidades produtivas.

Entre as iniciativas de maior impacto social organizadas pela Impa está a realização, desde 2004, em conjunto com a Cooperativa de Educadores e Investigadores Populares (Ceip), de um *Bachillerato Popular* (BP) orientado à formação de jovens e adultos. Ainda, desde os congressos de 2010 até sua fundação em 2013, a Universidade dos Trabalhadores (UT) é um grande passo para a educação operária e popular, pois tem como objetivo, como explica Ramalho (2013), a igualdade de acesso e a formação de intelectos críticos, tendo a perspectiva do trabalho e do trabalhador como horizonte de seu quadro educativo. O que implica ainda a instauração de um ambiente democrático de decisões definidas por meio de assembleias próprias à UT, reunindo docentes e alunos, livres da força centrípeta da hierarquia burocrática.

Em sequência, localizada ao sul da província de Buenos Aires, na cidade de Pigüé (cerca de 600 km distância da capital nacional), encontra-se a Cooperativa de Trabajo Textiles Pigüé, a fábrica recuperada cujo processo é um dos mais simbólicos entre os casos argentinos, pois deu-se em uma importante planta industrial de um pujante complexo produtivo, subcontratada, entre outras empresas, pela companhia alemã Adidas para o suprimento de insumos têxteis a outras empresas do complexo, colocando-se, segundo Ruggeri *et al.* (2014), como a maior empresa produtora de calçados e vestimentas esportivas do país, sob o registro de Gatic S.A., que chegou a empregar, na metade dos anos 1990, cerca de 500 trabalhadores (3,34% da população municipal).

Dado o pequeno intervalo temporal que separa o início do seu processo de recuperação da grande onda de recuperação de fábricas na Argentina, entre 2001 e 2002, a CTTP, recuperada em 2004, apresenta uma posição de baixa notoriedade nacional, longe da exposição midiática e das marchas populares em sua defesa, sendo mais reconhecida internacionalmente, pois, conforme Ruggeri *et al.*, expôs o êxito de sua recuperação em países como Brasil, França, Itália, Espanha e Índia. Tal fato não deve, contudo, direcionar ao entendimento de que este caso é menos relevante diante das inúmeras recuperações testemunhadas em solo argentino. Pelo contrário, o mérito da CTTP recai exatamente na conformação de um coletivo coeso de trabalhadores que logrou estruturar de modo eficiente a direção e a condução do processo de trabalho sob controle operário, apesar das forças contrárias ao seu estabelecimento exercidas pelos governos do município e da província, e pelas pressões externas tanto de ex-trabalhadores da Gatic S.A. quanto do ímpeto reprivatizante pós-crise capitalista de 2008 promovido pelo governo nacional.

Como resultado de sua resistência laboral e política, os trabalhadores da CTTP conseguiram conquistar em janeiro de 2014, após dez anos de luta, a cessão do título de propriedade dos meios de produção da Gatic S.A., tornando-se, assim, não só produtores diretos associados, mas também soberanos em suas decisões sobre a direção e coordenação, sobre a produção e sobre os resultados do trabalho. Durante essa década de intensas mobilizações internas para reabilitação das condições de produção da fábrica, três apontamentos históricos merecem destaque: a) em vista da determinação legal promovida sob a Presidência de Néstor Kirchner, em 2005, em apoio às fábricas recuperadas, que viabilizava a transferência estatal de 150 pesos a ser somada a remuneração dos trabalhadores em unidades produtivas recuperadas, o coletivo de associados da CTTP, visando à reorganização solidária das relações de trabalho, realizou a simbólica decisão de incorporar mais trabalhadores a seu grupo de associados, em que pese a redução per capita das retiradas, de forma a garantir-lhes a subvenção do Estado como forma de provisão das condições mínimas de reprodução material para aqueles em circunstâncias extremas de vulnerabilidade social; b) com a intenção de promover a construção de uma solidariedade para além das relações de trabalho no interior de sua fábrica, a CTTP deu origem ao projeto intitulado "Cadeia Têxtil Solidária" com o objetivo de incentivar a organização de elos produtivos alinhados com a proposta do trabalho associado. Em decorrência dessa iniciativa, perpetrou-se a sustentabilidade socioambiental e o comércio justo como pilares deste encadeamento que passou a integrar, conforme relata Ruggeri *et al.*, produtores de algodão orgânico na província de Chaco, a CTTP e a cooperativa La Juanita, uma unidade produtiva desenvolvida pelo Movimento dos Trabalhadores Desempregados de La Matanza; e c) em 2006, a CTTP celebrou um acordo com o Serviço Penitenciário Bonaerense tanto para produzir vestimentas aos detentos da província de Buenos Aires quanto para qualificar reclusos na produção têxtil.

O Hotel Buenos Aires Una Empresa Nacional, localizado no perímetro central da capital nacional, teve sua inauguração realizada em 1978 como empresa privada de propriedade de Marcelo Iurcovich, que, em virtude de sua dívida com o Banco Nacional de Desenvolvimento (Banade), negociou a venda da empresa em 1997 para a corporação chilena Solari S.A. Após a decretação de insolvência financeira da Solari e a demissão em massa dos trabalhadores do hotel em 2001, um grupo de resistência formado por ex-empregados e por militantes do MNER iniciou a ocupação e conseguiu obstruir as ações judiciais de despejo que têm sido mobilizadas contra os trabalhadores. De acordo com Ruggeri, Alfonso e Balaguer (2017), desde 21 de março de 2003 o Hotel Bauen opera como fábrica recuperada que, no entanto, por efeito de diversas manobras jurídicas, ainda não conquistou a expropriação da estrutura física que tem ocupado. A singularidade que torna o Hotel Bauen um caso *sui generis* de recuperação reside precisamente no modo tripartite de sua luta: no terreno político-institucional, por meio da defesa de projetos de lei ao Congresso Nacional para efetuar a expropriação definitiva dos proprietários originais do edifício; no âmbito socioprodutivo, por meio do controle associado da produção e da participação nas mobilizações e organizações de apoio à constituição de novas cooperativas de produção; e na esfera jurídica, por meio da impetração de recursos e de medidas protetivas contra a repressão policial e ações de despejo.

Tendo diante de si a monumental tarefa de colocar em operação um prédio de 20 andares e um restaurante em condições de oferecer um serviço de hotelaria adequado aos padrões e necessidades de uma capital nacional, os trabalhadores do Bauen totalizavam em 2017 cerca de 130 associados que já realizaram um investimento de 20 milhões de pesos argentinos para transformar o Bauen em uma fábrica recuperada eficiente, abrigando, enquanto sede social, segundo Imen e Plotinsky (2017), outras cooperativas, como Señales (especializada em logística e distribuição para gráficas), Cítrica (periódico mensal formado por ex-funcionários da revista Crítica) e Tiempo Argentino (jornal de orientação progressista e democrática), e recepcionando peças teatrais, conferências e eventos internacionais, como a mesa de abertura do Encontro Internacional "A Economia dos Trabalhadores" organizado pelo Programa Faculdade Aberta da Faculdade de Filosofia e Letra da Universidade de Buenos Aires.

Enquanto suporte às ações de auxílio à criação e ao desenvolvimento do trabalho associado, desde 2006, com apoio e liderança de seu presidente Federico Tonarelli, o Bauen conforma uma das mais importantes organizações para o desenvolvimento do trabalho associado na Argentina, a Federación Argentina de Cooperativas de Trabajadores Autogestionados, que já comporta, de acordo com Litman (2017), mais de 60 cooperativas, cuja maioria não se origina de processos de recuperação, inscritas em diversos ramos de atividade, agregando aproximadamente 2.200 trabalhadores.

Em que pese sua longa trajetória de luta social pelo controle e gestão coletiva da produção, os trabalhadores do Bauen encontram-se em severa fragilidade jurídica diante do veto à lei de expropriação exarado pelo presidente Maurício Macri em 2016, apesar de sua sanção pelo Congresso Nacional. Nesse sentido, as relações de força no âmbito político-jurídico e ideológico apontam, conforme declaram Imen e Plotinsky (2017), para a evidente inclinação neoliberal do governo em contra-ataque às legislações e às normas criadas em apoio às cooperativas e às fábricas recuperadas, legitimando a retirada da figura da "função social" do trabalho cooperativo em favor da segurança jurídica para investimentos privados, mesmo que soterrados por práticas históricas de fraudes patronais contra seus funcionários e endividamento inescrupuloso com créditos estatais, como é o caso do Bauen, de acordo com Imen e Plotinsky (2017). Dessa forma, é necessariamente em função da, e não apesar da, luta social e das mobilizações populares contrárias às arbitrariedades jurídicas e políticas, sustentadas no corolário neoliberal, que o Bauen se torna o atual epicentro da correlação de forças implicadas no processo de recuperação de fábricas sob a hegemonia do Estado capitalista em sua forma autoritária e repressora dos movimentos espontâneos da classe trabalhadora.

A Fábrica Sin Patrones, localizada no município de Neuquén, que dá nome a sua província, cuja cidade é a mais importante demográfica e economicamente do território patagônico, é uma fábrica de produtos cerâmicos (pisos e revestimentos) cujo processo de recuperação, iniciado em 2001 após a quebra da empresa Cerámica Zanón, é dos mais conhecidos e reconhecidos entre os casos argentinos, não só pela grandiosa jornada dos trabalhadores para a conquista das condições objetivas de direção coletiva da produção, mas, e principalmente, pelo grandioso apoio popular, "extramuros", que agregou de forma imprescindível a energia necessária para deslocar a correlação de forças em favor do projeto de recuperação pretendido.

A primeira dificuldade enfrentada pelos "recuperandos", conforme relata Ruggeri (2018), deu-se no próprio seio da relação entre trabalhadores e sua representação sindical, pois esta, abertamente apoiadora da causa patronal, se colocou diametralmente contrária à ocupação da fábrica. Logo, recuperar o sindicato, ou seja, estabelecer em seu comando diretrizes e ações favoráveis à luta proletária, era tarefa primordial para quaisquer reivindicações trabalhistas que se colocassem na ordem do dia. De acordo com o magnífico trabalho historiográfico desenvolvido por Fernando Aiziczon (2009), a vitória obtida nessa primeira etapa deveu-se, sem dúvidas, à liderança de Raúl Godoy, empregado desde 1994 na Zanón e um militante trotskista do Partido de los Trabajadores por el Socialismo (PTS), que conquistou pelo voto a direção do Sindicato de Obreros y de Empleados Ceramistas de Neuquén (SOECN) e consegui dar fim à duradoura cumplicidade burocrática entre a representação econômica dos trabalhadores e as demandas patronais, responsável por inúmeras infrações ao seu estatuto.

Por outro lado, os elementos externos de grande relevância para a recuperação da fábrica, heranças da tradicional combatividade popular característica de Neuquén, são representados, segundo Aiziczon, pelo apoio manifestado pela Universidade Nacional de Comahue (no âmbito da

Federação Universitária de Comahue, liderada por docentes da Faculdade de Humanidades), por estudantes secundaristas ligados à Candidatura Unificada de Estudiantes de la Salud (Cues), pelo Movimento dos Trabalhadores Desempregados de Neuquén, por comunidades Mapuche, por pequenos produtores rurais (*chacareros*), por membros inscritos na Asociación de Trabajadores de la Educación del Neuquén (Aten), na Asociación de Trabajadores del Estado (ATE) na província de Neuquén, e na Central de Trabajadores de Argentina (CTA) pelo Movimento de *Mujeres Agropecuarias en Lucha* (MMAL).

Como efeito das lutas travadas interna e externamente, as mobilizações pró-recuperação da fábrica conseguiram superar tanto os violentos casos de ameaças e sequestros contra a integridade física dos trabalhadores e de familiares e amigos quanto as recorrentes tentativas de despejo, de tal forma que em 2009, após sentença judicial, a propriedade da fábrica finalmente passou aos trabalhadores da Fasinpat, que alcançam a marca de 150 membros e deixaram para o passado o trágico histórico de numerosos acidentes, adoecimentos e óbitos ocorridos durante a atividade de trabalho.

Outro exemplo de resistência se apresenta na Cooperativa Chilavert Artes Gráficas, localizada no bairro Pompeya, na rua Chilavert, em Caba. Esse AER emergiu da falência da empresa Ediciones de Arte Gaglianone, fundada no mesmo local em 1923, e que em 2002 entrou num processo de deterioração econômica e financeira, culminando em sua falência operacional e em endividamento com fornecedores e trabalhadores. Conforme o relato de Ruggeri (2018), em abril de 2002, trabalhadores da gráfica Gaglianone colocaram-se diante de carros de polícia para impedir que os meios de produção, os produtos e as matérias-primas fossem retirados pelo patrão. "Junto a eles, dezenas de vizinhos, assembleístas, militantes e trabalhadores de outras empresas recuperadas" se solidarizaram e engrossaram a fila de resistência à repressão policial, de acordo com Ruggeri (2018, p. 21); vale citar também a colaboração sindical prestada pela Federación Gráfica Bonaerense (FGB), o que foi imprescindível para a continuidade de um processo de ocupação e resistência que durou oito meses.

Segundo Lavaca (2007), de todo quadro de funcionários que havia na gráfica Gaglianone, apenas oito pessoas se prontificaram a realizar uma resistência ao fechamento da fábrica: Plácido Peñarrieta, Ánibal Figueroa, Ernesto Gonzáles, Fermín Gonzáles, Jorge Luján, Manuel Basualdo, Daniel Suárez, e Cándido Gonzáles. Entre eles, ainda conforme Lavaca, o trabalhador e "porta-voz" do AER Cándido Gonzáles considerou que, a partir do falecimento de Tola Gaglianone, esposa do patrão e, no entanto, quem melhor geria e motivava aos trabalhadores da gráfica, a empresa mergulhou numa espiral sem retorno rumo a uma grave crise, já agravada pela catástrofe econômica, política e social que atingiu em cheio a Argentina entre os anos de 2000 e 2001.

De acordo com as informações declaradas por CCAG (2019), os oito trabalhadores da gráfica em conjunto com as forças populares que lhe garantiam suporte resistiram à tentativa de despejo realizada pela polícia em maio de 2002, e em 17 de outubro do mesmo ano fundou-se a CCAG. No entanto, apenas com a sanção da Lei n.º 1.529 em 25 de novembro de 2004 os trabalhadores puderam lutar pela expropriação definitiva da gráfica, cujo pedido judicial só veio a ser declarado legal nesta mesma data. Daí em diante, o espaço físico da planta produtiva, os meios de produção, o material de trabalho, a produção e seus rendimentos passaram a servir somente aos trabalhadores da CCAG, finalizando um processo que só se tornou possível graças ao apoio popular e operário conseguido com a solidariedade de classe, impondo derrota às tentativas fraudulentas de esvaziamento da gráfica pelo ex-patrão, segundo Ruggeri (2018).

No ano de 2006, a CCAG, em conjunto com as cooperativas Ferrograf, Campichuelo, Patrícios, Cogtal, El Sol y Gráficos Asociados, funda a Red Gráfica Cooperativa (RGC), definida como um empreendimento econômico produtivo do setor gráfico cooperativo argentino que, de acordo com Ruta Argentina de Cooperativas (RAC, [2018]), tem como função prover competitividade e sustentação econômica para as cooperativas gráficas por meio da coletivização das atividades de aquisição de equipamentos e armazenamento, de produção e qualidade, de capacitação de trabalhadores e de planificação estratégica. Entre os projetos levados a cabo pela RGC, estão aqueles em que as cooperativas comercializam seus produtos em parceria com a Usina de Medios e o projeto "Livro para Todos". Sob o marco dessa cooperação econômica, a RGC tem conseguido atingir seu objeto de integração setorial e de 18 plantas produtivas funcionando com tecnologia de ponta em desenho, impressão, encadernação e edição gráfica.

Além de sua sustentabilidade econômica, a CCAG empenha-se pela prática de educação de jovens e adultos no âmbito de um *Bachillerato Popular* (BP) fundado em 2007 com apoio da Ceip. O BP fica nas instalações da própria gráfica, tendo como propósito ofertar o ensino secundário de três anos por meio de um quadro de disciplinas que contém desde matemática, história, geografia, biologia e literatura, até disciplinas mais complexas, como cooperativismo e problemática social contemporânea. Segundo a CCAG (2019), o objetivo de tal formação é incitar a capacidade de julgamento crítico nos sujeitos que participam da educação popular. No escopo de uma formação popular mais ampla, desde 2011, funciona em sua sede um Centro Cultural, com oficinas de dança (salsa e tango) e teatro, que recebe e integra habitantes de entorno, acadêmicos, pesquisadores ao seu circuito de produção e reprodução social.

Por fim, localiza-se também em sua sede, desde 2004 e inaugurado em 2006, o Centro de Documentação de Empresas Recuperadas, localizado em um escritório cedido pelos trabalhadores da gráfica, que conta com rede de energia, internet e estrutura cedida ao funcionamento do *Programa Facultad Abierta*, de que participam voluntários, alunos e professores de extensão universitária, com os quais compartilham refeições. Segundo o PFA (UBA, 2012), este espaço simboliza a imbricação entre o trabalho teórico-acadêmico e o trabalho concreto da produção e dá sustento a uma relação de solidariedade.

Localizada em San Martín, distrito de Vicente López na província de Buenos Aires, a Cooperativa de Trabajo Metalúrgica Los Constituyentes, ainda em operação, é um AER erguido no ano de 2001, recuperado sob a falência da empresa Ignacio F. Wasserman S.A., metalúrgica fundada em 1957 em Caba, mas transferida a Vicente López em 1993. Em seu auge, chegou a ter, de acordo com Gracia (2011), 200 trabalhadores e a produzir cerca de 8 mil toneladas de chapas de aço e 4 mil toneladas por mês de tubos e canos. Outro elemento relevante do período patronal foi a proximidade política do ex-patrão com o então presidente Carlos Menem, que até mesmo inaugurou a planta em Vicente López em 1994; e, mesmo assim, a empresa não deixou de sofrer as consequências do desastre neoliberal que transformou profundamente sua realidade econômica ao longo dos anos 1990, com demissões e queda da atividade produtiva, culminando em 2000 com uma convocatória de credores.

A esse momento de crise aguda da produção na metalúrgica, demissões, diminuição e atrasos de salários, flexibilização de jornadas, suspensões serviu como propulsor de uma solidariedade entre os trabalhadores, que começaram a se colocar em posição de conflito com patrões, o que, conforme Gracia, demandou a participação do sindicato — Unión Obrera Metalúrgica (UOM) — e dos Poderes Legislativo, Executivo e Judiciário. A situação dos trabalhadores era complexa, porque não havia abandono da planta por parte do patrão e tampouco havia sido declarada a quebra da empresa.

Em meio a essa complexidade, foi necessário convencer os trabalhadores da metalúrgica a tomarem ações de proteção do patrimônio físico da empresa e ações de articulação para proteção de seus postos de trabalho. Relata Gracia que esse convencimento primordial foi prestado pela proximidade que o MNER, principalmente personificado na figura do advogado Luís Caro[24], começou a ter como protagonista da disseminação de práticas de recuperação de empresas por meio de cooperativas de trabalho fundadas por ex-funcionários de empresas falidas. E em dezembro de 2001 os trabalhadores organizaram-se para fundar a CTLC, com 62 sócios, e firmaram um contrato de aluguel da planta produtiva com o patrão, que, assim, continuava dentro do escritório da metalúrgica seguindo a fazer negócios normalmente. Gracia comenta que, à diferença de outros casos de recuperação de empresas nos quais o conflito entre trabalhadores e ex-patrões se dá fora da unidade produtiva e envolve a agregação de forças populares para mobilizar Legislativo e Judiciário em favor dos operários, a recuperação da empresa pela CTLC mantinha em seu interior o conflito entre trabalho e capital, embora num quadro de relações mais contraditório e explosivo.

Tal conflito só chegou a um resultado favorável aos trabalhadores quando, atingida sua fase judicial, segundo Gracia, conseguiram retirar o ex-patrão das instalações da metalúrgica e tiveram sua declaração de utilidade pública pela justiça da PBA. Com isso, nos termos da Lei n.º 5.708 da Província de Buenos Aires (1952), que regula as expropriações na PBA, foram iniciados os estudos descritivos entre 2003-2006 que possibilitariam a expropriação a título oneroso (com indenização) em favor da CTLC (decisão que definiu favoravelmente pela expropriação de bens imóveis, marcas e registros da empresa original até o prazo de 2007). Assim como a cooperativa Unión y Fuerza, cuja recuperação foi também mobilizada com participação do MNER sob a figura de Luís Caro, a CTLC transformou-se num dos primeiros AERs da Argentina. Mesmo assim, relata Gracia que os conflitos privados transferidos à esfera estatal sofreram graves reveses, pois muitas solicitações judiciais para a adjudicação de novas expropriações têm esbarrado na indisposição do Estado capitalista em integralizar estas demandas sob a forma de declaração de utilidade pública.

Três anos após a pesquisa original de 2005 de Gracia (2011), o estudo etnológico de Costa Alvarez (2008) destaca a aumento de trabalhadores na metalúrgica para 80 pessoas, das quais 55 são sócios e 25 estão na condição de

---

[24] Que mais tarde viria a fundar o Movimento Nacional de Fábricas Recuperadas por seus Trabalhadores.

entrantes e, por isto, trabalham como em regime de contrato. Sua produção encontra-se no patamar aproximado de 5 mil toneladas (uma redução de 7 mil toneladas de produção), dos quais 90% são trabalho a *façón*, ou seja, uma modalidade de contratação de produção na qual clientes dos AERs fornecem todos os materiais necessários à produção, estabelecendo produtos, prazos, quantidades, qualidade, preços e ritmo de trabalho, sem, contudo, permitir nenhum grau de liberdade para decisões operacionais aos trabalhadores de uma cooperativa, tratando-se apenas de uma terceirização da produção.

Quanto à organização do processo de trabalho, segundo Costa Alvarez, pouca ou nenhuma modificação foi feita na distribuição de funções e tarefas em relação ao período patronal da empresa, pois a automação do processo de produção não possibilitou um rearranjo estrutural das atividades e das posições ocupadas pelos agentes na planta produtiva. E, embora as estruturas de administração e de comercialização tenham sido institucionalizadas no AER e causado certa divisão funcional entre trabalhadores da produção e da concepção (legitimada pelos próprios), as antigas funções de supervisão e controle foram eliminadas e internalizadas pelos trabalhadores em sua rotina de produção.

Outro aspecto importante destacado por Costa Alvarez relaciona-se com a distribuição de rendas, uma vez que a separação entre sócios e aspirantes a sócios ocasiona uma diferença estrutural entre esses dois grupos: enquanto sócios fazem retiradas mensais igualitárias, o que simboliza uma prática de desestruturação do quadro hierárquico patronal anteriormente vigente, o conjunto de novos entrantes (pois não participaram originalmente do processo de recuperação) trabalha para a cooperativa por uma remuneração fixa e não tem vínculos com as cotas patrimoniais da cooperativa, o que em tese promove uma nova divisão hierárquica do trabalho no seio mesmo de uma experiência que tem como horizonte legal a composição de uma estrutura funcional/dirigente com integrantes em iguais condições de voto, independentemente de sua contribuição patrimonial na constituição da cooperativa.

Como resultado, à parte dos outros casos descritos anteriormente em que houve grande participação popular em enfrentamentos públicos contra ações de despejo e fraudes, o AER erigido pela CTLC, talvez pela própria proximidade política que tinha com um senador cuja base era a UOM, seguiu a trilha de um processo, por certo desgastante e não menos complicado, mais inclinado a uma "corporativização" da recuperação da empresa do que à abertura da empresa à comunidade e à crescente politização de sua presença e resistência. Como demonstra em seu sítio eletrônico, a CTLC é um AER orientado exclusivamente à competitividade industrial no setor metalúrgico, ostentando o selo de qualidade operacional ISO 90001-2005 e os 20 mil m² de sua planta produtiva. Se, por um lado, a CTLC conseguiu lograr uma reintegração bem-sucedida à circulação capitalista ao economizar seus recursos somente para atender as necessidades materiais-imediatas de seus membros e crescer em valor patrimonial durante os anos em que tem operado, por outro, a CTLC afastou-se enquanto corporação a quaisquer possibilidades de abertura às camadas populares, ignorando a construção de vínculos sociais por meio de um BP, centros culturais e oficinas abertas.

As cinco experiências descritas anteriormente demonstram a variabilidade de circunstâncias a que estão sujeitos os AERs em sua formação, mas principalmente denotam traços marcantes que forjam a sua força de trabalho. Mesmo que, do ponto de vista formal, uma cooperativa de trabalho tenha condições fixas e padrões de relações de trabalho e de propriedade invariáveis de uma para outra, há diferenças fundamentais entre a força de trabalho que conforma uma cooperativa para reerguer uma unidade produtiva em falência e outra que conforma uma cooperativa em seu "grau zero", sem dívidas, dona do seu próprio capital e sem o desgaste dos longos dias de ocupação e resistência contra repressão estatal e fraudes de proprietários. A luta pela expropriação é um divisor de águas entre as duas experiências, bem como o fato de que em AERs os trabalhadores, pelos vários anos de trabalho compartilhados, já se conhecem e nutrem entre si uma determinada cultura de trabalho, que, por sua vez, circunscreve desde vínculos materiais entre companheiros e companheiras de Aparelho, relativos a ritmo de trabalho, jornadas, intervalos, e disciplina do trabalho, até vínculos simbólicos, como compartilhamento de memórias, de motivações, de sensações, de emoções, de ética, por exemplo.

Com efeito, recuperar não significa apenas controlar os meios de produção, mas também, e talvez mais importante ainda, de recuperar o próprio trabalho-vivo que os "recuperandos" podem colocar em prática no processo de trabalho. Como disse o presidente da CTLC em entrevista à Gracia (2011, p. 59), "nós não recuperamos fábricas, recuperamos trabalhadores"[25], e isso demonstra que, embora o objeto-fim da disputa com o capital personificado pelo proprietário seja a empresa e manutenção dos

---

[25] Tradução minha.

postos de trabalho que ela suporta, o que efetivamente se recupera quando se está recuperando são as capacidades intelectuais e manuais que a própria força de trabalho faz mobilizar na produção, o que, em um AER, depende da maneira como formalmente são operadas as esferas da administração e da assembleia geral e como materialmente se configura o modo de cooperação na produção da unidade recuperada, e, enfim, como as duas instâncias se articulam nesse Encontro.

Provendo meios para auxiliar a recuperação da força de trabalho e dos meios de produção, as estruturas de organização de AERs cumpriram e cumprem função fundamental no processo de recuperação de unidades falimentares. São os casos do MNER nucleado na Impa, do MNFRT e da federação Facta na Argentina, cujas formações têm lugar com base em Desencontros particulares dentro do MNER ao longo da primeira década do século XXI, e ocorreram em circunstâncias políticas e ideológicas singulares que alimentavam, por sua vez, perspectivas distintas sobre a natureza e o propósito dos AERs.

3.3 Federações e movimentos de recuperação e autogestão do trabalho na Argentina

A começar, portanto, pelo MNER, a pesquisa de Neves (2013), por exemplo, detalha que a Impa foi imprescindível para aglutinar forças sociais em conjunto com federações como a Federação de Cooperativas de Trabalho (Fecootra), a Federação de Cooperativas Portuárias e a União de Trabalhadores Desempregados de Santa Fé. O objetivo dessa coalização consistia em organizar ações não só de reação popular ao desemprego generalizado e crescente, mas, por meio de práticas de auto-organização da produção pelos trabalhadores, propor uma resposta radical. O grupo liderado pela Impa e por AERs de Santa Fé, Córdoba e Quilmes propôs a conformação de um movimento que integrasse as unidades recuperadas pela perspectiva de que a via cooperativa de trabalho era a melhor solução viável para a resistência dos trabalhadores. Nasceu, assim, em 2001, o Movimento Nacional de Empresas Recuperadas.

> O MNER aglutinou referentes oriundos de organizações sindicais e militantes sociais e políticos (direitos humanos, assembleias de bairro, universidades) que, em sua maioria, estavam ligados a tradições de esquerda e ao peronismo combativo. Seu lema é Ocupar, Resistir, Produzir [...] Desen-

> volveu-se como instituição de suporte para a resolução dos problemas específicos com que os trabalhadores das empresas recuperadas tinham que lidar, mas também buscaram ultrapassar os conflitos setoriais, articulando reivindicações conjuntas com diversos segmentos do movimento de trabalhadores argentino. Além disso, o MNER construiu uma plataforma política que ultrapassava as questões mais imediatas ligadas ao mercado de trabalho, discutindo e se manifestando no que se refere a temas como o não pagamento da dívida externa, o alinhamento da Argentina com a proposta bolivariana ao invés da ALCA. (NEVES, 2013, p. 107-108).

De acordo com Hirtz e Giacone (2011), a estratégia do MNER consistia em ocupar os meios de produção abandonados por seus proprietários, em vista da crise sistêmica, e exigir do Estado a sua expropriação e cessão em comodato aos trabalhadores, contrariando, em tese, a estratégia da Coordinadora de Fábricas Ocupadas y Trabajadores en Lucha (CFOTL), que objetivava a estatização sob controle operário, o que, em termos pragmáticos, significa depositar na burocracia estatal o comando e direção sobre o processo produtivo, tal como ocorrera na chamada autogestão iugoslava sob o governo de Tito.

Posicionando-se como plataforma hegemônica no fortalecimento e multiplicação de AERs pela Argentina, o MNER logrou alcançar seu propósito e firmar uma posição de defesa da recuperação de empresas independente das federações de cooperativas de trabalho. Hirtz e Giacone relatam que a fundação do MNER foi, de fato, fruto de uma coalizão política entre frentes progressistas e conservadoras do "peronismo", respectivamente personificadas por Eduardo Murúa, militante político e representante sindical na década de 1980, e Luís Alberto Caro, advogado originalmente ligado à Fecootra.

Dois anos após sua fundação, o MNER, conforme afirma Dellatorre (2003), integrou-se à Coordenadora de Ação Produtiva (CAP) numa aliança com a burguesia nacional representada por empresários tais como Julio César Urien e Norberto Orneto, do Movimento do Empresariado Nacional (Moven), com o objetivo de conquistar espaço de interlocução com o recém-formado governo de Néstor Kirchner para a reativação da economia, geração de trabalho e renda para o mercado interno e preservação do parque industrial nacional via exportações com valor agregado maior do que a exportação de monoculturas agrícolas. No entanto, em 2003, por conta principalmente do choque de suas contradições internas e do início de uma desagregação do bloco fundado pelas correntes peronistas que formavam o MNER, a aliança operário-burguesa que sustentava o CAP ruiu e, com ela, a própria organização.

Não obstante, o MNER conquistou, em detrimento da repressão judicial da CFOTL (cujo maior representante é a Fasinpat), um privilegiado espaço de diálogo e proposição de políticas públicas com o governo Kirchner, que culminou em 2004 na sanção da Lei n.º 1.529, que regulamenta a expropriação de bens imóveis na capital nacional e dispõe em seu Art. 6º a reserva de recursos financeiros por parte do Banco da Cidade de Buenos Aires para auxiliar o pagamento das indenizações aos ex-patrões às taxas definidas no processo expropriatório. Outra conquista viabilizada pela grande pressão social do MNER foi a redação da Resolução 203 do Ministério do Trabalho, Emprego e Segurança Social em março de 2004, que instituiu o *Programa de Trabajo Autogestionado* (PTA), que impulsionou a formação de diversas cooperativas de trabalho e AERs por todo o país.

Pode-se observar, pelas respostas dadas pelos 59 AERs aos pesquisadores que realizaram entre 2002 e 2003 o primeiro mapeamento conduzido nacionalmente pelo *Programa Facultad Abierta* (UBA, [2003]), que o MNER apresentava fundamental relevância, pois em 26% dos casos os AERs apontaram que o MNER foi o responsável por estabelecer seus contatos com outras unidades recuperadas, e, além disso, o MNER também contava com a maioria (58%) da adesão dos AERs amostrados pela pesquisa.

Em que pese o avanço e a densidade deste movimento nacional, a instabilidade interna ao MNER começou a corroer sua função enquanto instrumento de mobilização e luta "do" e "para" o trabalho, principalmente, pois o antagonismo entre as duas correntes já mencionadas se tornou incontornável: para a corrente do peronismo progressista, a formação de cooperativas de trabalho e recuperação de unidades produtivas conformava um instrumento de luta contra o conteúdo programático implementado pelo ciclo neoliberal vivenciado pela Argentina na década de 1990, enquanto que, para a corrente conservadora, a formação de cooperativas de trabalho era um fim mesmo, que tinha como único propósito reivindicar juridicamente, dentro do quadro legal do Estado capitalista, a proteção de postos de trabalho e a transferência da propriedade sobre os meios de produção aos trabalhadores.

Além dessa oposição entre os dois projetos de recuperação, tornou-se notória, segundo informações da *Agencia de Noticias RedAcción* (ANRed)[26] — (LUIS..., 2005) — e Hirtz (2001), o conteúdo político e ideológico antagônico entre as duas correntes quando, nas eleições em 2003, Eduardo Murúa, então presidente do MNER, candidata-se a deputado na PBA pela coligação Frente "Polo Social" para a Vitória, e Luis Caro candidata-se a intendente do município de Avellaneda, também na PBA, pela lista do partido Movimento pela Dignidade Nacional, encabeçado militar reformado Aldo Rico, integrante do movimento *carapintadas* que suscitava durante a década de 1980 protestos e agitação popular contra a condenação de militares que participaram em crimes de tortura durante a ditadura militar de 1976-1983, e na década de 2000 se aproximou da corrente peronista conservadora. Em consequência seu posicionamento controverso, Luis Caro foi expulso do MNER. Sobre a ruptura que já anunciada, Eduardo Murúa relatou em entrevista que:

> *Te conto sobre o primeiro momento de fracionamento do movimento das empresas recuperadas que se deu entre 2002 e 2003 em virtude de uma oposição em termos particulares de negócios com uma pessoa que havia sido advogado do nosso movimento, que era o único até 2003 e 2004, e passou a conformar seu próprio movimento, o MNFRT. Luis Caro (é o nome deste advogado) possui como repertório a cobrança de honorários por seus serviços às recuperadas, e que, por uma concepção corporativa e impessoal, concebia as empresas recuperadas como oportunidades para ganhos com a venda de serviços de assistência jurídica aos trabalhadores. Era um homem que vinha da direita da Igreja Católica da pastoral social, mas possuía um discurso anticapitalista e anti-imperialista para lutar contra o sistema. No entanto, fez da recuperação de empresas seu nicho de mercado, porque aqui na Argentina a Justiça tem muita relação com a Igreja, e isso o colocou em posição bastante favorável para negociar seus termos com trabalhadores desesperados, com juízes e com outros advogados. A cada conflito que surgia em empresas, ele aparecia. E, sejamos francos, seu discurso era muito mais simples aos trabalhadores, pois, enquanto nós dizíamos que a recuperação era só o começo para se lutar por questões políticas mais profundas, ele garantia aos trabalhadores que o mais importante já estava sendo feito. Isso bastava a esses trabalhadores, porque, na maioria das empresas que estavam se recuperando, encontrávamos os setores*

---

[26] *Agencia de Noticias RedAcción* é uma rede de mídia alternativa na Argentina que veicula informações sobre movimentos sociais, movimentos operários, sindicatos e partidos de trabalhadores, ações políticas, lutas sociais etc.

mais atrasados da classe operária. Eram operários limitados a exercer tarefas simplórias, submetidos ao chicote de seus mestres sem questioná-los em momento algum e muitos não haviam sequer participado de sindicatos, quiçá de greves e paralisações. Então seu discurso corporativo estava mais próximo do nível de consciência que os trabalhadores apresentavam. No entanto, certamente, essa posição profissional, impessoal e burocrática tomada por ele influenciou a decisão de muitos em se distanciar das propostas do seu movimento e a buscar outras alternativas. (MURÚA, 2017, s/p).

Neves (2013) explica que o MNFRT surgiu como uma dissidência do MNER em 2003, em decorrência das críticas de Luís Caro à crescente politização do movimento de empresas recuperadas, o que, para ele, seria indevido e incompatível com as necessidades de organização dos trabalhadores em vista das exigências jurídicas para a constituição de cooperativas e para a luta pela expropriação.

O MNFRT tem uma intervenção mais ativa na gestão das empresas recuperadas, o que constitui outro ponto de divergência com o MNER. Também deve ser salientado que o MNFRT é contra o lema "Ocupar, Resistir, Produzir", argumentando que a ocupação de uma propriedade ou um bem privado é um delito previsto no código penal argentino e, portanto, consistiria numa estratégia errada. Caro instrui os trabalhadores que permaneçam em estado de greve na empresa abandonada, o que evitaria qualquer tentativa judicial de despejo. Centralizado e personalizado na figura de Caro, o MNFRT estrutura-se com base em um representante por empresa e reúne-se cada vez que considera haver um assunto para discussão. Tal perfil corporativista encorajado pelo MNFRT já podia ser, contudo, observado pela própria forma como Luis Caro conduzira em 2001 a recuperação da metalúrgica Ignacio F. Wasserman S.A. pela CTLC em San Martín, naquela época ainda enquanto dirigente do MNER.

Especificamente, Luis Caro, com sua experiência e de advogado e seus canais estreitos de comunicação com a Justiça argentina, desenvolveu, de acordo com Pires (2014), uma metodologia particular de recuperação de empresas, composta por etapas e procedimentos legais rígidos que devem ser seguidos compulsoriamente pelos trabalhadores que contratam o serviço de assessoramento do MNFRT:

Assim, quando o MNFRT acompanha a recuperação de um empreendimento, determina para seus trabalhadores como deve ser a repartição dos ganhos, como devem ser feitas as

> assembleias e prestações de contas e outros aspectos da gestão. Com isso, restam poucas brechas para que os trabalhadores pensem, se organizem e decidam, ou, outras palavras, a atuação do MNFRT, em certo sentido, limita a autonomia dos trabalhadores. (PIRES, 2014, p. 189).

Em sua investigação, Gracia (2013) afirma que 44 AERs saíram do MNER para seguir Luis Caro na conformação do MNFRT. Dados secundários coletados por meio da pesquisa realizada pelo PFA, UBA (2005) demonstram que, de acordo com as respostas fornecidas por uma amostra de 72 AERs, 34% das unidades recuperadas aderiam ao MNFRT, enquanto seis anos depois, segundo PFA (UBA, 2010), esse movimento expressava a adesão de 41% entre a amostra de 65 AERs. Ou seja, a hegemonia do MNER enquanto principal movimento a dirigir a recuperação de fábricas na Argentina perdeu cada vez mais sua força, pois em 2010 apenas 23% dos 65 AERs amostrados declaravam sua adesão a ele.

Apesar dos dados positivos aos MNFRT, Luis Caro, conforme demonstram as colunas publicadas pela ANRed (LUIS..., 2005; REPRESIÓN..., 2005), deu início a uma trajetória de imbróglios jurídicos na tentativa de deslegitimar moral e legalmente a direção de Eduardo Murúa sobre a Impa e sobre o MNER. Conforme as informações publicadas pela ANRed, respectivamente nos dias 24 e 27 de julho de 2005, Luis Caro, aproveitando-se que Murúa e companheiros se encontravam na Venezuela, apresentou-se à Impa em 14 de abril de 2005 afirmando possuir, via MNFRT, dinheiro para os trabalhadores da metalúrgica. Ao fazer isso, Caro provocou uma cisão entre os trabalhadores do AER, de modo que 25 deles começaram a apoiá-lo e tomaram a planta da cooperativa em 22 de julho de 2005 e impediram que Murúa e os outros que o acompanhavam adentrassem o AER. Para conseguir conter com sucesso a entrada, Caro impetrou uma denúncia judicial, ao que a Justiça respondeu com o envio de uma guarnição policial às portas da cooperativa, o que provocou um grave conflito físico e a prisão de cinco trabalhadores que estavam tentando entrar na planta da fábrica. A notícia veiculada no dia 27 de julho daquele ano detalha que os trabalhadores da Impa se cindiram em dois grupos: um grupo minoritário que ocupava a fábrica, denunciando a condução da gestão da cooperativa por "gerentes ditadores" e atribuindo a estes os problemas financeiros do AER; e um grupo majoritário que estava fora dos portões da cooperativa, denunciando a tentativa de suborno aos trabalhadores feita por Caro e pelo governo nacional, motivados por um projeto de recuperação de postos de trabalho e da produção industrial sem apelo a uma crítica política profunda.

Como conclusão ao impasse, mesmo com as ações imponderadas movidas por Luis Caro em relação à Impa e seus trabalhadores com a intenção do governo nacional de obstruir a agenda de expropriações por movimentos de base operária e popular lastreados no enfrentamento ao Estado capitalista — como ficou demonstrado pelo rechaço de Kirchner à CFOTL, que demandavam a estatização, sem custos, sob controle operário da produção —, o controle democrático da IMPA foi restabelecido, acatando-se a decisão majoritária em favor de Eduardo Murúa e dos companheiros que haviam sido impedidos e reprimidos nos eventos de julho de 2005. Diante da impossibilidade de conquistar a Impa para seu movimento, a maior conquista de Luis Caro foi ser um dos principais redatores da modificação em 2011 da Lei de Concursos e Quebras, que prevê, entre outras coisas, a prioridade dos trabalhadores em adquirir a massa falida da empresa em que trabalham.

Após essa ruptura inicial, tem lugar uma cisão mais profunda conduzida no seio das deliberações sobre os rumos políticos que o movimento de recuperação operária de fábricas deveria seguir em relação ao governo de Néstor Kirchner, que desde sua eleição em 2002 havia conseguido manter consenso e capacidade diretiva e, com isso, a estabilização das contradições macroeconômicas já em 2004. Segundo Broder (2005), os dados positivos eram os seguintes: crescimento do Produto Interno Bruto (PIB) em 9%, crescimento da produção industrial em 13%, crescimento também da taxa de investimento em relação ao PIB para 18%, e crescimento das reservas internacionais.

O ritmo da estabilização econômica, política e social alimentado por Kirchner em seu primeiro mandato conquistou enorme apoio das camadas operárias e populares e outros extratos que sofreram com a pauperização forçada pela crise de 2001-2002. Entre os trabalhadores inscritos no MNER, provocou-se um racha: algumas lideranças, como Eduardo Murúa, apontavam para a necessidade do movimento de se manter como polo combativo e de enfrentamento a Kirchner, enquanto outras lideranças, como Silvia Díaz, enfatizavam a necessidade de articulação com o Estado, principalmente como forma de luta institucional para a produção de políticas públicas que pudessem prover recursos para a organização e viabilidade econômica dos AERs.

Em 2005 a ruptura atingiu um grau elevado de saturação a partir de um episódio que dividiu os trabalhadores do MNER, e em 2006 um grupo dissidente fundou, então, a Federación Argentina de Cooperativas de Trabalhadores Autogestionados. De acordo com Litman (2017), a Facta, desde seus primeiros momentos, congregou tanto AERs quanto cooperativas de trabalho típicas[27], que hoje somam mais de 60 organizações congregadas à federação, reunindo um contingente de cerca de 2.500 trabalhadores, principalmente na Região Metropolitana de Buenos Aires. Entre os exemplos mais emblemáticos de organizações nucleadas pela Facta, encontram-se o AER Bauen, que, mesmo após 20 anos de luta pela expropriação do capital, ainda se encontra em situação jurídica delicada, pois os trabalhadores estão sujeitos a despejos recorrentes, e a cooperativa de trabalho La Cacerola, cuja organização emergiu do caldo social experimentado pelos *cacerolazos*[28] de 2001-2002.

Sobre esse segundo momento de ruptura interna que resultou na formação da Facta, Eduardo Murúa expressou em detalhe:

> *Estávamos em negociação com o governo em 2005 para conseguirmos a liberação de créditos por meio do Banco de la Nación Argentina, mas não conseguíamos nada e, depois de uma deliberação rápida, decidimos ocupar o gabinete do presidente na Casa Rosada. Se ocupávamos fábricas, por que não ocuparíamos uma sala? Uma parte do nosso movimento, todavia, que já ensaiava um apoio ao governo, se aproveitou dessa situação para definir que a ocupação do gabinete tinha sido uma decisão antidemocrática, pois não tinha sido autorizada pela consulta às bases do movimento. Desde aí, essa federação optou por se consolidar como ponte entre trabalhadores e Estado. Ingênua. Acreditava que o Estado burguês iria integrar a autogestão a sua proposta de dominação social. Por outro lado, também não apoiaram nossa decisão democrática de articular canais políticos com a Venezuela de Hugo Chávez, onde outras empresas recuperadas estavam em formação. Como resultado, as divisões foram aumentando e a fragmentação de hoje parece só crescer. (MURÚA, 2017, s/p).*

Como contraponto à alegação de Murúa, a investigação de Litman (2017, p. 70)[29], em entrevista com Enrique (um integrante da Facta), expõe que:

> Em 9 de dezembro de 2006 no bar Rich de Rosário representantes de quatorze empresas recuperadas fundaram a Federación Argentina de Cooperativas de Trabajadores Autogestionados (FACTA). O bar Rich não era qualquer lugar. Constituía um bar histórico de Santa Fe, que tinha mais de 70 anos, e que foi recuperado por seus trabalhadores no primeiro de maio desse mesmo ano. Estiveram ali reunidos

---

[27] Cooperativa de trabalho típicas designam, nesta pesquisa, aquelas que, sendo autogeridas por trabalhadores, não necessitam lutar pela expropriação dos meios de produção.

[28] Panelaços populares em protesto à grave condição econômica, política e social da Argentina.

[29] Tradução minha.

dirigentes de cooperativos de trabalho das províncias de Jujuy, Mendoza, Santa Fe, Buenos Aires, La Rioja e da Cidade Autônoma de Buenos Aires. Haviam sido convocados meio de comunicação locais para documentar e dar difusão ao evento. As empresas recuperadas que participaram estiveram nucleadas até então no Movimento Nacional de Empresas Recuperadas (MNER). [...]. Foram alguns dirigentes do MNER quem pleitearam a necessidade de conformar uma federação como uma "segunda etapa", posterior ao processo de ocupação e recuperação. Esta "segunda etapa" implicava criar uma estrutura organizativa que pudesse acompanhar o processo de gestão das empresas cooperativas: uma entidade político-sindical que as representasse e que fosse reconhecida como interlocutora do Estado e de outras organizações.

Por sua vez, Silvia Díaz, então vice-presidente da Facta, comentou, em detalhes, os motivos que levaram ao rompimento com o MNER e à formação da Facta, bem como a trajetória dessa federação em meio à fragmentação política do movimento de recuperação operária de fábricas na Argentina:

Murúa e a Impa como um todo foram fundamentais para a consolidação de várias empresas recuperadas e cooperativas de trabalho na Argentina e, até mesmo, fora dela. Aliás, graças ao MNER e principalmente ao esforço de Murúa que hoje a Cooperativa La Cacerola, da qual faço parte, possui o espaço em que hoje temos o restaurante. O MNER através da IMPA nos auxiliou durante anos, com dinheiro e nos vinculando a todo tipo de programa social do governo em que encontravam espaço para nós. Pois bem, como em todas as organizações, e nosso movimento não fugiu disso, há enormes problemas que se devem à busca pelo poder, por controle, em parte através de dinheiro, e, em parte, através de prestígio. Ou seja, em razão dessas lógicas diversas, o movimento inicia sua dinâmica de ruptura. Em 2006 fundamos a federação porque interpretamos que a conjuntura política era favorável a um intercâmbio mais próximo com o Estado. Conquistamos diversas vitórias e espaços institucionais, principalmente com aportes de crédito e políticas públicas pontuais de apoio às cooperativas de trabalho de uma forma geral. O MNER, principalmente Murúa, não queria diálogo e preferiu assumir uma posição de isolamento. Até mesmo considerava Kirchner um inimigo, o que eu e alguns companheiros achávamos um absurdo tremendo. E aí digo o que sempre temos defendido na Facta: defendemos a autonomia de nosso movimento. Não somos militantes nem recebemos diretrizes de Néstor nem de Cristina, a quem consideramos companheiros. Contudo, não somos politicamente neutros, como outros movimen-

tos se consideram ou mesmo a esquerda "trotskista", onde comecei a minha militância política pelo MAS [Movimento ao Socialismo] e até saí para deputada e, no entanto, abandonei porque já não me sentia representada por sua forma doutrinária e hierárquica de agir. Nesse ponto, retornando ao caso de Eduardo Murúa, o MNER começou a ceder a disputas internas por ego e por quem manejava mais e melhor os recursos, inclusive financeiros, para compartilhar com os companheiros de produção, que, em todo caso, passavam a receber outros mais, outros menos. A oposição política de Murúa ao governo de Kirchner era tão controvertida que me lembro do episódio em que ele apoiou uma manifestação de grupos pró-latifundiários e oligarcas em 2008. Veja, são grupos que botaram e botam a Argentina de joelhos há 200 anos, que financiaram o genocídio e as torturas da ditadura, geram e aprofundam toda sorte de problemas sociais, inclusive a profunda crise de 2001-2002, confirmando os motivos pelos quais nos desentendemos com a coordenação de Murúa sobre o MNER a partir da eleição de 2003. Então o fato de ter-se abandonado a questão da união democrática do movimento e seu crescimento autônomo em favor de posições políticas e partidárias colocou vários de nós em posição de xeque. Foi aí que decidimos por criar a Facta. Nos juntamos então aos companheiros do Bauen, com quem tínhamos uma ligação muito grande, mas todos ali achávamos que precisávamos de uma unidade mais ampla. O que, mais tarde, veio a impulsionar nossa decisão de implantar essa unidade foi justamente um fenômeno que emergiu das políticas governamentais, que foi o Programa Trabajo Autogestionado[30] (PTA). Esse programa promoveu condições para a viabilidade de inúmeras cooperativas de trabalho, em especial no setor de construção e obras públicas. Essas cooperativas foram surgindo e se multiplicando pela Argentina, e foram fundando federações de cooperativas. Em 2009, a Facta se reuniu com algumas dessas federações e formamos a Confederación Nacional de Cooperativas de Trabajo (CNCT). Por outro lado, a Facta, desde 2014, também se associou à Central de Trabajadores Argentinos[31] (CTA). Mesmo

---

[30] Foi instituído pela Resolução n.º 203/2004 do Ministério do Trabalho e Emprego e Seguridade Social com o objetivo, segundo Argentina (2004), de promover a geração de novas fontes de trabalho e manutenção de postos já existentes. Conforme dados do Observatório Social de Empresas Recuperadas Argentinas (Osera), em 2010 estavam registrados 238 AERs como beneficiários da política.

[31] Conforme Rapoport (2017), a CTA é uma central sindical argentina, a segunda maior do país, criada em 1991 como conclusão de um processo de cisão interna à Confederación General del Trabajo, que no mesmo período havia decidido apoiar a reforma estrutural neoliberal do então presidente Carlos Menem. A CTA foi principalmente uma resposta dos setores de trabalhadores estatais que se opunham às privatizações e, consequentemente, às demissões em massa da esfera pública. Segundo Litman (2017), em 2010, a CTA sofreu uma ruptura e deu origem a duas frações: uma fração próxima ao kirchnerismo, dirigida por Hugo Yasky, e outra designada CTA Autônoma, dirigida por Pablo Micheli. Em 2014, a Facta aderiu à fração kirchnerista da CTA.

> *com esse esforço, a unidade do movimento de recuperadas ainda parece distante, já que muitas das que romperam com o MNER não fazem, tampouco, parte da CNCT. Então, há cinco meses estamos nos reunindo para fundar mais federações a partir da Facta para agregar mais experiências e promover cadeias de distribuição e compras no interior das possibilidades que as próprias cooperativas apresentam, unindo não só politicamente o movimento, mas também, e principalmente, economicamente. Um passo importante para isso foi dado pela Facta quando, há uns 16 meses, organizamos no Hotel Bauen uma reunião multissetorial contra as políticas de tarifação de gás e eletricidade do governo Macri, que estavam colocando várias cooperativas de trabalho, os trabalhadores e suas famílias em risco.* (DÍAZ, 2017, s/p).

Em 2017, segundo dados do Observatório Ibero-Americano de Emprego e Economia Social e Cooperativa (OIBESCOOP, 2017), a Facta congregava cerca de 60 cooperativas de trabalho, ocupando um número aproximado de 2.500 trabalhadores. Conforme a pesquisa etnológica de Litman:

> FACTA reuniu em um primeiro momento somente empresas recuperadas por seus trabalhadores, mas posteriormente foram sendo incorporadas também cooperativas de trabalho constituídas por outros processos organizativos. [...]. Pelas mãos de seus dirigentes FACTA foi se consolidando com uma organização sindical, reivindicando sua especificidade como coletivos de trabalhadores [...]. A partir deste posicionamento foi configurando-se com uma dupla pertinência: como trabalhadores se reconheciam na história de luta do movimento operário e como coletivos pela forma associativa que adotaram, se inscreviam ao interior do movimento cooperativo. (LITMAN, 2017, p. 73).

Durante sua atividade como federação, a Facta logrou conquistar espaços fundamentais para a obtenção de recursos e celebração de convênios e programas sociais junto ao Estado durante o governo Kirchner que beneficiassem as cooperativas de trabalho, sendo estas AERs ou não. Entre essas articulações, uma aproximação que redundou em profunda proficuidade, de acordo com Litman (2017), foi a proximidade da Facta com organizações de microcrédito, tais como a Comisión Nacional de Microcrédito (Conami), integrada ao Ministério do Desenvolvimento Social (MDS), cuja participação no financiamento aos projetos "Mãos à Obra", instituídos pela Resolução MDS n.º 1.375 de 2004, foi vital para a viabilidade de iniciativas e experiências de associativismo entre trabalhadores em situação de vulnerabilidade social, ou seja, que já estavam vivenciando circunstâncias de miserabilidade. Em que pese o sucesso de sua atuação junto ao Estado para a constituição e o desenvolvimento de novas cooperativas de trabalho, a Facta não conseguiu fazer com que o principal AER que a integra, o Hotel Bauen, finalizasse, durante o período do kirchnerismo (2003-2015), seu processo de reconhecimento como utilidade pública e lograsse a expropriação definitiva com sua inclusão na Lei n.º 1.529 de 2004.

Em uma crítica genérica, que inclui a Facta, Eduardo Murúa externou sua preocupação com a descaracterização dos objetivos radicais do movimento de recuperação de fábricas em favor de uma política que, gradualmente, cooptou e neutralizou suas reivindicações. Para Murúa:

> As dissidências posteriores a 2005 serviram para conformar estruturas paraestatais, porque eram trabalhadores do Estado e trabalhavam para o Estado. Inventam essas coisas de montar federações de cooperativas e põem um empregado deles no Estado, porque não há nada, nenhum projeto de construção, não se mobiliza nada de fato, a não ser a para obstruir a luta dos trabalhadores por soluções reais às suas demandas pela expropriação. Por exemplo, nós [MNER] pleiteamos uma lei nacional para unidades produtivas, e eles [outras federações e movimentos] chegam para o governo e pedem uma modificação na Lei de Quebras e Concursos que não serve para nada; nós pleiteamos um fundo de reconversão tecnológica e um fundo para capital de trabalho, e eles foram ao Ministério do Trabalho para negociar um subsídio. Ou seja, barram todas as reivindicações que são realmente importantes e as transformam em pequenos auxílios assistenciais de curto prazo. Isso eu não estou inventando. É só ver por exemplo que nós aqui temos 20, 30 processos na Justiça, companheiros agredidos, presos, e com eles não acontece nada, tudo se passa de maneira mais branda. Facta pagou que preço? Quantos processos levou? Na verdade, nenhum. (MURÚA, 2017, s/p).

A fala de Murúa, eivada de ressentimento e sarcasmo, parece, a um primeiro momento, apenas um desabafo de um militante que perdeu o seu assento no controle de um movimento, mas está, pelo contrário, carregada de um conteúdo objetivo realmente problemático, pois, se de um lado a reforma de 2011 da Lei de Quebras e Concursos previu a prioridade de ex-funcionários na aquisição da massa falida empresarial, por outro lado abriu uma brecha a respeito dos recursos com os quais os trabalhadores poderiam adquirir os meios de produção e pagar todas as taxas incorridas no processo. Nesse sentido, sua fala vai ao encontro da afirmação de Ruggeri

(2018) de que, na maior parte das vezes, os trabalhadores, mesmo com seus créditos trabalhistas, não conseguem alcançar os montantes financeiros pedidos pela Justiça. É assim que, por exemplo, a proximidade com canais judiciais escusos ou com recursos estatais privilegiados pode significar o sucesso de uma recuperação econômica por uma cooperativa de trabalho.

Da mesma forma, é preciso ponderar a fala de Murúa em relação ao balanço de forças que se projetava com a vitória de governos populares na América do Sul, com Lula no Brasil; Evo Morales na Bolívia; Néstor Kirchner na Argentina; Hugo Chávez na Venezuela; Rafael Correa no Equador; Fernando Lugo no Paraguai; e, mais tardiamente, Pepe Mujica no Uruguai. De fato, conquistou-se uma oportunidade única na história sul-americana de galgar as transformações sociais de base, tais como alfabetização, combate à fome e à extrema pobreza, reforma agrária, demarcação de terras indígenas e de povos tradicionais, e desenvolvimento de uma matriz econômica voltada à construção de infraestrutura física e tecnológica, com geração de empregos, renda e dinamização do mercado interno; reformas que exigiam um pacto nacional amplo das frentes populares com o governo para prover-lhe a legitimidade necessária aos avanços na institucionalização de políticas públicas que, por sua vez, acarretavam, ao mesmo tempo, uma instável aliança de classes entre frações da burguesia, classe operária e camadas populares subalternas, a qual, obviamente, Murúa e o MNER não estavam dispostos a compartilhar.

Além dos importantes movimentos citados (MNER e MNFRT) e da Facta, outras organizações de segundo grau, com menor expressão, surgiram com a intenção de promover espaços de articulação e multiplicação de experiências de recuperação operária de fábricas, tais como a Federación Nacional de Cooperativas de Trabajo Reconvertidas (Fencooter), constituída em 2002, integrada por 14 AERs, e nucleada em conjunto pelo frigorífico recuperado Yaguané e pelo Inaes, cujo fim se precipitou em razão, segundo Gracia (2013), da extinção da Unidade Ejecutora de Recuperación de Empresas en Crisis (Uriec), que deixou de existir no âmbito do Inaes após o governo Duhalde. Soma-se a essa federação a Asociación Nacional de Trabajadores Autogestionados (Anta), instituída em 2005 no âmbito da CTA, que passou a inscrever oito AERs.

À luz da intensa mobilização pela recuperação operária de fábricas, testemunhou-se uma virtuosa proliferação de AERs pelos territórios da Argentina entre 1996 e 1998, com o frigorífico Yaguané e a metalúrgica

Impa, até 2016 e 2018, e a constituição dos movimentos e organizações de segundo e terceiro graus contribuiu sobremaneira para esse resultado, apesar do fracionamento do movimento original que as agrupava, o MNER, e o perecimento de movimentos combativos, como o CFOTL, em detrimento de federações e organismos que tinham laços de proximidade e até compunham o próprio Estado, como a Facta e a Anta. Dessa mudança das relações entre movimentos sociais e Estado, percebe-se um deslocamento da "razão-de-ser" dos AERs, de *fronts* imediatamente antagônicos às circunstâncias materiais legadas pelo desastre neoliberal a órgãos de conciliação de classes durante a retomada do peronismo de esquerda com o governo popular de Kirchner.

3.4 Aspectos organizativos e processos autogestivos nos AERs argentinos

Em seu aspecto organizativo, os AERs, empurrados pela formalidade jurídica a assumirem a constituição de uma sociedade cooperativa de trabalhadores, tomam para si a rotina de tomada coletiva de decisões e implementação dos meios para efetivá-las, conformando correspondências e contradições entre o conselho administrativo e a assembleia de associados. Certamente que tal operação formal não se dá pairando sobre o ar, e deve, contudo, afirmar no concreto real o seu fundamento material. Acerca disso, as pesquisas de Neves (2013), Ruggeri (2018) e Novaes (2011) sugerem modificações substanciais relativas à condução do processo de trabalho nos AERs aos quais dirigiram suas investigações: em primeiro lugar, a reestruturação formal de cargos, e, com isso, das tarefas e responsabilidades, coloca em evidência novos vínculos materiais e simbólicos entre os trabalhadores, uma vez que a supervisão e o controle se veem transformados em funções integralizáveis, desacopladas de suas antigas personificações (engenheiros, cronometristas, gerentes), e o compartilhamento de conhecimentos, métodos e experiências encontra-se mais fluído e automático; a partir disso, há a gradual, mas profunda, modificação da relação entre os trabalhadores e o tempo de trabalho, como ritmo e intensidade do processo de trabalho, intervalos de descanso e paradas para reparação de erros na produção, em torno de uma flexibilização dos tempos de trabalho em favor de horários para descontração, apreciação de oficinas culturais e capacitação profissional, técnica e básica; em terceiro lugar, a rotina produtiva de um AER coloca de forma mais intensa as decisões em torno do grau de desenvolvimento das forças produtivas e a capacidade de geração de ocupações, pois o repotenciamento de máquinas, a aquisição de novos equipamentos e novas tecnologias de produção devem ser ponderados às consequentes necessidades de reconfiguração do processo de trabalho e do modo de cooperação entre os trabalhadores, em vista da concorrência com os outros capitais no mercado.

No marco dessas novas relações conduzidas no interior dos AERs, destacados trabalhos de autores argentinos como Ruggeri (2018), Rebón (2007), Fajn (2004), Lucita (2002), Hernandez (2013), Gracia (2011) e Magnani (2003), por exemplo, relacionam o modo de cooperação operado pelos trabalhadores em unidades recuperadas como cooperativas à condução de formas organizativas que se remetem à, e atualizam, a tradição da autogestão operária por meio de suas experiências presentes.

Para Ruggeri (2018, p. 71), o sentido da autogestão nas recuperações de fábricas por trabalhadores é dado pela "gestão dos trabalhadores sobre uma unidade econômica sem capitalistas nem gerentes, desenvolvendo sua própria organização do trabalho sob formas não hierárquicas". Ou seja, por esta via de raciocínio, entende-se a autogestão nas fábricas recuperadas como a ação coletiva dos trabalhadores para tomada de decisões organizativas relativas a gestão, produção, circulação e distribuição.

Complementarmente, Fajn (2004) compreende a gestão sobre a unidade econômica recuperada pela prática de um conjunto de processos autogestivos, como a distribuição igualitária de retiradas, decisões coletivas sobre as formas de delegação, representação e controle etc., em que a recuperação da empresa não é apenas um retorno a um ponto anterior na história, mas um momento refundacional em que se abre um novo ciclo histórico da organização, em situação de extrema complexidade. Para Fajn (2004, p. 5):

> A reconstrução do espaço organizacional a partir da perspectiva da autogestão tem o efeito de desestruturar as relações capital-trabalho que são relações hierarquizadas em extremo, relações de obediência e servidão, e que, nas pequenas e médias empresas, foram acompanhadas geralmente por práticas paternalistas dos donos anteriores, como modelo distorcido de gestão. Esta desestruturação parece favorecer uma reapropriação coletiva dos saberes da gestão, assim como a emergência de processos democráticos de tomada de decisões no interior da empresa. De fato, em todas as empresas é comum a adoção de práticas de assembleia para a tomada de decisões [...]. Em primeiro lugar, pelo fato de que o fenômeno de empresas recuperadas abarca em sua

> grande maioria empresas de pequenas e médias, que vem a suportar longos períodos de restrição de recursos e veriam facilidades na intermediação direta – relações cara a cara – entre todos os membros da empresa. Em segundo lugar, uma alta porcentagem das empresas atravessou situações de elevada conflitividade, o que articulou novas relações de entorno e cooperação entre trabalhadores nos momentos da luta e que encontram sua continuidade na gestão coletiva, fundamentalmente na participação em assembleias.

Rebón (2007) chama atenção para o fato de a autogestão significar, entre certos limites, o desenvolvimento da criatividade do trabalhador, somado a processos de flexibilização laboral, como jornadas, intervalos e normas de disciplinadoras, que induzem, por sua vez, e em geral, a uma requalificação estrutural da força de trabalho. Ou seja, de acordo com os dados e a análise conduzidas por Rebón, seria possível afirmar que um trabalhador que se encontra no início de um processo de ocupação e de lutas de resistência pelos meios de produção não é o mesmo que se vê, ao fim, produzido pelo processo de autogestão.

Por seu turno, Lucita (2002) observa a emergência da autogestão como processo de radicalização contra a crise e ausência de respostas institucionais capazes de dar conta das demandas sociais em pauta. Ainda, o autor sugere que, por ser um momento decisivo para a sobrevivência dos sujeitos em ação, a autogestão nas fábricas recuperadas é um processo coletivo espontâneo, embora tomem a forma das históricas investidas laborais contra o capital nos séculos anteriores. Perspectiva também compartilhada por Magnani (2003), para o qual as recuperações de fábricas, embora tenham começado pela resposta radical e espontânea de trabalhadores desolados pela falência das empresas, ensaiam um processo de transformação da subjetividade operária em favor de uma luta radical para transformar as condições materiais de existência prevalentes.

Avançando sobre a questão da subjetividade operária, Hernandez (2013) qualifica a autogestão nos AERs enquanto forma de desenvolvimento de processos de trabalho que valorizem e reconheçam os saberes operários, requalificando os postos de trabalho e revertendo as estratégias de subcontratação e terceirização de quadros funcionais. Por outro lado, Hernandez considera o aspecto mais estratégico da recuperação a possibilidade de superação da fábrica e articulação com outras formas de luta social, por meio da formação de centros culturais e atividades extraprodutivas, concluindo:

> Por sua vez, em algumas empresas se pensa em dar uma orientação à produção. Já não basta produzir mercadorias porque são colocadas no mercado, mas se começa a gerar uma produção orientada para as necessidades sociais, como a provisão de comida para refeitórios populares e a confecção de roupas para trabalhadores da educação e da saúde. (HERNANDEZ, 2013, p. 21).

Apresentando de uma forma sistematizada os pontos lançados por Hernandez (2013), Gracia (2011) aponta para a autogestão como resultado das modificações micro, meso e macrossociais da relação salarial hegemônica no MPC, contemplando, em seus níveis meso e macro, "as relações sociais instauradas ao nível da sociedade em seu conjunto entre os assalariados e os proprietários dos meios de produção", e no nível microeconômico e social "remete às relações entre os agentes envolvidos com o processo de recuperação fabril de acordo com os setores, ramos e unidades ou organizações produtivas e de acordo com o direito coletivo [...] e individual do trabalho" (GRACIA, 2011, p. 916-917); de forma que as inovações produtivas, econômicas e sociais, apesar de não eliminarem, segundo a autora, a dominância da circulação capitalista sobre a produção autogerida, desempenham papel determinante na luta pela resistência e poder operários.

As definições tratadas pelos autores necessariamente implicam a existência de um processo exponencial de formação "dos" e "para" os próprios trabalhadores, centrado no **trabalho enquanto princípio educativo**[32], contida na forma **econômico-corporativa** da autogestão e compatível com a noção de **aprendizado espontâneo** dos trabalhadores, segundo Luxemburg (2019), com a noção de **combate contra a hierarquia patronal**, como em Castoriadis e Mothé (1983), e com a noção de **autogestão da luta** pelos próprios operários, conforme Bonanno (1977).

Da forma como essa apresentação se seguiu, esse vetor trabalho-educação se expressa na práxis de recuperação de fábricas em várias etapas: desde o momento em que trabalhadores se reúnem e aprendem a se organizar coletivamente para ocupar um estabelecimento produtivo e resistir às investidas policiais e de capatazes dos ex-patrões, até o momento em que se reúnem para restabelecer contatos com clientes e fornecedores, e deliberam coletivamente para decidir sobre a produção, sobre a distribuição de excedentes e prejuízos, e sobre a forma de condução de sua luta política e jurídica para a expropriação e contribuição a outros AERs em formação e necessitados.

---

[32] Conforme Novaes (2015), esse fundamento pedagógico resgata de forma prática, dentro de certas limitações, as posições teóricas influenciadas por pensadores soviéticos da educação do trabalho como M. Pistrak e N. Krupskaya.

Esse ato educativo em processo se apresenta, assim, conforme Novaes (2015) indica, como uma pedagogia do trabalho que se põe mediante a luta social desses trabalhadores no calor de seus movimentos pela recuperação da produção. Como alegou Murúa (2017, s/p), quando questionado sobre a necessidade de formação dos trabalhadores e de mudanças de suas subjetividades em torno dos problemas vividos na reestruturação cooperativa da produção:

> *Nós trabalhamos cerca de nove horas por dia, e a maioria de nossos companheiros vive a cerca de 25 e 30 quilômetros de distância da cooperativa. Portanto, temos que perceber que estamos falando de uma rotina diária de 12 horas e meia de comprometimento, e isso porque, principalmente, nosso transporte público para bairros operários é uma "merda" [sic]. Tentamos por um tempo nos reunir uma hora antes do turno acabar para discutirmos algo além da produção, tomarmos decisões e planejarmos coisas. Sem sucesso. Tentamos também publicar coisas para nossos companheiros, mas, se algo está escrito, então não será lido. Quando esse trabalhador chegar em casa depois de 12 horas ou mais, ele não vai querer ler um livro. Ele vai querer ver televisão, que é muito mais fácil e prazeroso para ele. Parece que a divisão aqui na fábrica é entre os que se dedicam a ler e os que não podem, mesmo apesar dos nossos esforços para romper com isso. Portanto, se você me pergunta sobre a possibilidade de educação política e de mudança da subjetividade do trabalhador que está em uma empresa recuperada, eu te diria que é muito lenta. Aqui o companheiro é capaz de trabalhar de segunda a segunda dizendo que não tem patrão, mas no dia da eleição ele vai lá e vota contra a sua própria classe. Então, entendo que o que mais educa a subjetividade de nossos companheiros é a ruptura que a luta política e ideológica é capaz de provocar. A ruptura surte muito mais efeito, pelo menos no curto prazo, na subjetividade do que se ficássemos separando textos e fazendo grupos de leitura aqui.*

Muitos filmes e documentários foram produzidos sobre a recuperação de fábricas na Argentina, ocorrida na primeira década do século XXI. A pesquisa de Coscia e Moguillansky (2017) identifica as seguintes peças cinematográficas: os documentários *Mate y Arcilla* (2003), de Ak Kraak e Alavío; e *Fasinpat: Fábrica sin Patrón* (2004), dirigido pelo cineasta italiano Danièle Incalcaterra, ambos sobre a recuperação da ceramista Zánon na Patagônia; o longa-metragem *Industria Argentina: la fábrica es para los que trabajan* (2012), de Iacoponi; e a telenovela *La Leona* (2016), de Echarri, Seefeld e Marra. Pode-se adicionar a esse conjunto o documentário internacionalmente famoso *La Toma* (2004), de Lewis e Klein.

Entre todos esses, o longa-metragem *Industria Argentina: la fábrica es para los que trabajan*, lançado em 2012, produzido por Néstor Sánchez Sotelo e dirigido por Ricardo Díaz Iacoponi, que narra a trajetória ficcional de trabalhadores de uma fábrica de autopeças em Buenos Aires sob graves restrições financeiras e cujo patrão constantemente frustra as expectativas de seus funcionários quanto ao pagamento de seus salários, parece ser a fórmula estética que melhor retrata, em um contexto universalizante, a **transgressão secundária** cristalizada pelo **trabalho como princípio educativo** em um processo de constituição de um AER.

Em meio a uma crise econômica devastadora, jamais enfocada diretamente pela trama, permanecendo o seu pano de fundo incontornável, o protagonista Juan, interpretado habilmente por Carlos Portaluppi, vê-se imerso numa dupla tensão que envolve tanto sua vida privada, com suas dívidas crescentes e uma esposa grávida da segunda filha, quanto seu trabalho, com um colega abandonando o emprego e outro, Daniel (Eduardo Cutuli), sendo demitido por ameaçar uma paralisação da produção enquanto os salários não fossem pagos.

Conforme o enredo se desenvolve, a saída encontrada por Juan e seus colegas para contornar o fechamento controverso da empresa pelo proprietário Juan Carlos (Manuel Vicente) é sugerida pelo advogado Dr. Barato (Luis Lezcano), que convence os trabalhadores a fazerem uma ocupação às portas da fábrica e submeterem ao juiz (Carlos Carric) um plano de trabalho para criação de uma cooperativa que tocará a fábrica em lugar de seu dono original. A partir daí se inicia o grande desafio de organizar os contatos com fornecedores e potenciais clientes para que a cooperativa se torne viável aos olhos da Justiça argentina contra a pressão de credores e do próprio dono para a venda da planta produtiva e esvaziamento.

Um grande impasse coloca-se na audiência judicial com os trabalhadores desempregados da fábrica: de um lado, o advogado de defesa demanda o reconhecimento de que os trabalhadores possam administrar a cooperativa, uma vez que, mesmo sem uma capacitação formal específica, esses trabalhadores atuam na defesa de seus postos de trabalho e de suas condições mínimas de vida; de outro, a síndica (Soledad Silveyra) aponta para a inviolabilidade do princípio constitucional da propriedade privada a que a proposta de formação da cooperativa parecia infringir. Com o acirramento da discussão, Juan faz um apelo emocionado, digno de um brilhantismo dialético, revertendo logicamente o núcleo do impasse jurídico-político:

não se tratava apenas de legitimar a suspensão ou não da propriedade patronal sobre a planta produtiva e reconhecer irrevogavelmente "a quem" a fábrica pertenceria. Pelo contrário, a questão fundamental a ser decidia era "quem", entre o ex-patrão e os trabalhadores, por direito era "pertencido" pela fábrica; e, como evidenciado em sua argumentação sobre sua natureza e de seus companheiros como operários, como produtos indissociáveis da produção, Juan finalmente obtém do magistrado uma decisão favorável à constituição da cooperativa de trabalho para ocuparem e produzirem em caráter temporário na planta da fábrica.

O atributo ficcional do filme demonstra precisamente o momento crucial e real da educação não enquanto um mero elemento secundário derivado do trabalho, mas como o elemento libertador e originário que propõe inverter a própria sujeição dos indivíduos ao direito burguês e a sua incessante subordinação à propriedade privada capitalista a um "novo" trabalho. É assim que, por repetirem simultaneamente tanto o trabalho cotidiano, enquanto **transgressão primária** (pois pelo trabalho se apoderam dos meios de produção), quanto o **castigo das repetições permanentes**, produzido pela subordinação da recuperação operária à circulação capitalista de mercadorias, os trabalhadores dão origem às condições de possibilidade para a **transgressão secundária** identificada por esta pesquisa: a pedagogia do trabalho autogerido.

Nessas condições, são como um Sísifo moderno: rolando a rocha infernal (o AER) montanha acima (produzindo para a circulação capitalista de mercadorias) e descendo para reiniciarem sua tarefa. No intervalo entre subida e descida, instauram o intercâmbio entre trabalho e educação; como uma contingência irresistível que passa a se repetir em conjugação às outras repetições. A essa configuração de **forma transgressiva**, faz-se correlata a categoria "trabalho recuperado" e, assim, passa-se da recuperação de fábrica como atividade de retomada e reconversão de unidade de negócios para a recuperação de fábrica como atividade de reconstrução da tessitura primordial que reconstitui o trabalho em AERs. Ou seja, enquanto **recuperam os meios de produção**, os trabalhadores **refundam** sua própria atividade produtiva (tanto na forma quanto no conteúdo do processo de trabalho). São, por isso, **trabalhadores recuperados (TRs)**, ou melhor, **recuperários**, cuja recuperação não é apenas um retorno inocente a uma condição prévia, mas, acima de tudo, a "novidade" colocada em repetição nos diversos casos de AERs: um passo à frente numa história ainda aberta.

3.5 Repetição e medida: quadro empírico e relações quantitativas

Fixado o elemento que qualifica a diferença substancial do conteúdo dos AERs em relação à forma social de cooperativas, é possível, logo, apresentar a **repetição extensiva** dessa contingência histórica, isto é, a multiplicidade quantitativa em que as experiências de recuperação de unidades produtivas por trabalhadores se expressam. Desse modo, permite-se a mensuração do Sísifo moderno na Argentina em sua magnitude absoluta e relativa.

A fonte de pesquisa consultada para a obtenção dos dados secundários mostrados na sequência desta seção e que servirão de fundamento empírico para análises quantitativas posteriores encontra-se realizada pelo *Programa Facultad Abierta* (Programa Faculdade Aberta, em português), nucluado na Secretaria de Extensão da Faculdade de Filosofia e Letras da Universidade de Buenos Aires. Criado em 2002 e dirigido pelo professor Andrés Ruggeri, o PFA sempre apontou para a relação entre a academia universitária, as organizações de caráter popular e os movimentos sociais:

> O Programa Facultad Abierta surge em março de 2002 como um programa de extensão universitária com amplos objetivos de relacionamento entre a Faculdade de Filosofia e Letras da Universidade de Buenos Aires e organizações populares, no âmbito da profunda crise que envolveu o país naquela época. Devido a diferentes circunstâncias, basicamente a escassez de recursos e a fraqueza de nossa inserção institucional, o programa logo se concentrou no fenômeno das empresas recuperadas pelos seus trabalhadores, gerando uma instância de apoio universitário a um movimento crescente e desenvolvendo uma prática de extensão que combina compromisso social e político com apoio interdisciplinar e atividades de pesquisa, focada na geração de conhecimento que fortalece os trabalhadores em sua luta diária. (UBA, 2012, p. 8).

Em meio às variadas atividades extensionistas que o programa realiza com os AERs argentinos, entre as quais está a realização de eventos internacionais e regionais sob o título "A Economia dos Trabalhadores", cuja função de intercâmbio teórico e prático se apresenta como imprescindível para a continuidade e fortalecimento das experiências de AERs pelo mundo, inscrevem-se os mapeamentos nacionais de AERs de fundamental relevância para a mensuração intertemporal de dados amostrais e produção de publicações analítico-descritivas de amplo alcance para a interpretação dos desafios e complexidades que intervém no modo de vida dos entes pesquisados. É sob os auspícios dessa finalidade que o enquadramento espacial e temporal do atributo quantitativo referente às AERs se faz válido para esta seção.

O primeiro levantamento quantitativo foi realizado entre setembro de 2002 e março de 2003, sob sérias restrições de recursos humanos e financeiros, além do fato de o mapeamento ter sido realizado em momento político de grave crise social em que a emergência de AERs ainda se aflorava. De acordo com o PFA (UBA, 2005), o conjunto de dados obtidos por essa primeira aproximação de caráter exploratório e, até aquele momento, inédito permitiu, mesmo que de forma ainda precária, a seguinte caracterização: os AERs abordadas pelo PFA somavam um total de 59 organizações[33], atingindo um contingente de 3.057 membros, majoritariamente concentradas na Grande Buenos Aires[34] (GBA), 64%; e na Ciudad Autónoma de Buenos Aires, 20%. Da totalidade investigada, segundo o PFA [UBA, 2003], a maior parte era composta por unidades de produção metalúrgica e de alimentos, cuja ampla maioria, 67%, concentrava-se na fabricação de bens para outros segmentos da produção, caracterizando o que se denomina "consumo intermediário". Quanto à quantidade de trabalhadores por AER, observa-se que, em sua maior parte, as unidades produtivas compõem-se de até 50 membros, de modo que 40% do total compreende aquelas cujo quadro funcional se situa entre 21 e 50 trabalhadores. Apenas 23% da totalidade comporta mais de 50 membros por unidade.

O segundo mapeamento, feito em 2004, publicado em 2005, revelou um incremento substancial de novos AERs na Argentina, alcançando um número de 161 AERs, com quase 7 mil trabalhadores recuperados no total, e maior desenvolvimento nas províncias de interior. Além disso, essas novas unidades recuperadas começaram a surgir em segmentos econômicos mais diversos, em detrimento à concentração relativa da produção metalúrgica e alimentícia do levantamento anterior, conforme os dados a seguir:

---

[33] A própria publicação, UBA (2005), enfatiza que, de acordo com os registros do MNER, já existiam 128 AERs até aquele momento, os quais apenas 59 foram selecionados pela pesquisa do PFA.

[34] Geograficamente, a GBA é um perímetro de conurbação metropolitana que inclui a Caba mais 14 distritos da PBA.

Tabela 1 – AERs, TRs e distribuição territorial (2004)

SETOR	AERs	TRs			AERs POR TERRITÓRIO		
		1 a 20	21 a 50	> 50	Caba	GBA	Interior
Metalúrgico	29%	25%	23%	39%	6%	35%	29%
Gráfico	6%	8%	13%	0%	25%	5%	0%
Alimentício	18%	17%	10%	16%	13%	11%	21%
Têxtil	7%	8%	7%	15%	13%	8%	7%
Saúde	5%	nd	nd	nd	13%	3%	7%
Ceramista	4%	4%	0%	8%	0%	5%	3%
Outras manufaturas	20%	25%	22%	16%	12%	30%	14%
Outros serviços	10%	13%	23%	8%	19%	3%	21%
Total	100%	100%	100%	100%	100%	100%	100%

Fonte: elaborada pelo autor com base em dados do PFA (UBA, 2005)

Diante do que se expôs na Tabela 1, o setor metalúrgico continua a compor o setor com maior concentração de AERs com 29% das 161 unidades recuperadas, entre as quais 39% comportam mais de 50 TRs, embora sua maior ocorrência não se dê na Caba, mas sim na GBA, com 35% dos casos, e, no interior da Argentina, em 29% das observações. Em segundo lugar, em termos amostrais, encontra-se o setor alimentício, com 18% dos AERs contemplados no estudo, e, mesmo assim, em 17% das observações o número de trabalhadores comportados por unidade compreende o intervalo de 1 a 20 TRs. Em termos territoriais, vê-se que a Caba possui vantagem em relação à concentração de 25% do setor gráfico, 13% do setor têxtil e 13% do setor de saúde. Por outro lado, a GBA revela vantagens ao concentrar mais unidades do setor metalúrgico, 35%, de outras manufaturas, 30%, e 5% do setor ceramista; enquanto o interior argentino exibe vantagens na concentração de 21% do setor alimentício e 21% de outros serviços. Tais resultados coadunam as proposições enunciadas pela pesquisa de Behrend e Bianchi (2017), em que os autores observam na Caba a concentração de serviços mais complexos e especializados, enquanto o setor industrial se situa mais pujante em territórios como o da GBA.

Na Tabela 2, exibida a seguir, são reunidos os dados dos três levantamentos nacionais publicados em 2010, 2014 e 2016, considerando os territórios e os números absolutos de AERs e de TRs que respectivamente possuíam de acordo com a transição temporal entre cada mapeamento. Observa-se, com isso, a notória e significativa profusão de experiências de unidades recuperadas por quase todo território nacional argentino, bem como o acelerado aumento da força de trabalho recuperada nos seis anos de cobertura desses levantamentos amostrais:

Tabela 2 – AERs e TRs por território entre 2010, 2014 e 2016

TERRITÓRIO	2010		2014		2016	
	AERs	TRs	AERs	TRs	AERs	TRs
Argentina	205	9.362	309*	13.462	367	15.948
Caba	39	1.466	58	1.902	70	2.257
GBA	76	3.243	97	4.406	119	5.524
Buenos Aires (interior)[35]	31	1.164	46	1.726	54	1.744
Chaco	3	182	9	343	9	343
Corrientes	4	376	5	454	5	454
Entre Ríos	5	332	5	328	6	386
Santa Fe	20	945	26	1.191	26	1.064
Chubut	2	24	3	45	4	80
Córdoba	5	515	14	1.003	15	1.270
La Pampa	3	79	5	157	6	163
La Rioja	3	100	4	133	5	140
Mendoza	7	178	7	173	8	212
Neuquén	3	600	6	837	6	922
Río Negro	1	30	8	256	12	496
San Juan	2	48	2	39	2	39
Tierra del Fuego	1	80	1	30	1	180
Catamarca	0	0	1	27	0	0
Jujuy	0	0	2	80	2	80
Misiones	0	0	4	93	7	242
San Luis	0	0	5	232	6	257
Tucumán	0	0	1	7	3	25
Santiago del Estero	0	0	0	0	1	70

Fonte: elaborada pelo autor com base em PFA (UBA, 2010, 2014, 2016)
*Em razão de uma discrepância aritmética, a amostra de AERs em 2014 resulta em 309 registros, e não 311, conforme divulgado pelo PFA (UBA, 2014).

---

[35] Território da PBA que exclui a conurbação metropolitana, a GBA.

Conforme se verifica na Tabela 2, o total de trabalhadores em AERs salta de 9.362 para 15.948 TRs num intervalo de seis anos, atingindo um crescimento de 70,35%, com um aumento médio anual de 10,05%, embora, somente entre os mapeamentos publicados em 2010 e 2014, o crescimento já tenha sido de 43,8%. Constata-se também o incremento de 162 unidades produtivas entre 2010 e 2016, alcançando o patamar de 79% de crescimento e levando a um incremento médio anual de 11,3% no número de AERs. Em termos agregados, Caba e GBA são os territórios de maior concentração tanto de AERs quanto de trabalhadores nos três mapeamentos, possuindo: 56% dos AERs e 50,3% dos TRs em 2010; 50,16% dos AERs e 46,58% dos TRs em 2014; e 51,5% dos AERs e 49,41% dos TRs em 2016. No interior, destaca-se a província de Buenos Aires, cujo crescimento ao longo dos períodos mapeados registra um aumento de 74,2% no número de AERs e 49,83% no contingente de trabalhadores das unidades produtivas recuperadas.

Com a intenção de demonstrar os efeitos particulares do crescimento continuado de recuperação de fábricas na Argentina pelo ponto de vista da participação relativa dos diversos setores tanto em termos de unidades produtivas quanto em termos de trabalhadores na totalidade amostral, construiu-se a Tabela 3, a seguir:

Tabela 3 – Distribuição de AERs e TRs por setores

SETOR	2010 (%)		2014 (%)		2016 (%)	
	AERs	TRs	AERs	TRs	AERs	TRs
Metalúrgico	23,41	21,08	19,61	22,22	21,24	20,04
Gráfico	7,8	5,38	9,97	6,65	10,35	9,59
Têxtil	6,34	5,03	8,36	8,09	11,21	7,50
Gastronômico	1,95	0,77	5,14	2,48	7,37	3,05
Vidreiro	3,41	2,82	2,25	2,47	2,06	3,00
Químico	1,46	1,69	2,57	1,49	2,36	1,17
Plástico	2,44	0,91	1,61	0,72	1,77	0,73
Frigorífico	6,34	14,63	7,07	15,44	7,37	13,12
Naval	0,98	0,66	0,64	0,47	0,59	0,39
Alimentício	12,68	6,84	12,86	7,84	14,75	9,06
Construção	5,85	8,17	5,46	7,10	5,31	6,48
Curtumeiro	2,44	5,15	1,93	2,87	2,65	3,26
Saúde	4,88	4,61	3,53	3,91	3,54	3,59
Educação	1,95	1,26	2,25	1,63	2,65	1,57
Hoteleiro	2,44	2,6	1,61	1,76	1,47	1,45
Bélico-esportivo	0,49	0,14	0	0	0,	0
Madeireiro	1,95	0,79	2,57	1,10	2,95	1,99
Combustível	2,44	1,01	1,28	0,58	1,47	0,55
Papeleiro	0,98	0,76	0,64	0,54	0,88	0,64
Calçadista	1,95	5,56	1,61	4,55	1,18	2,51
Transporte	2,93	4,01	2,25	5,45	2,36	4,88
Logística	1,46	3,7	1,93	1,16	1,47	0,90
Comunicação	1,95	1,83	1,93	0,02	2,36	2,47
Borracheiro	0,49	0,25	0,32	0,10	0,29	0,08
Comercial	0,98	1,02	0,97	0,82	1,77	1,45
Extrativo mineral	0	0	0,32	0,10	0,59	0,52
Editorial	0	0	0	0	0,27	0,07
Outros	0	0	0,97	0,45	0	0

Fonte: elaborada pelo autor com base no PFA (UBA, 2010, 2014, 2016)

Nos termos de suas distribuições relativas, os setores que mais concentram TRs e AERs nos três períodos avaliados são o metalúrgico, o alimentício, o da construção, o têxtil e o gráfico, que juntos comportaram em média 61,73% dos AERs e 64,7% dos trabalhadores, com destaque para o ano de 2014, em que esse grupo de setores chegou a concentrar 67,27% dos membros em relação ao total. Individualmente, o setor desse grupo que apresentou maior crescimento em termos de participação relativa na distribuição de AERs foi o da produção têxtil, cujo incremento acumulado foi de 76,81% nos períodos avaliados. Merece menção, sobretudo, o registro da expansão das recuperações de fábricas para 28 setores de atividade que se inscrevem em variadas cadeias produtivas tanto no segmento industrial quanto de serviços e de comércio, além de atividades diretamente ligadas ao segmento primário, tais como: frigoríficos, mineração, produção papeleira, madeireiras e produção de couro, borracha, e setor químico e plástico encadeados à produção petrolífera argentina. Mesmo assim, como mostra o Gráfico 1, a vocação industrial das unidades recuperadas persiste ao longo dos períodos analisados:

Gráfico 1 – Distribuição de AERs por segmento

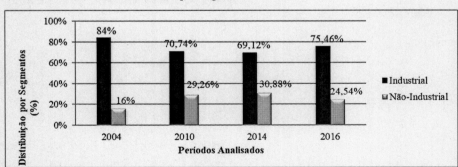

Fonte: elaborado pelo autor

Verifica-se que o segmento industrial, apesar da queda de 10,17% em sua participação relativa na produção, ainda em 2016 representava cerca de ¾ da produção total, embora o segmento não industrial tenha testemunhado um crescimento de 53,37% no mesmo período avaliado pelos mapeamentos. Nota-se, por outro lado, que, no mapeamento de 2014, o hiato entre os dois segmentos foi o menor registrado e apontava para certa tendência à aproximação dos dois segmentos, dada a queda contínua da participação do segmento industrial na produção total, cuja trajetória se viu interrompida subitamente no mapeamento registrado em 2016, que, em relação a 2014, apresenta uma queda de aproximadamente ¼ da produção do segmento não industrial.

Na sequência, o Gráfico 2 expõe com detalhe a trajetória do segmento industrial registrada nos anos mapeados ao colocar em evidência os setores com representação mais significativa desse segmento e suas respectivas taxas de participação relativa para o período de 2004 a 2016:

Gráfico 2 – Participação de AERs em setores escolhidos do segmento industrial

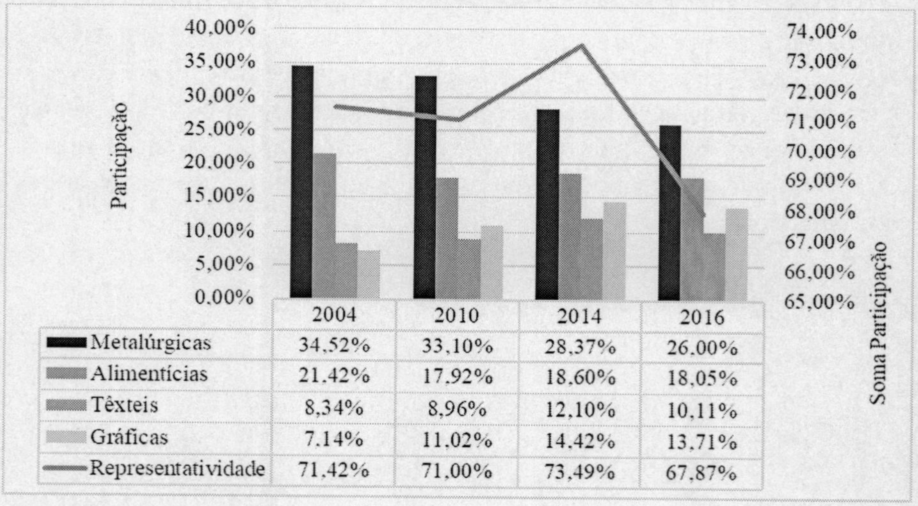

	2004	2010	2014	2016
Metalúrgicas	34,52%	33,10%	28,37%	26,00%
Alimentícias	21,42%	17,92%	18,60%	18,05%
Têxteis	8,34%	8,96%	12,10%	10,11%
Gráficas	7,14%	11,02%	14,42%	13,71%
Representatividade	71,42%	71,00%	73,49%	67,87%

Fonte: elaborado pelo autor

Os quatro setores escolhidos revelam possuir ao longo do período mapeado significativa relevância na composição do segmento industrial, apesar de sua participação agregada ter recuado aproximadamente 5% entre 2004 e 2016 na sua representatividade no segmento industrial. Tanto o setor metalúrgico quanto o alimentício apresentaram quedas expressivas de, respectivamente, 24,68% e 15,73%, enquanto os AERs dos setores têxtil e gráfico apresentaram notável crescimento de 21,22% e 92,01%, respectivamente. Combinando a inferência adquirida pelo Gráfico 1 com a apresentada aqui, pode-se deduzir que, se a participação do segmento industrial na produção total dos AERs ultrapassa marca anterior de 69,12% e atinge o patamar de 75,46% da produção total ao mesmo tempo que a participação dos AERs desses quatro setores do segmento industrial apresenta uma queda contínua entre 2004 e 2016, houve maior diversificação na produção industrial, abrindo espaço para o aumento da recuperação de fábricas em novos ramos de fabricação.

Replicando o mesmo procedimento para os ramos não industriais da produção, é possível encontrar os setores cuja representatividade se revela mais significativa, além do fato de se poder verificar em mais profundidade em quais setores se concentra o maior número de AERs entre o total para o período mapeado. No entanto, dada a dificuldade de especificação dos setores não industriais no mapeamento publicado em 2004, os dados disponibilizados no Gráfico 3 compreendem apenas os mapeamentos de 2010, 2014 e 2016:

Gráfico 3 – Participação de AERs de setores escolhidos do segmento não industrial

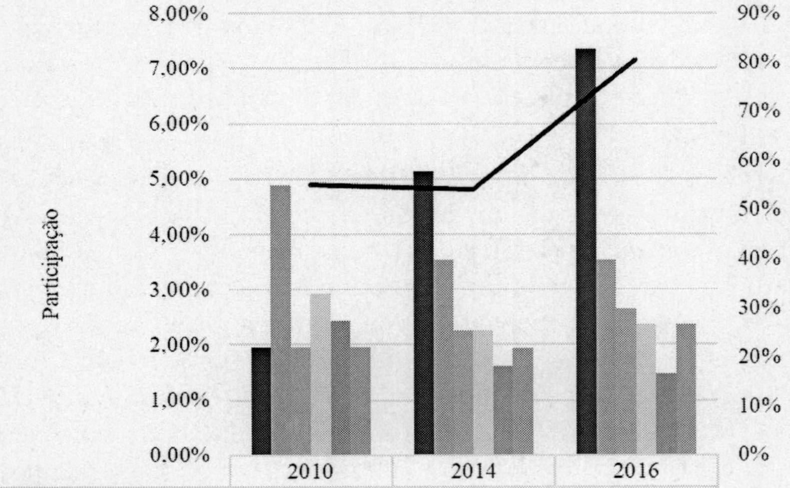

	2010	2014	2016
Gastronômico	1.95%	5,14%	7.37%
Saúde	4,88%	3,53%	3,54%
Educação	1,95%	2,25%	2,65%
Hoteleiro	2,93%	2,25%	2,36%
Transporte	2,44%	1.61%	1,47%
Comunicação	1,95%	1,93%	2,36%
Soma participação	55%	54%	80,50%

Fonte: elaborado pelo autor

Em que pese a pulverização da participação relativa dos setores no segmento não industrial, o Gráfico 3 permite observar que o número de AERs localizados no setor gastronômico foi submetido a um significativo crescimento de 277,95% em sua participação relativa entre os anos de 2010 e 2016, mantendo um incremento anual médio de 32,56% de seus AERs ao longo do período avaliado. No entanto, a informação mais relevante dessa exposição evidencia-se no fato de, apesar da pouca variabilidade individual dos setores escolhidos, com exceção do gastronômico, em suas participações relativas no segmento não industrial da produção, o conjunto agregado dos setores, cuja representatividade era de 55% em 2010, passa para o patamar de 80,5% de todo o segmento produtivo — um crescimento de 46,36% — em correlação à redução para 24,54% da produção não industrial em 2016, conforme o Gráfico 1 revelou anteriormente. Em proveito dessa inferência, chega-se à interpretação de que, em vista do seu crescimento, o segmento industrial testemunhou maior diversificação de sua produção, abrindo espaço para a constituição de AERs em outros setores menos característicos da recuperação de unidades fabris. Por outro lado, a produção não industrial foi terreno para uma grave concentração de atividades, reservando aos setores menos significantes (setores de comércio, logística e editoração) uma parcela diminuta do total do segmento.

Publicados em 2017, os dados do sexto mapeamento realizado pelo PFA, e o último utilizado por essa análise[36], constam da Tabela 4 a seguir, e demonstram que, apesar das circunstâncias econômicas e políticas adversas do contexto nacional e internacional, que entre outros fatores foi o fundamento para a produção deste mapeamento, a recuperação de unidades produtivas logrou persistir diante dos espantosos aumentos tarifários (*tarifazos*) administrados pelo governo do presidente Maurício Macri, iniciado no mês seguinte a sua posse. De acordo com informações divulgadas por Litvinoff (2018), os tarifaços de 2016 incluíram aumentos abusivos nos preços da distribuição de gás, água e energia elétrica, do transporte público e de combustíveis. Tais aumentos nos preços administrados das tarifas públicas também foram continuados, embora em magnitude menor, em 2017, de forma que essa espiral ascendente de preços neste biênio afetou diretamente as atividades produtivas dos AERs, em maior ou menor grau, dadas as especificidades do segmento e setor a que pertencem.

---

[36] Embora o último mapeamento disponibilizado pelo PFA, publicado em 2019, refira-se às condições dos AERs em 2018, as contradições internas encontradas entre os dados divulgados (384 AERs) e os dados constantes das planilhas (383 AERs), bem como a incongruência dos dados totais para o número total de TRs entre a planilha de AERs por territórios (15.750) e a planilha de AERs por setores de atividade (15.510), fundamentam a opção por descartar esse último levantamento na análise descritiva que aqui se pretende realizar.

Tabela 4 – AERs e TRs por territórios em concentrações relativas (2017)

TERRITÓRIO	AERs	AERs (%)	TRs	TRs (%)
Argentina	368	100	15.323	100
GBA	111	30,16%	5.085	33,19%
Caba	70	19,02%	2.272	14,83%
Buenos Aires (interior)	50	13,59%	1.934	12,62%
Santa Fe	28	7,61%	1.131	7,38%
Córdoba	22	5,98%	1.154	7,53%
Río Negro	11	2,99%	357	2,33%
Chaco	9	2,45%	387	2,53%
Mendoza	9	2,45%	276	1,80%
Misiones	7	1,90%	259	1,69%
San Luis	7	1,90%	291	1,90%
Entre Ríos	7	1,90%	392	2,56%
Neuquén	6	1,63%	552	3,60%
La Rioja	6	1,63%	190	1,24%
La Pampa	6	1,63%	129	0,84%
Corrientes	5	1,36%	414	2,70%
Chubut	5	1,36%	83	0,54%
Tucumán	3	0,82%	33	0,22%
San Juan	2	0,54%	34	0,22%
Jujuy	2	0,54%	100	0,65%
Santiago del Estero	1	0,27%	70	0,46%
Tierra del Fuego	1	0,27%	180	1,17%

Fonte: adaptada pelo autor segundo o PFA (UBA, 2017)

Em comparação à Tabela 2, o primeiro ponto a ser ressaltado é que, ao mesmo tempo que o número de unidades recuperadas entre 2016 e 2017 teve crescimento de um AER, gerando um aumento acumulado de 79,51% desde o mapeamento publicado em 2010, o contingente de TRs sofreu queda de 625 trabalhadores no mesmo período. Particularmente, a GBA teve queda de oito AERs e de 439 TRs, respondendo por 70,25% da redução total verificada entre os mapeamentos de 2016 e 2017. Há também o exemplo do interior da província de Buenos Aires, em que se testemunhou a redução de quatro AERs, que, no entanto, foi acompanhada contraditoriamente pelo incremento de 190 TRs. Por outro lado, é possível observar que, nas outras províncias de interior, como são os casos de Corrientes, Santa Fe, Chubut, Córdoba, La Rioja, Mendoza e San Luis, houve sensível crescimento de novas unidades recuperadas, destacando-se Córdoba, com um crescimento de 7 AERs entre 2016 e 2017. Faz-se possível extrair desses dados, portanto, que a recuperação de fábricas ensaia um deslocamento quantitativo dos territórios econômica e demograficamente mais dinâmicos e densos tanto para territórios de interior que lhes são próximos, como Santa Fe, Córdoba, quanto para, e em maior número, territórios mais distantes, como Mendoza, San Luis, Corrientes, La Rioja e o mais longínquo, Chubut. No Gráfico 4, exposto em sequência, esse deslocamento distributivo se encontra de forma evidente:

Gráfico 4 – Concentração de AERs por territórios nos períodos mapeados

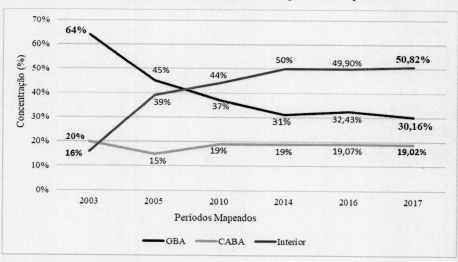

Fonte: elaborado pelo autor

Embora a taxa de participação da Caba não tenha vislumbrado oscilação significativa durante os anos avaliados, faz-se notável, entretanto, o substantivo deslocamento das iniciativas de recuperação de fábricas da GBA para as províncias do interior argentino. Em termos percentuais, a GBA apresentou uma queda de 52,87% da concentração relativa de AERs entre 2003 e 2017, enquanto o interior registrou um aumento expressivo de 217,62% no mesmo período em tela. Conforme revela em sua observação, o Gráfico 4 demonstra que foi precisamente após o mapeamento de 2014, segundo o qual Caba e GBA possuíam exatos 50% do total de AERs, que ocorreu a transição da recuperação de fábricas para os territórios do interior, no qual em 2017, enfim, assumiu a ligeira predominância da ocorrência de AERs em relação ao total mapeado. O Gráfico 5 permite examinar em maior especificidade a trajetória histórica da concentração de AERs em territórios do interior ao longo dos períodos em análise:

Gráfico 5 – Distribuição de AERs por províncias escolhidas do interior

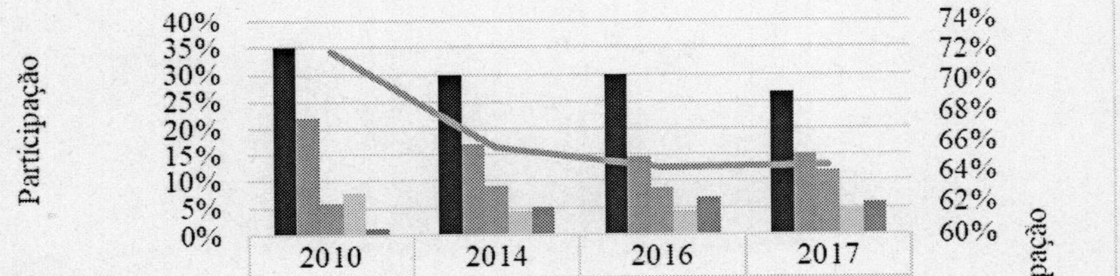

	2010	2014	2016	2017
Bs. As (Interior)	35%	30%	30%	26,70%
Santa Fe	22%	17%	14,60%	15%
Córdoba	6%	9%	8,50%	11,80%
Mendoza	7,80%	4,50%	4,50%	5%
Río Negro	1,20%	5,20%	6,80%	6%
Soma participação	72%	65,70%	64,40%	64.50%

Fonte: elaborado pelo autor

A visualização do Gráfico 5 permite ponderar que, mesmo com um recuo de 23,71% em sua concentração relativa, a província de Buenos Aires (interior) persiste com a maior dotação de AERs entre os territórios interioranos, com pouco mais de ¼ das unidades recuperadas do total do interior. Por outro lado, as províncias de Córdoba e Río Negro apresentaram um notável crescimento relativo das experiências de recuperação produtiva, atingindo, respectivamente, aumentos de 96,67% e de 400% durante o período de avaliação entre 2010 e 2017. Enquanto isso, a província de Santa Fe registrou a redução de 32,81% do total de AERs encontrados no interior. Como resultado, tem-se que a representatividade desses cinco territórios mais representativos do espaço interiorano atingiu em 2017 uma queda de 10,41% em relação a 2010. Em conjunto com o crescimento verificado do interior em comparação à GBA e à Caba, a diminuição da representatividade relativa desses cinco territórios de interior permite inferir que houve maior êxodo distributivo dos AERs não só "para" o interior, mas também "dentro" do interior.

Repetindo-se o itinerário estatístico realizado anteriormente, alterando-se, no entanto, a variável explicada para a concentração relativa de TRs, o Gráfico 6 expõe o comportamento temporal deste elemento em correlação ao território em que sua ocorrência se dá:

Gráfico 6 – Concentração de TRs por territórios nos períodos mapeados

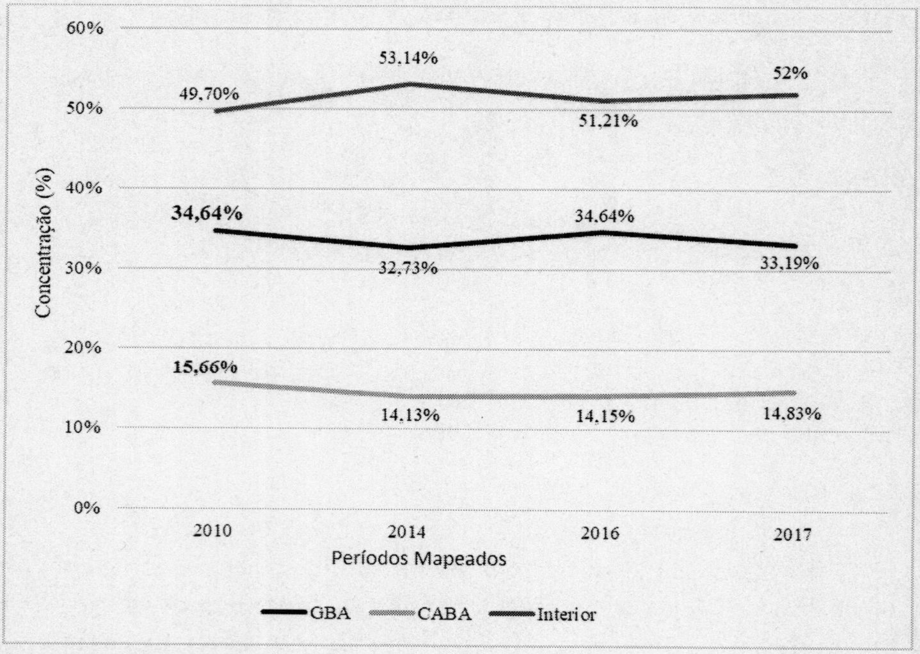

Fonte: elaborado pelo autor

Ao contrário da transição que se observou em relação à concentração relativa de AERs da GBA em direção às províncias do interior, a geração de ocupações, como evidência o Gráfico 6, desde o mapeamento de 2010, mostrou-se mais forte nos AERs interioranos, de modo que, se em 2010 se pode inferir que pouco mais da metade das ocupações geradas se dá nos territórios da GBA e da Caba, em 2017 os AERs localizados no interior geram a maioria absoluta dos postos de trabalho na Argentina, ou seja, se em 2010 a diferença percentual entre Interior e GBA era de

15,6 pontos percentuais, em 2017 esse hiato cresce em 20,57% e alcança a marca de 18,81 pontos percentuais. Resulta disso que o interior não só possui a liderança na ocorrência de AERs, com 50,82% do total, como também é responsável por localizar 52% dos TRs. Especificamente, esse protagonismo do interior revela sua proveniência das províncias de Buenos Aires (interior), Santa Fe, Córdoba e Neuquén, conforme os dados dispostos pelo Gráfico 7:

Gráfico 7 – Concentração de TRs por territórios do interior

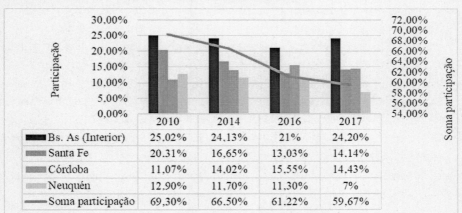

Fonte: elaborado pelo autor

Como se encontra demonstrado, as quatro províncias escolhidas destacam-se pela maior parte da geração de postos de trabalho em territórios do interior, merecendo menção as quedas acintosas de 30,38% de membros nos AERs localizados nas províncias de Santa Fe e de 45,73% em Neuquén, enquanto a província de Córdoba teve crescimento de 30,35%, apresentando-se como liderança do interior tanto em crescimento da concentração relativa de AERs quanto de membros em seu território. Por outro, o território da província de Buenos Aires (interior), líder na concentração absoluta de AERs e de membros pelo interior, sofre uma queda sensível em sua porção relativa de ocupações geradas.

Até o instante, a análise descritiva dos dados tem permitido inferências relevantes sobre as ocorrências discretas e o espaço determinado em que estas se concentram num dado período linear em exame. Entretanto, as descrições relativas a AERs e TRs encontraram-se sistematicamente apartadas uma da outra, formando dois subconjuntos externos entre si e aparentemente não correlacionados. Contudo, agregando-se os dados exibidos pelos Gráfico 4 e Gráfico 6, faz-se possível superar a exterioridade entre esses dados e se estabelecer uma relação entre essas quantidades.

Particularmente, a grandeza resultante da relação quantitativa entre o número de TRs e o número de AERs para determinado setor da atividade, período e território da ocorrência justifica-se conceitualmente pela incidência da repetição do argumento de que a função primordial da recuperação de unidades produtivas é a retomada, a manutenção e a criação de postos de trabalho — tese presente em Ruggeri (2018), Magnani (2003), Rebón (2004) e Fajn (2004) —, e a isso se deduz que o quociente obtido pela divisão entre o quantum de TRs e o quantum de AERs manifesta o quadro geral de complementaridade e/ou substitutibilidade entre meios de produção e força de trabalho, ou seja, do grau de desenvolvimento da recuperação média da força de trabalho em relação ao capital constante recuperado. Por isso, denominar-se-á Taxa Média de Recuperação (TMR) a proporção de trabalhadores (TRs) para cada unidade produtiva recuperada (AER), em determinado território e em determinado período discreto, de modo que sua medida é dada pela seguinte equação:

$$T.M.R = \frac{Q_{tr}}{Q_{aer}} = Q_{tr/aer} \tag{1}$$

cujo resultado é uma grandeza "contínua" que indica determinado "grau" ou "intensidade", da qual a variação percentual entre dois intervalos temporais é determinada por:

$$\Delta T.M.R = \frac{T.M.R_{t+1} - T.M.R_t}{T.M.R_t} \cdot 100\% \tag{2}$$

em que "*t*" representa a unidade de tempo inicial; e "*t+1*", a unidade discreta de tempo que a sucede.

O Gráfico 8, a seguir, resulta da aplicação do cálculo da TMR correlativo aos territórios da república Argentina, da GBA, da Caba e do interior:

Gráfico 8 – TMR por territórios nos anos avaliados

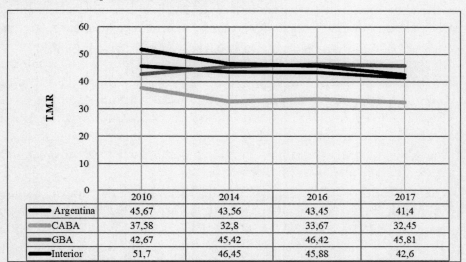

Fonte: elaborado pelo autor

Percebe-se que a TMR relativa à Argentina apresenta uma tendência contínua de redução, uma vez que em 2010, de acordo com a TMR, cada AER em seu território abrigava quase 46 trabalhadores, e em 2017 esse indicador recua 9,35% e atinge a marca de $41,4_{TR/AER}$. Agregando-se a esse indicador o fato de o número de AERs argentinos ter aumentado significativamente entre 2010 e 2017, pode-se inferir, a uma primeira abordagem, que a Composição do Capital Recuperado (CCR) tem privilegiado os meios de produção em detrimento do aumento do contingente da força de trabalho — que seria o objetivo primordial da recuperação de unidades produtivas. Escapa a essa tendência o território da GBA, que apresenta um aumento de 7,36% em sua TMR entre 2010 e 2017, apesar de esse indicador ter sofrido discreta redução entre os dois últimos mapeamentos, alcançando o patamar de 45,81 no último registro. Por outro lado, em que pese a queda observada desse indicador tanto na Caba quanto no interior, vale ressaltar que, para todos os períodos examinados, o interior apresenta uma TMR acima da média para a Argentina, e o pico registrado da TMO para todos os territórios em todos os períodos pertence ao interior, sob a marca de $51,7_{TR/AER}$ em 2010, bem como a maior média do indicador para todos os anos de 46,66%. De um lado, a análise da TMR para o interior, auxiliada pelos registros de que seus territórios apresentam tanto a maior concentração relativa de AERs desde 2010 (Gráfico 4) quanto, historicamente, as maiores concentrações relativas de TRs (Gráfico 6), conduz à conclusão de que as novas ocorrências de AERs tem sido representadas por plantas de menor capacidade produtiva e que, portanto, absorvem menos força de trabalho para sua operação e gestão. Por outro lado, ao se verificar a redução da TMO para a Caba, e em conjunção com os dados dispostos pelo Gráfico 4 e pelo Gráfico 6, torna-se viável deduzir que, dado o fato de a redução da concentração relativa de AERs ter sido ligeiramente maior do que a redução da concentração relativa de TRs em seu território, os AERs têm operado com uma taxa menor de capacidade ociosa, gerando, proporcionalmente, mais ocupações em um menor número de unidades produtivas.

Adotando-se o mesmo processo de cálculo utilizado anteriormente, porém relacionando-o aqui aos setores da atividade produtiva para os períodos de 2010, 2014 e 2016, são obtidos os dados da TMR dispostos na Tabela 5, a seguir, bem como a variação percentual do indicador a que cada setor foi submetido no período que se decorre entre os mapeamentos de 2010 e 2016. Além disso, faz-se interessante contrapor os dados absolutos para a TMR por setores com suas respectivas médias históricas, o que torna possível apontar hipóteses e introduzir inferências acerca das circunstâncias relativas aos setores em que são verificadas grandes variações na TMR causadas por crescimentos ou diminuições abruptas ou continuadas.

RECUPERÁRIOS: UM SÍSIFO NA ARGENTINA DO SÉCULO XXI

Tabela 5 – Setores de atividade, TMR média e variação percentual

SETOR	2010	2014	2016	MÉDIA (TMR)	VARIAÇÃO
Metalúrgico	41,06	48,14	44,38	44,53	8%
Gráfico	31,43	28,35	40	33,26	27%
Têxtil	36,15	41,15	42,71	40,00	18,%
Gastronômico	18	20,5	19,48	19,33	8%
Vidreiro	37,71	46,71	68,3	50,91	81%
Químico	52,67	24,6	23,25	33,51	-56%
Plástico	17	19	19,5	18,50	15%
Frigorífico	105,23	92,77	83,68	93,89	-20%
Naval	31	31	31	31	0%
Alimentício	24,61	26	29	26,54	17,84%
Construção	63,67	55,17	57,38	58,74	-10%
Curtumeiro	96,2	63,34	57,78	72,44	-40%
Saúde	43,1	47	47,67	45,92	11%
Educação	29,5	30,71	27,78	29,33	-6%
Hoteleiro	48,6	46,6	46,4	47,20	-5%
Bélico-desportivo	13	0	0	4,33	-100%
Madeireiro	18,5	18,25	31,8	22,85	72%
Combustível	19	19,25	17,6	8,62	-7%
Papeleiro	35,5	35,5	34	35,00	-4%
Calçadista	130	120,2	100,25	116,82	-23%
Transporte	62,5	102,85	97,25	87,53	56%
Logística	105,34	25,67	28,6	53,20	-73%
Comunicação	45,25	40,67	49,25	45,06	9%
Borracha	23	13	13	16,33	-43%
Comercial	47,5	36,34	38,67	40,84	-19%
Extrativo-mineral	0	13	41,5	18,17	219%
Média dos setores	45,21	40,22	41,93	--------	-7,25%

Fonte: elaborada pelo autor

Sistematizando algumas informações disponibilizadas pela Tabela 5, pode-se observar que as maiores médias da TMR são encontradas nos setores calçadista ($116,82_{TR/AER}$), frigorífico ($93,89_{TR/AER}$), transporte ($87,53_{TR/AER}$) e curtumeiro ($72,44_{TR/AER}$), enquanto as menores estão presentes nos setores gastronômico ($19,33_{TR/AER}$), plástico ($18,5_{TR/AER}$), extrativo-mineral ($18,17_{TR/AER}$), borracha ($16,33_{TR/AER}$), e combustível ($8,62_{TR/AER}$)[37]. Enquanto, por um lado, parece haver um tímido encadeamento produtivo na indústria petroquímica de base entre os setores borracha e plástico, ambos contidos no grupo com as menores TMR, por outro, os setores calçadista, curtumeiro e frigorífico indubitavelmente se abrigam no mesmo circuito industrial, que vai desde o corte da carne ao preparo do couro e à fabricação de calçados para suprir as demanda atacadistas e varejistas, de modo que o dinamismo econômico ao fim da cadeia produtiva (à montante) gera impactos positivos sobre o início dela (a jusante). Por uma perspectiva mais geral, é possível verificar que a média anual da TMR para os setores agregados sofre uma queda de 7,25%, atingindo o patamar de $41,93_{m/AER}$ em 2016 e mostrando que o crescimento continuado de AERs tem sido acompanhado por um aumento menos que proporcional da força de trabalho recuperada. Isso autoriza em certo grau, mesmo que de forma indutiva e especulativa, dizer que a CCR tem pendido para a massa de meios de produção dos AERs observados, mesmo que entre 2014 e 2016 tenha sido verificada uma diminuta recuperação da TMR em aproximadamente 3%.

Como se destacou anteriormente, vale ressaltar a presença do setor de transporte incorporado ao segmento de serviços entre o grupo com maiores TMR, demonstrando que, embora já se espere certo predomínio da produção industrial, outros segmentos se apresentam como relevantes geradores de ocupação por unidade recuperada. Em continuação a essa análise, o Gráfico 9 retrata a TMR separada para os setores que conformam os segmentos industrial e não industrial:

---

[37] O setor bélico-desportivo teve a menor média para a TMR entre todos os setores avaliados, registrada em $4,33_{TR/AER}$. No entanto, esse registro está sendo desprezado, pois o dado perde sua significância, uma vez que tal setor apresentava apenas um AER em 2010 com 13 trabalhadores, e nos mapeamentos posteriores este setor não mais contém unidades recuperadas.

Gráfico 9 – TMR média por segmentos

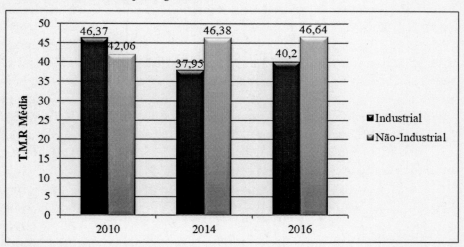

Fonte: elaborado pelo autor

Quando disposta por segmentos produtivos, a TMR média agregada para cada período de levantamento expõe em tela, primeiramente, o temerário recuo de 15,35% apresentado pelo segmento industrial, chegando à marca de 40,2$_{TR/AER}$ em 2016, embora somente entre os mapeamentos de 2010 e 2014 a redução da TMR para este segmento tenha sido de 22,18%. Dado que este segmento é responsável por ocupar a maior parte dos TRs e conter o maior número de AERs, é possível construir duas hipóteses para esse comportamento da TMR: a) as unidades fabris recuperadas apresentaram diminuição da sua capacidade produtiva, ocupando menos trabalhadores a cada novo AER; e b) as unidades recuperadas deste segmento começaram a operar com maiores taxas de ociosidade dos meios de produção, absorvendo menos força de trabalho porque não compreendem condições de utilização intensiva da capacidade instalada. Por outro lado, o segmento não industrial registrou um crescimento contínuo no decorrer do período examinado, de modo que o aumento de 10,27% entre 2010 e 2014 é posteriormente estabilizado com um sensível crescimento de 0,56% entre 2014 e 2016, chegando a superar desde 2010 o segmento industrial na geração de ocupações por unidade produtiva recuperada — em 2016 é possível falar que cada unidade do segmento industrial comportou cerca de 6 trabalhadores associados a mais do que cada unidade do segmento industrial. Ou seja, a CCR do segmento não industrial tem favorecido o incremento mais que proporcional da força de trabalho em relação aos incrementos dos meios de produção.

No entanto, antes de validar quaisquer hipóteses levantadas, é preciso levar em consideração que os AERs compreendidos por essa investigação compõem um grupo denominado *Pequeñas y Medianas Empresas* (Pymes) (Pequenas e Médias Empresas, em português), cuja classificação, segundo a Resolução n.º 1.479 de 2013 da Secretaria de Emprego do Ministério do Trabalho, Emprego e Seguridade Social — Argentina (2013) —, para pequenas empresas admite a ocupação de 6 até 50 trabalhadores em seu quadro funcional; e para médias empresas admite a ocupação de 51 até 200 trabalhadores. Considerando que TMR média para a Argentina atingiu 41.4 $_{\text{TR/AER}}$ em 2016, tendo atingido o máximo de 51,7 $_{\text{TR/AER}}$ em 2010 no interior, as unidades recuperadas oscilam dentro desta classificação.

Isso posto, o trabalho seminal de Azpiazu, Basualdo e Schorr (2001) já levantava as tendências para o setor de Pymes argentino para o início do século XXI, tendo como pano de fundo a crise de acumulação de capital na formação social argentina nesse período de transição de séculos. Segundo estes autores, podem ser apontadas quatro tendências econômicas que se fizeram presentes na trajetória de desenvolvimento desse tipo de empresas: 1) a agudização do processo de desindustrialização e de reestruturação regressiva da produção fabril-industrial; 2) a subordinação da produção industrial à valorização financeira como princípio de acumulação de capital; 3) crise de empregos, salários e crescimento da desigualdade econômica; e 4) a crescente concentração industrial em torno de oligopólios com capital transnacional.

Entre esses fatores, a desindustrialização, sem embargos, pode ser presumida como elemento de maior destaque, já que ocupa a posição tanto de causa quanto de efeito desse conjunto de tendências, uma vez que designa, segundo Grigera (2012), os processos de diminuição do volume de produção industrial na produção total de uma economia nacional, de descenso do número de trabalhadores contratados na indústria em relação ao total da força de trabalho ocupada, de deslocamento da produção industrial para outros setores tecnologicamente atrasados em uma mesma economia nacional ou o deslocamento de unidades produtivas e postos de trabalho industriais de uma economia nacional a outra. Por outro lado, nos termos de uma linguagem marxista, a desindustrialização verificar-se-ia pelo processo de redução média da fração de lucros da indústria em relação à composição total de lucros.

Nesse sentido, o reflexo principal dessa tendência à desindustrialização seria, de fato, uma redução do nível de utilização da capacidade produtiva de uma planta fabril, isto é, o aumento da ociosidade dos meios de produção em um AER do segmento industrial para garantia da viabilidade econômica e sustentação dos postos de trabalho mantidos por esta unidade produtiva, processo que, por exemplo, o Gráfico 9 permite inferir, pois a redução relativa da TMR industrial poderia estar vinculada a dois elementos: ou a um aumento abrupto da produtividade do trabalho, que diminuiria a quantidade de trabalho-vivo necessária para se movimentar uma mesma massa de capital, ou a uma utilização restrita dos meios de produção a fim de preservar as condições de reprodução dos TRs em cada unidade fabril.

Esclarecendo essa questão, de uma forma geral, o primeiro mapeamento feito pelo PFA em 2003 expõe os dados de que, naquele momento, 17% dos AERs não estavam produzindo ainda, 26% produziam utilizando de 1% a 10% da capacidade instalada, 29% produziam utilizando de 31% a 40% da capacidade instalada, e apenas 18% produziam utilizando de 61% a 100% da capacidade instalada. Como nesse instante a maior parte dos AERs se concentrava não só no segmento industrial, mas principalmente no setor metalúrgico, o efeito da desindustrialização sobre as Pymes fez-se sentir com maior peso nesse cenário. Aprofundando esse dado, entre as razões apontadas pelos TRs para a manutenção de meios de produção ociosos em seus AERs, em 46% das respostas os trabalhadores indicaram a incerteza quanto à capacidade de circulação das mercadorias produzidas como justificativa para a ociosidade da capacidade instalada, enquanto apenas 5% das respostas indicaram a inadequação do maquinário como elemento primordial para a não utilização integral do capital constante à disposição.

Tais informações permitem inferir que, sob esse estado da técnica e das condições de produção, não é a produtividade da força de trabalho a responsável pela reduzida utilização da massa de capital constante nos AERs e pela redução da TMR média para o conjunto de territórios, mas sim os imperativos da concorrência entre os capitais recuperados e os outros capitais na produção e acúmulo de capital pelo mercado capitalista. Por outro lado, o crescimento da TMR no segmento não industrial parece validar a tendência à desindustrialização da economia nacional argentina, uma vez que, ao longo dos mapeamentos, os setores que a compõem começaram a gerar proporcionalmente mais ocupação.

Para uma observação mais detalhada dos setores, encontram-se separados na Figura 1, na sequência, os cinco setores com a maior TMR registrada em cada ano de levantamento, mostrando, entre outros elementos, as permanências e substituições entre os setores que mais geraram ocupações por unidade produtiva recuperada:

Figura 1 – 5 Setores com maior TMR

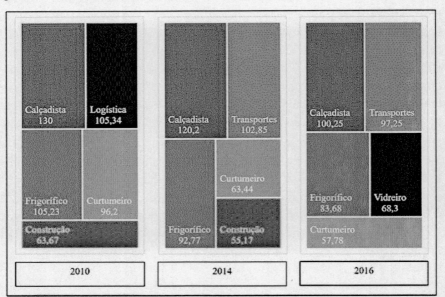

Fonte: elaborada pelo autor

Entre os variados elementos apresentados pela Figura 1, merece destaque o setor calçadista, que, apesar de sua queda entre 2010 e 2016, manteve uma TMR aproximadamente 2,5 vezes maior que a média dos setores no último mapeamento, atingindo a marca de 100,25$_{m/AER}$. Além disso, ressalta-se a substituição sofrida pelo setor logístico em favor do setor transportes a partir de 2014, cuja TMR passa a ser a segunda entre os cinco setores. Outro aspecto relevante se refere ao fato de o setor da construção perder espaço em 2016 para a entrada do setor produtor de vidros, ao mesmo tempo que a TMR do setor curtumeiro sofre quedas contínuas no decorrer dos anos mapeados. Enquanto em 2010 a produção calçadista representa 2,05 vezes a produção do quinto setor com maior TMR, em 2016 sua produção passa a equivaler a 1,73 vez a produção do quinto colocado, o que confirma uma diminuição agregada da TMR entre os setores que mais geram ocupação em relação a seus AERs.

A **Figura 2** permite contrastar os setores de maior TMR apresentados anteriormente pela Figura 1 com os cinco setores com maior número de TRs registrados nos mapeamentos de 2010, 2014 e 2016:

Figura 2 – 5 Setores com maior número de TRs

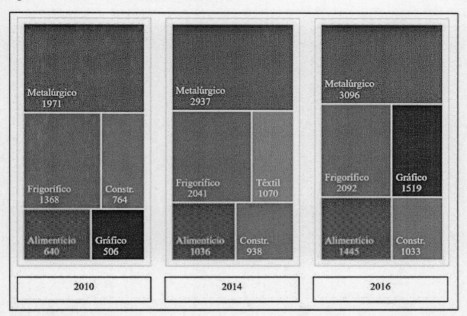

Fonte: elaborada pelo autor

A contraposição entre os dados expostos pelas Figura 1 e Figura 2 revela que existem diferenças entre os setores com maior TMR e os setores que mais absorvem força de trabalho, e isso acarreta conclusões importantes. Em primeiro lugar, o setor metalúrgico aparece na Figura 2 com maior participação TRs nos três levantamentos de 2010 a 2016, porém não compõe em momento algum o quadro de maior geração de ocupações por AERs exposto pela Figura 1, de modo que a média de sua TMR para o período total examinado ocupa somente a 11ª posição, com 44,3 $_{TR/AER}$. Seguindo a tendência inversa, o setor calçadista, que não consta em ano algum entre os cinco setores com maior número de TRs, lidera o grupo dos cinco setores com a maior TMR registrada no período, apesar da notória queda que sofreu. Ainda, o setor frigorífico expõe o exemplo de um setor contido tanto no grupo com as maiores TMR quanto no grupo com maior contingente de trabalhadores. Juntos, os três casos revelam a existência de diferenças não ignoráveis na composição de capital recuperado que refletem as particularidades de seus respectivos setores, em um dado estado da técnica, de produtividade e da concorrência intercapitais que cada mercado lhes submete. Pode-se, de certo modo, inferir que o processo produtivo do setor metalúrgico é, de fato, mais intensivo em meios de produção do que em força de trabalho, assim como o processo produtivo do setor calçadista depende mais intensivamente da força de trabalho, e o setor frigorífico, para ter uma proporção mais equilibrada entre ambos, o que sugere certa variabilidade específica intrassetorial.

A Figura 3 expõe a seguir os cinco setores com maior variação percentual positiva em suas respectivas TMRs, tendo-se 2016 como período de referência final e 2010 para o inicial:

Figura 3 – Cinco setores com maior crescimento da TMR

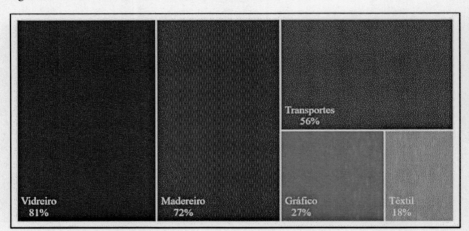

Fonte: elaborada pelo autor

O dado mais relevante evidenciado pela Figura 3[38] está relacionado ao fato de que, enquanto os outros setores apresentados tiveram aumentos em suas respectivas TMR acompanhando o crescimento do respectivo número de AERs, o setor vidreiro, líder de crescimento na geração de ocupações por unidades produtivas, teve incremento de 81% em sua TMR, apesar de não ter sofrido mudança alguma relacionada ao número de AERs no setor durante o período 2010, 2014 e 2016, permanecendo com sete AERs, o que sugere três possibilidades: ou os AERs do setor vidreiro começaram a operar com maior nível de utilização da capacidade produtiva, aumentando

---

[38] Optou-se, aqui, por desprezar o dado da TMR relativo ao setor extrativo-mineral, porque, embora tenha seu crescimento atingido o patamar recorde de 219% no decorrer do período de avaliação, o setor conta com apenas dois AERs, o que leva a sua perda de significância dentro do quadro geral da produção recuperada.

o contingente de trabalhadores em suas unidades recuperadas, ou AERs com menor número de TRs deixaram de produzir e, em seu lugar, AERs com maior capacidade produtiva e mais intensivas no emprego de força de trabalho tomaram o seu lugar na indústria, dando origem a um mero fato permutativo, ou, enfim, a produtividade do força de trabalho teve uma queda acentuada durante os anos de mapeamento.

Por sua vez, a Figura 4 exibe os setores cujas quedas da TMR foram as maiores para os anos avaliados, favorecendo a construção de algumas hipóteses sobre as circunstâncias, bem como as condições e implicações desse processo de redução:

Figura 4 – Cinco setores com maior declínio da TMR

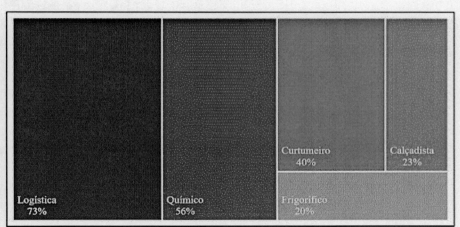

Fonte: elaborada pelo autor

A Figura 4 expõe, primeiramente, que o setor logístico foi o que sofreu o maior impacto negativo em sua TMR, quando são comparadas as taxas de 2016 e 2010. Tal diminuição, combinada com a redução de AERs nesse setor entre os anos 2014 (6 AERs) e 2016 (5 AERs), fortalece o entendimento de que o processo produtivo de seus serviços é intensivo em força de trabalho, dado que a diminuição do contingente laboral em seu setor sofreu redução mais que proporcional à redução dos AERs circunscritos às suas atividades. Em segundo lugar, a queda da TMR do setor químico, avaliada sob o contexto de crescimento seguido de manutenção dos AERs desse setor durante os anos avaliados, sugere a ocorrência ou de um fato permutativo, em que os AERs com maior número de TRs são substituídos por AERs mais intensivos em meios de produção, ou que começaram a produzir sob a condição de manutenção de taxas de ociosidade cada vez maiores, desocupando força de trabalho. Por último, o fato de os setores frigorífico, curtumeiro e calçadista terem sofrido cortes intensos em suas respectivas taxas conduz, por um lado, à confirmação da hipótese de estreitamento e encadeamento produtivo levantada segundos os dados apresentados na Figura 1, e, por outro lado, tende a confirmar o emprego mais intensivo da força de trabalho nos três setores, de modo que o setor frigorífico parece se situar em uma zona de transição que aos poucos favorece maior intensificação do processo produtivo na massa de meios de produção em detrimento da incorporação de novos trabalhadores.

Diante das análises aqui dispostas, algumas hipóteses foram levantadas a fim de se explicar o comportamento histórico, demográfico e setorial-econômico dos AERs, atingindo, por fim, o cálculo da proporção de TRs por unidade recuperada nos territórios e nos diversos setores e segmentos. As hipótese formuladas, centradas principalmente no exame da TMR e de sua variação temporal, colocaram em tela não só uma determinação quantitativa, isto é, a **magnitude** de conjuntos segredados de dados, como o número de AERs, de um lado, e o número de TRs, de outro, mas, ao produzir a agregação destes dois elementos em uma **medida**, o cálculo quantitativo revelou ser dotado de uma própria qualidade, pela qual se pôde verificar a relação de correspondência e contradição sobre a qual o Sísifo moderno se ergue: a necessidade da recuperação do trabalho (retomar, manter e gerar ocupação em AERs) em mediação ao grau de desenvolvimento das forças produtivas (da produtividade do trabalho em relação a massa de capital constante disponível e sua capacidade de produção) e em coordenação à quantidade de mercadorias que se espera colocar em circulação nos mercados capitalistas (em função do restabelecimento de vínculos com ex-clientes e ex-fornecedores para a viabilização econômica do AER).

O principal reflexo dessa tripla condição de produção e reprodução dos AERs pode ser visualizada quando são comparados os dados do Gráfico 1, da Figura 2, do Gráfico 9 e da Figura 3, os quais demonstram, respectivamente, a quantidade de AERs por segmento da produção, as TMR médias por segmento da produção e os cinco setores em que a TMR mais apresentou crescimento médio entre 2010 e 2016. No Gráfico 1, observa-se que, em relação ao segmento não industrial, o segmento industrial recuperou aproximadamente três mais unidades produtivas no período 2004-2016. A Figura 2, por sua vez, indica que o segmento industrial é incorporado pelos

AERs que mais recuperaram trabalhadores no período de 2010 a 2016. Já o Gráfico 9 demonstra que a TMR média do segmento não industrial tem superado nos últimos anos de mapeamento, ou seja, propõe uma tendência a maior recuperação de trabalho do que na produção fabril. Apesar disso, entre os cinco setores em que mais cresceu a TMR média nos últimos três mapeamentos, segundo a Figura 3, três pertencem ao segmento industrial (vidreiro, gráfico e têxtil), de modo que, entre os cinco setores que mais recuperaram postos de trabalho entre 2010 e 2016, os setores gráfico e têxtil fizeram-se presentes ao longo desse período. Isso significa que a TMR média de setores com grande número de TRs sofreu uma queda brusca nesse mesmo período, como demonstrado pela Figura 4.

Como conclusão dessa análise, percebeu-se que a recuperação de unidades produtivas sofre de "desindustrialização relativa": se, por um lado, os números absolutos do segmento industrial se mostram superiores aos de setores do segmento não industrial da produção, por outro, as taxas de recuperação média de postos do trabalho demonstram que o avanço das forças produtivas em setores de serviços e comércio tem pesado a favor do aumento da proporção do trabalho-vivo em relação ao capital constante. Isso explica o porquê, de fato, os AERs industriais possam produzir com maior capacidade ociosa, já que, em correspondência às incertezas da circulação capitalista e ao grau de incorporação tecnológica na produção, a prioridade da manutenção de trabalhadores, em alguns casos, tenha se sobressaído à busca por maior eficiência e competitividade do que em setores não industriais, pois, dada a sua intensidade relativa no dispêndio de força de trabalho diante da massa de capital constante necessária, é mais provável que tais setores estejam produzindo com menor capacidade ociosa diante do crescimento absoluto de unidades produtivas recuperadas.

Por outro lado, os números absolutos e a análise da TMR indicam que o **trabalho como princípio educativo** ainda se desenvolve de maneira mais significativa entre os trabalhadores do segmento industrial, embora a taxa média de crescimento da TMR no segmento não industrial da produção (comércio e serviços) demonstre que não só os trabalhadores recuperados estão se tornando capazes de gerir formas de produção menos mediadas e concretas, como a metalurgia, mas também pouco a pouco estão se mostrando aptos para formas de produção mais complexas que envolvem aspectos comunicativo-afetivos de relação direta com os consumidores dos seus produtos. O que até mesmo está se colocando como peso favorável aos trabalhadores recuperados na balança entre autogestão e automação.

4

O PROCESSO HISTÓRICO-GENEALÓGICO DO SÍSIFO MODERNO

4.1 A formação social argentina sob os marcos do modo de produção capitalista

A formação social argentina tem como semente fundacional a sua independência do Império Espanhol, após uma sequência de confrontos entre as Províncias Unidas do Rio da Prata, que defendia a autodeterminação dos territórios possuídos pela Espanha, e o Vice-Reinado do Rio da Prata, estabelecido pelo Império em 1778, ao longo do período de 1810 a 1816. Entre os principais combatentes pela independência desses territórios, entre os quais estavam aqueles que pertenceriam à futura República Argentina, estavam José de San Martín, Manuel Belgrano, Mariano Moreno e Cornélio Saavedra (DI TELLA, 2017).

Após a deposição do diretor supremo das Províncias Unidas do Rio da Prata, em 15 de abril de 1815, os independistas organizaram-se para enviar deputados representantes às províncias para promover um Congresso Geral cujas sessões se iniciaram em março de 1816. Em 9 de julho de 1816, na Câmara de Tucumán, o congresso ali realizado aprovou a ata de independência deste território que viria a conformar a atual República Argentina. Outros territórios que também pertenciam às províncias do Rio da Prata, tais como Paraguai, Alto Peru e a Banda Oriental, por exemplo, seguiram caminhos políticos particulares: o Paraguai havia conquistado sua independência por meio de um processo autônomo em relação à Argentina, o Alto Peru permaneceu sob conquista espanhola, embora a Bolívia, que outrora pertencera ao território peruano, tenha conseguido sua independência, e a Banda Oriental veio a conformar, como resultado da Guerra da Cisplatina, a República Oriental do Uruguai.

Como resultado das reuniões do Congresso de Tucumán, em 22 de abril de 1819, segundo Basterra (2015), promulgou-se a primeira Constituição da Argentina, chamada ainda de Constituição de Constituição das

Províncias Unidas da América do Sul, da qual se excluíram a Banda Oriental do Uruguai, e as províncias de Corrientes, Entre Ríos e Santa Fe, e na qual se estabelecia a figura do diretor supremo, eleito pelo Congresso, como representante máximo do Poder Executivo; e a religião católica apostólica romana como religião oficial do Estado, além dos direitos individuais insuprimíveis a reputação, propriedade, vida, liberdade e seguridade, findando também o comércio de escravos nos territórios das Províncias Unidas.

De acordo com Vanossi (2015), promulgou-se nova Carta Magna, em 24 de dezembro de 1826, desta vez trazendo a expressão "Nação Argentina" em seu Art. 1º e instituindo a república como forma de governo, buscando instaurar, segundo este autor, uma unidade nacional que rompesse com as fraturas institucionais promovidas pela cisão entre as orientações políticas liberais, conservadoras e autonomistas que se haviam consolidado na vida político-partidária da República Argentina. Se a Constituição de 1819 tinha vindo à vida pelos esforços do Partidos dos Federais, que, de acordo com Di Tella (2017), representavam a aliança de grandes e médios latifundiários com as camadas populares de zonas rurais, a Constituição de 1826, segundo Vanossi, provinha de inspiração do Partido dos Unitários, que representavam a aliança liberal entre as classes médias e a burguesia urbana.

Por fim, a mais longeva das constituições da República Argentina, a Constituição da Confederação Argentina de 1º de maio de 1853, com 166 anos de vigência, passados os períodos de exceção e as reformas constitucionais, afirmou princípios como a autonomia e a soberania nacionais, mantendo o culto católico apostólico romano como religião oficial, e introduzindo normas de Direitos Humanos provenientes do Iluminismo europeu. Segundo Dalla Vía (2015), o conteúdo do texto constitucional de 1853 em muito se deve à chamada "Geração de 1837", formada por um grupo intelectual progressista, que inseriu valores de igualdade e de comunidade burguesas na Carta Magna, com normatizações eliminando barreiras mercantis dentro do Estado e estabelecendo a igualdade jurídica entre nacionais e estrangeiros incorporados a seu território nacional, bem como, em seu Art. 15, estabelece a inexistência de escravos em seu território.

Entre as reformas pelas quais passou esta constituição, as de 1860 e 1994 são tidas como as mais importantes. A primeira foi responsável por institucionalizar o processo de reincorporação de Buenos Aires, que havia conformado o estado de Buenos Aires com uma constituição própria em 1854, conferindo indivisibilidade territorial à Confederação Argentina. A segunda foi responsável por reassumir o compromisso do Estado argentino com a Constituição de 1853 após um grave período de exceção política entre 1976 e 1983, restabelecendo a constitucionalidade democrática e a efetivação das normas promulgadas em 1853 (DELLA VÍA, 2015).

Quanto a sua organização territorial, a República Argentina possui 23 províncias, divididas em departamentos, cada qual com seus municípios, e uma cidade autônoma, transformada em capital federal em 1880. De acordo com a Constituição de 1994 — Argentina (2015) —, nos Arts. 121, 122 e 123, as províncias são unidades federativas que gozam de autonomia local em relação aos poderes diretamente delegados pela Constituição ao Governo Federal, ou seja, erigem suas próprias instituições e são regidas por estas, de modo que elegem seus próprios governadores, seus legisladores e funcionários. Além disso, cada província aprova sua própria Constituição, reservando autonomia aos poderes municipais e suas instituições, bem como seu alcance e matéria, de modo que cada província é proprietária dos recursos naturais que existem em seu território, conforme o Art. 124.

A capital federal situa-se na Ciudad Autónoma de Buenos Aires, território federalizado pela Lei n.º 1.029 de 21 de setembro de 1880, sob o comando do presidente Nicolás Avellaneda, desvinculando-se, assim, da província de Buenos Aires. Possui, de acordo com a Lei Orgânica n.º 1.777/2005 — Argentina (1880) —, 15 unidades administrativas, denominadas *comunas*, com gestão descentralizada e com patrimônios, pessoas jurídicas e territórios próprios. Conforme o Art. 19 da respectiva lei, o Governo Comunal é exercido por um órgão colegiado com sete membros, denominado Junta Comunal, com as funções principais de administrar o patrimônio comunal, adquirir bens e receber doações e celebrar contratos e convênios. Ainda, segundo os Arts. 5º e 36, as comunas devem se dividir sob o agrupamento de bairros, de forma descentralizada e rotativa entre aqueles que conformem determinada comuna. Ao todo, a Caba possui 48 bairros, administrados pelas 15 *comunas*. É interessante notar que, além da Caba, outro território importante é a formado pela mancha metropolitana denominada *cornurbano bonaerense*, que agrupa 24 departamentos da província de Buenos Aires, denominados *partidos*.

Em termos demográficos, a República Argentina tem tradicionalmente, conforme o estudo de Censabella (2010), uma população originária indígena dividida em 30 culturas, distribuídas desigualmente pelo território nacional, principalmente ao Sul, em territórios patagônicos e dos pampas, com os povos mapuche, tehuelche, ranquel, selk'nam, yamana; e, no Noroeste, no território do Chaco, com a presença das etnias toba, mocoví, wichi. Em 2010, a província do Chaco reconheceu as línguas dos povos indígenas originários de seu território como idiomas oficiais, além do espanhol, idioma oficial da República Argentina. Em adição, segundo Di Tella (2017), a época histórica da Conquista significou uma grande migração de espanhóis para o território argentino, dando-se, em seguida, a grande leva de etnias africanas trazida compulsoriamente sob o marco do tráfico negreiro, instalada principalmente em Buenos Aires por conta de seu porto. Mais tardiamente, a República Argentina recebeu um grande contingente europeu, entre os séculos XIX e XX, de italianos, alemães, ingleses e de judeus de variadas nacionalidades.

A Figura 5, a seguir, ilustra o território da República Argentina dividida em suas 23 províncias, a Caba, a zona metropolitana da GBA e os territórios que compreendem, à exceção dos dois primeiros, a faixa interiorana da província de Buenos Aires, deixando-se de fora ilhas e territórios em litígio internacional e o território antártico que lhe pertencente:

Figura 5 – Mapa da divisão política da República Argentina

Fonte: adaptado pelo autor com base no mapa gerado pelo software livre QGIS

Durante o século XIX, a formação social argentina passou por profundas reestruturações em sua maneira de produzir e reproduzir-se. Modificações que podem ser identificadas pelo resultado das correlações entre as forças sociais expressadas nas cartas constitucionais de 1819, 1826 e 1853 e que apresentam, sob a forma de relações jurídicas de propriedade, o assentamento a seu tempo de antagonismos entre as classes sociais e suas frações, bem como de suas respectivas expressões políticas, principalmente divididas entre o Partido dos Unitários e o Partido dos Federais. No entanto, se o que se busca é a configuração das instâncias próprias ao MPC, deve-se, portanto, atentar, como em Althusser (2005), para o Encontro capital entre o "homem com dinheiro" e a "força de trabalho livre/despossuída".

Pode-se recorrer, preservando certamente as singularidades específicas da formação social em tela, ao itinerário analítico promovido por Décio Saes (2001), com relação à instauração do Estado burguês no Brasil, em sua obra *República do capital*, de acordo com o qual a abolição da escravidão, da Proclamação da República em 1889 e da Assembleia Constituinte em 1891 expressam a desestruturação do pilar axial da instância econômica que provia as condições do processo de acumulação de capital da colônia ao império: o embaraço orgânico entre força de trabalho e meio de produção sob a forma do homem-mercadoria na escravidão. A consequência desse Desencontro capital entre a estrutura de reprodução das relações sociais pré-capitalistas e suas correspondentes condições materiais de produção foi a sedimentação progressiva da estrutura burguesa de acumulação de capital, segundo a qual se impõem como relações de propriedade a igualdade, a personalidade e a liberdade jurídicas entre aqueles cuja desigualdade, diferentemente da determinação ideológica e formal, passa a ser determinada pela heteronomia material, conforme Pinheiro (2016), entre burgueses e trabalhadores nas relações de produção/exploração capitalistas.

Os sedimentos da dominação burguesa sobre a produção e reprodução econômica, política e ideológica na República Argentina foram preparados, seguindo uma linha argumentativa paralela à de Saes (2001), por um processo de transição constitucional de conformação nacional iniciado em 1819-1860, com a abolição do tráfico de escravos no território nacional previsto no Art. 129 da Constituição de 1819, passando pelo Art. 15 da Constituição de 1853, que prevê a inexistência de escravos em território nacional, terminando com a incorporação da província de Buenos Aires à Nação Argentina na reforma constitucional de 1860, e findado em 1880, com a separação e federalização da Cidade de Buenos Aires, atribuindo-se a esta o estatuto de capital federal.

Cada etapa dessa trajetória histórica septuagenária, conforme Di Tella (2017), implicou uma resultante distinta do balanço de forças entre um projeto nacional erigido pelas classes médias urbanas e as burguesias incipientes, de um lado, e, de outro, um projeto nacional-popular sustentado pela aliança entre a aristocracia fundiária, aburguesada pela aguda penetração das relações de produção capitalistas, e as camadas pauperizadas das províncias de interior. Na esteira desse antagonismo, segundo Duek e Inda (2003), nutria-se outro: o do centralismo federal contra a manutenção do autonomismo provincial herdado do Governo Colonial, em que se debelavam as burguesias comerciais bonaerenses em associação com a burguesia detentora de terras contra as burguesias comerciais de províncias interioranas em aliança com camadas populares e de intelectuais. Seguiram-se, assim, nesse período, inúmeras revoltas, rebeliões e revoluções[39] tanto pela manutenção das condições políticas de governabilidade estatal quanto pela dissolução do bloco político no poder e de seu respectivo modo de condensação dos antagonismos sociais.

A associação subordinada entre sua produção agrícola, especialmente de gado nos Pampas, e a inversão de capitais britânicos para a construção de infraestrutura de linhas férreas, resultou num grande ciclo de progresso econômico para a República, fazendo com que a Argentina passasse a se apresentar como potência econômica regional durante o século XIX, integrando-se ao mercado mundial, conforme Rapoport (2017), por meio de um modelo agroexportador que garantia, assim, a inquestionável e duradoura hegemonia da burguesia latifundiária. Na esteira desse desenvolvimento, os centros urbanos, concentradores dos maiores contingentes populacionais, acrescidos pelas ondas migratórias europeias, começaram, a partir de 1875, a testemunhar um crescimento nos ramos de comércio e serviços vinculados à pequena produção manufatureira de alimentos, tecidos e utensílios, embora a importação de bens industriais de consumo final ainda fosse a maior fonte de abastecimento do crescente mercado interno argentino.

O desenvolvimento industrial tardio da Argentina, demonstrado pela pesquisa de Kulfas (2013), foi fundamental para que a produção fabril fosse alocada em unidades produtivas de pequeno e médio portes, essencialmente vinculadas à gestão familiar tradicional, de estilo paternalista, que se limitavam a inverter o escasso capital adiantado pelo Estado com subvenções fiscais e pelo sistema bancário enviesado ao capital e rendas fundiárias. Conforme Duek e Inda (2003), a produção fabril e comercial

---

[39] Sobre as turbulências sociais e políticas desse período, é útil consultar Di Tella (2017).

ainda se expressava sob a forma de pequenas burguesias, que só após o ciclo de desenvolvimento entre 1875 e 1929 começaram a ascender à condição de frações autônomas do capital como parte da classe burguesa.

À diferença, portanto, das revoluções burguesas americana (1776) e francesa (1789) dos séculos XVIII, a instauração do quadro hegemônico burguês de produção e reprodução social em solo argentino aparenta ser a sucessão de uma inversão histórica, pois, ao contrário de ser um processo em que burgueses, em aliança com camadas populares, por meio de um lance abrupto, constroem as bases jurídico-políticas que assentam um Estado burguês, é o Estado nacional argentino, por excelência, quem garante, certamente por meio de conflitos sangrentos, traições e levantes travados pelo seu controle, a hegemonia das relações de produção capitalistas valendo-se de um quadro de dominação legitimado juridicamente pelo Direito burguês de cariz iluminista.

Nessas circunstâncias, a instância jurídico-política faz-se primordial para "dar pega" ao Encontro entre o "homem com dinheiro" e o "trabalhador livre", pois estabelece entre esses personagens, de acordo com Pachukanis (1988), uma relação entre equivalentes, já que estão submetidos a uma condição de igualdade e liberdade formais e, por isso, são capazes de celebrar contratos e de rescindi-los voluntariamente à luz da lei burguesa, independentemente da desigualdade material que governa suas condições de existência. Entre a estrutura colonial, em que a instância ideológica se fez dominante por meio do controle social exercido pela Igreja Católica, e o Governo Burguês propriamente dito, em que a instância econômica passa a dominar, o Direito burguês assume a forma transicional de uma estrutura dominante, pois subverte a hegemonia da interpelação ideológica entre desiguais na religião pelo domínio da interpelação ideológica de sujeitos de direito iguais perante a legalidade. Essa transição é fundamental não só para prover à formação social argentina a forma burguesa, mas, sobretudo, para instaurar nela o conteúdo de exploração do trabalho coletivo e legitimar legalmente a extração de sobretrabalho e a acumulação de mais-valor. Dessa maneira, a manutenção do culto católico apostólico romano como religião oficial da República Argentina, como prevê suas constituições, observada à luz do argumento aqui destacado, nada mais é senão o próprio sintoma da subversão do domínio religioso sobre as relações de propriedade em direção ao domínio das relações de propriedade sobre a interpelação religiosa. Na República burguesa, em que domina o MPC, é, portanto, o capital que concede à religião o conteúdo e a extensão de seu exercício na reprodução social, e não o contrário.

É durante o século XX, precisamente após a crise, até então sem precedentes, de 1929 que se abre espaço para a acumulação do capital sob dominância industrial (isto é, em que o capital industrial é eixo axial de determinação da reprodução ampliada do capital) como forma hegemônica da produção e reprodução social. Primeiramente, como analisa Kulfas (2013), a industrialização argentina cresce pujantemente no período entre 1930 e 1947 com um impulso errático à substituição de importações, sem contar, contudo, com um planejamento estratégico nacional da diversificação da produção. O segundo estágio de industrialização dá-se no período de 1948 a 1974, que se caracteriza por um amplo dirigismo estatal na definição estratégica da política industrial argentina, com foco na siderurgia e na produção de equipamentos e armamentos militares durante a primeira presidência de Juan Perón, atraindo, a partir disso, investimentos para a produção automotiva e de petroquímicos.

Contudo, a partir da segunda metade da década de 1970 até o fim do século XX, conforme os estudos de Basualdo, Azpiazu e Khavisse (1986) e Azpiazu e Schorr (2010), deu-se uma fase marcada por reformas estruturais na formação social argentina, das quais a principal herdeira foi a desindustrialização sistemática da produção nacional, entendida como diminuição da participação relativa do lucro industrial no total do valor anual acumulado pela burguesia. Como consequência, novamente a fração industrial da burguesia argentina passa por uma fase de subordinação, mas desta vez, de acordo com Chesnais (1996), a dominação faz-se exercer por um regime de acumulação centrado na valorização financeira de ativos escriturários, isto é, de instrumentos monetários, creditícios e contratuais, sem vínculo aparente com o interior das relações de produção/exploração capitalistas.

4.2 O Ocidente neoliberal: elementos históricos e teóricos gerais

Como destaca Dymski (2006), o neoliberalismo inaugurou uma época de crises com implicações mundiais, tais como: a crise das instituições de poupança e empréstimos nos Estados Unidos em 1982; a crise bancária japonesa de 1990; a crise monetária e bancária mexicana em 1994-1995; a crise financeira asiática em 1997-1998; a crise monetária russa e brasileira em 1998-1999; a crise monetária turca em 2000-2001; a crise monetária e bancária argentina em 2001-2002. Conforme as análises de Minsky (2010) e Davidson (2003), a integração financeira do mercados regionais pelas finanças mundiais ao mesmo tempo que possibilitou o financiamento da

RECUPERÁRIOS: UM SÍSIFO NA ARGENTINA DO SÉCULO XXI

acumulação de capital em escala planetária e em lapsos temporais curtíssimos, integrou, por outro lado, as fragilidades macroeconômicas dos capitais nacionais, expondo-lhes a severa especulação cambial e a hierarquização internacional de moedas e títulos de dívida, dominada pelas nações do núcleo capitalista desenvolvido.

É nesse contexto que, atravessando o último quarto do século XX, interessa particularmente o processo de irremediável e crescente de absorção e integração subordinada da formação social argentina ao padrão mundializado de acumulação do capital social global, sob a matriz de uma nova economia política denominada "neoliberalismo". Sem reservas, a própria transição a esse regime planetário de divisão do trabalho não se deu de forma planejada, ou mesmo controlada, já que a própria retomada da legalidade democrática na República Argentina, após o trágico período da ditadura cívico-militar entre os anos 1976 e 1983, implicou a implantação de medidas prévias de liberalização comercial e financeira que pavimentaram o caminho rumo ao neoliberalismo à argentina: teve de haver um Encontro.

Esse Encontro ocorre como conjunção das condições político-econômicas internas à formação social argentina com o lugar de subordinação internacional nas cadeias globais de valor delegados pelo núcleo imperialista do capital à periferia do capitalismo mundial, como identificou a pesquisa de Dupas (1999). Do ponto de vista internacional, a organização dessas cadeias teve como pano de fundo um duplo fenecimento, ambos após as transformações produtivas da década de 1970 e a crise do pacto keynesiano: no Leste Europeu, da União das Repúblicas Socialistas Soviéticas; e, no Ocidente capitalista, do Estado de bem-estar social.

Não é por coincidência que a ascensão do neoliberalismo ocorre num terreno de "reestruturação e redirecionamento do Estado". Embora seja importante esclarecer que tais fatos ocorrem necessariamente como deslocamento de recursos de sua rede de garantias universais à programas de educação, saúde, habitação, assistência e previdência social rumo à estruturação de uma "regulamentação desregulamentadora", tal como entendida por Vasapollo (2005), em que o recuo fiscal dos Estados nacionais subalternos, acompanhando as medidas de austeridade propugnadas em forma de receituário universal, se faz compensado por suas ofensivas jurídicas em prol da crescente privatização do orçamento público e espoliação das condições de reprodução social de camadas populares da população nas metrópoles-mercadoria modernas, em vista do grau elevado de concentração e especulação imobiliárias, como relatam Hidalgo e Janoschka

(2014). Para tanto, mesmo no solo de democracias bem consolidadas (como Reino Unido e Estados Unidos), o programa político neoliberal exigiu um forte apelo ao autoritarismo estatal no modo de coordenação e efetivação de reformas às necessidades de articulação das economias nacionais com o mercado mundial globalizado e a manutenção de posições competitivas privilegiadas na acumulação global de valor.

Em que pesem as características mais marcantes desse novo bloco difuso de transformações radicais da economia mundial chamado neoliberalismo, encontrar uma definição precisa desse fenômeno apresenta-se como desafio teórico notável. Por um lado, Dardot e Laval (2016, p. 16) compreendem o neoliberalismo como a uma racionalidade, pois "tende a estruturar e organizar não apenas a ação dos governantes, mas até a própria conduta dos governados"; por outro, a pesquisa de Harvey (2008, p. 12) define neoliberalismo como um arranjo teórico cuja proposta prescreve que

> [...] o bem-estar humano pode ser melhor promovido liberando-se as liberdades e capacidades empreendedoras individuais no âmbito de uma estrutura institucional caracterizada por sólidos direitos a propriedade privada [...].

Embora endossem diferenças sutis, em Dardot e Laval e Harvey, ambas as perspectivas podem ser agrupadas no interior daquilo que Benford e Snow (2000) designam como "quadro interpretativo", isto é, como matriz de orientação que registra formas de percepção (valores e crenças) e ação em relação a problemas, meios e fins. Ou seja, compreendem o neoliberalismo apenas do ponto de vista da instância ideológica, embora Dardot e Laval façam objeção a essa caracterização[40].

Tentando trazer luz a essa questão e dotar a crítica do neoliberalismo cujos aportes teóricos vão além da estrutura ideológica propriamente dita, o detalhado trabalho de Saad Filho (2015) permite compreender o neoliberalismo como sistema de distintos elementos, tais como: a) um ideário normativo-prescritivo; b) um conjunto de políticas, práticas e instituições; c) uma reação de frações burguesas dominantes ao colapso do pacto de bem-estar prévio; e d) uma profunda precarização da estrutura de reprodução social da classe operária e popular.

---

[40] É interessante notar como Dardot e Laval (2016) deixam-se levar por essa questão ao afirmarem que, antes de qualquer coisa, o neoliberalismo não é uma ideologia, mas sim uma racionalidade. E, pensando assim, afirmam — Dardot e Laval (2016, p. 17) —: "O neoliberalismo pode ser definido como conjunto de discursos, práticas e dispositivos", de forma que, segundo a concepção de Althusser (2008), é justamente esse conjunto de elementos de interpelação que confirmam a materialidade de determinada ideologia.

Enquanto ideário particular, segundo Saad Filho (2015) e Ditticio (2007), o neoliberalismo herda seu núcleo teórico de autores provenientes de escolas de pensamento tradicionalmente liberais como as de Chicago (Milton Friedman, Gary Becker, Kenneth Arrow etc.), a Austríaca (Friedrich von Hayek, Ludwig von Mises, Ayn Rand etc.) e da Escolha Pública (James Buchanan e Gordon Tullok, principalmente), institucionalmente representadas, segundo Harvey (2008), pela Fundação Mont Pelerin Society, em atuação como organismo paraestatal de proposição de políticas econômicas desde 1947. Esse corolário, nem sempre homogêneo, de prescrições e imperativos ascende à função de força motriz de práticas institucionais na medida em que propõe modelos de ação para organismos e agentes públicos e privados, orientados a modelos de liberalização econômica, baixa ou nenhuma intervenção estatal sobre mecanismos privados de coordenação econômica, sob a premissa da eficiência alocativa dos mercados e o axioma da racionalidade econômica maximizadora de lucros dos agentes privados, que, livres para contratar e alocar recursos, sempre escolherão alternativas com o maior retorno esperado.

Sob a forma de políticas, práticas e instituições, em que pese o papel de Margaret Thatcher, no Reino Unido, e de Ronald Reagan, nos EUA, ambos devidamente enfatizados por Saad Filho (2015), o terreno fértil para um laboratório de práticas neoliberais foi encontrado na América Latina, precisamente no Chile, como relata a pesquisa de Ditticio (2007), após o golpe de Estado que depôs o governo popular de Salvador Allende em 11 de setembro de 1973, sob a batuta do ditador Augusto Pinochet, que, com a orientação do corolário neoliberal, impôs reformas liberalizantes no Chile, envolvendo a privatização, principalmente, do sistema de educação superior e de seguridade social. O tatcherismo e o reagenismo posteriores serviram de âncora legitimadora do processo de neoliberalização de mercados de bens e serviços e de integração dos mercados de capitais, sob orientação de organismos multilaterais, como o Fundo Monetário Internacional, o Banco Mundial, o Banco de Compensações Internacionais e a Organização Mundial do Comércio, pregando internamente políticas de austeridade fiscal do Estado com diminuição progressiva de tributação sobre o setor corporativo, em especial, de seguros e de intermediação financeira, a flexibilização de relações trabalhistas, com progressivo enfraquecimento de estruturas sindicais, e a desmobilização de movimentos sociais de reivindicação popular, recrudescendo a função repressiva e penal de aparelhos do Estado sobre as camadas mais relutantes a esse modelo de desenvolvimento.

Mais tardiamente, precisamente em 1989, sob a influência dos estudos aplicados do Institute for International Economics (IIE) (Instituto para a Economia Internacional, em português) pelo economista John Williamson, o neoliberalismo materializou-se em um pacto de reformas institucionais para a integração econômica e internacional de países da periferia capitalista, como a América Latina, e as economias "em transição" da desagregada URSS, intitulado de Consenso de Washington, que reunia, de acordo com Bresser-Pereira (1991), um conjunto de dez medidas macroeconômicas a serem adotadas por tais economias nacionais: 1) disciplina fiscal e redução do déficit público; 2) aumento das despesas públicas em saúde e educação em detrimento dos subsídios à produção; 3) reforma tributária, visando ao aumento de impostos e da base tributária; 4) taxas de juros determinadas pelo mercado e, de preferência, positivas; 5) taxa de câmbio flutuante e em níveis competitivos; 6) liberalização do comércio e sua orientação ao exterior; 7) investimentos diretos sem restrições estatais; 8) privatizações de empresas públicas; 9) desregulamentação de atividades econômicas; e 10) proteção à propriedade intelectual.

Em relação à correlação de forças sociais na luta de classes, o neoliberalismo passaria a representar um momento particular de ofensiva da burguesia, especialmente, de sua fração financeira, diante das oportunidades de maximização de seus lucros em detrimento dos direitos preestabelecidos pelo falido pacto social-liberal keynesiano das décadas de 1950 a 1970, que consistia, segundo Filgueiras (1997), nos seguintes elementos jurídico-políticos: a) ativismo fiscal do Estado; b) forte regulação estatal sobre a atividade econômica e crescente internacionalização do comércio; c) implementação de políticas monetárias passivas diante da fixação do padrão monetário internacional (outro-dólar), provendo taxas de inflação controláveis e ritmo econômico pujante; d) coordenação da acumulação capitalista entre sindicatos trabalhistas e representações capitalistas, promovendo crescimentos da produtividade acompanhados por crescimento de ganhos salariais reais; e) constituição e desenvolvimento de programas estatais de assistência e seguridade social; e f) produção industrial massificada acompanhada pela administração da demanda agregada (incentivos ao consumo de massa em vários setores da produção industrial).

No entanto, é preciso recordar que o vigor das finanças globais se deu, primeiramente, com a quebra desse pacto social-liberal na sua estrutura econômico-produtiva, hegemonizada pelo fordismo — Filgueiras (1997) —, causada pelas crises do petróleo de 1973 e 1979, pelo fim da conversibilidade ouro-dólar em 1971, decretada pelo presidente estadunidense

RECUPERÁRIOS: UM SÍSIFO NA ARGENTINA DO SÉCULO XXI

Richard Nixon, e pelo desenvolvimento dos mercado de euro-moedas e dos chamados petrodólares, que deu vida à especulação financeira pré-1929, que proveu as condições, segundo Harvey (1992), para a reestruturação dominada pelo padrão de produção chamado toyotismo, configurado pelo modelo japonês sustentado por relações de trabalho flexíveis e métodos gerenciais que demandam não só dedicação das capacidades manuais da força de trabalho como também de suas capacidades intelectuais, como o *Kaizen* (a melhoria contínua da produção), o *Kanban* (sistema de prevenção de desperdícios) e os Círculos de Controle da Qualidade (grupos de trabalhadores que periodicamente se reúnem para a resolução de problemas que afetam a qualidade de produção no processo de trabalho). Do ponto de vista mais amplo, o toyotismo ancora-se na produção em média escala fundamentada na coordenação de cadeias de fornecedores subcontratados, segundo o ritmo de trabalho definido pelo modelo *Just in Time* (JIT), em que a produção privilegia a redução de estoques e equipamentos ao mínimo necessário e à máxima eficiência da produção (com o controle estatístico de qualidade e o controle rígido de custos).

A expansão em ordem planetária desse novo padrão flexível de exploração do trabalho endossado pelo neoliberalismo durante os anos 1980, respeitando os distintos graus de sua penetração tanto nas economias mais industrializadas quanto nas mais retardatárias, favoreceu sobremaneira os crescimento dos mercados de capitais regionais e sua integração mundial, como assinalam Chesnais (1996) e Harvey (1992, 2008), em face do aumento do patrimônio negociável em bolsas de valores de ações de empresas de vários ramos da produção de bens e serviços (na bolsa de Nova Iorque, principalmente) e de tecnologia (como na Nasdaq, nos EUA) e a necessidade de captação global de fundos de financiamento, com a necessidade de renegociação e escalonamento de prazos e juros de dívidas de Estados nacionais, somam-se como elementos propulsores da ofensiva da burguesia financeira, mundializada pelas novas condições materiais de produção, não só à classe trabalhadora, mas também em direção às outras frações burguesas diretamente ameaçadas pela centralização do capital financeiro global e pelo controle que as instituições de seguros, investimentos e de intermediação financeira podem exercer sobre os conglomerados industriais, como já havia considerado Rangel (1983).

A leitura poulantziana do neoliberalismo e suas articulações entre as instâncias da estrutura social feita por Boito Jr. (2007) torna explícitas as diferenças conceituais entre "burguesia compradora", "burguesia nacional" e "burguesia interna" para esclarecer a luta de frações intraburguesia sob o marco neoliberal. Com base em Poulantzas (1976), Boito Jr. define burguesia compradora como aquela que representa os interesses imperialistas do capital financeiro internacional em um sistema econômico nacional, bem como a burguesia nacional é representada pela associação entre burgueses dotados de interesses no desenvolvimento das forças produtivas e da acumulação de capital sob liderança nacional, e que, por isso, em determinados momentos históricos, podem apresentar oposição aos projetos imperialistas de subordinação nacional, colocados em exercício pela burguesia compradora de uma economia nacional subalterna. Por último, uma burguesia interna é uma fração da burguesia que, segundo Boito Jr., se apresenta como intermediária entre a burguesia compradora e a burguesia nacional, ou, como afirma Martuscelli (2018, p. 62), "é dependente financeira e tecnologicamente do capital estrangeiro ou imperialista e, ao mesmo tempo, resiste de forma seletiva a tais interesses sem confrontá-los abertamente como força anti-imperialista".

Por essa perspectiva, Boito Jr. propõe avaliar a dinâmica política e econômica do neoliberalismo com base nos conflitos e associações que pode haver entre essas frações burguesas e a grande burguesia internacional, principalmente quando o capital financeiro internacional é recepcionado internamente aos países subalternos da neoliberalização produtiva e comercial pela burguesia compradora, representada por bancos e instituições financeiras, garantindo, assim, espaço para a extração de rendas provenientes do crescimento subordinado de burguesias internas industriais, com foco na venda ao mercado interno, e de setores agroalimentares e de extração mineral, com foco no mercado externo — ambas reféns da política cambial que ora pode incentivar a importação de bens industrializados do exterior e atacar a indústria interna, ora diminuir a receita da produção exportada pelo agronegócio e mineração.

Por outro lado, Galvão (2008) lança a perspectiva de que, além de sofrerem com as condições de produção flexíveis do neoliberalismo, a classe operária e as camadas populares participam ativamente de sua reprodução ideológica. Sua interessante afirmação encontra eco nas pesquisas de Harvey (1992); Boltanski e Chiapello (2009); e Benford e Snow (2000), de modo que, ao concentrarem suas reivindicações no reconhecimento do Estado capitalista de identidades coletivas e individuais, as mobilizações sociais inseridas no contexto do regime neoliberal de acumulação de capital assentam-se sobre o fenômeno da estetização política, assumindo posições críticas assimiláveis por políticas públicas do Estado democrático ocidental e revertidas em ações de marketing corporativo em benefício do capital, como a representatividade de gênero e etnias em campanhas publicitárias e peças cinematográficas de alto consumo potencial. Nesse sentido, tais movimentos e formas esporádicas de ativismo social se enquadram como fontes de uma crítica estética ao modo de vida contemporâneo, ao passo que a crítica social radical oriunda do mundo do trabalho se vê distanciada pelos frequentes ataques do neoliberalismo aos direitos trabalhistas, pela frustração de movimento tradicionais da "esquerda" com a decadência do regime soviético e pela posição defensiva e falta de representatividade dos sindicatos e partidos políticos do espectro trabalhista. Por outro lado, também as classes médias assalariadas, ao nutrirem pulsões a respeito de sua ascensão social, entendem e defendem o neoliberalismo como oportunidade para o desenvolvimento do empreendedorismo pessoal, legitimado por uma fantasia de meritocracia e de reconhecimento pelo capital privado.

Enquanto instância final, o neoliberalismo, como precarização sistemática da estrutura de reprodução social da classe operária e popular, pode ser compreendido, na esteira dos apontamentos anteriores, não só como consequência óbvia da ofensiva burguesa contra as condições de vida de populações inteiras pauperizadas, mas pela consequente forma de atenuação política desta condição. Como bem nota Galvão (2008), a persecução de formas de balanceamento de forças no pacto neoliberal atinge precisamente o exercício da cidadania nas democracias liberais, de modo que as soluções apresentadas sob as vias de estímulo econômico pela implementação de rendas básicas ficam restritas à função de cimentar a correspondência entre cidadão e consumidor. Isso traz como consequências não só uma crescente e equivocada concepção de que apenas consumidores são cidadãos, já que, enquanto consumidores, percebem-se, sob efeito da ideologia dominante, como destinatários exclusivos das políticas de Estado, dado que, por consumirem, são pagadores de impostos, excluindo deliberadamente da equação quem não compartilha de seu poder de compra, como traz também uma crescente naturalização e rejeição do processo político como um todo, adotando critérios economicistas para a tomada de decisão ao voto, como a manutenção do padrão de consumo ou o seu potencial crescimento individual, dissolvendo laços comunitários e de solidariedade de classe.

Como destaca Ditticio (2007), a absorção ao neoliberalismo na América Latina, como já foi descrita, iniciou-se na experiência chilena por privatizações e dissolução da agenda progressista de Salvador Allende por parte da junta militar governada pelo ditador Augusto Pinochet, na década de 1970. Mais ainda, o sentido histórico dessa reestruturação, não só no

Chile, como em outros países da região, foi o de sistematicamente sufocar as iniciativas de industrialização nacional para a substituição de importações[41] alinhadas ao programa da Comissão Econômica para a América Latina e Caribe (Cepal) vinculado à Organização das Nações Unidas (ONU), criada em 1948 com sede no Chile, para o desenvolvimento da região, que contava com a liderança intelectual do economista argentino Raúl Prebisch.

Não à toa, a ofensiva neoliberal do capital foi preparada no Chile, pois, como apontam os estudos de Caldwell e Montes (2015) e Montes (2015), as visitas de Friedrich von Hayek, em 1977 e 1981, e de Milton Friedman, em 1975 e em 1981, à capital Santiago do Chile deram sustentação à implementação autoritária de políticas econômicas privatistas, legitimadas teoricamente pelo então recém-formado Centro de Estudios Públicos (CEP), dirigido por Emilio Sanfuentes (egresso da Escola de Chicago) e organizado para difundir pesquisas e relatórios de caráter liberal em contraposição à política industrial recomendada pela Cepal e colocada em prática por governos nacional-populares da América Latina, como pelos presidentes Juan Perón, na Argentina, Getúlio Vargas e Juscelino Kubistchek, no Brasil.

A crise do endividamento externo, provocada, em certo grau, pelas políticas de industrialização substitutiva de importações e pelas mudanças nos termos de crédito de curto e médio prazos (juros e vencimentos), os choques externos consequentes da guerra do Vietnam, da Revolução Iraniana em 1978, e de outros conflitos no Oriente Médio que provocaram mudanças nos preços relativos de petróleo e derivados, colocaram a América Latina em posição defensiva diante das estratégias de reestruturação produtiva e internacionalização dos fundos de financiamento entre as décadas de 1970 e 1980. Como consequência, o modelo político neoliberal ganhou força na região como proposta salvadora aos países em crise, na forma de "convite ao desenvolvimento".

4.3 Neoliberalismo à argentina: do sonho à crise social total

Na Argentina, o processo de neoliberalização tem como percurso histórico uma trajetória de implantação de 20 anos, iniciada em 1983, com a redemocratização pós-ditadura, e finda em 2003, com a eleição do peronista Néstor Kirchner.

---

[41] O Modelo de Substituição de Importações (MSI) tinha como eixos principais o protecionismo alfandegário e amplo intervencionismo estatal para o desenvolvimento da indústria nacional. O objetivo do MSI era prover condições para que as economias nacionais da América Latina tornassem independentes da exportação estrangeira de bens industrializados, privilegiados pelos termos de troca do mercado mundial, em contraposição à especialização produtiva essencialmente primário-exportadora dos países da região, lesados pelos termos de troca no mercado mundial.

Em 1983, o presidente democraticamente eleito Raúl Alfonsín, do partido União Cívica Radical (UCR), opositor do *peronismo* que antecedeu o golpe militar de 1976, só não obteve êxito em consolidar os requisitos estruturais da pauta neoliberal, que já havia sido constituída desde a década de 1970 no Chile, nos EUA e, na década de 1980, no Reino Unido, em razão de ter sucumbido: em primeiro lugar, às contradições políticas de seu governo com as Forças Militares, a partir da demanda popular generalizada pela punição aos quadros elevados das Forças Militares que cometeram abusos e crimes contra civis durante a ditadura militar; e, em segundo lugar, por não ter logrado agregar, sob um consenso de classes estável, as frações financeira e industrial do capital, as oligarquias fundiárias agrário-exportadoras e as representações sindicais do trabalho.

A contradição entre governo e Forças Militares foi desencadeada logo nas fases iniciais do mandato de Alfonsín e manifestou-se como uma sequência de levantes em oposição às medidas governistas de investigação de quadros das forças armadas, e só foi adequadamente absorvida por meio da Lei do Ponto Final e da Lei da Obediência Devida, na intenção clara de responsabilizar a precedente cúpula hierárquica das forças armadas pelos crimes e abuso cometidos pela forma despótico-autoritária de dominação burguesa na Argentina (RAPOPORT, 2017).

Já a contradição entre as frações do capital, a oligarquia fundiária agrário-exportadora e os sindicatos de trabalhadores, por seu turno, implodiram a tentativa de consenso procurada pelo governo de Alfonsín com as medidas econômicas prescritas pelo Plano Austral em 1985, que inicialmente se projetou como uma solução viável ao endividamento e inflação herdados do período de ditadura, mas cujas medidas de congelamento de salários e preços atentaram contra os interesses de classe dos proprietários de capital e dos trabalhadores. Após esse início e convulsão econômica, o governo estabeleceu novas medidas que culminaram na formulação do Plano Primavera de 1988, mas os resultados foram ainda piores: a desvalorização do austral foi drástica em relação ao dólar, as reservas cambiais da Argentina esgotaram-se, a inflação tornou-se hiperinflação, e os créditos externos do Fundo Monetário Internacional e do Banco Mundial foram recusados por ambos os organismos internacionais.

A grave crise econômica rapidamente assumiu os contornos de uma crise humanitário-civilizatória que resultou em vários saques e roubos nas províncias e entre bairros. Com a barbárie social instalada e a proximidade das eleições de 1989, a deterioração política do governo foi inevitável, principalmente com a decretação do Estado de sítio em fins de maio para conter a violência, e, em junho de 1989, Raúl Alfonsín apresentou sua renúncia. Em seu lugar, Carlos Menem, do Partido Justicialista (PJ), foi eleito em 1989 e logrou, segundo Rapoport (2017), realizar um profundo consenso entre as frações de classe dominantes, marcado pela centralização do poder político sob sua figura, apesar dos graves escândalos de corrupção e rupturas político-governamentais que marcaram o seu primeiro mandato até 1995.

Segundo Ditticio (2007), Carlos Menem foi responsável por consolidar um bloco de poder capaz de aprovar as mais vastas mudanças na carta constitucional desde 1853, ao passo que submeteu projetos de destituição do colégio eleitoral para a promulgação do sufrágio direto, de reeleição para o cargo da Presidência da República, de ampliação dos cargos para a Corte Suprema de Justiça, com a finalidade de adquirir controle sobre o *Poder Judiciário*, e de fim do serviço militar obrigatório, cuja obrigatoriedade estava em vigor desde 1901. Além disso, a efetivação das leis de caráter emergencial — a Lei de Emergência Econômica e a Lei de Emergência Administrativa — garantia a Menem a minimização das dissonâncias político-ideológicas na esfera parlamentar-institucional.

A reforma da burocracia estatal indicada pela Lei de Emergência Administrativa, conforme Ditticio, condensou sob o controle do *Poder Executivo* a responsabilidade pela condução dos processos de privatização das companhias estatais e de eliminação de trâmites formais-legais entendidos como barreiras excessivas para as transações Estado-capital. Por outro lado, a Lei de Emergência Econômica impôs medidas de austeridade fiscal, acompanhadas pelo congelamento de salários e preços e da restrição ao mercado de divisas estrangeiras, o que afetava em grande parte a oligarquia fundiária agroexportadora. A implosão sistemática das contradições macroeconômicas acumuladas naquele período na Argentina logo demonstrou a inviabilidade material dessas prescrições e se manifestou no reiterado retorno da hiperinflação, ocasionada pela efetiva recomposição salarial objetivada pela luta sindical promovida, principalmente, pela Confederación General del Trabajo (CGT).

O desajuste macroeconômico só veio a ser parcialmente corrigido sob os auspícios do *Plano Bonex*, que, entre outros elementos, determinava a conversão obrigatória dos títulos de dívida interna por um bônus com dez anos de prazo de vencimento, o que permitiu uma redução gradual da inflação e um controle fiscal mais rígido. O sucesso momentâneo obtido por essa medida, no entanto, não conseguiu promover a dinâmica econômica necessária para reverter o quadro de desemprego e de diminuição dos lucros industriais. O diagnóstico da equipe econômica formada por António Gonzales e Javier Fraga embasou o planejamento para uma terceira etapa de estabilização econômica da Argentina, porém de conteúdo eminentemente ortodoxo, que prescrevia: a) redução das inversões estatais; b) aumentos de impostos e preços administrados pelo governo; c) liberação do mercado cambial; e d) redução dos salários reais da classe trabalhadora.

A fragilidade da arquitetura e da própria transmissão da política econômica que se almejava realizar ficou totalmente exposta quando, no fim de 1990, as contas estatais demonstraram déficits fiscais persistentes nas províncias, inclusive de Buenos Aires, acompanhadas de uma redução da atividade produtiva e de uma inflação que atingiu o patamar de quase 1.400% ao ano. Em reconhecimento a essas circunstâncias, Menem promoveu uma mudança em sua burocracia central: saíram Gonzales e Fraga para a entrada de Domingo Cavallo. Este ministro colocou em prática um programa de medidas de ajuste macroeconômico denominado Plano de Conversibilidade, o qual aprofundava o caráter autocrático-burguês de dependência da Argentina.

O núcleo duro de disposições trazidas pelo receituário neoliberal contido no Plano de Conversibilidade contemplava: a) progressiva dolarização das transações econômicas; b) desindexação da inflação; c) paridade obrigatória entre emissões monetárias do Estado e o ingresso de divisas cambiais; d) reforma monetária, na qual o peso argentino substituiria o austral; e) paridade cambial unitária entre as moedas peso argentino e dólar estadunidense. Como aponta Ferrer (2004), sob o Plano de Conversibilidade, o Estado argentino renunciava integralmente ao exercício autônomo das políticas monetária, fiscal e cambial, uma vez que o equilíbrio macroeconômico de quantidades e preços nos mercados de bens/serviços e de investimento estava totalmente atrelado ao movimento de capitais externos, determinado, por sua vez, pelo núcleo hegemônico do capitalismo mundial.

Conforme explica Basualdo (2006), no início de sua implementação, o Plano de Conversibilidade apresentava-se como instrumento de mediação entre a burguesia nacional e as burguesias imperialistas questionável, pois não parecia atender aos interesses imperialistas de forma sustentada, de modo que a viabilidade do plano dependia principalmente do ingresso de capitais externos para a sua sustentação monetária e cambial, de um lado, e para as reformas estruturais, de outro.

Em decorrência dessa insegurança com retornos apresentada por potenciais investidores e credores estrangeiros, a equipe econômica dirigida por Cavallo organizou: a) uma negociação para a inclusão da Argentina no *Plano Brady*, que previa a reestruturação de dívidas com credores internacionais, promovendo o reescalonamento de juros não pagos e de amortizações pelos prazos de 15 e 30 anos, respectivamente; e b) incrementou sobremaneira o processo de transferência de patrimônio estatal argentino para grupos privados locais. Sobre as privatizações, explica Rapoport (2017, p. 801) que:

> Ao longo dos anos seguintes, foram sendo privatizadas quase todas as empresas públicas restantes, entre elas as principais linhas e ramais ferroviários urbanos e de carga, os metrôs, o tratamento de água e a rede de esgoto, as instalações portuárias, entidades bancárias como a Caixa Nacional de Poupança e Seguro, empresas siderúrgicas como SOMISA, estabelecimentos da área militar como Fabricações Militares, a empresa oficial de correios e um número de companhias de produção e de serviços de porte menor. Por sua vez, a petrolífera estatal Yacimientos Petrolíferos Fiscales se converteu inicialmente em uma empresa privada com uma participação estatal minoritária. [...] Uma característica destacada dos processos de privatização foi a concentração da propriedade das empresas em um reduzido grupo de conglomerados locais, fortalecido durante a ditadura militar e consolidado ao longo do governo radical mediante subsídios, isenções tributárias e contratos com o Estado. Estes grupos empresariais locais [...] se associaram com empresas estrangeiras que possuíam os recursos técnicos e gerenciais no ramo correspondente, assim como com representações de credores.

Além destas, as medidas de caráter estrutural incluíam: a) uma reforma tributária que permitisse a desoneração progressiva das exportações e, ao mesmo tempo, que promovesse o equilíbrio fiscal das contas externas do governo; b) uma reforma radical da seguridade social que tinha como objetivo a transição de um sistema público de aposentadoria rumo a um sistema administrado por fundos privados, tal qual se desenvolveu no Chile na década de 1980; e, principalmente, c) uma radical flexibilização das formas de exploração da força de trabalho que objetivou precarizar e restringir direitos trabalhistas conquistados pelas lutas do movimento operário ao longo do século XX em favor das demandas de amplas camadas empresariais pelo fim de regulamentações e acordos coletivos que se apresentavam como rigidez para a adaptação do regime de acumulação nacional do capital em relação às intempéries dos ciclos de reprodução do capital global.

Dada a natureza estrutural de suas reformas e do consenso obtido para a sua realização, o governo Menem logrou alcançar patamares importantes de recuperação econômica da Argentina durante seu primeiro mandato. De acordo com os valores coletados por Rapoport (2017), o PIB saltou de 141,176 bilhões de dólares em 1990 para 258 bilhões de dólares em 1995, e as taxas de inflação, no atacado e no varejo, caíram de, respectivamente, 5.402,5% e 4.923,6% em 1990 para 6,0% e 1,6% em 1995. Em razão da satisfação dos interesses burgueses, internos e externos, que fundamentavam o seu poder político, Menem conquistou sua reeleição em 1995.

Para o movimento operário argentino, o primeiro mandato de Menem implicou relevantes ondas de manifestos políticos, paralisações, greves, rupturas e a constituição de novos movimentos sociais. Em 1989, por exemplo, Menem ensaiava um acordo político com a CGT para obter apoio ao consenso de classes que objetivava consolidar entre as frações dominantes do capital e as variadas camadas da classe trabalhadora que se encontravam representadas pela central. No entanto, os constantes congelamentos de salários, determinados pelo primeiro plano de estabilização realizado pela equipe econômica de Menem, acumulavam contradições no interior das representações sindicais da CGT, de modo que a acomodação destas só se tornou possível pelo atendimento aos setores mais combativos da CGT, fortalecendo-os no interior da central (RAMOS, 2007).

Por seu turno, outro elemento de agudização das contradições internas da CGT foram as paralisações convocadas para lutas salariais e contrárias à onda de privatizações de empresas públicas, iniciada em 1990, que culminou na determinação da criminalização e punição severa às frações paredistas do movimento sindical. Em contrapartida, Menem obteve sanção do Congresso para a Lei de Empregos, que, entre outras disposições, regulamentou menores indenizações para acidentes de trabalho.

A ofensiva de Menem contra a classe trabalhadora em 1991 colocou pressão sob a CGT, favorecendo uma cisão interna, pois os setores mais radicais da central hesitavam em apoiar as agremiações estatais de trabalhadores com receio de perder apoio das frações populares que haviam votado em Menem para o cargo de presidente. Como consequência, a divisão interna tornou-se inevitável e, em dezembro de 1991, encaminhou-se a criação da Central de Trabajadores Argentinos, mais combativa e apoiada por sindicatos de trabalhadores estatais e navais.

Outrossim, conforme Neves (2013), o biênio 1993-1994 foi palco de uma efervescência crescente da mobilização política. Em 1993, o movimento de greve instalou-se entre as representações sindicais, conduzindo a novas paralisações de professores, ferroviários, entre outros, que ameaçavam interrupções das negociações com o Governo em razão de sua ofensiva. A deterioração das condições econômicas das províncias de interior na Argentina havia tornado as mesmas em cenários de grande protesto social contra o atraso de pagamentos e a fragilidade econômico-financeira apresentada pelas economias regionais na Argentina. Em julho de 1994, em contraposição à forma passiva de conciliação de classes operada pela CGT, o bloco sindical composto por CTA, Corriente Clasista Combativa (CCC) e o *Movimiento de Trabajadores Argentinos* (MTA) organizou uma Marcha Federal por todo país em direção a uma concentração na Praça de Maio, em frente à Casa Rosada. Estes mesmos setores organizaram, meses depois, uma grande paralisação nacional contra as políticas de flexibilização e ajuste estrutural do governo Menem.

Como narra Rapoport (2017), consequentemente aos ajustes macroeconômicos implementados pela equipe de Menem para a contenção da reprodução interna da crise mexicana de 1994, a onda de protestos intensificou-se na proporção da redução de ajuda financeira direta do governo federal ao interior e, principalmente, do aumento do desemprego massivo de trabalhadores sob processo de privatização e precarização. O resultado do crescimento vertiginoso da desocupação estrutural produziu o surgimento, em bairros e municípios mais afetados pela pauperização sistêmica, do chamado *Movimento Piquetero* (MP) na Argentina, importante forma de luta dos desempregados, sobretudo, após o arrefecimento das lutas sindicais aos fins de 1994.

O segundo mandato de Menem, iniciado em 1995, configurou uma mudança de direção da estratégia política de seu governo: uma fração do justicialismo, preocupada com o avanço do clamor popular contra as reformas neoliberais, prescrevia uma *peronização* acentuada do Estado, intentando reduzir a tragédia social que se anunciava. Além desse imbróglio intrapartidário, evidenciou-se que a aparente melhora macroeconômica conquistada pelo *Plano de Conversibilidade* havia sido utilizada pelas frações dominantes do capital interno e pelo próprio governo Menem para consignar uma nova fase de acumulação financiada por empréstimos externos de curto prazo. Segundo Rapoport, a dívida pública consolidada saiu do patamar de 69,627 bilhões de dólares em 1993 para atingir, em 1993, o valor de 97,105 bilhões de dólares, e a dívida externa do setor corporativo privado, saiu de 8,595 bilhões de dólares em 1991 para atingir, em 1996, o patamar de 36,501 milhões de dólares, ou seja, valores muito mais expressivos do que os obtidos pelos ingressos de capital estrangeiro alocados pelas privatizações.

Diante de tais circunstâncias, o ministro Cavallo renunciou ao cargo em 1996. Mesmo assim, isso não impediu que o agravamento da crise econômica e social se intensificasse e generalizasse, provocando outras rupturas em setores governistas e novas alianças para as eleições presidenciais de 1999, para as quais Menem tentava encaminhar-se como candidato ao seu terceiro mandato, que, no entanto, dependia de uma aprovação pelo Congresso. Embora as circunstâncias de deterioração macroeconômica tenham reduzido o consenso político em torno de seu nome para um terceiro mandato, já que a piora das condições econômicas levou o endividamento público a alcançar a marca de 121,877 bilhões de dólares, equivalente a 54% do PIB, em 1999, o saldo da balança comercial reduziu-se em 133,73% entre 1995 e 1999, e o valor da dívida externa do setor corporativo elevou-se para 61,539 milhões de dólares em 1999.

Durante seu segundo mandato, o governo Menem deu prioridade para o processo de "regulamentação desregulamentadora", sob o qual o Estado argentino promoveu uma fase de flexibilização dos mercados de bens industriais e da gestão da força de trabalho para a adequação aos interesses da acumulação relativa de capital pelos grupos empresariais que se internalizaram. Dados de Neves (2013) demonstram que os níveis de ocupação haviam caído em 8% entre 1993 e 1999 nos grandes conglomeradas empresariais, mas que a produtividade havia sido incrementada em 43% durante o mesmo período, enquanto, especificamente para os ramos da produção fabril-industrial, a ocupação havia despencado 19% entre 1993 e 1999, sendo acompanhada por um aumento de 32% de produtividade.

Nesta fase política que se viu amalgamada ao neoliberalismo de corte selvagem, a dualização tanto da força de trabalho quanto do regime de exploração do trabalho pelas frações do capital não foi consequência acidental. A primeira dualização refere-se à precarização intensificada dos direitos trabalhistas, que produziu, de um lado, trabalhadores, *en blanco*, com acesso aos acordos coletivos realizados entre seus respectivos sindicatos e grêmios empresariais, e trabalhadores, *en negro*, sujeitos a modalidades contratuais diversificadas possibilitadas por acordos específicos entre empresas particulares e sindicatos de trabalhadores. A dualização dos regimes de exploração da força de trabalho entre as frações do capital seguiu-se pela mesma regra:

empresas nacionais deveriam seguir acordos coletivos com entidades sindicais, mas, como efeito de um incentivo para instalação de capital externo, empresas estrangeiras estavam habilitadas a negociar diretamente com sindicatos específicos as modalidades contratuais que mais atendessem às suas necessidades de acumulação de capital. Empresas estrangeiras do ramo de montagem automotiva, como General Motors, Fiat e Toyota, por exemplo, foram profundamente beneficiadas por essa *liberdade de mercado*.

O aumento generalizado da desocupação laboral incrementou substancialmente as mobilizações dos *piqueteros*[42] por todo o país durante o segundo mandato de Menem, levando a confrontos físicos com a Guarda Nacional argentina, a *gendarmería*, em importantes cidades, como Libertador General San Martín e Bahía Blanca, além do próprio *Movimiento Piquetero*, surgido em 1996, o *Movimiento Teresa Rodríguez* (MTR), nome dado em homenagem à trabalhadora Teresa Rodríguez, de 20 anos, assassinada em um confronto com a polícia provincial em Neuquén, e o *Movimiento Independiente de Jubilados y Pensionados* (MIJP).

O mandato de Menem também guardou profundas marcas sociais que evidenciaram a forma violenta pela qual a social-democracia, constituída a partir de 1983, institucionalizou a autocracia burguesa em uma fase de transformações mundiais do processo de produção e reprodução do capital global. Umas dessas marcas é, sem dúvida, a piora das condições de vida das camadas pobres aprofundada pelo padrão de desigualdade econômico-patrimonial instaurado sob os ajustes estruturais menemistas, em que 29,4% da força de trabalho, em 1999, estava desempregada ou em ocupações precarizadas de subemprego e na qual a participação dos salários na distribuição funcional da renda havia atingido a marca de 24% da renda total (salários, lucros e renda líquida do governo).

O fragoroso fracasso de Menem em conseguir coordenar os esforços político-governamentais para solucionar a grave crise econômica e social em que se afundava a Argentina em seu segundo mandato e, por outro lado, o rechaço por parte de frações nacionais do capital das relações de força impostas pelas burguesias imperialistas aos ajustes de liberação dos mercados internos conduziram Fernando de la Rúa, sustentado por uma aliança entre partido UCR e a Frente País Solidario (Frepaso), à Presidência nas eleições de 1999.

---

[42] São uma forma de protesto popular, segundo Antivero, Elena e Ruggeri (2012), que consiste na prática de utilização de piquetes para obstruir o acesso de ruas, rodovias, bairros e empresas como forma genérica de reivindicação contramedidas governamentais e privadas.

O mandato de la Rúa, segundo Rapoport (2017), foi marcado por uma constante instabilidade institucional desde seu início: apesar de seu discurso político se voltar contra a corrupção generalizada do antigo presidente, escancarou-se rapidamente que a gestão De la Rúa aprofundou as práticas de suborno aos membros do Legislativo em troca de aprovação das lei e regulamentações acordadas entre seu governo e o bloco burguês que o pressionava por melhores resultados na condução das políticas econômicas e reformas de interesse da associação da burguesia interna e da burguesia compradora.

A nova pugna que se estabeleceria entre as frações das classes dominantes que conduziam o desenvolvimento do novo padrão de acumulação na Argentina giraria em torno de dois projetos alternativos à Conversibilidade: um calcado na dolarização da economia, sustentado pelo setor vinculado ao capital estrangeiro; e outro que objetivava a desvalorização do peso, defendido pelos grupos locais e alguns conglomerados estrangeiros. Em dois anos à frente do Poder Executivo, o governo da Aliança experimentou três trocas sucessivas de ministros na pasta da Economia, até a renúncia do presidente radical Fernando de la Rúa, em 20 de dezembro de 2001.

No ano de 2001, quando se deu a explosão da crise econômico-social que desembocou na convulsão social que acabou por forçar a renúncia do presidente De La Rúa, o desemprego no país alcançava o alarmante índice de 18,3% da força de trabalho. Às vésperas dos acontecimentos de dezembro daquele ano, cresceu em 720 mil o número de pessoas com problemas de inserção no mercado de trabalho, aumentando para quatro milhões o total de argentinos que enfrentavam problemas de inserção no mercado de trabalho, contando desempregados e subempregados. Nos centros urbanos foram destruídos 380 mil postos de trabalho. Entre os chefes de família, o desemprego cresceu 40%. Em um ano, o número de desempregados aumentou em 500 mil, atingindo então, em 2001, 2,5 milhões. Comenta Broder (2005, p. 21) que:

> Ao fim do ano 2001, a Argentina se encontrava em um marasmo econômico e social: confisco de depósitos, governo insensível e incapacidade para perceber a realidade e pessoas nas ruas. Um fato sem precedentes ocorreu na Argentina: um presidente foi retirado de seu assento pelo ruído, no mais terrível e temerário do que intervenções militares, senão o mais tranquilizador, mas poderosíssimo, de simples [...] panelas, que se permitiram derrubar primeiro um ministro e depois um presidente.

Em dezembro de 2001, a dívida pública somava 181 bilhões de pesos e houve uma paralisação do sistema bancário. A crise era de tal porte que a Argentina contou com cinco presidentes e dois ministros da Economia, em apenas uma semana. O presidente Rodrigues Sá declarou a moratória da dívida. Foi, rapidamente, substituído pelo justicialista Eduardo Alberto Duhalde, até que chegassem as eleições previstas para 2003. Em sua curta gestão econômica, Duhalde começou a abandonar o Plano de Conversibilidade e a desvalorizar o peso, sob o comando do ministro da Economia Roberto Lavagna. Entre março e abril de 2002, o quadro econômico era dantesco, com a taxa de câmbio em disparada, os preços fora de controle, a arrecadação tributária desmoronada, a atividade produtiva e o emprego em plena contração e uma deterioração sem precedentes das condições de reprodução social das camadas populares.

No primeiro semestre de 2002, após o rompimento da conversibilidade, houve uma desenfreada saída de capitais para o exterior, com a sobrevalorização do valor do dólar em relação ao peso. No segundo semestre daquele ano, iniciou-se, gradualmente, o processo de recuperação da economia. Para esterilizar os danos causados pelas medidas econômicas exigidas pela conversibilidade, discutiram-se dois grupos de alternativas, baseadas na dolarização da economia ou na desvalorização da moeda nacional. Cada um desses grupos incorporava algumas reivindicações dos setores populares, mas sob os interesses da respectiva fração dominante. Pela primeira vez, desde a ditadura militar, os setores populares, apesar de serem os principais prejudicados pela crise de valorização financeira, condicionavam a sua solução, forçando mudanças no cenário político e social do país sob o lema *"Que se Vayan Todos!"* (Que se Vão Todos, em português).

4.4 Do desvio ao encontro: a emergência do Sísifo moderno

Sob esse contexto de convulsão social marcado pela pauperização e indigência de parte significativa das camadas populares, colocou-se à tona a tessitura frágil da dominação burguesa neoliberal argentina, que mostrou a sua deficiência institucional à medida que não conseguiu compor uma relação de forças estável entre frações e classes sem a mediação política que a forma autoritário-despótica da ditadura militar havia garantido entre 1976-1983.

Economicamente, o período de agudização desagregadora do neoliberalismo argentino (1998-2002) foi marcado, segundo Fernández e Seiler (2016), por uma interrupção do crescimento industrial argentino, que entre os anos de 1991 e 1995 apresentou crescimento estável por 17 trimestres consecutivos, de acordo com Herrera e Tavosnanska (2011). Conforme Azpiazu, Basualdo e Schorr (2001), o setor mais afetado pela crise da economia política neoliberal foi o das Pymes industriais argentinas, que não conseguiu acompanhar a entrada de produtos estrangeiros, em razão da paridade cambial dólar-peso, e da reestruturação do chamado "ambiente de negócios" (custos não financeiros embutidos nos processos busca/seleção de fornecedores e clientes e nos de estabelecimento e monitoramento de contratos, preços, qualidade, riscos e prazos dos negócios). Nesse período sombrio da economia argentina, uma severa recessão assolou o país e deixou milhares em condição de indigência social, levando muitos capitais de pequeno e médio portes a fecharem por dívidas e ausência de demanda agregada para seus produtos. O resultado dessa catástrofe não poderia ter sido outro senão o **desencontro primordial** entre estes capitais e a força de trabalho por eles explorada, e a produção de um horizonte para a ação política da classe operária.

Ao contrário, portanto, da massa de trabalhadores livres que proporcionou o Encontro precursor do MPC nos países de desenvolvimento central no capitalismo, na formação social argentina foram os trabalhadores despejados e despojados da produção industrial nas Pymes que se defrontaram com a existência de meios de produção "livres", com os capitais fixo e circulante abandonados que seriam, oportunamente, furtados das plantas produtivas pelos próprios patrões. Ou, como coloca Novaes (2011), são os donos, não os trabalhadores, que, defendendo seus interesses pessoais, sabotam e destroem as máquinas, tal como nas rebeliões operárias novecentistas, porém, à diferença dos operários, quebram seu próprio maquinário em reação direta às consequências da concorrência intercapitais mundializada.

A liberação das forças produtivas nas Pymes argentinas em crise colocou em jogo as condições de possibilidade para uma circunstância material que pôs em paralelo, por um lado, meios de produção e, por outro, a força de trabalho. Ambos os elementos conformados estruturalmente (em forma e conteúdo) pela "pega" capitalista e separados pela sua desagregação neoliberal. Nesse sentido, abriu-se o horizonte para a repetição histórica de uma insurreição operária sobre o Vazio capitalista, uma repetição que incitou uma **transgressão primária** por questionar a ordem hierarquizante da propriedade privada capitalista, sob a forma de um antagonismo momentâneo entre subordinação e transgressão mobilizado pela luta operária para a utilização dos meios de produção parados, como forma de manutenção da atividade econômica e das condições de reprodução da classe operária. Resta, para tanto, compreender a natureza e o modo da insurreição que produz essa nova transgressão como a repetição da qual emerge o Sísifo enquanto Sísifo moderno, ou seja, da qual sobressai a própria diferença dessa repetição, sua forma singular histórica: a tomada operária dos meios de produção pelos trabalhadores na formação social argentina.

Nesse estado de circunstâncias, os movimentos sociais argentinos levantaram-se contra a espiral descendente e explosiva da miséria generalizada, avivada pela desagregação neoliberal. No entanto, pode-se observar nesse período uma crescente transformação na configuração das lutas operárias e populares na Argentina, principalmente quando se foca, por um lado, a relação do Movimento Operário Argentino Tradicional (Moat), marcado pelas influências de luta sindical anarquistas e comunistas e institucional-partidária socialista, com os movimentos ligados à formação de uma economia popular alternativa às relações de trabalho, de circulação e de distribuição hegemônicas do MPC — que culminou na fundação, em 2011, da Confederação de Trabalhadores da Economia Popular (CTEP)[43] — e à ocupação e recuperação de fábricas — como MNER e MNFRT —, e, por outro, na relação dos Movimentos Populares Tradicionais da Argentina (MPTA), como o movimento estudantil[44], o movimento radicalista[45], o movimento peronista[46], o movimento das Mães da Praça de Maio[47] e o movimento autonomista mapuche[48], com os Novos Movimentos Populares

---

[43] A CTEP corresponde a um sindicato onde se organizam os trabalhadores da chamada economia popular, compreendida por associações de produção e troca autônomas e informais, como costureiras, recicladores, artistas de rua, vendedores ambulantes etc. (LAZARTE, 2017).

[44] O movimento estudantil argentino participou de diversas oportunidades de reivindicação popular durante o século XX. Uma das suas maiores conquistas foi a Reforma Universitária de 1918, iniciada na Universidade Nacional de Córdoba, pela democratização e livre acesso às universidades no país (RAMOS, 2007).

[45] O radicalismo argentino foi um movimento liberal e popular, constituído em 1891 e fundamentado na aliança entre a burguesia nacional argentina, as classes médias e massas trabalhadores sem filiações ao comunismo, anarquismo ou socialismo, que lutava contra o domínio oligárquico sobre a República Argentina. A partir dessa luta, fundou-se o partido União Cívica Radical (RAPOPORT, 2017).

[46] O peronismo é um movimento popular nacionalista de caráter heterogêneo, liderado inicialmente pela figura de Juan Perón a partir de 1946, com fins de organização do Estado nacional e cooptação das bases sindicais e partidárias do movimento operário e suas frentes socialistas, anarquistas e comunistas. O movimento ainda detém, como o radicalismo, um forte enraizamento social (RAPOPORT, 2017).

[47] O Movimento das Mães da Praça de Maio foi fundado durante a ditadura militar argentina, em 1977, quando as mães de pessoas desaparecidas, torturadas e mortas pelo Estado começaram a se reunir na Praça de Maio, na Caba, para reivindicarem respostas sobre os desparecimentos e realizando marchas de resistência (CUCHIVAGUE, 2012).

[48] O movimento em torno dos povos originários argentinos teve como impulso a organização nos anos 1970 da Confederação Indígena Neuquina para a defesa do povo mapuche contra a repressão política e ocupação de suas terras (BIZAI, 2004).

Argentinos (NMPA), com a formação de coletivos contra a barbárie política do neoliberalismo, como o Movimento de Ocupantes e Inquilinos[49] (MOI), nascido nos anos 1980, o Movimento de *Mujeres Agropecuarias en Lucha*[50], fundado em 1995, o Movimento *Piquetero*[51], em 1996, a Organização Política e Social *Los Pibes*[52], também de 1996, o Movimento *Casa del Pueblo*[53], de 1998, o movimento *Somos Barrios de Pie*[54], em 2002, o Movimento de Trabalhadores Excluídos[55] (MTE), de 2002, o Movimento Evita[56], fundado em 2004, e Frente Popular Darío Santillán[57], também de 2004.

É importante assinalar que, em meio ao cenário de deterioração profunda das condições de reprodução social dos trabalhadores e da intensiva pauperização e indigência das massas populares ao longo do interstício trágico entre 2001 e 2002, fermentaram-se, nos termos de Adamovsky (2012), as circunstâncias materiais para o exercício espontâneo de práticas alternativas de sobrevivência e resistência ao avanço da escassez de alimentos entre a população urbana periférica, entre as quais se situavam:

---

[49] O MOI é um movimento que se fundamenta no cooperativismo e autogestão para a luta por moradia e habitação, reivindicando do Estado políticas públicas de caráter popular e integral para atacar o problema do déficit habitacional na Argentina (DÍAZ PARRA, 2016).

[50] O MMAL é um movimento nascido nos pampas argentinos voltado à prática de ações diretas contra os leilões de terras e desocupação forçada de camponeses que haviam capitulado pela crise neoliberal dos anos 1990 (ADAMOVSKY, 2012).

[51] O MP é um movimento de trabalhadores desempregados, que emprega táticas de ação direta, por exemplo, bloqueios de ruas como forma de protesto político (ADAMOVSKY, 2012).

[52] Essa organização, conforme Martínez (2013), surgiu em 1996 na Caba como um refeitório infantil e foi adquirindo força à medida que se constituiu em instrumento de reivindicação popular promovendo oficinas de produção têxtil, panificação e projetos de comunicação por meio de rádios populares.

[53] Conforme a pesquisa de Selva (2016), esse movimento surgiu em 1998 articulando um refeitório popular, uma biblioteca e reforço escolar, bem como servindo de espaço para reuniões de jovens. Como crescimento da participação desse movimento em torno das lutas populares pelo trabalho e por condições de vida dignas, em 2006 passou a adotar a denominação Movimento Popular *La Dignidad*.

[54] Esse movimento é inaugurado pela ação de um setor do Movimento *Piquetero*, que se alinhou a CTA no âmbito dos debates sobre o trabalhador desocupado enquanto sujeito histórico de vanguarda, modalidade de organização popular ou plano social. A conformação do movimento dá-se em 2002 com a declaração de um plano de luta de confrontação ao neoliberalismo (NATALUCCI, 2010).

[55] De acordo com Lazarte (2017), esse movimento surge em 2002 como aliança entre estudantes universitários e catadores de papel na Caba contra as medidas repressivas do governo contra os catadores. Três anos mais tarde, o movimento começou a agregar a cooperativas de trabalho e, em 2001, em conjunto com organizações de bairro e fábricas recuperadas, fundou a Confederação de Trabalhadores da Economia Popular.

[56] O Movimento Evita, nomeado assim em homenagem a Eva Perón, surgiu como fração dos movimentos de trabalhadores desempregados e logo se tornou uma ampla frente em apoio ao peronismo kirchnerista. Esse movimento realiza atividades educativas, artísticas, com oficinas de formação política (LONGA, 2016).

[57] Conforme aponta a pesquisa de Bertoni (2014), esse movimento surge em 2004 pelos movimentos de trabalhadores desocupados que tomam esse nome em referência a Darío Santillán, assassinado pelas forças policiais da Caba em 2002. O movimento é marcado pela multissetorialidade, em busca da construção de um poder popular autônomo para a transformação social revolucionária.

a organização de assembleias populares, nas quais se colocavam em pauta as exigências políticas dos movimentos populares, as feiras populares, a partir das quais se formavam redes de troca conhecidas como *truques*[58], que estabeleciam o uso de moedas sociais para incentivar o intercâmbio de bens de primeira necessidade e mobiliários no interior de comunidades mais atingidas pelo desemprego e miséria Sobre isso, Silvia Díaz, em entrevista, reforçou que:

> *Naquele momento histórico de crise econômica, política e social, as organizações e movimentos de bairro, assim como a grandiosa mobilização dos piqueteros, foram imprescindíveis para que fosse possível encontrarmos uma saída para aquela situação desesperadora. Num primeiro momento, articulamos feiras populares para que pudéssemos levar comida, roupa etc. para os clubes de troca que estavam se formando. Chegamos até a criar uma moeda social. Infelizmente essa iniciativa foi se esvaziando com o passar do tempo, e passamos a procurar por soluções mais integrais para aqueles problemas estruturais. A partir disso, começamos a participar assiduamente das assembleias populares organizadas na Praça de Maio para discutir os rumos políticos que pretendíamos para a solução da instabilidade institucional, mas, mesmo assim, apesar da articulação e importância simbólica que isso tinha paras as massas, as assembleias não forneciam respostas para a crise produtiva e industrial que havia deixado milhões nas ruas.* (DÍAZ, 2017, s/p).

O trauma social vivido na Argentina no trágico período 2001-2002 também teve como manifestação a perplexidade e impotência dos canais políticos tradicionais de luta de classes alinhados ao "campo do trabalho", tais como partidos e sindicatos trabalhistas. Além das rupturas sindicais, os organismos político-partidários vinculados historicamente à luta do trabalho haviam, desde a redemocratização de 1983, assumido posições dicotômicas que se distinguiam, principalmente, entre a assimilação parcial ou a rejeição integral aos programas de governo de conteúdo peronista implementados pelo PJ. A pesquisa conduzida por Rojas (2006) demonstra que a miríade de agremiações partidárias, internamente fraturada pelas matrizes ideológicas socialista, comunista e trotskista, dificultou sobremaneira a construção de uma unidade política para o enfrentamento à piora das condições sociais de reprodução das classes populares, principalmente dos trabalhadores desocupados provenientes da indústria nacional.

---

[58] Ver, por exemplo, os trabalhos de Féliz (2003); e Abramovich e Vázquez (2007).

Desse modo, como relata Andrés Ruggeri (2017, s/p), professor da Faculdade de Filosofia e Letras da Universidade de Buenos Aires e coordenador do programa de extensão *Programa Facultad Abierta*, as circunstâncias de isolamento político dos trabalhadores propulsionou a adoção de ações diretas por parte dos recém-desempregados:

> *Diante do fracionamento e distanciamento de partidos e sindicatos, naquele momento os trabalhadores assumiram uma posição de rebeldia, recuperando, até mesmo, formas de ação que já se estavam vinculadas à trajetória do movimento operário argentino, como a ocupação de fábricas e resistência ao despejo exigido à força pelos patrões. Após esse momento primário da tomada de instalações e maquinário, veio a se desenvolver algo que ainda não compunha o repertório de ações do movimento operário, que era a autogestão. Sem embargo, e longe de ser uma via natural a ser constituída pelos trabalhadores, a autogestão dessas organizações deu origem ao que veio a se chamar Empresa Recuperada.*

A esse ponto, faz-se interessante notar a contraditória relação entre o Moat e o processo de ocupação e de recuperação de unidades produtivas pelos trabalhadores durante o século XX e XXI. Como destacam as pesquisas de Elena, Antivero e Ruggeri (2012); e de Antivero, Elena e Ruggeri (2012), existem muitos pontos de recuo, inflexão, e aproximação entre o Moat e os AERs que merecem atenção. No século XX, os processos de ocupação de fábricas na Argentina foi uma tática de ação direta praticada por trabalhadores em várias experiências, cujo início se encontra demarcado pela ocupação do frigorífico Lisandro de la Torre, em 1959, na Caba, em reação dos trabalhadores à privatização intentada pelo então presidente Arturo Frondizi, segundo a qual, de acordo com Elena, Antivero e Ruggeri (2012), o frigorífico seria entregue à empresa Corporación Argentina de Productores de la Carne. Como consequência deste ato, Frondizi mobilizou as forças armadas e policiais para retirar os trabalhadores das fábricas, o que, por sua vez, fez inflamar ainda mais a rebelião popular contra seu governo, e fez a revolta localizada no bairro Mataderos se transformar em uma greve geral nacional em fevereiro de 1959, que, mesmo após a prisão de dirigentes sindicais, durou por mais dois meses.

Ainda, conforme Elena, Antivero e Ruggeri (2012), entre 1963 e 1965, a CGT colocou em operação um Plano de Lutas, a ser implementado de forma planejada por dirigentes de comissões de fábricas que, a partir da experiência do frigorífico Lisandro de la Torre em 1959, incorporou a tática da ocupação de sistemática de unidades produtivas como forma pragmática de reivindicação operária. Segundo os autores, durante o período em que foi efetivada, essa estratégia da CGT mobilizou a tomada de aproximadamente 11 mil fábricas, reunindo um total de quase 4 milhões de trabalhadores, causando reações amplas da burguesia nacional e do Estado argentino, as quais tomaram a forma de medidas judiciais e de coerção para a proteção da propriedade privada contra o abuso, em suas opiniões, ilegítimos dos trabalhadores.

Após esse primeiro momento de contato entre Moat e as ocupações de unidades produtivas, o segundo marco dessa relação, segundo Elena, Antivero e Ruggeri (2012), deu-se em março 1974: a) no chamado *Villazo*, em que cerca de 2.500 trabalhadores da metalúrgica Acindar se revoltaram contra as sanções à comissão interna de fábrica perpetradas pela própria seção da UOM na província de Santa Fe, que havia entrado em acordo com as representações patronais; e b) na ocupação da fábrica petroquímica Pasa, cujos trabalhadores não só ocuparam a fábrica como forma de luta, mas também mantiveram controle sobre a gestão e a produção por cerca de um mês, por meio da comissão de fábrica e da instauração de uma assembleia permanente com eleição de representantes.

Já na década de 1980, sob a presidência de Alfonsín, trabalhadores ocuparam, em 1985, a planta da empresa automotiva Ford, na cidade de General Pacheco, localizada na PBA, como protesto contra a demissão de 33 colegas sob o pretexto do excesso de faltas e redução da produtividade. Como descrevem Elena, Antivero e Ruggeri (2012), a medida da empresa contrariou o acordo de não demissão e suspensão programada da produção celebrado entre empresários e trabalhadores daquela unidade. Em consequência da ocupação, os trabalhadores estiveram, durante 18 dias, sob comando da direção e da gestão da produção, mas logo foram desalojados por medidas judiciais, como efeito de negociações malsucedidas.

Até então, no entanto, a descontinuidade ou o curto período de comando dos trabalhadores sobre a direção e gestão da produção resultaram na ausência da autogestão como estratégia pertencente ao repertório de práticas operárias para além da reivindicação social, rumo, efetivamente, ao controle permanente da produção pelos trabalhadores. Daí, portanto, é historicamente congruente a descrição feita por Ruggeri (2017) de que a proposta da autogestão representava uma inovação radical na luta operária pelo próprio controle sobre a produção e reprodução social, e constituía-se, assim, num **ato desviante**. Apenas durante a década de 1990, as experiências de ocupação de unidades produtivas conseguiram "dar pega" suficiente para colocar na ordem do dia a recuperação operária de fábricas na Argentina, das quais se destaca a Impa em 1998, por exemplo.

Na década de 1990, o vínculo entre o MOAT e ocupação/recuperação de unidades produtivas sofre uma inflexão profunda, pois, de um lado, a implementação de um quadro de políticas econômicas neoliberalizantes por um presidente do Partido Justicialista (cuja tradição repousa no peronismo) levou à cooptação da maior central sindical argentina, a CGT, e, consequentemente, ao seu fracionamento, e, por outro lado, o estado letárgico apresentado pelas frentes partidárias comunistas, socialistas e trotskistas causou, segundo Piva (2006) e Lupu e Stokes (2009), o fracionamento, enfraquecimento e afastamento entre as práticas político-partidárias institucionais e as necessidades efetivas apresentadas pelos trabalhadores em situação de vulnerabilidade laboral e social (com salários atrasados, sem perspectivas de recebê-los, endividados e com a produção paralisada), de modo a fazer consolidar nessa lacuna um vínculo entre os partidos tradicionalmente ligados às lutas do trabalho e os novos movimentos sociais argentinos, voltados, principalmente, à luta pelo reconhecimento jurídico-burguês da cidadania de grupos sociais minoritários e subalternizados, seus modos de vida e de expressão identitárias (incluindo gêneros, etnias, culturas etc.).

Estas novas circunstâncias políticas acarretadas pelas transformações radicais levadas a cabo pela absorção da formação social argentina ao neoliberalismo fizeram cair por terra o apoio sindical às ocupações e às recuperações de empresas na década de 1990, salvo exceções, como o caso da seção regional de Quilmes, da UOM, que durante essa década esteve ao lado de várias iniciativas de ocupação, cuja estratégia de atuação, como descrevem Antivero, Elena e Ruggeri (2012), se voltou para a defesa da "cooperativização" dos trabalhadores que se colocavam em luta. Porém, não só as dificuldades relativas à gestão da produção, da logística e das vendas, mas, principalmente, as grandes exigências da vida organizativa que o trabalho cooperativo envolve (a democratização dos riscos e responsabilidades sobre as decisões) contribuíram para a decadência de todas as experiências a quem este sindicato prestou seu apoio nesta década.

É importante assinalar que, enquanto em fases precedentes da acumulação de capital na Argentina, as práticas de ocupação de fábricas se inscreviam num universo de lutas "do" trabalho, ou seja, de lutas por melhores condições de reprodução social, como aumento de salários, diminuição de jornadas e de horas extras, ou para a efetivação de acordos com patrões, a rebelião operária da fase neoliberal assume a forma de lutas "pelo" trabalho, ou seja, pela própria manutenção das condições de sobrevivência do operariado, ameaçado pela pauperização sistêmica das camadas populares. Se a estratégia anterior, marcada pela atuação da CGT, consistia na ocupação temporária de plantas fabris como forma de pender a balança das negociações com patrões para o atendimento das reivindicações laborais, a estratégia da "cooperativização" no quadro neoliberal ajusta-se ao cenário de desempregabilidade estrutural de setores do operariado, especialmente aqueles mais afetados pela abertura comercial, privatizações e consequente reestruturação produtiva argentina.

Não surpreende, portanto, que a principal fonte de apoio para a ocupação e recuperação de empresas tenha emergido dos flancos ocupados por trabalhadores desempregados, sob a forma de movimentos de trabalhadores desocupados, tais como o MP, surgido espontaneamente das camadas populares de Neuquén, em 1996, bloqueando ruas contra a desocupação massiva de trabalhadores, e a Unión de Trabajadores Desocupados (UTD), criada em 1996, em General Mosconi, na província de Salta, da luta popular que reunia trabalhadores, comerciantes e pequenos produtores rurais afetados pelos programas de privatização da maior empresa estatal argentina, a petrolífera YPF. Embora sejam reconhecidos pela sua reatividade crítica em relação a desocupação em massa e declínio da atividade econômica, por meio de práticas de obstrução de rotas para a circulação da produção e da força de trabalho com a utilização de piquetes, os MTD tiveram também papel relevante em relação a iniciativas de produção e renda das camadas populares. Como relatou Mario Hernandez, em entrevista concedida a este pesquisador:

> A UTD de general Mosconi nucleou amplos projetos de produção levados adiante pelos próprios trabalhadores da construção civil, petroleiros privados e camponeses, de modo que até 2000 a UTD já havia reinserido inúmeros trabalhadores, cerca de 2 mil no total entre empregos na indústria e no setor agrário. Nesse sentido, a UTD, originada da ação de um membro proveniente da CCC-CTA, apresentou-se como plataforma de reivindicações em substituição à paralisia e cooptação sindical tradicional, mesmo sem ser, de fato, um sindicato. Sem embargos, em poucas palavras, pode-se dizer que a grande mobilização que a UTD envolveu desde estudantes, professores a aposentados, teve como propósito maior a criação de um poder popular. (HERNANDEZ, 2019, s/p).

RECUPERÁRIOS: UM SÍSIFO NA ARGENTINA DO SÉCULO XXI

Como analisam Antivero, Elena e Ruggeri (2012), tanto quanto as ocupações de fábricas, o emprego dos piquetes também faz parte do repertório clássico do Moat, embora, enquanto as primeiras se encontram limitadas ao espaço interno da produção de bens/serviços dos trabalhadores assalariados, o segundo coloque em jogo a figura do trabalhador desempregado que, apoiado pela multiplicidade de personagens da sua esfera de reprodução social, como sua família, vizinhos, comerciantes, estudantes, professores e aposentados, leva ao conjunto do território urbano, precisamente às ruas, sua indignação, seu protesto, contra as condições materiais e sociais de existência subalternizadas das camadas populares. É dessa forma que tais autores observam a perda de referência popular que o Moat apresentou durante a década de 1990.

Se, por um lado, a luta sindical não encontrava representação entre os desocupados, tampouco os partidos do campo de "esquerda" souberam se aglutinar em torno das novas circunstâncias sociais da classe operária, e com o surgimento, ao fim da década de 1990, das primeiras experiências de gestão operária permanente da produção não foi diferente. Conforme explicam Ruggeri (2011), Aiziczon (2009) e Murúa (2017), a relação entre sindicatos e AERs foi predominantemente marcada pela indiferença e, até mesmo, oposição à estratégia de controle operário sobre a direção e execução da produção de forma duradoura. Ruggeri aponta que a luta sindical tradicional não conseguiu assimilar essa nova modalidade de trabalho e de organização autônoma dos trabalhadores sob seu escopo de resistências econômico-institucionais, o que, consequentemente, instaurou uma relação de antagonismo imediato entre delegados sindicais, que preferiam manter os trabalhadores sob a condição da dependência salarial, e o coletivo de trabalhadores que luta pela recuperação econômico-judicial da empresa pela via da "cooperativização".

O relato de Aizicson, em sua pesquisa sobre a recuperação da ceramista Zanón em Neuquén, falida no interstício crítico de 2001-2002, como fruto direto do desastre neoliberal, pela cooperativa Fasinpat reconhece o profundo crédito que o sucesso da recuperação deve ao passo primordial dado pelos trabalhadores da ceramista na medida em que estes lutaram antes para a recuperação do escopo combativo dentro do próprio sindicato (SOECN) para conseguirem encaminhar o longo processo de ocupação e tomada da fábrica. O mesmo feito foi realizado, conforme relatado em entrevista por Murúa, para a recuperação do sindicato dos metalúrgicos em Buenos Aires (UOM) como fonte de sustento para as lutas dos trabalhadores da metalurgia em situação de risco e miséria pela desocupação, o que, de fato auxiliou sobremaneira a recuperação da cooperativa Impa pelo coletivo combativo dos operários em resistência na ocupação da fábrica.

À luz da perspectiva teórica althusseriana e mesmo poulantziana sobre os Aparelhos Ideológicos de Estado, respectivamente contidas em Althusser (2008) e em Poulantzas (1975), deixa de ser surpreendente o desacoplamento da estratégia sindical trabalhista em relação às práticas de luta dos trabalhadores, sob as circunstâncias do enquadramento neoliberal: por serem Aparelhos cuja função é a conciliação de classes pela via da mediação econômica entre capitalistas e trabalhadores, os sindicatos operários, como os reunidos na CGT na década de 1960, defendiam a ocupação de plantas produtivas como medidas de alcance imediato para forçar negociações em favor dos trabalhadores assalariados. Uma vez encerrada a negociação, a situação estabilizar-se-ia e os trabalhadores retornavam às suas posições regulares ou eram retaliados com a demissão. Com a passagem ao neoliberalismo, a função de mediação econômica entre as classes foi severamente afetada pelos aumentos na taxa de desocupação da força de trabalho e crise de representatividade sindical com o surgimento de formas flexíveis de atividade laboral sem vínculo formal de contrato ou com o surgimento de lutas operárias pelo controle permanente dos meios de produção.

Do ponto de vista político-partidário, a degeneração de duas das posições ideológicas mais relevantes das lutas sociais do trabalho na Argentina, a saber, o peronismo e o trotskismo, implicou um refluxo considerável da organização combativa da classe operária. A morte em 1974 do líder nacional-popular Juan Domingo Perón acompanhou a deterioração da proposta política originalmente de fundo progressista, desenvolvimentista e de emancipação social que marcou a biografia deste importante personagem da história argentina.

No imaginário operário-popular, o general carismático e controvertido Perón foi presidente da Argentina por três oportunidades, de 1946 a 1952, de 1952 a 1955 e 1973 a 1974, sofrendo um golpe militar em 1955 e se exilando em Madri, Espanha, até 1973. Emergindo do levante militar que ascendeu ao poder em 1943, o Grupo de Oficiais Unidos (GOU), inclinado ao nazifascismo europeu, conforme Potash (1981), Perón, então coronel e secretário do Trabalho, aproximou-se das camadas populares e do movimento sindical argentino com o intuito de eliminar as influências comunistas, anarquistas e socialistas que haviam predominado entre as fileiras mais pauperizadas da classe trabalhadora. É nesse período que Perón se destaca em relação aos Nacionalistas do GOU, por promover um discurso de melhorias das condições de vida das massas, sem apelo à repressão política sufocante.

Com esse discurso, segundo Poderti (2011), o mito de Perón começou a ser construído e a dominar a força política mais importante da Argentina no século XX, sob a consigna do PJ, contra a forte oposição do partido Unión Cívica Radical. Pela perspectiva das lutas de classes na Argentina, os governos de Perón foram se transformando ao longo dos anos, passando de um bloco de poder reformista pró-trabalhista, que o leva ao poder em 1946, a um arranjo mais autoritário no segundo mandato, sob o regime de um bloco de poder burguês dominado pela grande burguesia nacional.

Como explicam Horowicz (1990) e Waldman (1986), o primeiro mandato de Perón seguiu a seguinte composição: a classe operária, estratos da classe média e a Igreja Católica, sob um regime de acumulação pautado pela profunda intervenção estatal orientada a investimentos na produção industrial e na promoção da redistribuição da riqueza social. Comenta Rodríguez (2016) que a situação econômica herdada pela Argentina no pós-Segunda Guerra Mundial, com o aumento das exportações à Europa, auxiliou sobremaneira o seu programa de investimentos e melhorias das condições salariais dos trabalhadores. Embora as condições macroeconômicas fossem favoráveis, a hegemonia instalada na composição do bloco do poder significava o predomínio de latifundiários e grandes industriais no delineamento político nos primeiros momentos de 1946, de modo que as reservas internacionais adquiridas pelas exportações agrícolas foram utilizadas por Perón apenas para a nacionalização de capitais industriais nos ramos de metalurgia e de transportes ferroviários que atenderiam prioritariamente os interesses destas duas frações.

O colapso do amálgama que consolidava o bloco no poder do primeiro mandato de Perón implicou mudanças estruturais na fabricação de uma nova fórmula de gestão sobre o processo nacional de acumulação de capital. O racha com a Igreja Católica, segundo Rodríguez, foi arquitetada com a sanção da lei que revogou o ensino religioso nas escolas e nas leis que legalizaram a prostituição e o aborto em território nacional, bem como a lei que separou estruturalmente a Igreja Católica do Estado argentino. Por outro lado, tanto a esquerda quanto o partido UCR e as forças armadas radicalizaram suas críticas ao padrão peronista de governo. Ao fim, o grande bloco representado por estratos da classe média, do operariado, latifundiários associados à Sociedade Rural Argentina e os grandes industriais da União Industrial Argentina, com os militares, conseguiu sobrepujar o bloco da burocracia sindical da CGT associada a Pymes industriais, e dar por terminado, prematuramente, o segundo governo de Perón com o golpe em 1955.

Com o retorno de Perón à Presidência em 1973, uma nova fórmula de governo foi colocada em exercício. Segundo Horowicz (1990), o terceiro peronismo não era igual ao primeiro, pois, enquanto a vitória eleitoral em 1946 tinha como intenção agregar a fração militar da GOU que havia se juntado a Perón para a formação de um governo de coalização, na terceira eleição não havia mais militares com a função de representação de uma fração nacionalista oligárquica. Além disso, a limitada participação operária em sua aliança era o sintoma de uma aliança substancialmente distinta. Como descreve Horowicz (1990, p. 212), o equilíbrio de forças havia se apodrecido "porque tanto as bases materiais que o sustentavam, como os termos políticos que ele havia requerido estavam liquidados". Sob essas circunstâncias desfavoráveis, o bloco no poder começou a apresentar fissuras e fraturas em torno da luta pela hegemonia, e, nesse sentido, o confronto entre a burguesia compradora e a burguesia nacional assistiu a ascensão de uma grande burguesia industrial interna, que tinha como projeto superar o ritmo de acumulação de empresas multinacionais em território argentino, sem fazer oposição ao capital financeiro estrangeiro e se associando à classe operária. Porém essa tentativa de consolidação de poder, viu-se bloqueada por interesses militares e da grande burguesia latifundiária.

Em 1974, com a morte de Perón, o peronismo começa a passar por uma reestruturação profunda, até mesmo apoiando a intervenção militar, no governo de Isabel Perón, em 1975, em fábricas contra a oposição operária que se consolidava contra o governo. Passando a se alinhar, na década seguinte, até ao bloco burguês imperialista a partir da eleição em 1989 de Carlos Menem. Sobre essa degeneração programática do peronismo, Murúa relatou em entrevista que:

> Mesmo com a eleição de Néstor Kirchner em 2003, havíamos nos preparado para o pior. Na eleição de Menem em 1989, apoiamos inicialmente seu governo e esperávamos por mudanças estruturais que impulsionassem o crescimento industrial, e nos momentos iniciais podemos dizer que a conversibilidade produziu ganhos para as classes populares. No entanto, suas reformas desastrosas para a produção e emprego e também sua aproximação com as

> *elites mais retrógradas da nação fizeram a classe operária começar a criticar a associação com Menem. Eu mesmo empreendi uma luta muito forte dentro do sindicato, a UOM, para nos livrarmos dessa ilusão. Após essa etapa histórica, o peronismo, ou melhor, o Partido Justicialista, passou a ser algo que vai na direção para onde o vento soprar: se soprar pra esquerda, então vai pra esquerda; se soprar pra direita, então vai pra direita. Não há mais nenhuma intenção de promover uma transformação nacional-popular de grande escala nesse partido, restou apenas o apelo ao passado e o populismo barato. Em razão disso, em 2003, nós na Impa compusemos o chamado Movimento "50 mais 1", tentando convencer a população a não votar, pois há uma lei na Argentina que, se 50% mais 1 não votarem, a eleição é declarada suspensa. Fizemos isso porque, se estávamos gritando nas ruas "Que se vão todos!", não poderíamos então abrir mão de toda onda de reivindicações populares para eleger novamente o partido que havia, primeiramente, nos colocado naquela situação.* (MURÚA, 2017, s/p).

O ressentimento expressado por Murúa em relação à degeneração do peronismo a partir da década de 1990 é a marca profunda internalizada no movimento de recuperação operária de fábricas na Argentina. Enquanto Eduardo Murúa atuou como proponente do absenteísmo eleitoral em 2003, Silvia Díaz, que havia sido militante política do Movimento ao Socialismo dirigido pelo trotskista Nahuel Moreno, procurou agregar votos em torno da candidatura peronista de Kirchner. Não surpreendem, portanto, as diferentes trajetórias percorridas pelo MNER e pela Facta no século XXI. Porém, em relação aos partidos de modo geral e seu apoio às recuperações de fábricas, Silvia Díaz relatou em entrevista que:

> *[...] o movimento operário tradicional não nos compreende dessa forma e não houve uma integração orgânica dos trabalhadores em cooperativas com os trabalhadores assalariados. Acredito que isso se dê mais em razão da fragmentação político-ideológica do movimento operário argentino como um todo do que em razão de questões pontuais ou de preferências político-partidárias. Isso ficou nítido para mim quando os "partidos de esquerda", que deveriam ter trabalhado para compor uma unidade entre os trabalhadores, se aproximaram dos trabalhadores em autogestão apenas para identificar e fabricar novos militantes potenciais para suas causas políticas isoladas. Esse tipo de oportunismo ficou bem estampado, principalmente com o crescimento do número de cooperativas de trabalho e de empresas recuperadas.* (DÍAZ, 2017, s/p).

Esse fato mostra que há uma real fratura entre o Moat e os trabalhadores que atuam pela recuperação operária de fábricas, colocando em lados opostos o assalariamento e a busca pela autonomia laboral-social, ratificando empiricamente a modificação da estratégia sindical e partidária de esquerda pós-1990 (fracionamento da CGT e crise do peronismo) e consolidando uma circunstância temerária de cisão entre a luta popular urbana e a luta institucional-burocrática do Moat; diferentemente de todo lastro combativo herdado da transição entre as décadas de 1960 e 1970, dominada pelas mobilizações sociais chamadas *puebladas*, em que as frentes populares e operárias se uniram para protestar contra o regime militar instaurado pós-golpe de 1966 (11 anos após a deposição de Perón por outro grupo militar).

Conhecidas também como "o ciclo de *azoz*", as *puebladas* foram insurreições ocorridas em várias províncias de interior na Argentina entre 1969 e 1973 que reuniram grandes massas operárias e populares contra as demissões praticadas pela política antinacionalista das forças armadas em conciliação com a CGT. Sublevações ocorreram em Tucumán, com trabalhadores da indústria do açúcar, e na Caba, com portuários. Como resultado da política conciliadora da hierarquia sindical, em 1968, como descreve Adamovsky (2012), os trabalhadores organizaram coordenadorias e comitês de bairros para resistência e impulsionaram a criação da "CGT dos argentinos" (CGTA), cuja maior diferença em relação à CGT original era sua integração com movimentos não operários, como movimentos estudantis e outras militâncias. Na esteira dessa animosidade, surgiram as *puebladas*, que, segundo Adamovsky (2012, p. 138):

> [...] envolvem uma mesma luta não somente trabalhadores, como também outros setores da população, especialmente os estudantes universitários, e em menor medida os pequenos comerciantes, profissionais ou mesmo vizinhos e donas de casa. As reivindicações e motivos que desataram cada uma foram muito diversos, o mesmo com os setores que as lideraram. Mas em geral se trataram de vastas reações contra a ditadura nas quais, com frequência, se expressaram também antagonismos de classe e anti-imperialistas. [...] Entre 1969 e 1973 houve ao menos 15 puebladas de magnitude. [...]. As primeiras, em maio daquele ano, foram o Correntinazo e o primeiro Rosariazo, iniciados por protestos de estudantes universitários. Como se fossem ressonância de um eco, outros azos se seguiram em Córdoba (que teve dois), em Tucumán

> (três), um segundo em Rosário, e outros em El Chocón, Chaco,
> Cipolletti, Casilda, General Roca, Mendoza e Trellew. Em
> vários deles – como o Choconazo e o Viborazo cordobês
> em 1971 – os que incendiaram a luta foram os trabalha-
> dores, atraindo rapidamente o apoio de outros grupos. [...].
> A pueblada de maior magnitude foi o Cordobazo de 29 30
> de maio de 1969, que derivou numa verdadeira insurreição
> popular. Os atores decisivos desta luta memorável foram
> os operários das automotivas e da rede de energia elétrica,
> e os estudantes[59].

À diferença, no entanto, das *puebladas*, nas quais o Moat compartilhava o protagonismo, os levantes de 2001-2002 foram organizados por movimentos e instituições populares, tais como o movimento dos *piqueteros*, as jornadas de mulheres, que, segundo Adamovsky, reuniram em 2001 cerca de 11 mil pessoas, entre donas de casa, operárias, camponesas, desempregadas, indígenas, militantes partidárias ou sindicais, as assembleias de bairro, os clubes de troca e as feiras populares, que agregavam massas que continham, além do operariado, porções da pequena burguesia comercial e industrial, profissionais autônomos, setores médios da classe trabalhadora, trabalhadores precarizados, em resumo, ampla camada de pauperizados pela crise, nutrindo reivindicações que apontavam, conforme Adamovsky, para a "horizontalidade" como princípio destacado para um novo modo de vida.

É exatamente nesse quadro histórico de reivindicações acerca da "horizontalidade" que a rebelião operária na Argentina tomou fôlego para atravessar os limites das barricadas e da ocupação fabril a fim de recolocar em cena o projeto de cooperativização" originalmente planejado e apoiado pela UOM-Quilmes décadas atrás. Enquanto o estrato partidário-sindical da esquerda se agrupava em torno de uma recomposição eleitoral para 2003, procurando pela reabilitação do peronismo, as camadas desesperadas de operários lançadas à rua pelo abandono, sabotagem e fraudes patronais combatiam com ações diretas de resistência pelos seus postos de trabalho.

Levados, assim, a reboque da rebelião popular generalizada, os trabalhadores ergueram o projeto de recuperação de fábricas pelas suas próprias mãos. É esse o ponto que caracteriza o Desvio para o Encontro: num momento de paralelismo entre o Moat e as demandas dramáticas do operariado diante do desafio de ocupar e manter a atividade produtiva em movimento em fábricas paradas, o ato desviante que aproxima as cadeias

---

[59] Tradução minha.

de elementos em queda no Vazio é a insurreição popular, que, por meio de doações de mantimentos, de barricadas contra a repressão policial, de assembleias e organizações de bairros, torna possível a repetição cotidiana da ocupação e de retomada da produção.

Não surpreende, portanto, que o surgimento do MNER em 2002, impulsionado, principalmente, pela metalúrgica Impa, tenha tido muito mais proximidade com os movimentos populares do que propriamente com o Moat. O panorama desta relação modificou-se apenas com a criação da Anta em âmbito sindical como parte integrante da CTA, e, mesmo assim, o conteúdo programático das reivindicações de movimentos como MNER e CFOTL não encontra congruência com as aspirações ao reconhecimento estatal de mecanismos tributários e previdenciários contidos no programa político da Anta-CTA, pois, de fato, reivindicam questões muito mais problemáticos do que as solicitações assistencialistas e pontuais do sindicato, como um fundo de conversão tecnológica, por exemplo.

4.5 Sedimentando a "pega": o Sísifo moderno e a educação popular na Argentina

Não obstante, a ligação que se firmou entre os movimentos pela recuperação operária de fábricas argentinas e os movimentos pela educação popular, ocorrida como Encontro particular e subsidiário, demonstrou-se imprescindível para consolidar a "pega" do Encontro original, visto que, atentando-se para as exigências formais do processo expropriatório, disciplinado pela Lei n.º 21.499/1977 — Argentina (1977) —, tornou-se uma prática vital a constituição de cursos de formação secundária para jovens e adultos nos AERs para estes fundamentarem as solicitações judiciais de declaração de utilidade pública com maior lastro social e, assim, terem maiores condições de conquistarem a expropriação definitiva dos meios de produção que ocupam em caráter provisório.

De fato, como estabelece a Lei n.º 21.499/77, em seu parágrafo 1º,

> A Utilidade Pública que deve servir de fundamento legal à expropriação compreende todos os casos em que se procure a satisfação do bem comum, seja este de natureza material ou imaterial. (ARGENTINA, 1977, p. 1).

Neste sentido, a convergência entre a manutenção de postos de trabalho para os operários em recuperação de fábricas e a formação de ambientes de educação popular amplia substancialmente o escopo comunitário de necessidades atendidas e torna a expropriação um resultado mais provável aos pleitos dos trabalhadores. Exemplo disso é o projeto de expropriação da metalúrgica Impa, apresentado à Câmara dos Deputados da República Argentina em 30 de outubro de 2014 e sancionado pelo Senado em 25 de novembro de 2015, que traz como fundamento para a solicitação da declaração de utilidade pública, segundo Argentina (2014), um eixo educativo cujo elemento principal é espaço educacional, com 42 profissionais docentes, dedicados à educação de adultos, com ênfase em cooperativismo e microempreendimentos, atingindo jovens trabalhadores e militantes populares de comunidades de entorno.

Esses espaços educacionais recebem a já mencionada denominação *Bachillleratos Populares*. Em uma definição simples, pode-se afirmar que os BPs são escolas secundárias para jovens e adultos que surgiram na Argentina em 2004 pela ação de movimentos populares e de trabalhadores de fábricas ocupadas/recuperadas. Na argentina, segundo o mapeamento nacional realizado pelo Grupo de Estudos sobre Movimentos Sociais e Educação Popular (GEMSEP, 2015b) — havia há época do mapeamento 93 BPs, e 38% destes se encontravam na Caba, 54% no interior da PBA, e 8% no restante do território nacional.

Procurando maior refinamento dos dados, a publicação de Gemsep incluiu uma abordagem qualitativa dirigindo questões específicas a 86 BPs do total da amostra. Como resultado, obteve-se que 46% das 86 unidades já estavam oficializadas de alguma forma pelo Estado, cuja maioria se encontrava na Caba. O maior período de abertura de novos BPs deu-se em 2010, quando 17 novas escolas secundárias foram abertas, seguido pelo período de 2011, quando ocorreu o maior número anual de oficializações, atingindo 10 ao total. Em 2015, 5.506 estudantes haviam se inscrito em BPs, e, entre 2006 e 2015, 2.293 estudantes saíram formados. Ainda, em relação à localização, 69% dos BPs pesquisados encontram-se em bairros operários, 17% em bairros de centro, e 14% em vilas e assentamentos.

No desenvolvimento destas experiências educacionais, destacam-se três núcleos organizativos: a *Coordinadora de Bachilleratos Populares en Lucha* (CBPL), a *Red de Bachilleratos Populares* (RBP) e a *Coordenadora por la Batalla Educativa* (CBE). Segundo Aguiló e Wahren (2013), a CBPL surge em 2006 como resultado da congregação de 45 BPs para a luta política em torno de reivindicações para reconhecimento estatal dos títulos de formação, salários para professores, merendas para estudantes e financiamento integral das atividades educacionais. Por outro lado, segundo Gemsep (2015a) e

Areal e Terzibachian (2012), tanto a CBE, criada em 2007, quanto a RBP, criada em 2009, são coordenadoras respectivamente 32 e 7 BPs, põem em exercício um plano de lutas antagônico ao da CBPL, pois defendem que a conquista da autonomia e da emancipação das massas subalternizadas passa exatamente pela recusa à dependência do aparelho estatal como instância provedora de assistência, pois, em sua contrapartida, põe-se a cooptação do poder popular.

Embora divirjam sobre a forma e o método de condução da luta pela autonomia educativa, há um núcleo comum compartilhado por essas organizações, que, segundo Gemsep (2015b), guardam, na recuperação da tradição latino-americana da educação popular, o seu maior desafio, buscando implementar métodos educativos baseados nas propostas do pedagogo brasileiro Paulo Freire e experiências passadas de práticas escolares informais e abertas às comunidades periféricas. Na Argentina, conforme Elisalde (2013, p. 30):

> [...] desde fins do século XIX e princípios do XX, foram gestados espaços de educação de adultos – escolas, bibliotecas populares, centros culturais – por correntes políticas ligadas ao movimento operário, tais como anarquismo e socialismo. Em alguns casos chegaram a se organizar verdadeiras escolas populares alternativas e em outros buscou-se complementar a formação de instituições educativas tradicionais com capacitações orientadas a reafirmação dos trabalhadores enquanto classe. Décadas depois, nos anos 60 e 70 do século XX, a partir de outras perspectivas políticas influenciadas diretamente pela obra e práxis de Paulo Freire, se relacionou à modalidade de educação de adultos com projetos populares que aspiravam à *transformação social*. Grupos de alfabetização, espaços de aulas de apoio, oficinas de formação política realizados nos bairros por militantes sociais, junto a experiencias estatais [...] durante o governo peronista em 1973, associaram a necessidade de educação de jovens e adultos com a formação de um projeto de liberação nacional e social.[60]

O resgate a Paulo freire fez-se imprescindível para dotar as práticas de educação popular de um método de ensino voltado para a politização da educação e, principalmente, do educando e do ato educativo, em torno das perspectivas delineadas nas obras *Pedagogia do oprimido* e *Pedagogia da autonomia* — respectivamente Freire (2019b, 2019a), que valorizam

---

[60] Tradução minha.

os saberes socialmente construídos para a libertação em comunhão da sociedade, contra uma visão "bancária" da educação que visa à manutenção das condições que estruturam a subordinação das classes oprimidas pela classe dominante.

A visão bancária, que dominou a América Latina por pressão de organismos multilaterais como a ONU e o Banco Mundial e a Argentina, especificamente, foi materializada, segundo Sverdlick e Costas (2008), pela reforma educacional promovida por Menem pelo conjunto formado pela Lei n.º 24.049 de 1991 — que transferiu às províncias a administração de serviços de educação para jovens e adultos, precarizando sobremaneira a oferta destes —, pela Lei n.º 24.195 de 1993 — separando a educação de jovens e adultos do Sistema Educativo Nacional e estabelecendo-a como categoria de "regime especial", o que diminuiu a oferta e a extensão dessa modalidade educativa —, e, por fim, pelo fechamento do Conselho Nacional de Educação Técnica, que estipulava uma política de intercâmbio educação-trabalho, o que contribuiu severamente para a piora das condições educacionais das massas populares.

Em reação a esse processo, conforme Sverdlick e Costas, as primeiras experiências de reconstrução de espaços autônomos para a educação popular surgem como forma de resistência dos excluídos da formação regular, provenientes de bairros periféricos habitados por massas pauperizadas pela economia política neoliberal. Assume um papel protagonista a Cooperativa de Educadores e Investigadores Populares, formada ao fim dos anos 1990 com apoio de professores da UBA e licenciados por seus programas de graduação, que, de acordo com Ampudia e Elisalde (2015), começaram a organizar entre 1998-1999 o BP "El Telar" em Tigre, na GBA. Após essa primeira iniciativa, os BPs proliferaram-se em conjunto com os movimentos sociais, principalmente na Caba e no restante da PBA. Conforme a própria Ceip ([2018], s/p), os pilares que balizam a sua luta pela educação popular podem ser expostos em sete pontos:

> 1) lutamos por uma Educação Pública Popular; 2) consideramos a Educação Popular como uma educação libertadora e questionadora dos saberes instituídos, que busca a formação de sujeitos políticos que sejam capazes de inserirem-se nos territórios para a transformação das relações sociais existentes; 3) pensamos a educação popular, como educação transformadora, deve começar na escola pública, em todos os níveis. Por isso não nos consideramos uma alternativa

a ela, senão que trabalhamos para que todas sejam escolas públicas populares; 4) nos propomos a articular com todas as organizações que pleiteiam a modificação das relações sociais existentes e que não estejam participando nas estruturas do Estado; 5) Como trabalhadores da educação, sustentamos o princípio de classe e solidariedade às lutas de os companheiros do conjunto da educação e dos trabalhadores em geral; 6) Localizamos o Estado como responsável pela educação, mas resgatando o princípio da autogestão das organizações sociais que levam adiante experiências educativas; e 7) nos opomos às políticas precarizadoras tanto educacionais como laborais para a educação de jovens e adultos impulsionadas pelos Ministério de Educação Nacional e replicadas nos diferentes distritos.

Como descreve Ampudia e Elisalde (2015), a Ceip foi responsável pelo desenvolvimento de BPs em instalações dos próprios AERs, como nos casos emblemáticos da metalúrgica Impa, em 2004, e da gráfica Chilavert, em 2007; e, segundo os dados de Gemsep (2015), 6% dos 86 BPs em atividade na Argentina são desenvolvidos em AERs. Porém, mesmo que em termos quantitativos pareçam experiências isoladas, foram fundamentais para a reprodução dessas novas iniciativas de educação popular fomentando e reivindicando melhorias em conjunto com outros movimentos sociais. Sobre o desenvolvimento inicial dos BPs, Mario Hernandez comentou, em entrevista, que:

> A história dessa luta pela educação popular através dos bachilleratos populares começa com a própria necessidade dos trabalhadores em fábricas recuperadas e de militantes de completarem seus estudos secundários. Então pensam, no começo, nas necessidades imediatas e incorporam, nesse primeiro momento, seus filhos, suas famílias, e logo começam a política de abertura à comunidade. E aí se inicia uma luta pelo reconhecimento dos bachilleratos populares porque, naquele instante, não outorgavam títulos oficiais ou, por exemplo, os docentes não eram pagos, e começam as reivindicações por merenda, bolsas etc.[61] O primeiro deles surge na recuperada

---

[61] A este ponto é importante salientar que tanto a Resolução 3.948 de 2007 publicada pela PBA quanto a Resolução 669 de 2008 publicada pela Caba, apesar de concederem reconhecimento estatal às atividades educativas dos BPs, não instituíram garantias de financiamento para a estrutura física, para o pagamento de docentes e permanência de discentes, levando os movimentos sociais em conjunto com os AERs a publicarem, em julho de 2008, conforme RedEco (2008), uma carta aberta endereçada aos governos federal e da Caba exigindo subvenção imediata aos BPs, reconhecimento imediato dos educadores populares em equiparação jurídica aos demais trabalhadores da educação, bolsas para os estudantes, seguro escolar, imobiliário, materiais didáticos e alimentação. Na Caba, por exemplo, apenas três anos depois, com a publicação da Resolução n.º 406 de 2011, houve avanços em relação às solicitações dos BPs.

> *Impa entre 2004 e 2005. Após isso houve um aumento significativo de aberturas de bachilleratos, que hoje chegam a mais de cem na Argentina, atingindo mais de 8 mil alunos em todo território nacional e cerca de 300 professores. Esses bachilleratos funcionam com duplas pedagógicas, ou seja, dois docentes por curso. Às vezes são três. Em alguns casos, o governo reconhecia um docente apenas e, então, foi necessário socializar o pagamento estatal feito para conseguirmos dar condições de trabalho para mais professores. Dividia-se, assim, o salário de 30 docentes por 60, às vezes por 90 pessoas. Hoje em dia seguimos pleiteando demandas, por exemplo, para aquisição de materiais de informática, e pagamento de recursos como luz, serviços, papel, comida, porque exigimos que, se não o total, pelo menos uma parte poderia ser financiada pelo Estado, já que todos esses custos estavam sendo pagos pelos movimentos sociais e pelos trabalhadores das recuperadas. Sem essa solidariedade, os bachilleratos não teriam vindo à vida, nem sobrevivido aos tempos difíceis que enfrentávamos.* (HERNANDEZ, 2019, s/p).

Além do que descreveu Mario Hernandez sobre o impulso inicial e a repetição extensiva dessas experiências educacionais para jovens e adultos, outro elemento bastante marcante dos BPs é o seu método de ensino. A respeito desse tema, Mario Hernandez afirmou que:

> *Houve muito debate em torno do que se esperava da educação popular. Por exemplo, havia quem achasse que, para fazer educação popular, bastava abrir um curso que atendesse à população periférica, ou organizar salas de aula em círculo. Depois de muitos debates, chegou-se à conclusão de que o que importava era, com certeza, o conteúdo metodológico do ensino. Sobre isso fomos unânimes em trazer o nome de Paulo Freire para nossa formação popular, pois a Pedagogia do oprimido era, sobretudo, uma metodologia de formação militante que colocava centralidade sobre a construção social de sujeitos críticos em relação à realidade presente. A partir do método, os bachilleratos montaram, então, diferentes grades curriculares, de acordo com a ênfase que cada coordenação entendia como mais relevante e acessível ao público que estava a atender. Eu posso falar, por exemplo, do bachillerato de que faço parte: o bachillerato popular Darío Santillán. Nós temos cinco bachilleratos: dois na cidade de Buenos Aires, nos bairros populares de Constiuición e Lugano, e agora está abrindo um terceiro, do qual sou professor, em uma favela no bairro de Barracas, na zona sul. Nós atendemos cinco áreas: a área de economia popular, a área de sociais, a área de língua e comunicação, a área de matemáticas e área de saúde. À parte*

> *disso, temos uma área artística e uma área de leitura e reflexão. Por quê? Porque um dos grandes déficits que encontramos em nossos alunos era o problema de leitura, interpretação e redação. Isso é muito comum nos alunos das escolas secundárias em geral e uma das razões do fracasso dos estudantes que tentam ingressar nas universidades. Então nós abrimos esse espaço de leitura e reflexão. Estão são as áreas compreendidas por nosso bachillerato, que é orientado, principalmente, à área do cooperativismo e da autogestão. Digo isso porque sou professor do curso de economia popular e dividimos a disciplina em um módulo introdutório no primeiro ano, um módulo teórico-prático no segundo ano, em que desenvolvemos oficinas têxteis, em outro ano uma oficina de carpintaria, que servem fundamentalmente não só para os alunos aprendam um trabalho, mas que aprendam a cooperar e a se organizarem em equipe, então eles realizam uma produção que, portanto, é mostrada e vendida na festa de fim de ano para que eles juntem dinheiro para fazer uma festa ou uma viagem etc., e no terceiro ano conseguimos implementar uma disciplina sobre distribuição, porque já havia uma parte teórica, uma parte produtiva, mas faltava a questão da distribuição da produção, ou seja, de como fazer a produção alcançar a demanda por ela que é a principal dificuldade dos movimentos social em geral e das fábricas recuperadas. Certamente que, pela própria intervenção do método freireano, incentivamos nossos alunos a discutirem problemas históricos e políticos mundiais, regionais e nacionais, bem como apresentamos conceitos fundamentais do marxismo, como o mais-valor e acumulação primitiva, para que nossos alunos entendam a organização capitalista do trabalho no taylorismo, fordismo e toyotismo, e, assim adentramos o tema da autogestão, das fábricas recuperadas, das iniciativas produtivas dos movimentos sociais, ou seja, damos enfoque ao que seria a economia popular com respeito ao que podemos chamar de "a outra economia". Por outro, temos aprofundado o debate com os alunos, porque é uma demanda deles, sobre o trabalho precário. Já que nossos alunos são trabalhadores precários. É a característica da grande maioria. E é muito importante mostrar a eles que existem saídas alternativas através da produção em forma cooperativa, seja pela recuperação de fábricas, seja pelos movimentos sociais. Daí a importância de colocarmos para nossos alunos a necessidade de lutar pela educação popular, e muitos deles, então, passam a se juntar às nossas fileiras de reivindicação e mobilização.* (HERNANDEZ, 2019, s/p).

Com base nesse relato, pode-se compreender como os BPs, especificamente este em que Mario Hernandez é professor, podem atuar como aparelhos de reprodução ideológica para a formação de sujeitos de uma práxis socialmente libertadora, promovendo ações para a continuidade, ampliação e aprofundamento da relação entre escolas, AERs, movimentos sociais e comunidades de bairro. Outro aspecto interessante dos BPs é que, como fruto de sua imbricação com práticas produtivas e de mobilização caracterizadas pela defesa da autonomia de pensamento e ação, em que pese o reconhecimento formal do Estado dessas formas autônomas, tais espaços formativos desenvolvem métodos de gestão, organização e deliberação equivalentes às de cooperativas.

Segundo Cabrera (2012), dispõem de uma organização não hierárquica sobre a qual são distribuídas as atividades particulares a cada lugar ocupado pelos distintos agentes coordenadores, docentes e estudantes. A gestão das escolas, conforme Sverdlick e Costas (2008), é conformada por quatro elementos: a) equipes de deliberação colegiada, que determinam a horizontalidade das decisões, em contraste com a estrutura piramidal tradicional de decisão nas escolas convencionais; b) assembleias para tomada de decisões coletivas entre docentes e estudantes; c) eleição de docentes; d) compartilhamento de responsabilidades e comunicação das informações. Assim como numa cooperativa de trabalho, nos BPs a centralidade de sua vida organizativa é ocupada pela assembleia. De acordo com Cabrera (2012, p. 6):

> O dispositivo autogestivo de assembleia de que participam docentes e estudantes é parte da proposta pedagógica dos bachilleratos populares. [...]. As assembleias são realizadas uma vez ao mês, no mesmo horário escolar do bachillerato, e desde o seu início se trabalha nos cursos a importância de participar desse espaço. Trata-se de inaugurar outros caminhos pela escola, onde a presença não é significada a partir do dever e da obrigação, tão caros a instituição escolar hegemônica, mas com ter com outros [...] um território ao qual é possível ter acesso, do qual não se sintam expulsos, estigmatizados nem discriminados. Em assembleia se discutem as normativas e os procedimentos que são feitos. Assim, estudantes e docentes decidem o modo como manterão o limpo o espaço físico, debatem as problemáticas que surgem em aula e encontram soluções ao problema das faltas e ao não cumprimento dos horários letivos. Ou seja, é uma instância onde são oferecidos ao debate e a decisão coletiva os modos de habitar a escola [...].

A identidade crítica e participativa dos BPs reproduz e reforça os saberes acumulados pelas experiências de luta dos AERs. Na Impa, segundo Elisalde (2013), o BP foi criado e manteve-se sem aportes financeiros externos durante mais de seis anos, o que implicou o emprego de estratégias de socialização, tais quais Mario Hernandez havia relatado em entrevista. A constituição de um BP neste AER deu-se no âmbito do projeto *La Fábrica Ciudad Cultural* (A Fábrica Cidade Cultural, em português), criado em 2003, e que mais tardiamente veio potencializar a criação da Universidade dos Trabalhadores, consolidando a Impa como exemplo do conceito de "fábrica aberta". Além da Impa, outra virtuosa experiência de BP se deu na gráfica Chilavert, também conforme a constituição, em 2004, do Centro Cultural Chilavert Recupera, onde ocorriam, segundo Ruggeri, Polti e Novaes (2018), diversos eventos extraprodutivos e que serviram de base para a abertura deste AER à comunidade e aos movimentos sociais, dando suporte à criação, três anos mais tarde, de um BP próprio, sob coordenação da Ceip.

Certamente, como já se afirmou anteriormente, o amálgama constituinte que liga AERs e educação popular se põe no âmbito de um projeto de rebelião popular que se centrou no lema "Ocupar, resistir e produzir"[62], bradado exclusivamente pelo MNER, à diferença, por exemplo, do MNFRT. No entanto, evidenciou-se que a sustentação adequada à "pega" do Encontro em geral só foi possibilitada pela contingência de um outro Encontro que, sem objeção, já se encontrava sob a lei posta pela relação força de trabalho/ meios de produção "livres", ou seja, pela necessidade de ser mero meio para a repetição do Encontro original. À necessidade da primeira contingência seguiu-se a oportunidade para uma ação impreterível (a abertura de BPs para justificar a utilidade pública dos bens imóveis dos AERs). No entanto, em que pese o caráter imediato da relação entre AERs e BPs em torno de uma necessidade incontornável (a expropriação dos meios de produção), os BPs acabaram por produzir aos AERs, por meio do seu caráter político-pedagógico, uma nova singularidade à reprodução de suas condições políticas de reivindicação popular em comunhão com outros movimentos sociais e bairros.

É essa a trajetória que permite considerar o momento histórico genealógico do Encontro como um processo de encadeamento de contingências e necessidades colocadas em jogo pelo Desvio (o Desencontro neoliberal), o Encontro (o choque entre a força de trabalho e os meios de produção abandonados/sabotados pelos ex-patrões) e a "Pega" (a recuperação operária de fábricas). Da perspectiva sisífica, a **transgressão primária**, relativa à recuperação dos meios de produção no Encontro, atravessou o castigo

---

[62] Lema originalmente fundado pelo Movimento dos Trabalhadores Rurais Sem Terra do Brasil desde 1985 a partir de seu 1º Congresso Nacional.

das **repetições permanentes**, relativo à cotidiana luta pela manutenção dos postos de trabalho à sombra da circulação capitalista, e atingiu novas **formas transgressivas**.

Enquanto a **transgressão secundária**, apresentada na seção 3.4, identifica-se no vetor trabalho-educação como um processo formativo dos trabalhadores recuperados para si próprios no âmbito de uma aprendizagem espontânea e autônoma necessária ao domínio destes trabalhadores sobre a organização, decisão e produção do respectivo AER no qual exercem atividades, a **transgressão terciária**, apresentada nesta seção, está identificada como um processo dialógico de formação no qual está inscrito no vetor educação-trabalho mediado pela relação fábrica-comunidade. E, logo, da Queda não dialetizável operada pelo Desencontro neoliberal, chegou-se a um produto dialético obtido pelo entrelaçamento das duas repetições, a saber: da autogestão instauradora do **trabalho como princípio educativo** chegou-se à articulação AERs-BPs como instauradora da **educação como princípio produtivo** do trabalho autogerido.

Nesse sentido, o elo formado entre AERs e BPs, ou seja, entre **recuperários** e educadores populares, permite compreender um movimento de alargamento do escopo de interesses objetivos reivindicados pela recuperação de fábricas. Assim, essa aliança operário-popular, produtiva e educativa, consolida a **autogestão econômico-corporativa**, uma vez que conduz a uma fundamentação jurídica da reivindicação dos trabalhadores pela expropriação dos meios de produção dos seus ex-patrões mediante uma declaração de utilidade pública. O que, em termos da perspectiva da socialização operária da produção, significa um avanço qualitativo em direção a um estreitamento da relação entre economia e política sob as vias de uma estratégia democrática.

5

O SÍSIFO MODERNO: PERTINÊNCIAS TEÓRICO-PRÁTICAS

5.1 A autogestão nos AERs argentinos como crítica radical à heterogestão

Após as etapas de demonstração e análise do Encontro consumado e do Encontro em seu processo histórico-genealógico, sabe-se, até o momento, "como é" o Sísifo moderno e "como ele veio a existir". Sabe-se apenas, até o momento, que a autogestão é sua razão de ser, e que a forma cooperativa é sua indumentária jurídico-burguesa. Resta colocar os elementos empírico-históricos desvelados nas seções anteriores sob o olhar da crítica da economia política de cariz marxista para se enquadrar o Sísifo moderno em sua determinação estrutural de classe, ou seja, colocar em evidência os traços econômico, jurídico-políticos e ideológicos para decifrar o conteúdo relacional sob o qual se conforma a camada de trabalhadores recuperados na formação social argentina do século XXI.

O primeiro momento lógico dessa série de debates consiste em se colocar em exposição as primeiras modificações técnico-organizativas empreendidas pelos trabalhadores no âmbito da recuperação de uma unidade produtiva, demarcando as diferenças estruturais entre a organização herdada e a adquirida como resultado da implementação coletiva dos processos autogestivos. Para tanto, é preciso compor uma abstração breve sobre a imagem de uma organização formal-patronal, hierarquicamente distribuída e coordenada, assim como os elementos distintivos de cada estrato funcional da organização e sua razão de ser. Com efeito, ao invés de se reduzir a divisão hierárquica do trabalho em função da distinção entre trabalho intelectual e o trabalho manual, como em Poulantzas (1975), ou entre a concepção e a execução do trabalho, como Tragtenberg (1974), aproveita-se dessas perspectivas para esquadrinhar em maior profundidade os nexos operantes da materialização dos antagonismos de classe no interior da gestão.

Ainda, sem avançar sobre aspectos de intervenção e manipulação subjetiva da psiquê operária, tal como procede Faria (2004) em sua definição dos tipos e mecanismos de controle nas organizações patronais, busca-se, aqui, apenas esboçar uma ilustração aproximada das circunstâncias gerenciais de uma típica firma capitalista. Por isso, assumir-se-á, por simplificação, que a forma piramidal dividida por três estratos hierarquicamente vinculados se faz válida, e também se faz a opção pela exposição de apenas três formas de controle organizacional, não porque se ignoram os efeitos de outras, mas porque entende-se que a natureza concreta dessas três desenvolve caracteres sobredeterminantes.

A estrutura hierárquica consistiu-se, por sua vez, de três lugares na cadeia de comando da organização e obedece à divisão proposta por Bernardo (1991) que se dá entre proprietários, gestores e os produtores diretos. Refinando um pouco mais esta estrutura, à luz dos argumentos já delineados anteriormente por meio de Poulantzas (1975), pode-se conceber que o regime hierárquico de uma gestão patronal se estende pela divisão entre aqueles que controlam a propriedade real (econômica) dos meios de produção, delimitam a estrutura patrimonial da empresa, estipulando suas dotações de capital monetário, circulante e fixo e reproduzem sua dominação despótica sobre os lugares do processo de trabalho valendo-se de um aparato político ideológico, aqueles que controlam o processo de trabalho, intervindo sobre o espectro burocrático-funcional da empresa para efetivar as metas e objetos a serem alcançados, e, enfim, aqueles que controlam apenas os elementos orgânicos (físicos e intelectuais) orientados à execução de tarefas parceladas do processo de produção. Certamente, à luz de Marx (2011b), pode-se estabelecer que esses três degraus são ocupados, de cima a baixo, pelos que determinam a taxa de lucro a ser extraída, os que determinam as estratégias e as técnicas de sua extração e, na base, os que produzem, de fato, o sobretrabalho a ser extraído na produção.

Além disso, há ainda que se pensar sobre a capacidade que cada camada da organização detém de poder de obstrução da produção como forma de reivindicação jurídica e política para atendimento de demandas trabalhistas e patronais. Acerca deste elemento, as experiências já expostas até o momento sobre a práticas da recuperação de fábricas por trabalhadores na Argentina indicam a seguinte fórmula: enquanto os produtores diretos se utilizam de táticas de ação direta para paralisar a produção, barrar a entrada de gestores e proprietários na planta produtiva, impedir a continuidade da produção e organizar barricadas para o enfrentamento físico contra posições hostis, os proprietários reais, enquanto reconhecidos juridicamente como tal, estabelecem, por um lado, diligências judiciais para garantirem sua posse da propriedade, e, de outro, praticam tentativas fraudulentas de falência e de esvaziamento de capital constante e de produtos-mercadorias da empresa. Por outro lado, o corpo de gestores e seus ramos gerenciais pode também obstruir a produção, mas por uma perspectiva técnica, para solucionar problemas de qualidade, de ritmo, de funcionamento, entre outros, sem o objetivo de causar transtornos e prejuízos aos proprietários reais.

Em paralelo, também se faz imprescindível levar em conta que as formas de controle e intervenção detidas por cada uma das três camadas da organização se desenvolvem à sombra de constrangimentos exteriores inapeláveis aos quais estão estruturalmente subsumidos à necessidade de mediação de seus interesses objetivos com as circunstâncias materiais dos imperativos da acumulação capitalista. Partindo-se de Marx (2011b), permite-se considerar que os proprietários reais dos meios de produção se encontram pressionados pela consonância entre valorização de seus capitais individuais em acordo com a média industrial que cada um enfrenta diante da concorrência intercapitais. No caso do corpo de gestores e seus ramos gerenciais, as ponderações de Motta (1986, 1987) e de Tragtenberg (1974) acerca dos quadros médios que formam a burocracia e de suas respectivas funções de comando, controle e organização sobre a produção permitem entender que este estrato organizacional está marcado pela imposição de manter em equilíbrio a obtenção da taxa de lucro pretendida pelos proprietários reais e os imperativos de reprodução das condições de produção da empresa. Por fim, os trabalhadores produtivos estão tomados pela exigência do atendimento dos parâmetros produtivos estabelecidos pelo corpo de gestores em correspondência com a obtenção de uma cesta de bens e serviços suficiente para sua reprodução biológica e social.

O Quadro 1, a seguir, apresenta de forma sistematizada os elementos dispostos até aqui:

Quadro 1 – Divisão hierárquica da gestão patronal de unidades produtivas no MPC

ESTRATOS	CONTROLE/INTERVENÇÃO – SUBSUNÇÃO ESTRUTURAL – CAPACIDADE DE OBSTRUÇÃO	ATRIBUTOS ORGANIZATIVOS
Proprietários reais	Controle Político-Ideológico da corporação. Intervenção sobre a dotação de meios de produção e circulação da empresa, subsunção estrutural à necessidade de mediação entre as exigências de valorização do capital individual e os imperativos da concorrência intercapitais. Capacidade de obstrução econômica e judicial da corporação.	Definição da taxa de lucro pretendida e dos critérios de distribuição de excedentes econômicos. Delimitação de diretrizes e de objetivos para a alocação de meios de produção e circulação.
Corpo de gestores & ramos gerenciais	Controle Burocrático-Funcional da corporação. Intervenção formal/institucional sobre meios de gestão e decisão. Subsunção estrutural à necessidade de mediação entre a obtenção da taxa de lucro pretendida pelos proprietários reais e os imperativos de reprodução das condições de produção. Capacidade de obstrução técnica da corporação.	Extração de trabalho excedente dos produtores diretos e mobilização de práticas gerenciais necessárias para realizá-lo. Regulação sobre o processo de produção e utilização de dispositivos disciplinares de cooptação e subordinação.
Produtores diretos	Controle Orgânico de tarefas de execução do trabalho. Intervenção programada/monitorada na operação dos meios de produção e dispêndio de força de trabalho. Subsunção estrutural à necessidade de mediação entre a obtenção da taxa de mais-valor designada pelo corpo de gestores e os imperativos de sua própria reprodução orgânica/social. Capacidade de obstrução material da corporação.	Trabalho-vivo do qual se extrai o sobretrabalho. Participação restrita/condicional na resolução de problemas imediatos do processo produtivo.

Fonte: elaborado pelo autor

Como, de fato, a recuperação de fábricas por trabalhadores se deu em unidades produtivas classificadas como pequenas e médias empresas e nas quais a gestão patronal pode se caracterizar pelo entrelaçamento entre proprietários reais e corpo dirigente na figura de um dono do capital que também exerce as funções de diretor da produção — caso que ocorre principalmente em unidades geridas por famílias e nas quais se desempenha um perfil paternalista de gestão patronal —, o Quadro 1 é uma representação tão somente dos lugares, suas contingências e seus atributos na hierarquia funcional de um empreendimento sob gestão patronal.

Na efetivação de uma recuperação de fábrica por uma cooperativa de trabalho, como confirmam as pesquisas de Rebón (2007) e Ruggeri (2018), a maior parte dos trabalhadores que se dispõem à luta pelo reerguimento das condições de produção de uma empresa pertence ao estrato de produtores diretos, enquanto trabalhadores do quadro médio (gerentes) optam, em sua maior parte, por procurar posições semelhantes em outras empresas ao invés de permanecerem na empresa em recuperação. Não é um dado surpreendente. Trabalhadores mais qualificados, como engenheiros, técnicos de produção, administradores, contadores e outros, possuem maior capacidade de encontrar empregos formalizados, com carteira assinada e direitos regulamentados do que trabalhadores menos qualificados que desempenham, na maior parte de sua jornada, senão em sua totalidade, funções básicas dominadas pelo emprego de esforço físico e coordenação motora na execução de tarefas simples e repetitivas, cujas saídas objetivas em momentos de crise generalizada e de risco de perda de seus postos de trabalho se resumem a: 1) procurarem vagas de trabalho mal remuneradas, intermitentes, ou sem carteira assinada e, assim, sem direitos regulamentados; ou 2) se mobilizarem para manter seus postos de trabalho por meio de uma luta judicial e econômica, tornar-se sócios em uma cooperativa e, em consequência disto, trabalhadores por conta própria (*cuentapropistas*[63]).

A liberdade apresenta-se, então, aos produtores diretos como a uma escolha forçada entre vagarem pelo **precariado**, como anteriormente definido por Standing (2014), ou, num **ato desviante**, lutarem para organizar **processos autogestivos** com o objetivo de reestruturarem a produção. Do ponto de vista da instância ideológica, essa escolha forçada já coloca em tela a possibilidade de uma ruptura fundamental para a instauração da autogestão econômico-corporativa: a rejeição da **naturalização da hierarquia social-funcional**.

Como concebe Dupuy (2013), essa naturalização ocorre como resultado de quatro procedimentos ideológicos por meio dos quais os indivíduos pertencentes ao estratos basilares da produção social são disciplinados a

---

[63] Sobre trabalhadores por conta própria na Argentina, faz-se importante o estudo de Calero (2012).

"aceitar" a desigualdade entre suas condições de vida e as de outros em estratos superiores, sejam eles: a) a própria hierarquia, desde que operada por meio de fatores externos, como a hereditariedade monárquica, por exemplo; atua como forma de supressão para o estabelecimento de hierarquias internas de valores pessoais, como honra, inteligência ou riqueza, que podem levar a uma comparação social e, por fim, à deterioração da ordem hierárquica; b) a desmistificação, em que os indivíduos que experimentam circunstâncias sociais de maior restrição econômica, profissional e política interpretam as condições de superioridade de classe como derivações alheias a qualquer forma meritocrática, apenas como resultantes de status social, riqueza familiar, contatos corporativos ou informações privilegiadas; c) a contingência, pela qual os indivíduos em estratos mais baixos da hierarquia interpretam a distribuição das pessoas entre os lugares da produção social como resultado de eventos naturais e sociais que intervêm para o sucesso ou para o fracasso, como nascer em uma família rica, apresentar determinado fenótipo, nascer em meio a determinado grupo étnico-racial, ter determinada nacionalidade, expressar determinada cultura etc.; e d) a complexidade, pela qual os indivíduos atribuem a distribuição social dos lugares privilegiados na hierarquia social ao resultado da ação de forças incontroláveis de aparência metafísica, como sorte, destino, intervenção divina ou incompreensíveis desequilíbrios de mercados pela "mão invisível".

Em formações sociais submetidas à hegemonia do MPC nas quais as condições econômicas, políticas e ideológicas nutrem a difusão de valores individuais como a meritocracia, a justiça social e a igualdade formal dos indivíduos, explica Dupuy que esse sistema de quatro procedimentos ideológicos é operado com a função exata de fazer com que as camadas trabalhadoras não se coloquem em posição de questionar a ordem estabelecida sob os termos de seus esforços e capacidades individuais para ascenderem socialmente, ao mesmo tempo que seus esforços e valores individuais são utilizados pelo discurso ideológico da classe dominante exatamente para justificar para as classes subalternas a perpétua não ascensão social delas, apelando para questões como preguiça de trabalhar, falta de parcimônia, falta de engajamento profissional, falta de qualificação contínua etc., que, difundidas sistematicamente por um Estado neoliberal, acabam entronizando o próprio discurso dessas classes e resultando no aprofundamento da competição individualista em torno do "microempreendedorismo" em detrimento a formas classistas de combate político-ideológico contra a hegemonia dominante.

Encorajados à autogestão pelas contingências da crise sistêmica de 2001-2002, os trabalhadores argentinos que carregaram a luta pela recuperação de fábricas têm o mérito de romper com a naturalização da heterogestão nas suas organizações. Dissolvendo a hierarquia herdada da gestão patronal, a instalação de assembleias gerais para decisões coletivas aponta para a conformação de uma nova estrutura organizativa baseada na igualdade jurídica e material dos trabalhadores. Da reestruturação gradual e profunda do espaço organizacional, resulta a constituição de uma nova **cultura do trabalho**; que, segundo Tiriba (2008, p. 85):

> Cultura do trabalho diz respeito aos elementos materiais (instrumentos, métodos, técnicas, etc.) e simbólicos (atitudes, ideias, crenças, hábitos, representações, costumes, saberes) partilhados pelos grupos humanos — considerados em suas especificidades de classe, gênero, etnia, religiosidade e geração. Determinada em última instância pelas relações de produção, nos remete a objetivos e formas sobre o dispêndio da força de trabalho, maneiras de pensar, sentir e se relacionar com o trabalho. Os grupos humanos trabalham de acordo com uma determinada cultura e, ao trabalharem, produzem cultura [...]. Sendo a síntese de múltiplas determinações, na cultura do trabalho há de se considerar, entre outras, as diferenças de classe, gênero e etnia. Está relacionada com o papel dos sistemas simbólicos na vida social e, em especial, dos valores morais atribuídos à atividade do trabalho, sendo construída e interiorizada em outras instâncias de convivência, entre elas, família, escola, igreja, sindicato e outras instituições que modulam modos de vida e relações entre grupos e classes sociais.

Sob os auspícios dos processos autogestivos, a nova cultura do trabalho incentivada pelos trabalhadores em recuperação tem na pedagogia do trabalho a sua centralidade e toma a forma de dois processos simultâneos: o primeiro corresponde à incorporação dos atributos específicos aos outros estratos organizativos superiores correlativos às posições de classe anteriormente ocupadas pelo capital, como o corpo de dirigentes e os proprietários reais, impondo modificações quanto ao conteúdo, forma e extensão de suas ações; o segundo corresponde aos elementos que transformam paulatinamente o que se pode denominar "complexo do trabalho", pois resultam em reconfigurações conjuntas da produtividade do trabalho e das relações entre os produtores diretos, de forma que os trabalhadores desenvolvem: 1) disciplina do trabalho (disposição moral-intelectual do trabalhador); 2) tempo do trabalho (jornadas, intensidade de trabalho, intervalos, tempo livre); 3) memória do trabalho (registro cumulativo individual e coletivo de novos processos, métodos e formas de trabalho); 4) distribuição do trabalho (divisão sociotécnica das tarefas de produção e organização entre os produtores diretos); e 5) direção e coordenação do trabalho (estabelecimento do modo e das práticas de integração e execução do processo de produção da fábrica recuperada, incluindo articulações extraprodutivas).

Na mesma direção de Tiriba, Leal (2011) tematiza as transformações ligadas aos processos autogestivos de acordo com os elementos "vínculo coletivo", "decisão", "ação", e "resultado", que respectivamente indicam o compartilhamento de um projeto ou programa de organização entre os trabalhadores, a participação, a responsabilidade individual e o domínio coletivo sobre as informações necessárias a condução da vida organizativa, efetiva organização do trabalho e do tempo, e satisfação das necessidades objetivas dos trabalhadores, bem como distribuição coletiva das variações patrimoniais. De fato, é nesse instante que a pedagogia da fábrica, caracterizada por Kuenzer (1985), se mostra efetiva para a construção de um outro trabalhador, apresentando a este um novo **conteúdo pedagógico**.

5.2 Algumas críticas ao reducionismo dicotômico e ao formalismo

Diante do relativo sucesso na promoção de processos de reconfiguração organizativa na recuperação de fábricas por trabalhadores cooperados na Argentina, foi reconhecida a opção de autores como Magnani (2003), Fajn (2004), Rebón (2007), Gracia (2011) e Ruggeri (2018), por endossarem a perspectiva de estes serem, com ressalvas, formas contemporâneas de autogestão. Nesse sentido, recuperando o termo já estabelecido anteriormente nesta pesquisa[64], pode-se denominar tais experiências de iniciativas de autogestão econômico-corporativa, por meio da qual se desenvolvem reformatações nos parâmetros produtivos da unidade recuperada, que não necessariamente se reduz ao controle operário da produção. No entanto, AER seria, assim, para estes autores[65], o produto último dessas experiências

---

[64] Ver seção 3.1.

[65] A aparente exceção de Gracia (2011) nesse grupo poderia ser sustentada em razão de esta autora promover um entendimento da autogestão na recuperação de fábricas que não só registra as modificações internas (corporativas) que são desenvolvidas pelos próprios trabalhadores em recuperação, como também as mudanças nas relações sociais mais amplas, envolvendo movimentos sociais e comunitários, militantes partidários e sindicais, acadêmicos, entre outros. Porém, a falta de uma sistematização teórica crítica em favor da ênfase descritiva de sua pesquisa submete tais elementos a um estado prático da teoria.

de autogestão econômico-corporativa argentina no século XXI: em que pese o fato de os autores supramencionados reconhecerem o amplo arco de movimentos sociais que tornou possível a tomada de meios de produção nas fábricas, a autogestão ou os processos autogestivos do trabalho são, para eles, desempenhados e dirigem-se, apenas e tão somente, ao interior das organizações produtivas recuperadas, favorecendo, com isso, uma redução das possibilidades de construção da autogestão econômico-corporativa com base nos AERs ao fenômeno do controle operário da produção dentro dos AERs.

Duas são as implicações teóricas dessa postura subjetiva em torno dos AERs e TRs: de um lado, há uma fixação sobre a dicotomia "transgressão/subordinação" em relação ao MPC, apresentada em Rebón (2007) e Ruggeri (2018), pois, ao mesmo tempo que os AERs questionam a heterogestão patronal e, assim, a cadeia vertical de comando sobre o trabalho, a produção dos AERs ainda se destina à circulação capitalista que mergulha a controlabilidade relativa experimentada no interior da fábrica recuperada no oceano incontrolável do mercado e de seus imperativos de acumulação do valor; de outro lado, há pesquisas como as de Fain (2003) e de Rebón (2005) que alertam para o risco de uma crescente burocratização interna às fábricas recuperadas, pela qual o conselho administrativo passaria a impor seus interesses sobre a assembleia geral dos trabalhadores por meio de manobras antidemocráticas ou pela permanência de quadros por um longo período. Como resultado, um processo parece se sustentar no outro, agravando e degenerando as condições de reprodução da autogestão econômico-corporativa.

No primeiro caso, o argumento teórico em torno da transgressão e da subordinação vivenciadas cotidianamente pelas fábricas recuperadas retoma inteiramente o raciocínio desenvolvido por Luxemburg (2008) de que a forma cooperativa do trabalho existe de modo híbrido, representada por uma pequena ilha de trabalho socializado no mar da circulação capitalista, de modo que a "troca" domina a "produção". Por sua vez, o argumento em torno da burocratização parece repousar sob uma proposta analítica na qual se confundem os mecanismos formais da forma cooperativa de trabalho e os mecanismos reais dos processos autogestivos colocados em prática nos AERs.

Como a pesquisa têm demonstrado até aqui, transgressão e subordinação apresentam-se numa relação dialética entre si, pois, se num primeiro momento aparecem como expressões antagônicas, ao modo de argumentação de Luxemburg, o tempo, a duração e a repetição do quadro de práticas cotidianas das fábricas recuperadas expõem a possibilidade de abertura para que precisamente a subordinação à circulação capitalista dos AERs seja o motor para as **formas transgressivas**, as quais se assentam sobre o "castigo" da circulação capitalista nos termos do **trabalho como princípio educativo** e da **educação como instância reprodutiva** do trabalho autogerido (capítulos 3 e 4, respectivamente). Ou seja, o procedimento empregado aqui não tem como intenção mostrar, por meio de um raciocínio especulativo, que, por exemplo, subversão, de determinado ponto de vista, é uma transgressão em si mesma, ou vice-versa, mas apenas considerar a existência para algo além do argumento de que a "troca domina a produção", em favor de uma perspectiva dialética que permita compreender que aquilo que se apresenta, num primeiro momento, como obstáculo (a subordinação ao capital) é, em verdade, o motor das formas transgressivas que sucedem o Encontro.

Por outro lado, as pesquisas de Fajn (2003) e Rebón (2005, 2007) pressupõem, em que pese o seu teor "tendencialista", uma determinada "natureza anticapitalista original e espontânea" dos trabalhadores de unidades recuperadas; e, desse modo, a emergência de qualquer elemento que possa oferecer barreiras à efetivação dessa essência primordial e originária deve ser compreendida como forma de desvirtuação prática e moral de sua experiência. É claro que a existência de uma camada gerencial cuja finalidade seria se sobrepor à assembleia dos trabalhadores e extorquir-lhes o trabalho seria evidentemente sinal inegável de que as fábricas recuperadas estão direcionando sua iniciativa de controle da produção à mera "expropriação dos expropriadores", ou seja, à substituição fortuita dos capitalistas por dirigentes burocratas. Contudo, é preciso distinguir o **processo formal-jurídico** constituído pelo trabalho cooperativo do **processo estrutural** constituinte da autogestão: o primeiro supõe a validação do direito de propriedade aos sócios-trabalhadores pela instituição da tríade assembleia-direção-sindicatura, pela qual é implantada, por exigências superestruturais, uma **democracia formal** em que são estabelecidos os direitos e deveres de cada associado, bem como de cada nível da tríade institucionalizada; o segundo pressupõe, como primeiro momento, a formação de vínculos associativos próprios ao engajamento dos trabalhadores à luta social pela ocupação, posse e recuperação produtiva da fábrica, sob uma contínua forma de exercício da **democracia real**.

Alerta-se, entretanto, que tal diferença entre os espectros democráticos não deve supor que, portanto, a **democracia real** seja, por direito, a "essência verdadeira" da autogestão e que, em oposição, a **democracia**

formal seria, a priori, apenas uma forma de mistificação e deformação: pelo contrário, os limites da primeira só podem ser apreendidos e transpostos em função das limitações apresentadas exatamente pelo quadro superestrutural encarnado pela segunda, e não apesar dele. Ambas formam, portanto, uma **unidade de combinação**. O que, de fato, os autores mencionados apontam corretamente como a tendência à formação de um estamento burocrático nas fábricas recuperadas deve ser entendida como resultado das correspondências e contradições entre as duas formas democráticas, de modo que a conformação de um grupo de trabalhadores que permanece como quadro dirigente não deve ser apressadamente qualificada como deformidade burocrática, pois significaria reduzir a análise dos vínculos democráticos ao seu aspecto "formal". Isso implicaria, em outros termos, o fato de ser preciso avaliar não só o aspecto formal da transição e rotatividade de posições na produção cooperativa, mas também incluir os aspectos político-ideológicos singulares que se encontram imbricados na ratificação, em assembleia de associados, da continuidade de determinadas lideranças sociais no quadro dirigente das fábricas recuperadas, pois é necessário que se leve em consideração a posição de vanguarda na luta social de agentes específicos com profunda experiência de militância, os quais, precisamente em virtude de suas capacidades de mobilização político-moral, permanecem em posições de liderança, tais como Eduardo Murúa, na Impa, e Federico Tonarelli, no Hotel Bauen, que também assumem posições de liderança respectivamente no MNER e na Facta.

Sobre esse aspecto, foi oportuna a fala de Silvia Díaz, em sua segunda entrevista a este pesquisador, na qual alguns elementos pertinentes sobre o tema são trazidos à tona:

> *A respeito do tema da burocratização, é preciso ter em conta três fatores: 1) a capacidade de renovação de quadros de militância e resistência política; 2) os desafios da democracia parlamentar no interior das cooperativas frente às exigências jurídicas do Estado; e 3) a regulamentação de critérios objetivos e justos para a repartição de retiradas entre os trabalhadores. Sobre o primeiro, logo que são estruturadas as cooperativas de trabalho para a recuperação de empresas, encontra-se uma liderança, um coletivo de trabalhadores se põe como espécie de vanguarda para a luta, para a resistência e organização da empresa. Mesmo entre os trabalhadores antigos, que vinham da empresa sob gestão patronal, há aqueles que não compartilham da mesma intensidade que a resistência política exige. Já aqueles que entram após a ocupação e recuperação entram*

com o objetivo fixo de executar sua tarefa e ir para a casa. Por essa razão, não é raro que um conjunto de trabalhadores, por deter a confiança dos outros pelos anos de luta, acabe sendo eleito mais vezes para coordenar a cooperativa. E, assim, a renovação de quadros acaba sendo prejudicada drasticamente. Em paralelo, é um grande desafio para as cooperativas depender somente das assembleias de associados para decisões coletivas porque a realização delas depende, por sua vez, de comunicação oficial ao governo, no caso ao Inaes, e isso gera, por si só, um entrave legal para a realização contínua de deliberações. Por isso, é comum que se formem conselhos informais, sem poder resolutivo, apenas de consulta, para se encaminhar demandas urgentes de dia a dia, que não podem esperar a realização de uma assembleia oficial. O terceiro ponto é que se apresenta como de maior dificuldade de aceitação geral porque em raras vezes há consenso sobre ele. Em La Cacerola, por exemplo, decidiu-se coletivamente por utilizar um critério de repartição que estabelece um mínimo básico de retirada, igual para todos, em relação às horas trabalhadas e uma compensação variável definida por módulos; se o companheiro realiza capacitação, se comparece às reuniões, se se dedica mais etc. Essa forma foi vista como a mais justa do que simplesmente a divisão igualitária de retiradas, sem incentivos a melhoria da participação coletiva, o que, ao meu ver, é o aspecto principal da burocratização. No entanto, há um problema enorme que atinge esse critério: o transporte público em Buenos Aires é uma tristeza. Os trabalhadores levam cerca de quatro horas diárias para irem e retornarem do trabalho. Fora as oito horas e meia de trabalho na cooperativa. É muito difícil, por isso, pedir a estes trabalhadores que se dediquem a participar mais da organização coletiva. (DÍAZ, 2019, s/p).

Vários elementos se sobressaem do comentário de Silvia Díaz, principalmente a dicotomia entre "democratização" e "burocratização": em que pese se tratar de uma cooperativa de trabalho tradicional, ou seja, que não passou pela ocupação/recuperação, a adoção democrática de um critério de repartição que implica a possibilidade de diferenciação das retiradas pelos trabalhadores aparece como instrumento para a luta contra a burocratização organizativa, ao contrário de ser tida como mecanismo de ressurgimento da hierarquização burocrática. Por outro lado, se para Eduardo Murúa, em sua entrevista, a igualdade de retiradas significava a possibilidade de se exigir a igual participação e responsabilização de todos os associados em face das decisões e dos problemas cotidianos do AER, extinguindo o risco de que surja uma relação de subordinação e comando, a igualdade, por outro lado, também pode produzir o efeito de distanciar trabalhadores menos engajados com a politização da recuperação fabril e, assim, conduzir à permanência de determinados indivíduos politicamente mobilizados em posições de coordenação. Em AERs, o efeito de maior força, sem dúvida, é o segundo, alinhado ao fato da deficiência estrutural na renovação de quadros de liderança entre os trabalhadores.

5.3 O Sísifo moderno e seu conteúdo particular

Não obstante os aspectos organizativos que podem ou não acelerar ou consolidar o processo de burocratização em CTTs e AERs comentados por Silvia Díaz, as análises de Motta (1986) ao referenciarem a formação das organizações formais e da divisão do trabalho entre trabalho intelectual e manual, e mesmo a de Smith (1983) sobre o próprio advento e extensão da divisão do trabalho no capitalismo nascente, demonstram que a divisão do trabalho e a burocratização são intimamente correspondentes à forma--mercadoria do capital, e isso impõe que o fenômeno da burocratização seja apreciado em uma discussão mais ampla, que adentre, assim, as esferas da produção, circulação e distribuição do valor e a relação destas com os trabalhadores em AERs, assim como sua implicação para a determinação de classe destes últimos. Nesse sentido, quer-se perguntar: a força de trabalho dos recuperários reproduz-se enquanto forma-mercadoria para o capital ou não? Há três respostas já consolidadas a essa questão.

A primeira parte de Polanyi (1980) para destacar que, em qualquer formação social e em qualquer período histórico, todo trabalho despendido pelo Homem, quer se trate de trabalho intensivamente intelectual, quer manual, apresenta o caráter de ser uma "mercadoria fictícia", uma vez que "trabalho é apenas o nome para a atividade humana que acompanha a própria vida que, por sua vez, não é produzida para a venda [...] não pode ser desta-cada do resto da vida, não pode ser armazenada" (POLANYI, 1980, p. 94).

A segunda resposta encontra-se de forma mais explícita em Oliveira (1988, 2000) e mais sutilmente em Sousa Santos (1998); e Sousa Santos e Rodriguez-Garavito (2001). Para o primeiro autor, a reprodução social da força da força de trabalho, quando marcada pela utilização do "fundo público", seja na forma de assistência social, seja na compra direta de bens e serviços aos trabalhadores, é marcada pela "desmercantilização" do trabalho — neste caso, se tanto AERs quanto CTTs recebem recursos via Estado, a força de trabalho cooperativa constitui-se em uma antimercadoria, segundo Oliveira (1988). Em Oliveira (2000, p. 48), o argumento fica mais evidente:

> Organizados em suas formações sindicais, ampliando-se e apresentando-se na cena política através de seus partidos, os trabalhadores conseguiram inscrever, no modo de reprodução do capital, os direitos sociais, essa negação da mercadoria. Tal estrutura do conflito de classes publicizou as classes, retirando-as do invólucro privado para torná-las públicas. Em outras palavras: a questão do trabalho e do salário, até mesmo pela sua centralidade na economia, tornaram-se matéria para além dos acordos privados entre trabalhadores e empresários, e transferiram-se para a arena de todas as políticas econômicas; transformaram-se no fundo público. A luta que vem se travando ao longo das três últimas décadas é para reverter ao estatuto de mercadoria a própria força de trabalho.

Para Oliveira (2000), a luta operária em torno de direitos sociais que atingem exatamente a relação do trabalhador com seu trabalho e com sua reprodução social alimenta um processo de reversão da mercantilização da força de trabalho por práticas que envolvem, segundo autor, a flexibilização, a informalidade, a solidariedade e a autonomia nos processos de trabalho alternativos, que, deste modo, para o autor, configuram-se como *fronts* anticapitalistas.

Na mesma linha de argumentação, Sousa Santos (1998) atribui o que chama de "descobertas democráticas do trabalho", ou seja, formas de organização, participação e distribuição solidárias capazes de repolitizar o Estado esvaziado pelo neoliberalismo, a uma nova condição de pacto social pela cidadania, como forma de reestruturação das condições de reprodução social da força de trabalho em antagonismo com as circunstâncias de miserabilidade social provocadas pelo regime capitalista, que mantém a força de trabalho aprisionada sob a forma mercantil.

Em outro trabalho, Sousa Santos e Rodriguez-Garavito (2011) argumentam que as formas cooperativas de trabalho já carregam em si um gérmen anticapitalista, embora esteja situada em um dilema estrutural, porque segundo Sousa Santos e Rodriguez-Garavito (2011, p. 25), "estão organizadas de acordo com princípios e estruturas não capitalistas e, ao mesmo tempo, operam em uma economia de mercado". Tal como Luxemburg (2008), os autores observam a mesma contradição estrutural entre "produção cooperativa" e "troca capitalista", mas, ao contrário da cautela de Rosa Luxemburg a respeito do tema, já veem as cooperativas como formas de superação da mercantilização capitalista da força de trabalho, ao passo que estas produzem o fim da submissão do trabalho ao capital.

Mais próximo à perspectiva luxemburguista e em sentido contrário ao dos outros autores anteriormente mencionados, Coraggio (2000) simplifica o problema da natureza do trabalho cooperativo ao compará-lo à forma assalariada, de modo que:

> Tanto o trabalho assalariado como o trabalho do produtor independente de mercadorias, ambos se constituem como formas mercantis e pecuniárias já que, tanto um como o outro, passam pelo mercado – pelo mercado de trabalho ou pelo mercado de bens e serviços. Permitem, assim, que, ao final, se obtenha dinheiro: dinheiro/salário ou dinheiro/preço dos bens e serviços. (CORAGGIO, 2000, p. 58).

Contudo, a questão da "mercantilidade" da força de trabalho cooperativa em Coraggio perde força na medida em que o objetivo do autor é colocar em evidência sua capacidade de reprodução e melhora da qualidade de vida dos setores populares empobrecidos pelas políticas regressivas dos pacotes neoliberais implementados pelos Estados nacionais, principalmente latino-a-mericanos, indo de encontro, mais propriamente, à leitura que Sousa Santos (1998) faz da reprodutibilidade não mercantil da forma associada de trabalho nas cooperativas. Porém, para Coraggio, tal aspecto mercantil se fundamenta na esfera da circulação, com a produção de mercadorias para a troca capitalista, o que, para Sousa Santos e Rodriguez-Garavito (2011), não é suficiente para descaracterizar o anticapitalismo dos trabalhadores cooperativos.

Em que pesem os inúmeros esforços teóricos em direção à defesa do aspecto mercantil ou antimercantil da força de trabalho em cooperativas, os argumentos e passagens resolvem menos problemas dos que aqueles a que dão origem. Em breves comentários, tem-se que:

a. Polanyi (1980), pela perspectiva de crítica à chamada "economia de mercado", não leva a cabo a diferença entre o conceito "traba-lho" e a categoria "força de trabalho", pois, enquanto a última se refere, no MPC, ao elemento que põe valor nas mercadorias por meio de sua forma abstrata de existência, unicamente alcançada na história pela expropriação capitalista, o primeiro é a forma pela qual se aciona a força de trabalho para a transformação dos meios de trabalho em objetos úteis à satisfação de necessidades humanas. Ao confundir os dois elementos, Polanyi perde de vista o processo específico no MPC de reprodução da força de trabalho como mercadoria separada de seu possuidor, o trabalhador, que a aciona por meio de seu empenho laboral, e, por isso, acaba recaindo num argumento universalista segundo o qual todo trabalho é uma mercadoria fictícia, embora existam inúmeras implicações que se dão na diferença entre o trabalhador-mercadoria (o escravo), do modo antigo de produção, e o trabalhador assalariado, do MPC;

b. Em Oliveira (1988, 2000), o aspecto não mercantil da força de trabalho tem que ver com as lutas operárias e com o estabelecimento de direitos sociais, que, para Francisco de Oliveira, são formas que desafiam o estatuto de mercadoria do trabalho assalariado porque precisamente atingem o Estado e o fundo público. É interessante notar que essa argumentação corresponde com a perspectiva de o capitalismo ser essencialmente uma lógica privada sob a qual o Estado se apresenta apenas enquanto aparelho de Estado, ignorando o poder de Estado como forma de condensação política dos antagonismos burgueses e enquanto reprodutor do MPC por meio das práticas de classe no interior dos seus aparelhos ideológicos. Para Sousa Santos (1998) e Sousa Santos e Rodriguez-Garavito (2011), as formas alternativas de produção que levam às "descobertas democráticas do trabalho" dão origem a um novo pacto social em que a reprodução da vida das classes populares se contrapõe antagonicamente à reprodução mercantil da vida delas, e, por isso, seriam formas anticapitalistas. Tanto Oliveira (1988, 2000) quanto Sousa Santos (1998) e Sousa Santos e Rodriguez-Garavito (2011) sustentam, nesse caso, que a não mercantilidade da força de trabalho em formas de produção informais, solidárias e autônomas se forja por meio da reprodução social ligada aos aspectos político-ideológicos intrínsecos a tais formas de produção. Ou seja, para tais autores, a determinação não mercantil da forma cooperativa da força de trabalho dá-se de forma completamente exterior e excludente em relação à instância econômica da estrutura social; e

c. Para Coraggio (2000), não há dúvida de que a forma cooperativa de organização da força de trabalho, de fato, se reproduza como mercadoria, assim como a força de trabalho assalariada. Mas a maneira como tece esse argumento, que, sem embargos, remonta ao raciocínio de Rosa Luxemburg sobre o hibridismo da forma cooperativa, estabelece de forma clara que a "mercantilidade" das formas associadas de produção da chamada "economia popular" (entre elas, as cooperativas de trabalho) se determina somente no momento da circulação mercantil, pois os trabalhadores lidam com sua capacidade flexível de se reproduzir sob o MPC como forma de sobrevivência à margem da mercantilização formal da classe trabalhadora assalariada, sendo esta uma saída apenas intermitente, não a regra para as camadas populares.

Reunidos os argumentos e contra-argumentos em um sistema de elementos que compreendem uma Generalidade do tipo I, fica clara a ausência de uma discussão sobre a determinação estrutural de classe dos trabalhadores cooperativos, provenham eles de AERs ou de CTTs, levando em consideração, por um lado, o econômico enquanto elemento sobre-determinante em última instância, e, por outro, a produção mesma como condicionante ou não da mercantilidade da força de trabalho cooperativa. Resultam desse denominador ausente algumas questões embaraçosas: se não se tem sua força de trabalho reproduzida enquanto mercadoria para o capital, o trabalhador cooperativo faz parte da classe operária? Se não, o que o diferenciaria da nova pequena burguesia, segundo a concepção de Poulantzas (1975)? Respostas a essas questões surgem à medida que o caminhar da discussão é aqui desenvolvido.

O primeiro passo para colocar em ordem os problemas a respeito da força de trabalho cooperativa parece ser o de separar a questão da "mercantilidade" da questão do "trabalho produtivo e improdutivo". O segundo, envolve colocar o trabalho cooperativo em relação à criação e distribuição de mais-valor. O terceiro passo é estabelecer a relação de propriedade econômica e jurídica que o trabalho cooperativo estabelece com os meios de produção, e aí as principais diferenças entre AERs e CTTs, que até o momento só foram destacadas em seu aspecto descritivo, podem surgir de forma mais sistematizada. O que implica fazer o emprego de Generalidades de tipo II.

Do ponto de vista do trabalho assalariado, não existem mistérios quanto a essas questões, embora certamente possa haver controvérsias. Partindo-se das leituras de Marx (1980, 2011b), podem ser assumidas três proposições: 1) toda força de trabalho assalariada é mercadoria para o capital, já que é obtida pelo capitalista por sua compra no mercado; 2) nem toda força de trabalho é produtiva para o capital, já que nem toda força de trabalho adiciona valor novo à produção, vide os gestores do capital que são assalariados improdutivos e não fazem parte da classe operária, pois sua renda é simplesmente advinda da distribuição de mais-valor obtido pela exploração na produção; e 3) a força de trabalho assalariada mercantiliza-se em razão de ser "livre" (ser uma existência separada da do trabalhador e não possuir meios de produção), e a classe operária é definida, segundo Boito Jr. (2004) em complemento a Poulantzas (1977), pela luta política de trabalhadores cuja força de trabalho é fixada para a execução de tarefas intensivamente manuais.

Em contrapartida ao trabalho assalariado, Marx (2017) tece alguns comentários sobre a forma cooperativa de organização da força de trabalho:

> As fábricas cooperativas fornecem a prova de que o capitalista tornou-se tão supérfluo como funcionário na produção quanto ele mesmo, do alto de sua superioridade, considera supérfluo o grande proprietário fundiário. Na medida em que o trabalho do capitalista não deriva do processo de produção como processo puramente capitalista e, portanto, [não] se extingue por si só juntamente com o capital; na medida em que ele não se limita à função de explorar trabalho alheio; portanto, na medida em que ele resulta da forma do trabalho como trabalho social, da combinação e da cooperação de muitos para a obtenção de um resultado comum, o trabalho do capitalista é tão independente do capital quanto o é essa forma mesma, tão logo ela rompe o invólucro capitalista. [...]. Na fábrica cooperativa desaparece o caráter antagônico do trabalho de supervisão, uma vez que o diretor da fábrica é pago pelos trabalhadores, em vez de representar o capital perante eles. (MARX, 2017, p. 376-377).

O desaparecimento do caráter antagônico no interior da produção em razão do desaparecimento do trabalho de supervisão, enquanto uma função separada e intermediada do capital e, portanto, improdutiva em relação ao mais-valor extraível dos operários, aparece como ruptura pelo coletivo dos trabalhadores cooperativos, que passa, logo, a administrar a sua própria exploração. Ou seja:

> As fábricas cooperativas dos próprios trabalhadores são, dentro da antiga forma, a primeira ruptura do modelo anterior, apesar de que, em sua organização real, reproduzam e tenham de reproduzir por toda parte, naturalmente, todos os defeitos do sistema existente. Mas dentro dessas fábricas está suprassumido o antagonismo entre capital e trabalho, ainda que, de início, apenas na forma em que os trabalhadores, como associação, sejam seus próprios capitalistas, isto é, empreguem os meios de produção para valorizar seu próprio trabalho. (MARX, 2017, p. 426).

Na esteira desse argumento, pode-se localizar a força de trabalho cooperativa em torno da ascensão de uma camada operária a um estado de exercício de uma forma de trabalho definidamente improdutiva para o capital, já que é fruto da absorção conjunta das funções de direção e controle sobre o trabalho, e, no caso, do **próprio trabalho**. Na objetivação coletivamente compartilhada das atividades de concepção e execução da produção de mercadorias, tais trabalhadores cooperativos, em AERs e CTTs, abolem o antagonismo estrutural que impõe a primeira sobre a última na gestão hierárquica patronal, e essa, aos olhos de Marx (2017), é a ruptura que a cooperativa pode apresentar no seio do MPC.

Em que pese o furor que esta ruptura limitada venha a causar em certos círculos intelectuais, é precioso, todavia, retomando argumentos de Althusser (2005) e Marx (2011b) de que, "se" a gestão cooperativa representa uma semente de outro modo de produção — e esta, por si só, já seria uma admissão muito problemática — nas formações sociais em que o MPC é dominante, as articulações estruturais que envolvem a gestão cooperativa a tornam apenas formalmente, do ponto de vista da administração e da legalidade burguesas, diferente, pois, de fato, tanto quanto a gestão patronal, a gestão cooperativa ocorre em aparelhos econômicos de produção do capital.

A questão material que determina a diferença entre ambas recai inquestionavelmente sobre a distribuição do produto social e distribuição do trabalho entre os agentes de produção: na gestão patronal, o assalariamento do trabalho produtivo está assentado sobre a ausência de sua posse e disposição sobre os meios de produção, determinando sua posição de subalternidade nas relações de poder entre os agentes de produção; na gestão cooperativa, a equalização dos ganhos e das sobras assenta-se na participação equitativa dos trabalhadores no patrimônio da organização e na distribuição democrática do trabalho, levando em consideração os aspectos sociotécnicos da produção e a experiência político-ideológica de cada quadro nos postos que cada um ocupa.

Com essa exposição, é fácil perceber que, da condição de trabalhadores cuja força de trabalho é utilizada por uma potência alheia — o capitalista — que a explora a fim de extorquir-lhes o tempo de trabalho excedente e gerar mais-valor, os trabalhadores cooperativos internalizam o que Marx (2004) define como alienação do trabalho, tornando-se exploradores de si mesmos e deixando de ser produtores de mais-valor ao capital para tornarem-se apropriadores da massa de lucro global do capital, por meio dos excedentes mercantis que podem vir a absorver como resultado da venda das mercadorias postas em circulação.

Por serem improdutivos ao capital, portanto, poder-se-ia concluir apressadamente que tais trabalhadores cooperativos deixariam de compor a classe operária para ascenderem ao que Žižek (2012), Saes (2005) e Poulantzas (1975) respectivamente denominam burguesia assalariada, classe média e nova pequena burguesia. Todavia o elemento econômico da produção derruba por terra qualquer linha argumentativa nessa direção, pois os trabalhadores sob essas circunstâncias de cooperação não exploram trabalho alheio e, ainda assim, mantém o trabalho manual no rol de atividades que desempenham em seu cotidiano de produção mercantil, censurando apenas a reprodução patronal da hierarquia formal-burocrática entre trabalho intelectual e manual. Dessa forma, mantêm-se enquanto camada da classe operária, mesmo que improdutivos ao capital, ilustrando, assim, o conteúdo da "ruptura" a que Marx (2017) faz referência. Sob essa via de interpretação, a classe operária apresentaria então um hibridismo em sua composição, já que pertenceriam a ela tanto trabalhadores manuais produtivos quanto trabalhadores manuais improdutivos ao capital, mas faz-se necessário aprofundar a questão, ou seja: a análise da determinação econômica não pode ser reduzida às relações de produção (a distribuição dos lugares da produção entre os agentes de produção), mas deve incorporar as relações sociais de produção (a distribuição dos meios de produção entre os agente de produção e não produtores).

Por isso, outro aspecto reforça a "improdutividade" do trabalho cooperativo; a propriedade real-econômica dos meios de produção. Por aparecerem como "mestres de si mesmos", esses trabalhadores engendram uma segunda ruptura, de certa forma, tão radical quanto a primeira: se a hierarquia entre trabalho intelectual e manual gradativamente dá lugar a uma relação horizontal nas cooperativas de trabalho, a linha de comando superior da gestão patronal que marca a divisão entre a propriedade e a posse dos meios de produção, ou seja, a divisão entre os estratos dos proprietários reais e do corpo dirigente, também gradativamente dá lugar a formas de decisão socializadas sobre a propriedade coletiva. Não obstante, existem, sim, formas capitalistas de deslocamento da massa de lucros das cooperativas de trabalho em direção a organizações de trabalho produtivo e improdutivo comandadas pela gestão patronal: uma se constitui na própria circulação capitalista e na dependência do capital cooperativo de se integrar ao capital patronal; a outra, na relação dos trabalhadores cooperativos com o capital próprio. E essa é a principal, se não única, marca da diferença material entre CTTs e AERs.

Nas CTTs, a composição das forças produtivas e a propriedade coletiva do capital estão inteiramente desembaraçadas de processos judiciais que possam interferir de forma exterior na posse e na capacidade de se dispor do capital próprio dos trabalhadores associados, ou seja, sua propriedade econômica sobre os meios de produção encontra-se autonomamente determinada pelas capacidades próprias de manutenção do patrimônio social, conforme regido pela redação da Lei n.º 20.337 de 1973 — Argentina (1973). Nos AERs, uma questão impõe-se com gravidade. O processo expropriatório bem-sucedido lança um problema: o reconhecimento da **utilidade pública** dos bens imóveis dos AERs, que gera aos trabalhadores impedimentos quanto a livre-utilização do capital, pois, a exemplo da Lei Nacional n.º 21.499 de 1977 — Argentina (1977) —, a liquidação ou o desvio de finalidade do capital declarado como de utilidade pública dá causa a um processo de "retrocessão" da expropriação. Além disso, o próprio estado de deterioração produtiva apresentado ao início de um processo de recuperação dirige os AERs à contratação terceirizada de produção (o trabalho a *façón*), em que a empresa contratante, ao determinar, diretamente, todos os atributos da concepção da produção, bem como a provisão da matéria bruta ou prima a ser utilizada, e, indiretamente, a intensidade de dispêndio da força de trabalho e emprego da maquinaria, põe-se como retorno de uma potência alheia que conforma novamente a uma divisão hierárquica do trabalho, embora, agora, possua uma forma exteriorizada, anulando, de fato, a ruptura que Marx (2017) havia comentado.

Como resultado, se as CTTs apresentam controle econômico sobre a propriedade, entendendo este como a unidade da posse e da livre-disposição do capital, os AERs, quando submetidos às circunstâncias citadas, somente detêm a posse dos meios de produção, e, por essa razão, encontram-se limitados quanto a forma de valorização do próprio trabalho. Não surpreende, portanto, que Eduardo Múrua se coloque veementemente contra a intitulação dos AERs como empresas sem patrão, ao dizer:

> *Talvez essa seja a ilusão mais trágica: a da empresa sem patrão. É claro que temos patrão. Não é porque não temos a figura do antigo diretor, do gerente, ou da chefia de produção que nós não temos patrão. No nosso modo de produção dominante, o capital é o patrão de todos nós. Nós produzimos para o capital, independentemente*

*de quando vendemos a nossos iguais, para empreses patronais
ou para o Estado. Apesar de ser uma verdade inquestionável,
isso não é admitido pelo conjunto dos trabalhadores de empresas
recuperadas.* (MURÚA, 2017, s/p).

O forte argumento de Murúa atinge em cheio não só o lema estampado pelos trabalhadores da ceramista Fasinpat, enquanto intitulada "Fábrica sem Patrão", mas também uma bibliografia orientada a alimentar esta tese que transpassa a circunstância formal da ausência de patrões na gestão cooperativa para a circunstância real dos AERs, como o livro *Sin patrón: fábricas y empresas recuperadas por sus trabajadores*, publicado em 2007 pelo coletivo Lavacca; os textos intitulados "Trabajando sin patrón: las empresas recuperadas y la producción" e *La empresa de la autonomía*, publicados respectivamente em 2005 e 2007 por Julián Rebón; o artigo "Devenires de las fábricas sin patrón", publicado em 2007 por Candela Cabrera; e o artigo "Ni el patrón ni qualquer varón nos marcaría el paso...", publicado em 2012 por María Gracia.

Sustentar para toda e qualquer situação que os AERs são fábricas sem patrão significa agir no interior de uma ideologia completamente determinada por uma perspectiva pequeno-burguesa de ser "dono do próprio negócio" e de se tornar "empreendedor", estabelecendo sua própria jornada de trabalho, o modo de execução de seu trabalho e a escala de utilização dos seus meios de produção. É uma posição de classe assumida em uma determinada conjuntura política em que o próprio Estado argentino reconhece a autogestão enquanto forma de produção autônoma, como, por exemplo, por meio da política pública instituída pelo *Programa Trabajo Autogestionado* desde 2004.

Ao prover a substância volitiva que colocaria trabalhadores recuperados num patamar superior aos dos assalariados, não é de todo surpreendente que a ideologia da fábrica sem patrão teve sua cota de participação na reprodução do distanciamento entre o Moat e as recuperações de fábrica na Argentina. Condição esta que veio a ser mitigada apenas recentemente, quase 18 anos após a onda de recuperações de 2001-2002, conforme o relato de Silvia Díaz:

*Em julho do ano passado, a Facta, afiliada tanto a CNCT quanto
a CTA, está protagonizando juntamente a movimentos populares,
como a Frente Darío Santillán e a CTEP, a formação de um novo
movimento chamado Fórum Federal de Economia Cooperativa,
Autogestiva e Popular, que se mostra como uma unidade do diverso,
já que, nas circunstâncias laborais atuais, as relações tradicionais*

> *de trabalho que envolvem um contrato e um salário estão sendo cada vez mais atingidas pela automação industrial e pelas novas formas de prestação de serviços por meios digitalizados, e isso tem chegado aos sindicatos e às centrais sindicais como perda de força combativa frente às transformações do capitalismo. Como resposta a isso, tanto a CGT quanto a CTA têm se envolvido mais e mais em estratégias de luta em torno da manutenção da condição de trabalhadores, expandido seus programas de lutas do trabalho assalariado-padrão. Nesse sentido, estamos conseguindo construir uma unidade muito forte em que quase todas as federações de trabalhadores. Ou seja, é muito promissor o que estamos desenvolvendo em matéria de unidade e solidariedade de classe. E esses elementos têm como conteúdo uma luta comum, tanto operária quanto popular, contra o avanço da deterioração das condições de nossas condições de vida. (DÍAZ, 2019, s/p).*

A conformação desta unidade mostra-se como principal forma material de combate à penetração e à difusão da ideologia das fábricas sem patrão entre os trabalhadores de AERs por meio de uma ideologia operária combativa. A possibilidade de marchar em unidade, numa mesma fileira, tanto o Moat quanto os movimentos de autogestão, incluindo aí CTTs e AERs, recupera, de fato, os caminhos construídos antes pela luta sindical radical da segunda metade do século XX. No entanto, essa unidade tem levado, no campo político partidário, a uma reabilitação do peronismo como *front* de resistência social contra as políticas de aprofundamento neoliberal promovidas pelo presidente Maurício Macri. Ou seja, ainda que no campo da luta sindical-operária tenha havido um lento e gradual processo de comunhão entre autogestão e assalariamento, pouco se conseguiu caminhar na direção de uma unidade política para além da polarização partidária tradicional entre UCR e PJ. Tal fato é empiricamente demonstrado pelas reportagens de *Resumen Latinoamericano* (NACE..., 2019) e de Télam (SE CONSTITUYÓ..., 2019) que cobriram a criação da União de Trabalhadores da Economia Popular (Utep), constituída originalmente por ex-membros da CTEP, pelo movimento *Somos Barrios de Pie* e CCC, passando a agregar, por exemplo, o Movimento Evita, Movimento de Trabalhadores Excluídos, Movimento Popular *La Dignidad*, o MNER, a Organização Social e Política Los Pibes, e a Frente Popular Darío Santillán, cuja reunião de inauguração foi iniciada sob a tutela do dirigente peronista Gabriel Berrozpe.

Igualmente, a conformação de uma luta integrada do trabalho autogerido com o trabalho assalariado promove a um só tempo a coalização de forças entre trabalho improdutivo e o produtivo, além de sustentar o desenvolvimento da autogestão econômico-corporativa para além do aspecto interno dos AERs exaltado pelas pesquisas mencionadas anteriormente. E, por outro ângulo, essa integração reproduziria ideologicamente a composição híbrida da classe operária, caso esta agregasse, então, operários produtivos e improdutivos. Porém, a determinação última das condições de possibilidade para esse hibridismo perpassa, necessariamente, o retorno, após esse breve desvio, à questão da "mercantilidade" da força de trabalho cooperativa organizada à luz da produção autogerida. Nesse caso, é interessante notar que, se a "improdutividade" poderia lançar, segundo algumas considerações teóricas, tais trabalhadores associados para fora da classe operária, é precisamente em função dela que se apoia o argumento em defesa de seu conteúdo enquanto forma-mercadoria de existir.

Até o momento, apresentou-se um raciocínio que toma a força de trabalho cooperativa enquanto mercadoria em razão de sua absorção dos excedentes mercantis: um fato relacionado exclusivamente à circulação. No entanto, apresenta-se, agora, um segundo fato, cuja ocorrência se dá no próprio interior do processo autogestivo do trabalho: a improdutividade do trabalho para o capital significa que determinado trabalho não adiciona mais-valor à produção, ou, o que é o mesmo, não representa nenhuma porção de trabalho não pago pelo capital. No caso do trabalho em autogestão, tanto em CTTs quanto em AERs, a ausência de trabalho não pago tem como razão de ser uma profunda radicalidade do processo de mercantilização da força de trabalho, segundo a qual todo o tempo de trabalho é pago. Conforme comentou Silvia Díaz em sua entrevista em 2019, toda atividade de produção, de participação em consultas e resoluções coletivas dentro e fora da organização, e de qualificação técnica, é remunerada, bem como a divisão igualitária das retiradas e das sobras anuais apresentada em casos de AERs. Logo, longe de agir para a desmercantilização da força de trabalho, o trabalho cooperativo apresenta um processo alternativo que rompe as barreiras salariais implementadas nas relações de exploração típicas do MPC. E talvez este se imponha como maior valor da "ruptura" promovida pelo trabalho cooperativo.

Do ponto de vista ideológico, essa mercantilização profunda da força de trabalho cooperativa desmantela por completo o quadro de quatro procedimentos retratados por Dupuy (2013) enquanto formas de naturalização da hierarquia social. Embora atuem diferentemente sobre o imaginário, os quatro procedimentos — a saber, a hereditariedade, a desmistificação, a contingência e a complexidade — possuem como núcleo comum a negação das capacidades humanas individuais enquanto elementos que contribuam ou sejam preponderantes para atingir resultados positivos em retribuição ao esforço. De maneira contrária, o pagamento por todo o trabalho despendido na produção cooperativa afirma a meritocracia como resultado direto do esforço humano individual, por meio de valores coletivos, tais quais comentados por Sousa Santos (1998) e Oliveira (2000), que colocam autonomia e solidariedade no mesmo diapasão.

Dessa forma, quando confrontados com a necessidade de intensificação do ritmo de trabalho e extensão das jornadas em razão das dificuldades estruturais provenientes da recuperação ou não, conforme relatam Ruggeri (2018) e Rebón (2007), os trabalhadores cooperativos colocam-se em sacrifício coletivo para darem conta dos compromissos financeiros com clientes e fornecedores, lidando com suas forças de trabalho individuais como mercadorias, cuja valorização individual impacta diretamente o resultado geral coletivo.

No caso dos AERs, a exigência de sacrifício coletivo dos TRs é mais constante do que sobre os trabalhadores em CTTs, dada a degradação comercial e patrimonial que herdam da gestão patronal falida e porque devem vencer, a todo momento, a desconfiança que antigos e novos fornecedores apresentam em relação à prosperidade econômica da organização. Sob esse contexto, a mercantilização radical da força de trabalho recuperada é como o Sísifo resignando-se a seu castigo e subvertendo-o; transforma a ficção da força de trabalho assalariada (pois esta nunca é, e não pode ser, paga por seu tempo total de dispêndio) em uma mercadoria real com todas as implicações políticas e ideológicas que isso lhes traz.

Com todos esses elementos colocados à disposição da análise, pode-se, enfim, designar adequadamente a determinação estrutural de classe destes trabalhadores recuperados promotores da autogestão econômico-corporativa na Argentina. Sabendo que as classes sociais, segundo Poulantzas (1977, p. 70), "apresentam-se como o efeito de uma articulação das estruturas, quer do modo de produção quer da formação social", há ainda presença de efeitos subsidiários que provocam o fracionamento, a dissolução e a fusão de classes de acordo com os imperativos estruturais designados como resultado do efeito da sobredeterminação sobre as instâncias de um modo de produção dominante em articulação com os modos de produção dominados em uma formação social.

A genealogia do MPC, tratada por Marx (2011b) sob o pano de fundo da acumulação primitiva, demonstrou a dissolução das comunidades rurais autossustentadas como fundamento para a formação do proletariado urbano, bem como da nobreza feudal numa classe de aristocratas aburguesados. Ainda, a análise de Marx (2011a) acerca dos eventos políticos e suas contradições na França de 1848 também demonstrou a subdivisão da classe burguesa em frações republicanas e frações dinásticas, as quais eram portadoras de interesses objetivos e projetos de direção social diametralmente antagônicos.

Surgem então, ao longo das classes, estratos que se apresentam como resultado de determinados efeitos históricos das contradições econômicas, políticas e ideológicas de uma da estrutura social. Poulantzas (1977) diferencia estes efeitos em pertinentes e secundários: o primeiro é assim denominado em razão de designar uma circunstância em que determinada conjuntura da correlação de forças sociais jamais poderia ser alcançada sem tal efeito; já os segundos são assim denominados por serem circunstâncias resultantes de articulações entre as instâncias dos modos de produção em uma formação social.

Nesse caso, afirmar que, por exemplo, os AERs engendraram efeitos pertinentes sobre a correlação de forças sociais na luta de classes implicaria admitir que, sem a recuperação de fábricas, a vitória partidária do peronismo em 2003 jamais teria ocorrido. Por outro ângulo, afirmar que a recuperação de fábricas é resultado de um efeito secundário das articulações entre as instâncias do MPC em relação à formação social argentina implica reconhecer uma genealogia de forças sociais autônomas que, em consequência de sua imbricação, reproduzem as condições de existência dos AERs. Enquanto a primeira proposição é absolutamente equivocada, dado que a recuperação de fábricas foi um movimento relativamente pequeno em comparação com as intensas mobilizações populares em seus efeitos pertinentes, a segunda proposição, ao contrário, é, sem objeções, válida, uma vez que a recuperação de fábricas se tornou possível apenas como fruto de contradições do próprio arranjo conjuntural em que se deram tanto o Desencontro quanto o Encontro.

Sem embargos, se, por uma via, o trabalho cooperativo, tanto em AERs quanto em CTTs, foi posicionado enquanto elemento da classe operária, por outra via, ainda não houve definição quanto a sua forma de existir para esta classe, restando, portanto, compreender qual tipo de estrato esta forma de trabalho representa.

De acordo com Poulantzas (1977), os estratos sociais marcados pelos efeitos pertinentes e secundários em uma determinada formação social denominam-se camadas, categorias ou frações de classe, de forma que:

> a) Por categorias sociais, poderemos entender, particular-
> mente, conjuntos sociais com "efeitos pertinentes" - que
> podem tornar-se, como Lenin mostrou, forças sociais - cujo
> traço distintivo repousa na sua relação específica e sobrede-
> terminante com outras estruturas além das econômicas: é
> nomeadamente o caso da burocracia, nas suas relações com
> o Estado, e dos "intelectuais", nas suas relações com o ideo-
> lógico. [...]. b) Designamos por frações autônomas de classe
> as que constituem o substrato de eventuais forças sociais,
> por frações, os conjuntos sociais suscetíveis de se tomarem
> frações autônomas: e isto segundo o critério dos "efeitos
> pertinentes". c) Poderemos reservar o termo camadas sociais
> para indicar os efeitos secundários da combinação dos modos
> de produção, em uma formação social, nas classes - é o caso
> da "aristocracia operária" de Lenin -, nas categorias - por
> exemplo, as "cúpulas" da burocracia e da administração de que
> fala Lenin - e nas frações. (POULANTZAS, 1977, p. 81-82).

Se o trabalho cooperativo se apresentasse como categoria social, sua determinação estrutural pelo econômico seria insuficiente para apontar sua designação, já que, como comenta Poulantzas (1975), é a articulação sobredeterminante deste estrato social a fonte para sua compreensão. Por exemplo, nos casos citados anteriormente, a burocracia, como demonstrou Marx (2011a), apresentou-se como expressão da autocracia de Luís Bonaparte, desenvolvendo-se, então, como força social diante das classes na França de 1848, bem como os intelectuais se apresentam como categoria, já que qualquer produção teórica tem como insumo, segundo Althusser (1978), precisamente os caracteres pré-científicos provenientes da instância ideológica de uma formação social em articulação com um modo de produção dominante. Logo, em face do reconhecimento, como o de Murúa (2017), da diminuta participação das federações de cooperativas de trabalhadores (braços estatais da coordenação da produção cooperativa) enquanto mecanismos para sustentar o crescimento da recuperação de fábricas, vide Fecootra e Fencooter, seria problemático admitir que o trabalho cooperativo como conjunto se ponha como categoria social.

Para proceder a esta classificação, seria necessário subdividir o trabalho cooperativo em dois estratos: o **trabalho cooperativo tradicional** e o **trabalho recuperado**. Enquanto o primeiro se apresenta tanto na esfera econômica quanto na esfera estatal de articulação, deliberação e implementação de políticas para o trabalho cooperativo, o segundo faz referência apenas ao conjunto social de trabalhadores que tomam a forma cooperativa de trabalho como instrumento fortuito, determinado pela legalidade burguesa, para conseguirem atingir o objetivo da manutenção de suas fontes de trabalho e renda, sem, pelo menos na fase mais dramática de sua processualidade social, contar com uma expressão estatal dirigente, apenas com movimentos autônomos, como MNER e MNFRT.

Dessa forma, enquanto o trabalho cooperativo tradicional pode ser tido como uma **categoria social** por sua relação sobredeterminante com a instância política para a produção de efeitos pertinentes no econômico, o trabalho recuperado enseja, no entanto, a formação de uma **camada operária**, uma vez que é, na própria definição de Poulantzas (1977), o produto de um efeito secundário da articulação estrutural em uma formação social. Esse fracionamento indica que, embora as duas formas de trabalho cooperativo tenham pertencimento de classe ao operariado, tal pertencimento ocorre de modo diferente nos dois casos, de forma que, enquanto **categoria social**, o trabalho em autogestão está fadado à burocratização crescente; e, enquanto **camada social**, a autogestão põe-se como resistência a esse processo.

Sendo, então, a camada da classe operária, bem como aristocracia operária, incluindo o proletariado industrial, o novo proletariado de serviços, e o precariado, o trabalho recuperado encontra-se reproduzido pelas contradições estruturais de uma formação social em que domina o MPC, embora sua produção seja fruto de um Encontro, de uma contingência imprevisível e incontrolável que coloca a autogestão econômico-corporativa em jogo. Sobre esse fato, Andrés Ruggeri comentou em entrevista que:

> O aparecimento da recuperação de empresas se deu de forma paralela à organização econômica autônoma de produção e troca em bairros populares com grande participação de movimentos sociais. Diferentemente, a recuperação colocou-se como ressurgimento de um movimento operário que parecia ter desaparecido durante os anos 1990, isto é, de um movimento clássico de trabalhadores industriais combativos. Então, as empresas recuperadas surgem como possibilidade de dar origem a um novo sujeito social, capaz de lutar e de criar algo diferente. No princípio, não havia entre os trabalhadores de empresas recuperadas algo como uma reivindicação pela autogestão, porque era algo bastante alheio até ao movimento operário argentino, que, apesar de muito combativo, se concentrava mais nas discussões de democracia em âmbito sindical, ou de salário e das condições de trabalho em geral, sem fazer menção à questão de se autogestar empreendimentos, apenas à ocupação destas, como no casos dos metalúrgicos, dos gráficos

> *e dos ceramistas em Neuquén, no âmbito de uma metodologia de reivindicação entre patrões e empregados. Sem embargos, a recuperação de empresas pela autogestão demonstrou que, ao contrário de ser, para alguns, um movimento linear histórico que se constitui em mais uma forma em que a autogestão operária aparece, desde a formação da cooperativas na Inglaterra ou na Comuna de Paris, não se apresenta, de maneira alguma, como uma resposta imediata da classe operária diante de situações agudas de subsistência; ela é, certamente, um mecanismo construído coletivamente que depende das condições encontradas no instante em que aparece a oportunidade para ser desenvolvida, nunca de forma premeditada por um conjunto de trabalhadores. Foram os movimentos de empresas recuperadas que, efetivamente, tornaram a autogestão, em razão de sua prática exitosa, um instrumento de luta ao longo da recente história argentina e a consolidaram como parte do repertório do movimento operário argentino. (RUGGERI, 2017, s/p).*

Da fala de Andrés Ruggeri se depreende que, em determinado grau, apenas a recuperação de fábricas tornou a autogestão uma reivindicação de fato do movimento operário, deixando de se limitar aos círculos do movimento cooperativista internacional e do argentino, em particular. Experimentada desta forma, a autogestão apontou-se como inovação programática em que a retomada da produção pelos operários representa uma alternativa estruturalmente viável à precarização estrutural do trabalho instaurada pelas reformas neoliberalizantes. Por outro lado, isso significa dizer que os conteúdos programáticos da autogestão defendidos pelo trabalho cooperativo tradicional e pelo trabalho recuperado apresentam diferenças para além da forma de sua implementação.

De fato, colocando-se em paralelo as falas de Murúa e Andrés Ruggeri, pode-se perceber que o fracionamento do trabalho cooperativo entre categoria social e camada da classe operária se sustenta, pois, na medida em que o trabalho cooperativo tradicional se põe institucionalmente como interlocutor de políticas para a cooperação operária sob autogestão, é também responsável por condicionar as possibilidades de autogestão ao seu aspecto corporativo. Por outro lado, o trabalho recuperado enquanto camada social se coloca como ponto de lutas para alçar a autogestão econômico-corporativa a um patamar de maior complexidade social. Esses fatos ficam demonstrados pelas diferenças marcantes entre o conjunto de reivindicações assistenciais e pontuais por parte das federações e confederações de cooperativas de trabalhadores em autogestão, como

Facta e CNCT, por exemplo, e o conjunto de reivindicações estruturantes (fundos de conversão tecnológica) colocados em pauta pelo MNER e pela CFOTL.

Não deixa de ser interessante notar, contudo, que é precisamente o entrelaçamento do trabalho cooperativo tradicional (categoria social) e o trabalho recuperado (camada social) que torna possível, em primeira instância, a sustentação da autogestão, mesmo que em níveis distintos de organização, enquanto projeto defensivo e de ofensiva do operariado. No entanto, a diferenciação entre os dois estratos reverbera também na forma como a unidade operária e popular tem sido buscada, por um lado, por meio da conformação do Fórum Federal de Economia Cooperativa, Autogestiva e Popular (Ffecap), protagonizado pela Facta, pela CNCT e pela CTEP, e, por outro, pela fundação da Utep em 2019, como unidade de base popular que contempla o MNER entre seus principais articuladores. Ffecap e Utep põem-se, dessa forma, em polos diametralmente opostos ao empreenderem esforços por uma aliança política ampla de lutas sociais que, nas condições da primeira, partem do Estado, e, nas da segunda, partem da base social (da rua à fábrica, do bairro ao Estado).

Com efeito, a análise estrutural de classes no MPC colocou em perspectiva os traços corpóreos do Sísifo moderno diante de uma burguesia[66] dividida em suas frações compradora (finanças e agropecuária) e interna (agroindústria, petroquímica e redes varejistas), uma velha pequena burguesia fragmentada entre empreendedores individuais, pequenos produtores rurais familiares e camponeses, e comerciantes com restrita organização política autônoma e uma nova pequena burguesia numerosa composta de gerentes, técnicos, engenheiros, médicos, advogados, contadores, administradores etc., uma classe operária majoritariamente formada pelos infoproletários e o precariado em geral[67], atrelado ao desenvolvimento da automação, das finanças e da crescente digitalização na oferta de serviços, e, em menor número, pelo proletariado industrial, reestruturado por processos de trabalho intensivos em capital fixo que exigem menor intervenção humana para sua execução.

---

[66] Katz (2005) descreve uma ausência da burguesia nacional na Argentina em vista da degradação neoliberal sobre as condições de manutenção de um projeto de desenvolvimento capitalista anti-imperialista.

[67] É importante ressaltar que, para Standing (2014), o surgimento de um precariado mundial relativo a serviços intermitentes, baixos salários, informalidade e condições degradantes de trabalho coloca em questionamento os programas de lutas do movimento operário tradicional. Assim, o precariado mundial colocar-se-ia diante das lutas de classes, conforme Standing, como uma força social autônoma, reivindicando um conjunto de políticas próprio, tornando-se, então, uma classe social distinta.

O Sísifo moderno é produzido concretamente, de acordo com a análise aqui realizada, como um conjunto de agentes da produção que, ao recuperarem os meios de produção, recuperam o trabalho e recuperam a si mesmos como força de trabalho autogerida, mercantilizada e improdutiva ao capital; são agentes do trabalho recuperado; e, em vista da dialética que envolve recuperação enquanto processo criativo de repetição, são a camada operária denominada **recuperariado**, o conceito empírico (Generalidade III) resultante da aplicação de Generalidades II (processo de trabalho teórico) às Generalidades I.

Convém assinalar que a identidade do Sísifo moderno é resultado, e não causa, precisamente da repetição daqueles trabalhadores como **recuperariado**. Ou seja, é a repetição de uma singularidade que positiva o caráter unitário da identidade por meio da diferença em uma totalidade complexa, não a identidade como a de um Sujeito transcendental que subtrai as diferenças para produzir negativamente uma generalidade, um fantasma, capaz de designar as particularidades históricas de uma singularidade como parte de uma totalidade simples.

Tão logo passe a se repetir extensivamente e aumentar numericamente, tão logo o recuperariado passa a colocar em questão dois elementos: em que pese sua reprodução enquanto forma-mercadoria de força de trabalho, o recuperariado engendra o que Fuchs (2010) denomina "trabalho reprodutivo", porém na forma de execução de atividades que não se colocam como mercadorias na circulação capitalista, como organização coletiva e compartilhamento de espaços, compartilhamento de materiais, equipamentos e recursos financeiros, manutenção coletiva e limpeza de ambientes, compartilhamento de refeições etc., que são, dessa forma, espécies de antivalor, tal como sugere a interpretação de Oliveira (2000), porque não são atravessadas pelo capital monetário, mas por trocas lastreadas na solidariedade e reciprocidade; e, por outro ângulo, o recuperariado, ao mobilizar meios de produção designados como de "utilidade pública" pelo Estado capitalista, coloca em movimento a construção de uma via política em que o público passa a se reproduzir para além do Estado[68] e do quadro ideológico burguês.

Sobre a primeira questão apontada, a fala de Hernandez (2019) contribuiu sobremaneira para demonstrar que os primeiros passos da instalação dos BPs em cooperação com a CEIP foram dados em AERs,

---

[68] Tanto Dinerstein (2007) quanto Areal e Terzibachian (2012) articulam planos de estudos semelhantes quando se dirigem a investigar, respectivamente, políticas públicas não governamentais promovidas no lastro do PTA a partir de 2004 e os BPs enquanto formação do "público como não estatal" na Argentina.

contando com a solidariedade e o compartilhamento de espaços cedidos pelo recuperariado para a promoção das atividades de ensino-aprendizagem popular, incluindo a cessão de materiais, de refeições e de recursos físicos, como água e energia elétrica. Como Mario Hernandez deixou claro em seu comentário, e a descrição empírica de Elisalde (2013) corrobora-o, sem essa manifestação de solidariedade e reciprocidade, as iniciativas de educação popular jamais teriam alcançado o patamar de que hoje gozam.

5.4 Expropriação de fábricas e a produção do "comum" na Argentina

Muito mais complexa, a questão da produção do "público como não estatal" por meio da própria forma de governança implicada pela relação recuperariado-camadas populares carrega em si a proposição de um conteúdo radicalmente novo: na integração da produção material dos AERs, com a organização comunitária de bairros, com a mobilização de estudantes secundaristas e universitários, com os movimentos de rua (*piqueteros* e catadores de resíduos urbanos), com a educação popular, o recuperariado participa da construção de uma tessitura social "comum", constituída por um espaço coletivo de produção e distribuição econômicas, reprodução sociocultural, e canalização de demandas sociais "de" e "para" sua própria auto-organização. Procedendo assim em meio a essa tessitura comum reproduzida do cotidiano das lutas sociais, o recuperariado reproduz a sua "utilidade pública" como um "comum" em benefício do território no qual se enraíza.

Tal passagem entre a restrição de interesses da autogestão econômico-corporativa a um estágio socialmente ampliado de ação condensa-se, de fato, pela constituição do recuperariado como camada de uma força social autônoma, capaz, portanto, de mobilizar meios particulares para a adoção de práticas dirigidas à realização de seus interesses objetivos como parte da classe operária. O gesto fundante que abre o caminho para isso é exatamente a expropriação de fábricas em favor dos trabalhadores, pois, embora ela seja portadora de um núcleo problemático relativo à declaração de utilidade pública, constante do ato jurídico de expropriação, coloca em jogo a instauração de uma ética pública orientada à garantia de trabalho e renda pelos AERs, de modo que a conquista da lei de expropriação é, em si, o marco da vitória do recuperariado contra os desígnios da ética privatizadora dos meios coletivos de produção e reprodução social pela via da acumulação e da concentração de capitais.

É precisamente nesse sentido que a tomada definitiva dos meios de produção pelos trabalhadores se constitui numa **forma transgressiva** particular: a expropriação é um momento de ofensiva da classe operária no tabuleiro das relações de forças políticas, e a sua legitimação perante a institucionalidade estatal capitalista imputada aos AERs é o signo de uma reprodução social assentada sobre a perda do capital privado em favor da função social do bem público. Isto demonstra que, tomadas as devidas proporções e sob o marco do MPC, a expropriação das fábricas recuperadas pelos trabalhadores é, sobretudo, uma cristalização do avanço de um princípio universalizante. Em razão disso, coloca-se aqui a **transgressão quaternária** identificada pela pesquisa: a **expropriação como princípio ético**.

Sem embargos, essa **forma transgressiva** põe em jogo a abertura ontológica para algo "além de si mesmo" da recuperação de fábricas, ou seja, a possibilidade do surgimento de um elemento disruptivo em direção ao conjunto social amplo, dando espaço para uma transição da autogestão econômico-corporativa a alguma forma, mesmo que incipiente, de **autogestão comunal**, i.e., orientada pelo "comum" como **estratégia ampliada de socialização**.

Conforme Dardot e Laval (2017), muitas são as lutas pelo "comum" mundo afora, envolvendo: territórios, comunidades, livre circulação de pessoas pelas fronteiras e Estados nacionais, soberania, cidadania, democracia direta e representativa, justiça e seguridade social, equidade de oportunidades, condições de trabalho digno, educação laica e pública, conservação e preservação de ecossistemas, acesso público a recursos naturais, autonomia reprodutiva e de interrupção da vida (direito ao aborto e à eutanásia) etc. E muitos são os comuns que atravessam a cotidianidade na atualidade histórica: a inteligência artificial, o ciberespaço, os softwares e sistemas operacionais, a programação computacional quântica, as redes sociais digitais (Meta, Twitter etc.), *blockchains*[69] e criptomoedas[70] (Bitcoin, Ethereum), *Big Data*[71], as redes colaborativas de conteúdo (como a Wikipédia), as redes

---

[69] Como definem Christidis e Devetsiokiotis (2016), *blockchains* são estruturas de distribuição de dados que são replicadas e compartilhadas entre os membros de uma rede virtual, facilitando a verificação descentralizada de transações mutuamente acordadas entre usuários.

[70] "Criptomoedas são moedas virtuais, conversíveis e descentralizadas, e que se caracterizam, adicionalmente, por serem protegidas por criptografia" (FOLLADOR, 2017, p. 84).

[71] Segundo Wu *et al.* (2013), *Big Data* compreende conjuntos volumosos, crescentes e complexos de dados com fontes múltiplas e autônomas, cujas análises permitem a compreensão de padrões de consumo, comportamento em redes sociais, engajamento social, preferências pessoais, costumes e gostos individuais, com vista ao refinamento estatístico de possibilidades de aceitação ou recusa do público em relação a determinada ação, objeto e retórica.

computacionais automatizadas, a biogenética e a biomecânica, em resumo, produtos daquilo a que Marx (2015) se refere como "intelecto geral" e que, apesar de sua natureza "geral", tem sido sistematicamente privatizado.

No campo popular, as moedas sociais, as feiras livres e a troca direta de bens e serviços, os BPs, as assembleias de bairro e a economia popular organizada têm sido amplamente utilizadas como tecnologias do "comum" contra a pauperização e o *apartheid social* que trabalhadores desempregados, estudantes de escolas públicas em comunidades periféricas, povos tradicionais e populações forçadas ao êxodo vêm sofrendo constantemente.

Além do próprio conceito de "comum" enquanto recurso, as lutas sociais dão causa a um significado mais profundo a esse elemento. Como propõem Dardot e Laval (2017), o "comum" é o princípio político das lutas atuais contra o capitalismo, designando um regime de práticas, lutas, instituições e pesquisas. Além disso, prosseguem os autores:

> É compreensível, sobretudo, que os termos communis, commune, communia ou communio, todos formados a partir da mesma articulação de cum e múnus, queiram designar não apenas o que é "posto em comum", mas também e principalmente os que têm "encargos em comum". Portanto, o comum, o commune latino, implica sempre certa obrigação de reciprocidade [...]. Deduz-se disso que o termo "comum" é particularmente apto a designar o princípio político da obrigação para todos os que estejam engajados numa mesma atividade. [...]. Em sentido estrito, o princípio político do comum será enunciado nos seguintes termos: "Existe obrigação apenas entre os que participam de uma mesma atividade ou de uma mesma tarefa". Exclui-se, como consequência, a possibilidade de a obrigação se fundamentar num pertencimento que seria independente da atividade. (DARDOT; LAVAL, 2017, p. 25).

A lógica proposta por Dardot e Laval implica numa articulação coletiva por um ato de resistência pela não mercantilização ou desmercantilização em que não há nenhuma opção sob a qual a realização deste ato seja indiferente a sua não realização, de modo que o que se impõe é a obrigação de fazê-lo diante da certeza da perda irrestrita de acesso ao "comum", para fazer valer o "direito comum" aos "comuns". Os autores citam o dramático exemplo da "Batalha da Água" na Bolívia, contra a privatização do sistema de abastecimento e das próprias fontes d'água, em 2000, em que moradores das zonas rural e urbana em Cochabamba se mobilizaram de forma permanente, instituíram um regime de participação democrática direta no movimento, e, por fim, impuseram derrota tanto à empresa privada concessionária que ganharia a licitação até 2029 quanto ao Banco Mundial, que exigia a privatização da água para liberar empréstimos ao país. Sobre o feito, os autores recobram a seguinte frase do comunicado da Coordenadora de Defensa del Agua y la Vida: "sofremos um grande roubo, apesar de não sermos proprietários de nada" – Dardot e Laval (2017, p. 16). Novamente se faz válido o exemplo do EZLN como luta pelo "comum" por meio da defesa de um território independente, soberano, em que os militantes não só conduziram uma democratização profunda em sua vida social, além de formas de produção que valorizam os saberes tradicionais, mas também produziram um sistema educacional próprio. No Brasil, os camponeses do MST representam também a luta pelo "comum", na medida em que reivindicam não só a reforma agrária, mas a produção agroecológica no contexto de um país com elevada concentração fundiária, com alto grau de desmatamento, e em que a produção agrícola se caracteriza pelo uso intensivo de defensivos agrícolas (agrotóxicos) com forte potencial de geração de danos neurofisiológicos permanentes à população.

Com a expansão mundial das lutas e resistências sociais contra o estado permanente de guerra e de sítio implantado pelo neoliberalismo é que se tornou possível a defesa efetiva dos subalternos pelos "comuns" específicos de seus territórios, baseada na **comunalidade**[72] de práticas, técnicas e estratégias globalmente compartilhadas produzidas "nos" e "para" os movimentos sociais. O que foi revelado sumariamente é a indispensável formação de redes comunitárias de apoio, principalmente nos casos relativos à Impa, na Caba, e à Fasinpat, em Neuquén. A coalizão de forças sociais em resistência coletiva no caso das fábricas recuperadas demonstra algo além da simples defesa do "trabalho" como meio de vida para a reprodução "biossocial" (reprodução de suas capacidades orgânicas e de suas condições sociais de existência) do recuperariado, que atinge, sobretudo, a defesa, em maior ou menor grau, do "trabalho" enquanto "recurso comum", enquanto forma de vida social e integrada ao metabolismo próprio de uma soberania popular *in statu nascendi* que não só se torna capaz de denunciar e defende-se dos ataques do terror de Estado, mas que, exatamente por fazê-lo, cria condições ofensivas à força centrípeta de controle do capital. Chega-se,

---

[72] Recupera-se, assim, o conceito de comunalidade sistematizado por Martínez Luna (2009), compreendido como modo de resistência orientada por pensamentos e ações em prol de um localismo e de uma experiência de autonomia democrática. Aqui, alarga-se esse conceito para incorporar, além da autonomia, a noção de compartilhamento global de mecanismos de defesa e ofensivas populares contra o padrão de produção e reprodução neoliberal do capital.

então, à formação da "fábrica do comum" enquanto órgão econômico da (re)produção dos "subalternos", sem o qual a luta social dessas camadas sociais periféricas perderia tanto seu núcleo material concreto quanto o eixo nevrálgico de sua resistência pela soberania popular — a própria energia criativa instituinte de novas formas, métodos e prioridades das camadas populares para as camadas populares.

É nesse sentido que a **comunalidade**, centrada nos recuperários, desafia a produção para os imperativos da governança pública implicados na política movida pela reprodução político-ideológica do neoliberalismo, enquanto uma **colonialidade**[73] do capital nos países imperializados, estruturada, seguindo a palavras de Mbembe (2016, p. 135-136, 125, 145), como "combinação disciplinar, biopolítica e necropolítica": disciplinar, já que o abuso autoritário contra as manifestações populares visa reproduzir corpos e linguagens subalternos e dóceis ao domínio burguês; biopolítica, na medida que o neoliberalismo é o exercício de uma soberania, isto é, de uma governança que opera "a instrumentalização generalizada da existência humana e destruição material de corpos e populações", tornando a tríade cidadão-consumidor-trabalhador num mero condutor passivo e descartável da divisão estrutural entre economia e política, entre autonomia e solidariedade (vide a ideologia do empreendedorismo em contraposição à vida comunitária); necropolítica, pois a manutenção da disciplina e da soberania exige o contínuo exercício do **terror** concreto e ideológico de Estado, que, conforme Mbembe, "subjugam a vida ao terror da morte".

Dos três elementos do poder neoliberal, pode-se afirmar que a colonialidade do capital se faz mais presente no cotidiano das camadas populares por meio da necropolítica que, ao contrário de ser o terror explícito orquestrado pela ditadura cívico-militar argentina (1976-1983), se apresenta de forma institucionalmente legitimada no Estado democrático de direito. Como aponta o trabalho de Machado (2003), a criminalização dos movimentos populares, principalmente das organizações de *piqueteros*, de catadores e de povos originários, bem como a intensificação da presença militar dos EUA na Colômbia por meio do Comando Sul, tem como missão garantir a preservação dos interesses objetivos das burguesias imperialistas

---

[73] Referencia-se aqui tanto a categoria de "colonialismo interno" tal como desenvolvida por Casanova (2006), no que concerne às circunstâncias objetivas de opressão econômica e política sustentada pela internalização de um padrão global de produção e reprodução social, bem como se incorpora a aqui a noção de colonialidade cultural apresentada por Quijano (1992), como o inculcamento ideológico do saber e da racionalidade de nações imperialistas colonizadoras.

e das burguesias compradoras na América do Sul, por meio de concessões públicas, compras governamentais, eliminação de barreiras comerciais e privatização de pesquisas públicas sob a forma de patentes.

Chocando-se contra a **colonialidade**, a **comunalidade** conduzida pela aliança entre **recuperários** e camadas populares constitui-se em força-motriz para uma produção biopolítica alternativa que restitui aos indivíduos subalternos, apartados e indesejados em relação à produção e reprodução social do MPC uma posição de organização soberana, democrática e direta, baseada, segundo Hardt e Negri (2004), em relações de afetação mútua entre os indivíduos, pelas vias de relações que não somente objetivam bens e serviços, mas que efetivamente produzem política. Nesse sentido, seria possível interpretar que a luta popular cotidiana para a manutenção de suas condições materiais de vida, em meio a um modo de produção fundamentado na destruição física e subjetiva de qualquer linha de resistência social, seja da ordem de uma **sobrevivência revolucionária**.

No entanto, Hardt e Negri (2001) afirmam que a descentralização e desterritorialização e a produção imaterial, características do poder mundializado e da emergência de uma nova ordem global (neoliberal), colocam em xeque quaisquer formas de soberanias particulares que possam ser organizadas contra sua emergência, enquanto novo centro fluídico de governo social, erigido pós-1971 com a fundação de um mercado mundial e de um novo paradigma produtivo mundializado. Nesse contexto, o neoliberalismo, marcado pela ascensão do que denominam "Império", seria para os autores, portanto, a resposta do capital às dissonâncias econômicas, políticas e ideológicas surgidas no crepúsculo da forma de acumulação industrial precedente. Para os autores, é exatamente sob o contexto desse novo paradigma da dominação capitalista que emerge uma nova forma de defesa da justiça e da democracia, fundada não mais na vanguarda classista do proletariado, mas na insurreição do que Hardt e Negri (2004) denominam "multidão". Na perspectiva dos autores, a "multidão" superaria a dimensão revolucionária atribuída ao proletariado na medida em que teria a seu favor uma composição plural, caótica, desuniforme, multi-identitária, que permitiria a ela se levantar contra o modo de regulação social do Império por meio de sua produção biopolítica, ancorada no chamado "trabalho imaterial" produtor do "comum". No entanto, alguns pontos merecem ser anotados.

Em primeiro lugar, de um ponto de vista formal, Hardt e Negri (2001, 2004) apoiam-se inteiramente em uma perspectiva crítica dominada pelo paradigma de Hölderlin, pois a salvação que os autores apontam para a construção de uma ordem social se dá exatamente como "progressão natural" do ímpeto por justiça, liberdade e democracia levado adiante pelas lutas sociais contemporâneas, marcando uma posição intelectual diretamente determinada por uma postura militante tributária de uma profecia atemporal e inevitável, em que a liberdade de ação histórica do sujeito se apresenta aberta, desde que ele cumpra com a vontade superior que o dirige.

Em segundo lugar, ainda no plano teórico-formal, declarar que o "comum" é produto de um trabalho imaterial que, por meio de relações comunicativo-afetivas, constrói relações democráticas é incorrer em uma visão dualista da estrutura social, conformada por uma base de produção material sobreposta por uma superestrutura de produção imaterial na qual tanto o político como o ideológico estariam inscritos. E, por outro lado, ignora que é o próprio movimento da valorização econômica do capital, via extração de valor pelo "comum" privatizado, que ideologicamente reproduz o político como esfera separada da estrutura social, fetichizando e esteticizando seu caráter substancial, aprisionando as capacidades cognitivas de ação política crítica, como propõe Berardi (2011), ao contrário de liberá-las.

Em terceiro lugar, apontar a "multidão" como produtora do "comum" e, assim, como vanguarda de um projeto político de direção social amplo, em lugar da classe operária, implica uma perspectiva extremamente descritiva e empiricista das lutas sociais, já que para ela o policentrismo da diversidade estrutural da "multidão" aliado à mera contingência do encontro de pautas reivindicatórias — como preservação ecológica, equidade dos sistemas previdenciários, respeito aos Direitos Humanos, ampliação dos direitos políticos, liberação feminina, diretos de imigrantes, direito a moradias e trabalho digno, qualidade de vida, melhoria na qualidade de serviços públicos, menor tributação do Estado etc. — seria capaz, por si só, de implementar um projeto de poder democrático apto a estabelecer prontamente a conciliação entre elementos completamente contraditórios colocados em questão. Sobre isso, afirma Žižek (1988), é consideravelmente possível que, fora de uma situação de convergência absoluta de reivindicações, as lutas pela ecologia, pela democracia e pela qualidade de vida entrem em contradição, tendo em vista as circunstâncias em que, por exemplo, a proteção ambiental signifique a restrição de populações desempregadas ao acesso a empregos em indústrias consideradas poluentes.

A respeito do primeiro ponto, as demonstrações históricas e factuais a respeito das mobilizações sociais na Argentina de 2001-2002 impõem à observação que, a exemplo dos trabalhadores que ocuparam e recuperaram

RECUPERÁRIOS: UM SÍSIFO NA ARGENTINA DO SÉCULO XXI

as fábricas, embora o Desencontro entre o capitalista e os meios de produção tenha ocorrido "dentro" e "por força" das contradições da hegemonia neoliberal do capital dos anos 1990, o recuperariado não "brotou de forma natural", como parte de uma profecia histórica a respeito da emancipação humana em meio à destruição capitalista. Como a própria fala de Ruggeri (2017) propõe e os próprios acontecimentos mostram, o Sísifo moderno só veio a se levantar pela força do Encontro entre trabalhadores e meios de produção em abandono, em que apenas duas escolhas se apresentavam aos operários: ou o desemprego estrutural, ou o precariado. E nessas condições tais trabalhadores impuseram a si mesmos uma nova possibilidade, a recuperação. Longe de ser a materialização do paradigma de Hölderlin, o recuperariado é fruto do **fatalismo absoluto**, que se coloca diante dos trabalhadores como escolha forçada para a liberdade, segundo a qual eles constroem sua própria determinação.

O segundo aspecto, relativo à dualização estrutural de uma formação social e de um modo de produção, bem como à redução do ideológico ao político e, deste, ao imaterial, coloca em jogo uma série de problemas lógico-teóricos, entre os quais o principal é ignorar que, numa totalidade complexa e estruturada com dominante, a sobredeterminação implica não só uma dominância de uma instância sobre as demais, mas, mais ainda, que essas instâncias refletem sobre si mesmas as suas posições no "todo", isto é, é preciso separar a concretude empírica de uma formação social de um conceito teórico como modo de produção, em que as instâncias, as relações e as práticas podem ser separadas por seus efeitos na estrutura. Isto posto, toda a atividade de produção de objetos reais ou teóricos em uma formação social sob dominância do MPC envolve a interferência de elementos políticos e ideológicos que empiricamente são indissociáveis da ação produtiva, embora possam ser representados teoricamente: é o caso, por exemplo, da própria divisão técnica e social do trabalho, como comentou Althusser (2008), em que as relações de produção são relações de exploração de classes, refletidas na distribuição técnica das atividades no processo de trabalho, e em que a ideologia se apresenta no modo, ou modos, de interpelação dos sujeitos para que estes "aceitem" seu lugar na produção, sem a necessidade de repressão física.

Ainda sobre esta questão, entender a "biopolítica" enquanto produto de um "trabalho imaterial" significa ignorar que a própria instituição do "comum" está inteiramente determinada pela introdução de novas atividades no cotidiano das relações entre recuperariado e camadas populares, que, por sua vez, endossam formas de organização, compartilhamento e decisões coletivas sob a consigna de uma luta pela autonomia e solidariedade. Por isso, o "comum", enquanto princípio político, ao contrário de ser um produto "imaterial", é um produto da ideologia, que compreende uma materialidade particular, segundo Althusser (2008), exatamente por existir nos rituais materiais engendrados e colocados em exercício pelos sujeitos. Produzir uma soberania popular que se oponha aos imperativos da desterritorialização burguesa sob os auspícios da necropolítica neoliberal exige, antes de tudo, uma construção ideológica que firme os parâmetros combativos à ordem social existente, capaz de **repolitizar o campo político**.

Sobre o aspecto descritivo e empiricista de Hardt e Negri (2004) a respeito das manifestações populares com potencialidade para atacar o "Império", é interessante destacar, à primeira vista, que a rebelião generalizada na Argentina em 2001-2002, de fato, reuniu em suas fileiras um aglomerado multiforme que pode ser chamado de "multidão", valendo-se de uma frente ampla que em comum pleiteava mudanças estruturais de ordem econômica e política. Como retratou Adamovsky (2012), no momento agudo das manifestações, não só os bairros e as camadas populares se levantaram, mas, com estas, também componentes da velha e da nova pequena burguesias, estudantes universitários de classe média, movimentos de operários, catadores, desempregados e mulheres de vários estratos sociais. No entanto, em que pese a "multidão" ter sido imprescindível como plataforma de crítica radical ao status quo naquela cena política derradeira, a propositura de um quadro de práticas de associação, organização, produção, compartilhamento e reciprocidade, em apelo à construção de uma alternativa de subsistência estruturalmente viável, democrática, solidária e autônoma, só foi desenvolvida e mantida em razão da aliança operário-popular, construída durante e reproduzida após a rebelião, que tem em seu centro o recuperariado. Como diz a letra[74], "a multidão não possui rosto nem coração", e, mesmo que capaz de protestos virulentos como os de 2013, no Brasil, e, em 2018, na França, sua "potência criativa" é severamente afetada pelo ímpeto destrutivo de sua forma de rebelião. Em contrapartida, é a classe operária que dá "rosto" e "coração", "voz" e "ação" a um projeto de poder popular na Argentina. Não é legítimo, então, reduzir a aliança operário-popular, nem suas conquistas, ao momento de efervescência da "multidão" de 2001-2002.

---

[74] Música da banda Racionais MCs intitulada "Negro drama", do álbum *Nada como um dia após o outro*, lançado em 2002.

Como consequência desta aliança entre recuperariado e camadas populares, a produção biopolítica do "comum" como soberania implica a reprodução do AER enquanto epicentro da luta econômica popular, e, dessa forma, na mesma medida em que os AERs produzem valores de uso como mercadorias para a circulação de capital, reproduzem **a si mesmos como valores de uso** para o próprio território em que se enraízam. Da **autogestão econômico-corporativa**, o recuperariado dá sinais, como a formação dos BPs e da UTEP, de caminhos na direção da construção de uma via à **autogestão comunal**. E, na esteira deste processo, uma nova transgressão toma corpo: uma forma de **transgressão disruptiva**, na qual a repetição da fábrica recuperada como valor de uso se subverte na produção ideológica do "comum" enquanto princípio político, e a própria **comunalidade**, como repolitização da vida social, passa se ser seu fundamento coletivo.

Essa **forma disruptiva** se reproduz como singularidade exatamente por ser a forma concreta que expressa o "para além se si" da **transgressão primária** decorrente do controle operário nas fábricas: trata-se da contingência que encarna, enfim, uma **forma transgressiva** para além dos muros dos AERs. Essa **transgressão disruptiva**, no entanto, se repete em conjunto e simultaneamente às três **formas transgressivas** anteriores (a do **trabalho como princípio educativo**, a da **educação como princípio produtivo** e a da **expropriação como princípio ético**), formando uma estrutura complexa de repetições com dominância que produzem uma singularidade, que não é a mesma da **transgressão primária** (a recuperação dos meios de produção) produzida na "pega", todavia corresponde à necessidade desta posta pela sua contingência. Logo, o denominador indivisível que sustenta o Mundo produzido do Encontro, sobre cuja circulação capitalista (o castigo sisífico) se estruturam a cultura do trabalho autogerido, o recuperariado, a comunalidade e a soberania popular, não é senão a **luta operário-popular**, sob as quatro formas constituídas, e sobredeterminadas, em última instância pela primeira: sem a luta no interior do próprio processo da recuperação da produção, todo edifício da "fábrica do comum" desaba.

Apenas assim, e somente aí, emana da recuperação de fábrica por trabalhadores na Argentina a possibilidade de se colocar em ação uma forma de "ser", "pensar", "apropriar" e "fruir" para além do capital. Ainda, a extensão do "saber operário" do recuperariado ao campo social mais amplo na forma de construção de uma direção social-territorial marca a assunção de um poder popular alter-hegemônico, sob uma nova ética particular que não é mera força de replicação das condições de existência, mas, ao contrário, passa a oferecer-se como fundamento mesmo do quadro de coordenadas sociais, enquanto "comum". Isto é, as **formas transgressivas** iniciam-se de um elemento interno, espontâneo e imediato, tal como Tiriba (2008) e Leal (2011) o concebem, valendo-se da cultura do trabalho e do domínio coletivo sobre o trabalho (positivando a tese do **trabalho como princípio educativo**), atravessam uma etapa reprodutiva, entendida assim conforme Althusser (2008), em decorrência do vínculo entre a recuperação de fábricas e a educação popular (a **educação como princípio produtivo**), alcançando, em casos excepcionais, a fase da expropriação definitiva dos meios de produção, que é uma **forma transgressiva** pela qual se abre o horizonte para a efetivação formal e real da utilidade pública para além da forma estatal burguesa, chegando à produção de uma soberania popular sustentada nos ombros do recuperariado, alcançando, consequentemente, um modo particular de produção da vida econômica, política e ideológica orientada pelo e para o "comum" enquanto **forma disruptiva** do modo de controle sociometabólico exercido pelo capital sob sua forma neoliberal de institucionalidade.

6

CONSIDERAÇÕES FINAIS

Esta pesquisa teve como ponto de partida perseguir uma abordagem teórica alternativa sobre as fábricas recuperadas por trabalhadores na Argentina para além das já consolidadas hipóteses a partir das quais essas experiências são: ou um apêndice atípico, mas completamente funcional e subordinado ao capital; ou emergem como iniciativas anticapitalistas, ao mesmo tempo que suas respectivas existências são subordinadas à rede de circulação mercantil do capital; ou são, em si e por si mesmas, um instrumento revolucionário de emancipação humana pela radicalização democrática da direção e coordenação do processo de trabalho nas organizações produtivas sob controle operário.

Tendo como **objeto de pesquisa** precisamente a recuperação operária de fábricas argentinas no século XXI, o estudo proposto recaiu na defesa de uma quarta possibilidade estruturada e em torno da premissa de que as potencialidades históricas da recuperação operária de fábricas na Argentina existem apenas na medida em que são efetivadas na práxis concreta, isto é, de que não existe potencialidade a priori à consumação de uma dada objetividade, de tal forma que a quarta possibilidade lançada por este estudo consiste no entendimento de que há uma correlação entre contingência, em que emergem as fábricas recuperadas; e a repetição dessa contingência, tanto ao nível histórico quanto ao nível imediato relativo às necessidades que tal contingência, impõe aos elementos que lhe dão circunstância, material de existência.

Para colocar tal relação de forma mais clara, foi estabelecida a alegoria relacionando os trabalhadores em recuperação de fábricas com o mito de Sísifo, e, com base nisso, instaurou-se a possibilidade de compreender, na repetição do condicionamento de tais trabalhadores à produção contínua de mercadorias, a emergência de **formas transgressivas**. Desse modo, pode-se apreender a repetição cotidiana da recuperação operária de fábricas como um processo complexo e estruturado que une: uma **transgressão primária** (a recuperação de fábricas); um **castigo das repetições permanentes** (curvar-se à produção de valores de troca para a circulação capitalista), **formas transgressivas** (a formação de uma nova cultura do trabalho pelos próprios trabalhadores e seu domínio sobre a totalidade do processo organizativo e de produção, a articulação entre trabalhadores recuperados e a educação popular secundária, e a expropriação definitiva dos meios de produção pela declaração de utilidade pública), e uma **forma disruptiva** (o "comum" enquanto produção ideológica materializada na constituição de uma soberania operário-popular).

Compreendendo, dessa forma, que o quadro apresentado coloca em estreita correlação as práticas laborais e as práticas educativas envolvidas no ato de repetição da contingência da recuperação de fábricas, direcionou--se, então, essa reflexão inicial para se responder ao seguinte **problema de pesquisa**: seria o sacrifício do trabalho cotidiano dos operários em fábricas recuperadas capaz de conduzir a uma **forma transgressiva** para além dos muros das fábricas? Consequentemente, configurou-se como **objetivo geral de pesquisa** a identificação das **formas transgressivas** estruturadas no bojo da recuperação operária de fábricas na Argentina.

Na tentativa tanto de se escapar aos idealismos que governam as pesquisas ao beco do "paradigma de Hölderlin" quanto escapar à ideologia da "Necessidade da História", a pesquisa ancorou-se na perspectiva do "**fatalismo absoluto**" e no materialismo marxista especificamente constituído conforme o **materialismo do Encontro** e comprometido com a investigação sobre as formas históricas de autogestão com vistas a se apreender o modo como se deu a emergência da recuperação de fábricas por trabalhadores na Argentina e como se processou a sua genealogia histórica, bem como identificar os vetores engendrados "no", "pela" e "para" a pega do Encontro. Na realização desse processo de investigação, foram adotadas as pesquisas documental, bibliográfica e dialógica.

Com relação às opções metodológicas realizadas, vários elementos problemáticos se apresentaram. No plano teórico, o materialismo do Encontro em Louis Althusser coloca em articulação elementos de uma produção bibliográfica de caráter fragmentário e difuso, relacionando diversos autores por recurso à memória, sem referências exatas, e trazer essa produção para o corpo teórico do materialismo histórico envolveu um longo processo de digestão intelectual. Além disso, os questionamentos críticos argutos de Althusser a Marx tornaram a tarefa ainda mais complicada, fazendo-se necessária a interlocução com outros autores do campo althusseriano.

Em referência à exposição do conteúdo da pesquisa, optou-se por um processo lógico em que o Encontro (a emergência da recuperação de fábricas) foi objeto de três análises que se diferem quanto ao objeto específico de cada uma. A primeira, por sua vez, divide-se entre o registro da singularidade da recuperação operária de fábricas na Argentina no século XXI em seu aspecto formal e real, e, uma vez fixada a qualidade particular do Encontro, deu-se, por conseguinte, o registro de sua repetição extensiva, para, enfim, se chegar a uma medida do fenômeno pesquisado. A segunda análise fixou-se na genealogia histórica do Encontro, colocando, em primeiro lugar, as condições do Desencontro estrutural que possibilitam a separação real entre meios de produção e capitalistas, e, em segundo lugar, as condições de mobilização social que legitimaram a ocupação destes meios de produção "livres" por ex-operários das fábricas. A terceira análise teve como foco uma abordagem teórica sobre o Encontro, buscando examinar suas implicações teóricas para o terreno da luta de classes, identificando suas particularidades econômicas, políticas e ideológicas.

Em seu processo particular de produção, a exposição iniciou-se pela adoção do termo "fábrica recuperada" enquanto constituído pelo sentido de aparelho econômico recuperado, nos quais os trabalhadores, ao recuperar seu trabalho, recuperam a si próprios. Após isso, procedeu-se à identificação dos elementos formais dos AERs que os equiparam às cooperativas de trabalho, e desse modo implicam uma transmutação legal de sua composição organizativa. Em seguida, em contraste às circunstâncias jurídico-burguesas de seu reconhecimento enquanto AERs, procedeu-se à descrição de casos emblemáticos de estudo, identificando seus elementos reais de resistência, luta, ocupação, sofrimento e recuperação. Feito isto, partiu-se para o exame da distribuição quantitativa dos casos de recuperação de empresas entre os anos de 2002 e 2017 pelo território argentino e por ramos da produção, chegando até a relação entre trabalhadores recuperados e AERs como medida para a se analisar a composição do capital recuperado: a taxa média de recuperação.

Como resultado específico dessa primeira aproximação ao **objeto de pesquisa**, identificou-se que a recuperação operária de fábricas na Argentina, ao engendrar um processo formal e real de reestruturação organizativa do espaço de produção, torna a própria configuração da autogestão, em seu escopo econômico-corporativo, um vetor educativo em si mesmo, cuja configuração se faz correlata à categoria "trabalho recuperado"; e, assim, passa-se da recuperação de fábrica como atividade de retomada e reconversão de unidade produtiva, para a recuperação de fábrica como atividade de construção da tessitura primordial (re)constituidora do trabalho humano. Ou seja, enquanto recuperam os **meios de produção**, os trabalhadores **refundam** a própria **atividade produtiva**.

A apreciação da repetição extensiva (repetição como replicação) das experiências de recuperação de fábricas por meio da análise de sua distribuição espacial, temporal, produtiva, absoluta e relativa demonstrou que a **autogestão como princípio educativo** não só se aplica à produção fabril-industrial, mais simples, linear e uniforme, como também se insere cada vez mais na atividade complexa de comércio e serviços, como hotelaria, restaurantes e transportes, intensiva em relações comunicativo-afetivas para sua efetivação.

No entanto uma limitação deste estudo quantitativo se apresentou quando as tabulações mais atuais publicadas pelo PFA se demonstraram inconsistentes, e isso trouxe alguns problemas de análise e exposição de dados nas tabelas. Além disso, os dados secundários trazidos pelos informes fazem referência apenas aos AERs que se disponibilizaram a atender às pesquisas, e isto sugere que a quantidade de experiências de recuperação operária de fábricas pode ser maior do que a presente no estudo. Mesmo assim, o recurso à descrição e à tabulação de dados relativos mostrou-se adequado para se chegar às inferências obtidas e produzir um quadro geral.

Por sua vez, a recomposição histórico-genealógica do processo de formação do Sísifo moderno expôs consigo, em primeiro lugar, a trajetória política e econômica da República Argentina, sob a hegemonia neoliberal do capital nas duas última décadas do século XX, que desencadeou a crise estrutural de acumulação entre 1998 e 2001, transformando-se em uma crise humanitária e civilizatória generalizada entre 2001 e 2002, e possibilitando o **desencontro primordial** entre meios de produção e capitalistas, que, em meio a dívidas e incertezas, abandonaram, sabotaram e liquidaram seu capital, deixando milhões de trabalhadores sem ocupação e milhares em situação de indigência. É na esteira desse drama social que foram adquirindo cada vez mais peso as mobilizações sociais, e a constituição de novos movimentos de operários e das camadas populares foi ganhando força, até que o paralelismo entre força de trabalho e meios de produção se viu quebrado pelo **ato desviante** que as ocupações de fábricas causaram. Do desvio causado pela crise neoliberal e pela mobilização operário-popular, produziu-se o encontro entre as forças produtivas "liberadas" pela falência da estrutura produtiva patronal.

Os resultados específicos desta etapa investigativa traduziram-se, primeiro na apreensão histórica de formação do **objeto de pesquisa**, não só do ponto de vista de uma história consumada, mas, principalmente, em decorrência de caminhos históricos abertos em relação à turbulência social envolvida pelo período contemplado. Igualmente, colocou-se em questão a fragilização estrutural da luta sindical argentina nos anos 1990 seguida da fragmentação da CGT e fundação da CTA, apresentando-se também a contraditória relação entre o Movimento Operário Argentino Tradicional diante dos processos de ocupação e recuperação de empresas na Argentina, os quais foram sustentados pelo profundo arco de alianças entre operários e os Novos Movimentos Populares Argentinos, e pela estruturação de movimentos autônomos como o MNER e o MNFRT. Por fim, identificou-se a formação dos *Bachilleratos Populares* em AERs, como na Impa e na Chilavert, organizados em autogestão e difusores da pedagogia do trabalho autogerido, como meios de um novo intercâmbio trabalho-educação direcionado à reprodução ideológica e à formação de novos trabalhadores autogeridos para a luta social e econômica.

No exame das implicações teórico-práticas do **objeto de pesquisa**, procedeu-se a uma análise da determinação estrutural de classe sobre os trabalhadores que organizam o processo de recuperação de fábricas na Argentina. Agregando trabalhadores de AERs e trabalhadores de Cooperativas de Trabalho Tradicionais, o trabalho em autogestão ainda estava relacionado diretamente ao trabalho cooperativo, e quanto a este havia muitos questionamentos a serem respondidos, principalmente sobre o seu pertencimento de classe, sua organização política e sua conformação ideológica. A busca pelas respostas exigiu que o método do trabalho teórico, tal como contemplado por Althusser, fosse utilizado para se analisar o conjunto de proposições que conformam as Generalidades de tipo I, por meio das Generalidades II, e se chegar à Generalidade do tipo III.

Em primeiro lugar, este procedimento implicou avaliar a recuperação de fábricas em relação aos processos formais e reais de transformação do trabalho assalariado em cooperativo sob o foco da discussão a respeito das possibilidades de burocratização da autogestão. Tal debate provocou a diferenciação entre o **trabalho cooperativo tradicional**, promovido por organizações como a Facta e a CNCT em torno do Ffecap, e o **trabalho recuperado**, promovido pelo MNER em formação da Utep. No primeiro caso, a autogestão apresenta-se como consequência de um projeto político deliberado conforme o Estado capitalista; e, em razão da produção de efeitos pertinentes e de sua relação sobredeterminante com o domínio político, o **trabalho cooperativo tradicional** foi localizado na luta de classes como **categoria social**. No segundo caso, a autogestão apresenta-se como movimento de base autônomo que busca a construção do poder popular diante do Estado capitalista, e, por essa razão, o **trabalho recuperado** foi localizado como **camada social** da classe operária: o **recuperariado**.

Outro elemento que cindiu as duas formas de trabalho cooperativo recaiu no fato de que nas CTTs a propriedade econômica dos meios de produção é garantida judicialmente como patrimônio privativo dos sócios-cooperados, enquanto nos AERs a propriedade econômica dos meios de produção se vê ora em constante ameaça por decisões judiciais pró-patronais, ora pela expropriação definitiva, pela qual se declaram os meios de produção como de "utilidade pública" — fato que transforma os ex-proprietários dos meios de produção praticamente em arrendadores de capital diante dos **trabalhadores recuperados**.

Por outro ângulo, em que pese a diferença de alcance em seus projetos de autogestão econômico-corporativa, ambas as formas de trabalho cooperativo foram enquadradas como formas **mercantis de trabalho improdutivo**, pois não adicionam valor novo à produção, e suas rendas são apenas repartição do capital social global realizado, de modo que a mercantilização radical do trabalho cooperativo nas CTTs, como em La Cacerola, ocorre exatamente na medida em que todo o dispêndio de tempo de trabalho realizado por seus membros é efetivamente pago, ou seja, reduzindo a zero o sobretrabalho e, portanto, também qualquer possibilidade de extração de mais-valor. Por outro lado, como representante da **camada operária**, o **trabalho recuperado** conforma-se no **recuperariado**, isto é, no conjunto social de agentes da produção que, enquanto recuperam **meios de produção**, **refundam** o trabalho enquanto atividade produtiva genérica, e, assim, recuperam a **si mesmos**, refletindo a imagem de Sísifo.

Sob o pano de fundo de resistência da unidade operário-popular de base ao poder necropolítico do capital na República Argentina, o **recuperariado** torna-se, então, o catalisador de uma **forma disruptiva** que surge como resultado de sua produção ideológica em conjunto com as camadas populares em torno de uma biopolítica que, ao contrário da **colonialidade** reproduzida pelo poder neoliberal do capital periférico, reproduz a **comunalidade** enquanto produto do "comum".

O "comum", tanto sob a forma de materialidade dos recursos comuns à reprodução da vida das camadas populares quanto sob a forma de um "princípio político", catalisa, pela **comunalidade**, uma soberania alter-hegemônica em relação ao neoliberalismo, baseada, por sua vez, na unidade entre autonomia e solidariedade na esfera territorial-popular. Desse modo, o intercâmbio trabalho-educação identificado recaiu nas condições originais de produção biopolítica da aliança operário-popular instaurada desde a união da rua, do bairro e da fábrica em um só corpo social, como um "todo" estruturado, cuja sobredeterminação é exercida pela autogestão enquanto princípio educativo na recuperação de fábricas. Sem essa **transgressão primária**, cairia por terra o "comum" como projeto de sociabilidade alternativo, pois o que dá vida a esse projeto é exatamente o desafio ao Deuses (o capital e suas manifestações) praticado por Sísifo (o **recuperariado**).

Tem-se, então, o seguinte quadro analítico:

1. O **Vazio**: a estrutura de dominação econômica, política e ideológica do capitalismo neoliberal latino-americano para promover uma sociabilidade adequada aos imperativos de acumulação do MPC;

2. O **Desvio**: o **desencontro primordial** gerado pela crise neoliberal argentina na passagem entre os século XX e XXI desestruturou ampla e profundamente os alicerces da acumulação de capital, criando as circunstâncias materiais e políticas para o surgimento e mobilização de levantes operários guiados pelo lema "Ocupar, resistir e produzir", aliados à luta popular de movimentos de bairro e de rua, que romperam com o paralelismo da gestão hierárquica patronal e, em um **ato desviante**, se colocaram o desafio de construir coletivamente outra possibilidade para além do mercado de trabalho capitalista;

3. O **Encontro**: o choque entre forças produtivas liberadas pelo colapso neoliberal, formando uma unidade de combinação da força de trabalho em recuperação e os meios de produção "livres", outrora abandonados e sabotados pelos seus antigos proprietários;

4. A "**Pega**": a repetição cotidiana (o aprimoramento contínuo) e extensiva (a replicação geográfica) da recuperação de fábricas fundamentada no controle operário da produção (**transgressão primária**) e constituição da luta pela expropriação dos antigos proprietários em favor dos recuperários;

5. O **Mundo**: a subordinação reiterada do recuperariado à circulação capitalista; o **castigo das repetições permanentes** em consonância com a **transgressão primária** e as **formas transgressivas** derivadas desta; e

6. A **Razão**: o Sentido do Sísifo Moderno, o **recuperariado**, sua **transgressão disruptiva**, é sua ética subversiva dirigida à construção do "comum" enquanto **princípio político** da luta operário-popular pela sua soberania diante do caráter necropolítico e colonial do capital imperialista.

Entre os momentos expostos, particularmente nos intervalos 3-4, 4-5 e 5-6, existem repetições que se constituem, à primeira vista, como produtos secundários, cuja desaparição aparece ao menor sinal de suas determinações. Nesse sentido, são como **vestígios** de alguma mudança infinitesimal que gradativamente e cumulativamente se faz sentir na experiência. Durante a pesquisa, puderam ser identificadas três **formas transgressivas** diretamente vinculadas à **transgressão primária** da recuperação de fábricas por trabalhadores: a) a **transgressão secundária** corresponde ao ato educativo próprio à reconstrução do espaço organizativo e produtivo das fábricas pelo coletivo de trabalhadores; b) a **transgressão terciária** é relativa ao Encontro entre AERs e BPs para o ensino técnico e teórico de processos autogestivos de trabalho; e c) a **transgressão quaternária** relaciona-se à expropriação definitiva de fábricas pelos trabalhadores como declaração de "utilidade pública" dos meios de produção recuperados. Discutiu-se também a existência formal-concreta da **transgressão disruptiva** relativa à produção do "comum" no âmbito da aliança entre recuperariado e camadas populares.

A **transgressão secundária** derivada do controle operário da produção consiste no processo dialético indissociável entre trabalho e educação. Dois elementos que concorrem para a produção de saberes específicos de uma **educação operária**. O resultado da repetição deste gesto é o do **trabalho como princípio educativo**, no qual a (re)tomada e a (re)configuração da organização não se referem a um retorno para um estado de circunstâncias anterior em que reinava a unidade triádica dos proprietários reais, do corpo de gestores e dos produtores diretos, mas, e principalmente, a uma repetição da ocupação, resistência e (re)ordenação organizativa que se dissemina em torno da produção de uma nova **cultura do trabalho**, orientada à transformação coletiva do complexo do trabalho (tempo de trabalho, distribuição do trabalho, direção e controle do trabalho etc.) para a autogestão econômico-corporativa.

O encontro entre AERs e BPs revelou uma **forma transgressiva** dissociada em dois corpos organizacionais, dos quais emanam, respectivamente, a organização autogestiva do trabalho e o ensino do trabalho autogerido por meio de uma **educação popular**. Os BPs constituem-se primeiramente em setores de AERs na Argentina, após a fase experimental de 1998, incorporando também a organização democrática em assembleias para definir seus programas de ensino, e, além disso, constituem uma relação de solidariedade relativa ao compartilhamento de espaços, recursos materiais e financeiros com os AERs. Em vista das necessidades de, por um lado, completar a formação secundária dos trabalhadores cooperativos nos AERs e, por outro lado, de inculcar, na expressão de Louis Althusser, em alunos secundaristas os elementos teóricos, técnicos e práticos da produção autogerida, os BPs apresentaram-se aos AERs como **aparelhos populares de reprodução ideológica**, uma vez que, pelo fato de se organizarem em autogestão, reproduzem esta materialmente, e, pelo fato de ensinarem a autogestão, reproduzem uma força de trabalho para a inserção contínua de indivíduos na produção cooperativa. O resultado da repetição desse elemento é o da **educação como princípio produtivo** sob a forma da **transgressão terciária**.

Por seu turno, a consumação da expropriação definitiva da fábrica recuperada, após o duro período de resistência dos trabalhadores, constitui-se em numa **transgressão quaternária** que, ao instituir-se formalmente segundo a declaração de utilidade pública, abre o horizonte para que a luta operária, inicialmente orientada à reconfiguração dos aspectos produtivo-organizativos, logre alcançar um estágio superior de mobilização para além-de-si, dado que a positivação formal-legal legitima a produção da função social de garantia de trabalho e renda, por meio da formação de um campo público não estatal vinculado à promoção da vida social pela forma cooperativa de trabalho. O resultado decorrente desta **forma transgressiva** instaura a **expropriação como princípio ético**.

Já a produção biopolítica que a aliança operário-popular realiza institui a **comunalidade** como instância de produção-reprodução da vida social coletiva que vai da rua à fábrica e desta ao bairro, e coloca os AERs como centro da constituição do "público como não estatal", reivindicando, com isso, a repolitização do político. A **forma disruptiva** inscrita nesse processo refere-se à **soberania popular** assentada na rebelião de corpos despejados e despojados a favor da valorização de espaços e meios coletivos de reprodução das camadas populares e do saber operário, em desafio ao controle patronal da produção e da hierarquia social do trabalho. O resultado legado pela repetição dessa prática faz-se materializar na emergência do **"comum" como princípio político** da luta social diante da necropolítica e da colonialidade do capital na Argentina. Com efeito, constrói-se uma via, com um longo processo de socialização por vir ou não, para a passagem da autogestão econômico-corporativa à **autogestão comunal** que contempla uma **socialização operário-popular** e na qual se desenvolveria uma nova forma de reprodução social, autônoma, solidária e reestruturante.

Da identificação das **formas transgressivas**, pôde-se considerar que o intricamento destas revela a produção de uma estrutura complexa que, no entanto, possui uma sobredeterminação específica. Assim como a determinação pelo econômico, em última instância, as repetições das **formas transgressivas** reproduzem-se em correspondência ao nível de desenvolvimento do controle operário da produção, uma vez que esta se faz constituir na **transgressão que primária** que coloca em movimento as condições de possibilidade para todas as outras repetições.

Por outro lado, a estrutura conjunta das repetições (o "todo" repetitivo e repetido) poderia indicar, como numa dialética idealista hegeliana, que a unidade trabalho-educação da primeira repetição se viu restaurada pela última repetição, com num processo de desalienação que romperia com a exteriorização entre trabalho e educação exibida pela segunda repetição. No entanto, a aparente unidade idealizada é mera expressão negativa que condenaria a educação a apêndice da vida produtiva, pois o que, de fato, se demonstra é que as diferenças entre o ato produtivo e o ato educativo, em queda paralela na reprodução capitalista, são desviadas para um encontro na autogestão. E, no entanto, essas diferenças são cada vez mais exteriorizadas, indo desde o espaço organizativo do AER, passando pelo aspecto reprodutivo dos BPs, e chegando à ampla e extensa rede de relações que sustentam a aliança entre recuperariado e camadas populares. Cada repetição se alimenta da outra. Onde uma nasce, a outra parece se dissolver para ressurgir novamente.

Disto se apreendeu que, em vista da característica sobredeterminante da **transgressão primária**, cada **forma transgressiva** derivada desta se faz instauradora de uma nova repetição, mas que não abandona por completo os caracteres da repetição anterior, senão que assume a natureza de uma transcendência positiva deste. Enquanto a primeira a repetição se exerce pela autogestão e as implicações desta para a cultura do trabalho a ser configurada com base nesta; a segunda, por sua vez, relaciona-se aos aspectos formativos teóricos, técnicos e práticos vinculados à articulação AERs-BPs que se colocam como elementos reprodutivos da autogestão e também das camadas populares; a terceira identifica a expropriação como engendradora de uma ética particular em que o público como não estatal é seu principal produto; e a quarta repetição encontra-se fundada na produção disruptiva do "comum" como positivação de uma luta operário-popular pela garantia dos meios coletivos de produção e reprodução social. Contudo, se o todo complexo estruturado advindo dessas repetições espiraladas tem como determinação a **transgressão primária** instituída recuperação de fábricas, essa determinação impõe, por sua vez, o aspecto ideológico do "comum" como dominante em "última instância", pois o "comum", materializado pela prática da comunalidade, é a **forma disruptiva** contra a estrutura heterogestiva e necropolítica do capital.

Com efeito, o recurso à categoria da repetição colocou em evidência como a relação entre transgressão e subordinação se modifica formal e radicalmente, dada a camada em que se opera a análise. Antes do Encontro, transgressão e subordinação percorrem trajetórias paralelas: a transgressão parece impensável. Ao nível do Encontro, a transgressão domina a subordinação: a sobrevivência dos trabalhadores por meio da posse dos meios de produção do capitalista individual representa uma transgressão a qualquer custo. Ao nível da "pega", transgressão e subordinação formam uma unidade contraditória, segundo a qual um interior democraticamente organizado se vê dominado pelo comando vertical dos imperativos da circulação capitalista. Na formação do recuperariado, a subordinação, ao contrário de ser uma "substância" negativa, é um elemento fundamental para a transgressão: é exatamente o aprofundamento radical da mercantilização da força de trabalho cooperativa que torna possível a continuidade da recuperação de fábricas e suas repetições cotidianas e extensivas. Enfim, ao nível do "comum", a subordinação volta a dominar a transgressão, porém na forma de uma diferença afirmativa: a **comunalidade** domina a produção recuperada sob o corolário da reprodução da soberania popular.

A pesquisa encaminhou-se na direção de uma análise profunda dos sentidos da recuperação de fábricas na Argentina, conseguindo captar por alguns momentos nuances que pareciam ter escapado ou terem sido ignoradas por trabalhos anteriores. A intenção foi a de produzir um aprendizado mútuo para a Nossa América que auxilie a interpretação crítica de movimentos sociais, sejam eles operários, sejam populares, a entender como a luta pela autonomia pode levar a caminhos e a implicações pertinentes quando se trata de classes sociais e suas dimensões econômicas, políticas e ideológicas. Se, em 2003, Estebán Magnani escreveu sobre uma "mudança silenciosa", hoje, cerca de 20 anos depois, esta pesquisa mostra que a mudança está fazendo algum barulho e pode fazer muito mais. Em se tratando do acalorado debate sobre a autogestão, seus limites, sua natureza, seus objetivos sociais etc., examinou-se, aqui, o conjunto dos processos autogestivos pelo ângulo da divisão entre a **autogestão econômico-corporativa** e a **autogestão comunal**, colocando em evidência, principalmente, as diferenças de alcance dos projetos de autogestão apresentadas no âmbito das recém-formadas organizações Ffecap e Utep.

Tanto o **problema de pesquisa** quanto o **objetivo da pesquisa** encontram-se respondidos e atendidos de forma adequada e legítima pelos procedimentos e argumentos da investigação, uma vez que se chegou à evidenciação das **formas transgressivas** inscritas "na" e derivadas "da" recuperação operária de fábricas argentinas. Ademais, o estudo sustentou subsidiariamente a tese de que transgressão e subordinação não compreendem categorias diametralmente antagônicas e mutuamente excludentes, mas, sobretudo, põem-se em relações de imbricação e implicação mútua em que a dualidade aparente da contradição entre ambas é dissolvida em favor da concepção de que a diferença entre elas é uma diferença de "lugares", e não de posições externamente fixadas. Subordinação e Liberdade, Necessidade e Transgressão ocupam o mesmo espaço na práxis histórica da recuperação operária de fábricas argentinas.

Por outro lado, o estudo lança questões que restam ser respondidas por pesquisas futuras sobre o tema, tais como: em que circunstâncias os trabalhadores em autogestão podem vir a compor uma outra classe social? A interpenetração entre precariado e recuperariado tem quais efeitos na luta política da classe operária? Sem responder a tais questionamentos, a pesquisa teve como simples direção a abertura de um horizonte teórico para a construção de uma Economia Política da Autogestão, com a seguinte expressão:

E ergueu-se, assim, o Sísifo moderno, com suor, luta e paixão, da "fábrica sem patrão" à "fábrica sem portão".

REFERÊNCIAS

ABRAMOVICH, A. L.; VÁZQUEZ, G. *Experiencias de la economía social y solidaria en la Argentina*. **Estudios Fronterizos**, [*s. l.*], v. 8, n. 15, p. 121-145, 2007.

ADAMOVSKY, E. *Historia de las clases populares en la Argentina: desde 1880 hasta 2003*. Buenos Aires: Sudamericana, 2012.

AGUILÓ, V.; WAHREN, I. *Educación Popular y Movimientos Sociales: Los Bachilleratos Populares como "campos de experimentación social. In:* **X Jornadas de Sociología**. Facultad de Ciencias Sociales, Universidad de Buenos Aires, 2013, p. 1-16.

AIZICZON, F. *Zanón: una experiencia de lucha obrera*. Buenos Aires: Herramienta, 2009.

ALTHUSSER, L. A corrente subterrânea do materialismo do encontro. **Crítica Marxista**, São Paulo, v. 1, n. 20, p. 9-48, 2005.

ALTHUSSER, L. **A favor de Marx**. Rio de Janeiro: Zahar, 1979.

ALTHUSSER, L. **Marxismo, ciência e ideologia**. São Paulo: Sinais, 1967.

ALTHUSSER, L. *Philosophy of the encounter: later writings, 1978-87*. London: Verso, 2006.

ALTHUSSER, L. **Sobre a reprodução**. Petrópolis: Vozes, 2008.

ALTHUSSER, L. **Sobre o trabalho teórico**. Lisboa: Presença, 1978.

ALTHUSSER, L. *Tres notas sobre la teoría de los discursos*: 1966. *In*: ALTHUSSER, L. *Escritos sobre psicoanálisis: Freud y Lacan*. México D.F.: Siglo Veintiuno, 1996. p. 99-145.

ALVES, G. **O duplo negativo do capital**: ensaio sobre a crise do capitalismo global. Bauru: Projeto Editorial Praxis, 2018.

AMPUDIA, M.; ELISALDE, R. *Bachilleratos populares en la Argentina: movimiento pedagógico, cartografía social y educación popular*. **Revista Polifonías**, [*s. l.*], v. 7, p. 154-177, 2015.

ANTIVERO, J.; ELENA, P.; RUGGERI, A. *El movimiento obrero argentino y las empresas recuperadas por los trabajadores*. Buenos Aires: Chilavert, 2012.

ANTUNES, R. **O privilégio da servidão**: o novo proletariado de serviços na era digital. São Paulo: Boitempo, 2018.

ANTUNES, R.; BRAGA, R. **Infoproletários**: degradação real do trabalho virtual. São Paulo: Boitempo, 2009.

AREAL, S.; TERZIBACHIAN, M. F. *La experiencia de los bachilleratos populares en la Argentina: exigiendo educación, redefiniendo lo público.* **Revista Mexicana de Investigación Educativa**, [México], v. 17, n. 53, p. 513-532, 2012.

ARGENTINA. *Constitución de la Nación Argentina. Incluye los tratados internacionales de derechos humanos con jerarquía constitucional. In*: MONTI, N. **Constituciones argentinas**: *compilación histórica y análisis doctrinario.* Buenos Aires: Ministerio de Justicia y Derechos Humanos de la Nación, 2015.

ARGENTINA. *Instituto Nacional de Asociativismo y Economía Social.* **Las cooperativas y mutuales en la República Argentina**. Buenos Aires: Inaes, 2008.

ARGENTINA. *Instituto Nacional de Asociativismo y Economía Social.* **Consulta a entidad**. Buenos Aires: Inaes, [2019]. Disponível em: https://www.argentina.gob.ar/inaes/contacto. Acesso em: 20 mar. 2019.

ARGENTINA. *Ley 1.029 de 21 de septiembre de 1880. Ley declarando Capital de la República, el municipio de la Ciudad de Buenos Aires.* Buenos Aires: Congreso Argentino, 21 sept. 1880. Disponível em: https://www.argentina.gob.ar/normativa/nacional/ley-1029-48865/texto. Acesso em: 11 abr. 2018.

ARGENTINA. *Ley 26.684*. Buenos Aires: Congreso Argentino, 29 jun. 2011. Disponível em: https://www.argentina.gob.ar/normativa/nacional/ley-26684-183856/texto. Acesso em: 4 set. 2023.

CIDADE AUTÔNOMA DE BUENOS AIRES. *Ley nº 1.529, de 25 de septiembre de 2004. Decláranse de utilidad pública y sujetos a expropiación.* Buenos Aires: [s. n.], 7 ene. 2005. Disponível em: http://www2.cedom.gob.ar/es/legislacion/normas/leyes/ley1529.html. Acesso em: 12 jun. 2018.

ARGENTINA. *Ley nº 20.337. Ley Nacional de Cooperativas.* Ciudad Autónoma de Buenos Aires: [s. n.], 2 mayo 1973. Disponível em: http://servicios.infoleg.gob.ar/infolegInternet/anexos/15000-19999/18462/texact.htm. Acesso em: 12 mar. 2018.

ARGENTINA. *Ley nº 20.744. Ley de Contrato de Trabajo.* Buenos Aires: [s. n.], 13 mayo 1976. Disponível em: http://servicios.infoleg.gob.ar/infolegInternet/anexos/25000-29999/25552/texact.htm. Acesso em: 14 mar. 2018.

ARGENTINA. *Ley nº 21.499. Ley de Expropiaciones*. Buenos Aires: [s. n.], 17 ene. 1977.

ARGENTINA. Ministerio del Trabajo, Empleo y Seguridad Social. *Resolución nº 203, de 26 de marzo de 2004. Programas de empleo: créanse el Programa Trabajo Autogestionado*. Buenos Aires: [s. n.], 2004. Disponível em: https://www.argentina.gob.ar/normativa/nacional/resoluci%C3%B3n-203-2004 93949/texto. Acesso em: 4 jun. 2018.

ARGENTINA. Ministerio del Trabajo, Empleo y Seguridad Social. Secretaría del Empleo. *Resolución 1479/2013. Promoción del Empleo*. Buenos Aires: Secretaría del Empleo, 7 oct. 2013. Disponível em: https://www.argentina.gob.ar/normativa/nacional/resoluci%C3%B3n-1479-2013-217216/texto. Acesso em: 3 nov. 2017.

ARGENTINA. *Proyecto de ley. Expediente nº 8632-D-2014. Cooperativa de Trabajo 22 de Mayo Limitada* [...]. Buenos Aires: 30 oct. 2014. Disponível em: https://www.hcdn.gob.ar/comisiones/permanentes/cpyhacienda/proyectos/proyecto.jsp?exp=8632-D-2014. Acesso em: 22 nov. 2019.

ARISTÓTELES. *Órganon*. Lisboa: Guimaraes, 1985.

AVRICH, P. *Los anarquistas rusos*. Madrid: Alianza, 1974.

AZPIAZU, D. L.; BASUALDO, E.; SCHORR, M. *La industria argentina durante los años noventa: profundización y consolidación de los rasgos centrales de la dinámica sectorial post-sustitutiva*. Buenos Aires: Flacso, 2001.

AZPIAZU, D.; SCHORR, M. *Hecho en Argentina: industria y economía, 1976-2007*. [S. l.]: Siglo XXI: Iberoamericana, 2010.

BACHELARD, G. **A epistemologia**. Lisboa: Edições 70, 2006.

BADIOU, A. *Metapolitics*. London: Verso, 2005.

BALIBAR, E. Sobre os conceitos fundamentais do materialismo histórico. *In*: ALTHUSSER, L.; BALIBAR, E.; ESTABLET, R. **Ler O capital**. Rio de Janeiro: Zahar, 1980. v. 2, p. 153-274.

BALIBAR. E. *Spinoza: from individuality to transindividuality. A lecture delivered in Rijnsburg*. Utrecht: Eburon Delft, 1997.

BASTERRA, M. *Constitución de 1819. Un paso adelante en el proceso de consolidación del Estado constitucional argentino. In*: MONTI, N. **Constituciones argentinas**: *compilación histórica y análisis doctrinario*. Buenos Aires: Ministerio de Justicia y Derechos Humanos de la Nación, 2015.

BASUALDO, E. *Estudios de historia económica argentina*. Buenos Aires: Siglo Veintiuno, 2006.

BASUALDO, E.; AZPIAZU, D.; KHAVISSE, M. *El nuevo poder económico en la Argentina de los años ochenta*. Buenos Aires: Legasa, 1986.

BEHREND, J.; BIANCHI, M. Estructura económica y política subnacional en Argentina. **Caderno CRH**, [s. l.], v. 30, n. 80, p. 217-235, 2017.

BENFORD, R. D.; SNOW, D. A. Framing processes and social movements: an overview and assessment. **Annual Review of Sociology**, [s. l.], v. 26, n. 1, p. 611-639, 2000.

BERARDI, F. *After the future*. Edinburgh: AK, 2011.

BERNARDO, J. **Economia dos conflitos sociais**. São Paulo: Cortez, 1991.

BERTONI, G. *Del movimiento al frente: dinámica política en el frente popular Darío Santillán*. 2014. Trabajo Final de Grado (Licenciatura en Sociología) – Universidad Nacional de La Plata, Buenos Aires, 2014.

BIZAI, J. *Movimientos sociales mapuches: entre la memoria y el olvido. La identidad de un pueblo originario*. Trabajo presentado al Jornadas de Sociología, 6., 2004, Facultad de Ciencias Sociales, Universidad de Buenos Aires, Buenos Aires.

BODENHEIMER, A. R. *Warum? Von der Obszönität des Fragens*. Stuttgart: Reclam, 1984.

BOITO JR., A. Classe média e sindicalismo. **Revista POLITTEIA: Hist. e Soc.**, Vitória da Conquista, v. 4, n. 1, p. 211-234, 2004.

BOITO JR., A. Estado e burguesia no capitalismo neoliberal. **Revista de Sociologia e Política**, [s. l.], n. 28, p. 57-73, 2007.

BOITO JR., A. Indicações para o estudo do marxismo de Althusser. **Revista Novos Temas**, São Paulo, p. 153-182, 2013.

BOLTANSKI, L.; CHIAPELLO, E. **O novo espírito do capitalismo**. São Paulo: Martins Fontes, 2009.

BONANNO, A. *Autogestión: debate libertario*. Madrid: Campo Abierto, 1977.

BOSCH, M. A. P. **O internacionalismo e as fábricas recuperadas**. 2007. Dissertação (Mestrado em Sociologia Política) – Universidade Federal de Santa Catarina, Florianópolis, 2007.

BRESSER-PEREIRA, L. C. A crise da América Latina: Consenso de Washington ou crise fiscal? **Pesquisa e Planejamento Econômico**, [s. l.], v. 21, n. 1, p. 3-23, 1991.

BRODER, P. ***Dos años de la era K***: *luces y sombras de la postconvertibilidad*. Buenos Aires: Planeta, 2005.

BRUNHOFF, S. ***Marx on money***. New York: Urizen Books, 1976.

BUCI-GLUCKSMANN, C. **Gramsci e o Estado**. Rio de Janeiro: Paz e Terra, 1980.

BUENOS AIRES. *Legislatura de la Ciudad Autónoma de Buenos Aires*. Ley nº 1777/05. Buenos Aires, 1 sept. 2005. Disponível em: https://www.buenosaires.gob.ar/areas/leg_tecnica/sin/normapop09.php?id=77544&qu. Acesso em: 7 jun. 2018.

CABRERA, C. ***Devenires de las fábricas sin patrón***: *Buenos Aires una Empresa Nacional (Bauen)*. Trabajo presentado al Jornadas de Investigación y Tercer Encuentro de Investigadores en Psicología del Mercosur, 14., 2007, Facultad de Psicología, Universidad de Buenos Aires, Buenos Aires.

CABRERA, C. *Educación y autogestión: las experiencias de los estudiantes en los Bachilleratos Populares para Jóvenes y Adultos en empresas recuperadas*. **Osera**, Buenos Aires, v. 6, n. 1, 2012.

CALDWELL, B.; MONTES, L. *Friedrich Hayek y sus dos visitas a Chile*. **Estudios Públicos**, [s. l.], v. 137, p. 87-132, 2015.

CALERO, A. V. *Perfil de los trabajadores por cuenta propia en la Argentina: 2003-2011. In*: ARGENTINA. Ministerio de Economía y Finanzas Públicas. **Empleo e ingresos**. Nota Técnica n. 58. Buenos Aires: [s. n.], 2012.

CAMUS, A. **O mito de Sísifo**: ensaio sobre o absurdo. São Paulo: Record, 2004.

CASANOVA, P. G. Colonialismo interno (uma redefinição). *In*: BORON, A.; AMADO, J.; GONZÁLEZ, S. (org.). **A teoria marxista hoje**: problemas e perspectivas. Buenos Aires: Clacso, 2006. p. 395-420.

CASTORIADIS, C.; MOTHÉ, D. Autogestão e hierarquia. *In*: CASTORIADIS, C. **Socialismo ou barbárie**: o conteúdo do socialismo. São Paulo: Brasiliense, 1983. p. 211-226.

CETRÁNGOLO, O.; GÓMEZ SABAÍNI, J. C. *Política tributaria en Argentina*. Buenos Aires: Cepal, 2007.

CENSABELLA, M. I. *Lenguas y pueblos indígenas de la Argentina*. Buenos Aires: Eudeba, 2010.

COOPERATIVA DE EDUCADORES E INVESTIGADORES POPULARES (CEIP). *Quiénes somos*. [Argentina]: [*s. n.*], [2018]. Disponível em: http://ceiphistorica.com/. Acesso em: 14 maio 2018.

CHESNAIS, F. **A mundialização do capital**. São Paulo: Xamã, 1996.

CHRISTIDIS, K.; DEVETSIOKIOTIS, M. *Blockchains and smart contracts for the internet of things*. **IEEE Access**, [*s. l.*], n. 4, p. 2.292-2.303, 2016.

COGGIOLA, O. A Primeira Internacional Operária e a Comuna de Paris. **Revista Aurora**, [*s. l.*], v. 4, n. 2, 2011.

COHEN, G. A. *The structure of proletarian unfreedom*. **Philosophy & Public Affairs**, [*s. l.*], v. 12, n. 1, p. 3-33, 1983.

COLE, G. *A century of co-operation*. Manchester: Co-Operative Union, 1944.

COLLONGES, L. *Demain est déjà commencé. In*: ASSOCIATION AUTOGESTION. **Autogestion**: encyclopédie internationale. Paris: Syllepse, 2015. p. 1.477-1.518.

COOPERATIVA CHILAVERT ARTES GRÁFICAS (CCAG). *Inicio*. [Argentina]: [*s. n.*], 2019. Disponível em: http://dgpcfadu.com.ar/2007/1_cuat/v41/comitente/index.html. Acesso em: 13 maio 2019.

COOPERATIVA DE TRABAJO LOS CONSTITUYENTES (CTLC). **Institucional**. [Argentina]: [*s. n.*], [2018]. Disponível em: https://constituyentesnet.com.ar/institucional/. Acesso em: 17 fev. 2018.

CORAGGIO, J. L. Da economia dos setores populares à economia do trabalho. *In*: KRAUCHETE, G.; LARA, F.; COSTA, B. **Economia dos setores populares**: entre a realidade e a utopia. Campinas: [*s. n.*], 2000. p. 91-142.

COSCIA, V.; MOGUILLANSKY, M. *Escenas de la recuperación de fábricas en documentales y en ficción: entre la política, el trabajo y la familia*. **Question**, [*s. l.*], 2017.

COSTA ALVAREZ, C. *Empresas recuperadas: ¿democratización versus mercado? Análisis de las tensiones entre autonomía y capital en el caso de la Cooperativa de Trabajo Metalúrgica 'Los Constituyentes'*. 2008. Trabalho de Conclusão de Curso – Universidad Nacional de La Plata, 2008.

CUCHIVAGUE, K. O. *Las Madres de la Plaza de Mayo y su legado por la defensa de los derechos humanos*. **Trabajo Social**, [*s. l.*], n. 14, p. 165-177, 2012.

CUNINHAME, P. *"Hot autumn": Italy's factory councils and autonomous worker's assemblies, 1970's*. *In*: NESS, I.; AZZELINI, D. *Ours to master and to own*. Chicago: Haymarket Books, 2011.

DAL RI, N. M. Um panorama dos novos movimentos sociais latino-americanos e a pedagogia do trabalho associado. *In*: NOVAES, H. T.; DAL RI, N. M. (org.). **Movimentos sociais e crises contemporâneas**. Uberlândia: Navegando, 2017. p. 165-179.

DALLA VÍA, A. R. *Constituición Nacional de 1853*. *In*: MONTI, N. *Constituciones argentinas*: *compilación histórica y análisis doctrinario*. Buenos Aires: Ministerio de Justicia y Derechos Humanos de la Nación, 2015.

DARDOT, P.; LAVAL, C. **A nova razão do mundo**: ensaio sobre a sociedade neoliberal. São Paulo: Boitempo, 2016.

DARDOT, P.; LAVAL, C. **Comum**: ensaio sobre a revolução no século XXI. São Paulo: Boitempo, 2017.

DATOS sobre la autogestión en Argentina. **Osera**, Buenos Aires, v. 4, p. 1-4, 2010.

DAVIDSON, P. *Financial markets, money, and the real world*. Northampton: Edward Elgar, 2003.

DEL ROIO, M. T. Marx e a Comuna de Paris. **Revista Espaço Acadêmico**, [*s. l.*], v. 10, n. 118, p. 25-31, 2011.

DELEUZE, G. **Diferença e repetição**. Rio de Janeiro: Graal, 1988.

DELLATORRE, R. *Camino a un modelo productivo*. **Página 12**, [Argentina], 8 jun. 2003. Disponível em: https://www.pagina12.com.ar/diario/suplementos/cash/17-770-2003-06-08.html. Acesso em: 13 jul. 2019.

DERRIDA, J. *Dissemination*. London: Athlone, 1981.

DESCARTES, R. *Letter to Messland*. *In*: ADAM, C.; TANNERY, P. *Correspondance*: *July 1643-April 1647*. Paris: Vrin, 1989.

DI PAOLA, P. *Factory councils in Turim, "1919-1920"*: *"the sole and authentic social representatives of the proletarian class"*. *In*: NESS, I.; AZZELINI, D. *Ours to master and to own*. Chicago: Haymarket Books, 2011.

DI TELLA, T. S. **História social da Argentina contemporânea**. Brasil: Fundação Alexandre Gusmão, 2017.

DÍAZ PARRA, I. *Lucha por centralidad y autogestión del espacio: el Movimiento de Ocupantes e Inquilinos en Buenos Aires*. **Íconos**, [s. l.], n. 56, p. 43-61, sept. 2016.

DÍAZ, S. [**Entrevistas**]. [Entrevista cedida a] Gabriel Gualhanone Nemirovsky. Escola Nacional Florestan Fernandes, Guararema, 6 set. 2017. MP3 (178 min) e 27 set. 2019.

DINERSTEIN, A. C. *Workers' factory takeovers and new state policies in Argentina: towards an 'institutionalisation' of non-governmental public action?* **Policy and Politics**, [s. l.], v. 35, n. 3, p. 529, 2007.

DITTICIO, C. **Experiências neoliberais**: Brasil, Argentina, Chile, México. 2007. Dissertação (Mestrado em Economia Política) – PUC-SP, São Paulo, 2007.

DUEK, C.; INDA, G. *El proceso de constitución de la clase dominante en la Argentina*. **Trabajo y Sociedad**, Santiago del Estero, n. 6, v. 4, jun.-sept. 2003. Disponível em: https://www.unse.edu.ar/trabajoysociedad/DuekInda.htm. Acesso em: 8 mar. 2018.

DUNKER, C.; THEBAS, C. **A arte de perguntar: o palhaço e o psicanalista**. Como escutar os outros pode transformar vidas. São Paulo: Planeta do Brasil, 2019.

DUPAS, G. **Economia global e exclusão social**. São Paulo: Paz e Terra, 1999.

DUPUY, J. *The mark of the sacred*. [S. l.]: Stanford University, 2013.

DURGAN, A. *Worker's democracy in the Spanish Revolution, 1936-1937. In*: NESS, I.; AZZELINI, D. *Ours to master and to own*. Chicago: Haymarket Books, 2011.

DYMSKI, G. *Banking and financial crises. In*: ARESTIS, P.; SAWYER. M. *A handbook of alternative monetary economics*. Northampton: Edward Elgar, 2006.

ELENA, P.; ANTIVERO, J.; RUGGERI, A. *El movimiento obrero argentino y la toma de fábricas*. Buenos Aires: Chilavert, 2012.

ELISALDE, R. *Escuelas populares de jóvenes y adultos en movimientos sociales: espacio social y trayectorias educativas (Argentina 2001-2006)*. **Org & Demo**, Marília, v. 14, n. 1, p. 29-48, 2013.

ENGELS, F. **Do socialismo utópico ao socialismo científico**. 7. ed. São Paulo: Global, 1985.

ÉSQUILO. *Tragedias*. Madrid: Gredos, 1993.

ESTABLET, R. Apresentação do plano de O capital. *In*: ALTHUSSER, L.; BALIBAR, E.; ESTABLET, R. **Ler O capital**. Rio de Janeiro: Zahar, 1980. v. 2, p. 275-327.

FAJN, G. (org.). *Fábricas y empresas recuperadas: protesta social, autogestión y rupturas en La subjetividad*. Buenos Aires: Instituto Movilizador de Fondos Cooperativos: Centro Cultural de la Cooperación, 2003.

FAJN, G. *Fábricas recuperadas*: la organización en cuestión. Argentina: [*s. n.*], 2004. Disponível em: http://www.iisg.nl/labouragain/documents/fajn.pdf. Acesso em: 4 maio 2019.

FARIA, J. H. **Economia política do poder**: as práticas organizacionais do controle nas organizações. Curitiba: Juruá, 2004. v. 3.

FARIA, J. H. **O autoritarismo nas organizações**. Curitiba: Criar, 1985.

FASINPAT: Fábrica Sin Patrón. Danièle Incalcaterra. Neuquén: di y Tsi, 2004. VHS (63 minutos).

FELICI, I. A verdadeira história da Colônia Cecília de Giovanni Rossi. **Cadernos AEL**, [*S. l.*], 1998.

FÉLIZ, M. *Pluralidad de monedas en la Argentina en crisis*. 2003. Dissertação (Mestrado em Sociologia Econômica) – Unsam, San Martín, 2003.

FERNÁNDEZ, A. M. *Política y subjetividad: asambleas barriales y fábricas recuperadas*. [*S. l.*]: Biblos, 2008.

FERNÁNDEZ, V.; SEILER, C. R. *Procesos de acumulación, industria y Pyme: el caso argentino y los límites del neodesarrollismo*. **Revista Sociedad y Economía**, [*s. l.*], n. 30, p. 225-253, 2016.

FERRER, A. *La economía argentina: desde sus orígenes hasta principios del siglo XXI*. Buenos Aires: Fondo de Cultura Económica, 2004.

FESER, E. *et al. Guía de trámites básicos para el trabajo autogestionado*. Buenos Aires: Programa Facultad Abierta: UBA, 2012. (Cuadernos para la Autogestión, n. 6).

FILGUEIRAS, L. A Desestruturação do mundo do trabalho e o "mal estar" desse fim de século. **Caderno do Ceas**, [*s. l.*], n. 171, p. 9-29, set./out. 1997.

FOLLADOR, G. B. Criptomoedas e competência tributária. **Revista Brasileira de Políticas Públicas**, [*s. l.*], v. 7, n. 3, p. 80-105, 2017.

FOUCAULT, M. **Vigiar e punir**: nascimento da prisão. Petrópolis: Vozes, 1987.

FREIRE, P. **Pedagogia da autonomia**. Rio de Janeiro; São Paulo: Paz e Terra, 2019a.

FREIRE, P. **Pedagogia do oprimido**. Rio de Janeiro; São Paulo: Paz e Terra, 2019b.

FUCHS, C. *Labor in informational capitalism and on the internet*. **The Information Society**, [*s. l.*], v. 26, n. 3, p. 179-196, 2010.

GALVÃO, A. O neoliberalismo na perspectiva marxista. **Crítica Marxista**, [*s. l.*], n. 27, p. 149-158, 2008.

GIL DE SAN VICENTE, I. *Cooperativismo obrero, consejismo y autogestión socialista: algunas lecciones para Euskal Herria*. País Vasco: Boltxe Liburuak, 2013.

GORZ, A. *Farewell to the working class: an essay on post-industrial socialism*. [*S. l.*]: Pluto, 1982.

GRACIA, A.; CAVALIERE, S. *Repertorios en fábrica: la experiencia de recuperación fabril en Argentina, 2000-2006*. **Estudios Sociológicos**, [*s. l.*], p 155-186, 2007.

GRACIA, M. A. *Difusión e institucionalización del movimiento de recuperación de fuentes de trabajo en Argentina*. Revista Pueblos y Fronteras Digital, [*s. l.*], v. 8, n. 16, p. 92-125, 2013.

GRACIA, M. A. *Fábricas de resistencia y recuperación social: experiencias de auto-gestión del trabajo y la producción en Argentina*. México D.F.: El Colegio de México, Centro de Estudios Sociológicos, 2011.

GRACIA, M. A. *Ni el patrón ni cualquier varón nos marcaría el paso: auto-reconoci-miento y relaciones de poder en prácticas productivas populares*. **Otra Economía**, [*s. l.*], v. 5, n. 9, p. 152-172, 2012.

GRAMSCI, A. **Maquiavel**: notas sobre estado e a política. Rio de Janeiro: Civili-zação Brasileira, 2017.

GRAMSCI, A. Americanismo e Fordismo. *In:* GRAMSCI, A. **Temas de Cultura. Ação Católica. Americanismo e Fordismo**. Rio de Janeiro: Civilização Brasi-leira, 2017. p. 256-303.

GRAVES, R. **Os mitos gregos**. 3. ed. Rio de Janeiro: Novas Fronteiras, 2018. v. 1-2.

GRIGERA, J. *Reconsideración del proceso de desindustrialización en Argentina (1976-2011)*. 2012. Tese (Doutorado em História) – UBA, Buenos Aires, 2012.

GRUPO DE ESTUDIOS SOBRE MOVIMIENTOS SOCIALES Y EDUCACIÓN POPULAR (GEMSEP). *10 años de Bachilleratos Populares en Argentina*. **Cuadernillo de Debate**, Buenos Aires, n. 1, p. 1-90, mar. 2015a.

GRUPO DE ESTUDIOS SOBRE MOVIMIENTOS SOCIALES Y EDUCACIÓN POPULAR (GEMSEP). Relevamiento Nacional de Bachilleratos Populares de Jóvenes y Adultos. **Informe**, Buenos Aires, 2015b.

GUILLERM, A.; BOURDET. **Autogestão**: uma mudança radical. Rio de Janeiro: Zahar, 1976.

HABERMAS, J. *The theory of communicative action*. London: Polity, 1991. v. 1.

HARDT, M.; NEGRI, A. **Império**. 3. ed. Rio de Janeiro: Record, 2001.

HARDT, M.; NEGRI, A. *Multitude: war and democracy in the age of empire*. New York: The Penguin, 2004.

HARNECKER, M. **Conceitos elementares do materialismo histórico**. São Paulo: Global, 1983.

HARVEY, D. **Condição pós-moderna**. São Paulo: Loyola, 1992.

HARVEY, David. **Novo imperialismo**. São Paulo: Edições Loyola, 2004.

HARVEY, D. **Neoliberalismo**: história e implicações. São Paulo: Loyola, 2008.

HEGEL, G. W. F. *The philosophy of history*. Ontario: Batoche Books, 2001.

HEIDEGGER, M. **Ser e tempo**. Petrópolis: Vozes, 2015.

HENRIQUES, F. C. **Empresas recuperadas por trabalhadores no Brasil e na Argentina**. 2013. Tese (Doutorado em Planejamento Urbano e Regional) – UFRJ, Rio de Janeiro, 2013.

HENRIQUES, F. C. *et al.* **Empresas recuperadas por trabalhadores no Brasil**. Rio de Janeiro: Multifoco, 2013.

HENRIQUES, F. C.; THIOLLENT, M. J. Empresas recuperadas por trabalhadores no Brasil e na Argentina. **Revista Brasileira de Estudos Urbanos e Regionais**, [*s. l.*], v. 15, n. 2, p. 89-105, 2013.

HERNÁNDEZ, Mario. *El movimiento de autogestión obrera en Argentina: empresas recuperadas y movimientos de trabajadores desocupados*. Buenos Aires: Topía Editorial, 2013.

HERNANDEZ, M. [**Entrevista**]. [Entrevista cedida a] Gabriel Gualhanone Nemirovsky. Escola Nacional Florestan Fernandez, Guararema. 28 set. 2019.MP3 (196 min)

HERRERA, G.; TAVOSNANKA, A. *La industria argentina a comienzos del siglo* XXI. **Revista Cepal**, [*s. l.*], 2011.

HIDALGO, R.; JANOSCHKA, M. (ed.). *La ciudad neoliberal: gentrificación y exclusión en Santiago de Chile, Buenos Aires, Ciudad de México y Madrid*. [S. l.: s. n.], 2014.

HIGINO. **Fábulas**. Madrid: Gredos, 2009.

HIRTZ, N. V. *Argentina: gobernabilidad y movimientos sociales. El caso del Movimiento Nacional de Empresas Recuperadas*. **Em Debate**, [*s. l.*], n. 6, p. 153-170, 2011.

HIRTZ, N. V.; GIACONE, M. S. *Estrategias de los trabajadores de empresas recuperadas en Argentina*. **Universitas**: Revista de Ciencias Sociales y Humanas, [*s. l.*], n. 14, p. 17-43, 2011.

HÖLDERLIN, F. *Patmos. In*: HÖLDERLIN. F. **Poemas**. São Paulo: Companhia das Letras, 1991. p. 180-193.

HOMERO. **Ilíada**. Madrid: Gredos, 1996.

HOROWICZ, A. *Los cuatro peronismos*. Buenos Aires: Hyspamérica, 1990.

HUDSON, J. P. *Formulaciones teórico-conceptuales de la autogestión*. **Revista Mexicana de Sociología**, [*s. l.*], v. 72, n. 4, p. 571-597, 2010.

IMEN, P.; PLOTINKSY, D. *El Bauen es de los trabajadores y de las trabajadoras*. **Revista Idelcoop**, [*s. l.*], n. 221, p. 11-20, mar. 2017.

INDUSTRIA argentina: la fábrica es para los que trabajan. Realização: Iacoponi. [S. l.]: Caba, 2012. VHS (95 min).

INSTITUTO NACIONAL DE ESTADÍSTICA Y CENSOS DE LA REPÚBLICA ARGENTINA (INDEC). *Datos de población*. [S. l.]: Indec, [2018]a. Disponível em: https://www.indec.gob.ar/indec/web/Nivel3-Tema-2-4. Acesso em: 6 mar. 2018.

INSTITUTO NACIONAL DE ESTADÍSTICA Y CENSOS DE LA REPÚBLICA ARGENTINA (INDEC). *Cuentas nacionales*. [S. l.]: Indec, [2018]b. Disponível em: https://www.indec.gob.ar/indec/web/Nivel3-Tema-3-9. Acesso em: 6 mar. 2018.

ÍPOLA, E. *Althusser: the infinite farewell.* London: Duje University, 2018.

ISABELLA, M. *Lenguas y pueblos indígenas de la Argentina*. *In*: RAPINÁN, D.; FERNAN-DEZ, C.; MILLÁN, S. *Interculturalidad en el contexto mapuche*. Neuquén: Educo, 2010.

KANT, I. **Anthropology from a pragmatic point of view**. New York: Cambridge University, 2006.

KATZ, C. *El imperialismo del siglo XXI: dominación, crisis y resistencias en el nuevo orden capitalista*. *In*: SEMINARIO GUEVARISTA INTERNACIONAL, 2003, Bogotá: Universidad Nacional. **Anales**. Bogotá, 2003. p. 3-34.

KATZ, C. *¿Qué burguesía hay en la Argentina?* [*S. l.*: *s. n.*]: 30 jun. 2005. Disponível em: https://katz.lahaine.org/?p=91&env=1. Acesso em: 2 jan. 2020.

KARDELJ, E. *El sistema político autogestionario socialista*. *In*: HARNECKER, M. *El sistema político yugoslavo: Buscando un camino alternativo al sistema representativo burgués y al sistema estatista soviético*. Caracas: Centro Internacional Miranda, 2007. p. 21-35.

KORSCH, K. *What is socialization? A program of practical socialism*. **New German Critique**, Durham, n. 6, p. 60-81, 1975.

KUENZER, A. Z. **Pedagogia da fábrica**: as relações de produção e a educação do trabalhador. [*S. l.*]: Cortez, 1985.

KULFAS, M. *El desarrollo industrial argentino en perspectiva histórica*. [*S. l.*: *s. n.*], 2013. Disponível em: https://www.vocesenelfenix.com/content/el-desarrollo--industrial-argentino-en-perspectiva-hist%C3%B3rica. Acesso em: 27 out. 2019.

LA LEONA. **Echarri, Seefeld e Marra**. Buenos Aires: Telefe, 2016.

LA TOMA. Realização: Avi Lewis e Naomi Klein. Buenos Aires, 2004. (87 min).

LAMBERT, P. *La doctrina cooperativa*. Buenos Aires: Intercoop, 1975.

LAVACA (org.). *Sin patrón: stories from Argentina's worker-run factories: the Lavaca Collective*. [*S. l.*]: Haymarket Books, 2007.

LAVILLE, J. L. *Une troisième voie pour le travail*. Paris: Desclée de Brouwer, 1999.

LAZARTE, J. *Nuestra central: la CTEP*. 2017. Trabajo Final de Grado (Licenciatura em Sociologia) – UNLP, La Plata, 2017.

LEAL, A. P. **Qualificação e autogestão**: uma análise sobre as possibilidades de organização coletiva a partir da relação entre trabalho e conhecimento. 2011. Tese (Doutorado em Educação) – UFPR, Curitiba, 2011.

LITMAN, L. C. *Produciendo desde la incomodidad*. Tese (Doutorado em Antropologia) – Universidad de Buenos Aires, Buenos Aires, 2017.

LITVINOFF, L. *Cooperativas en riesgo de cierre por los tarifazos*. **Revista Cítrica**, Buenos Aires, 31 mayo 2018.

LOCKS FILHO, P.; VERONESE, M. V. Tramas conceituais: uma análise do conceito de autogestão em Rosanvallon, Bourdet e Guillerm. **Política & Trabalho**, [*S. l.*], n. 36, 2012.

LONGA, F. *¿Entre la autonomía y la disputa institucional? El dilema de los movimientos sociales ante el Estado. Los casos del Frente Popular Darío Santillán y el Movimiento Evita (Argentina, 2003-2015)*. 2016. Tesis (Doctorado) – Universidad de Buenos Aires, Buenos Aires, 2016.

LÖWY, M. *"Ni calco ni copia": Che Guevara en búsqueda de un nuevo socialismo*. **Lutas Sociais**, [*s. l.*], n. 9/10, p. 37-42, 2003.

LUCITA, E. *Fábricas ocupadas y gestión obrera en Argentina: ocupar, resistir, producir*. **Revista Cuadernos del Su**r, Buenos Aires, oct. 2002. Não paginada.

LUDMER, J. *Una agenda para las multitudes*. **Clarín**, Buenos Aires, 27 ago. 2002. Disponível em: http://old.clarin.com/suplementos/zona/2000-08-27/i-00501d. htm. Acesso em: 16 jun. 2019.

LUIS Caro. *Impa y las fábricas y empresas recuperadas*. **ANRed**, [Argentina], 27 abr. 2005. Disponível em: https://www.anred.org/2005/04/27/luis-caro-impa-y-las--fabricas-y-empresas-recuperadas/. Acesso em: 14 abr. 2019.

LUPU, N.; STOKES, S. *Las bases sociales de los partidos políticos en Argentina, 1912-2003*. **Desarrollo Económico**, [*s. l.*], v. 48, n. 129, p. 515-542, 2009.

LUXEMBURG, R. A socialização da sociedade. **Germinal**: Marxismo e Educação em Debate, [*s. l.*], v. 12, n. 1, p. 436-438, 2019.

LUXEMBURG, R. *The essential Rosa Luxemburg: reform or revolution & the mass strike*. Chicago: Haymarket Books, 2008.

MACHADO, E. Imperialismo, soberania e democracia na América Latina nos anos 90. **Lutas Sociais**, [*s. l.*], n. 9/10, p. 57-64, 2003.

MAGNANI, E. *El cambio silencioso: empresas y fábricas recuperadas por los trabajadores en la Argentina*. Buenos Aires: Prometeo Libros, 2003.

MANDEL, E. *Control obrero, consejos obreros, autogestión*. México D.F.: Era, 1974.

MARTÍ, J. P; THUL, F. L; CANCELA, V. *Las empresas recuperadas como cooperativas de trabajo en Uruguay: entre la crisis y la oportunidad*. **Ciriec-España**: Revista de Economía Pública, Social y Cooperativa, [s. l.], n. 82, p. 5-28, 2014.

MARTÍNEZ LUNA, J. *Eso que llaman comunalidad*. Oaxaca: Culturas Populares, Secretaría de Cultura, Gobierno de Oaxaca, 2009.

MARTÍNEZ, N. [**Entrevista**]. [Entrevista concedida a] Yásser Gómez Carbajal. **Revista Mariátegui**, [s. l.], 2013. Disponível em https://mariategui.blogspot.com/2013/12/video-argentina-los-pibes-organizacion.html. Acesso em: 12 out. 2019.

MARTUSCELLI, D. Burguesia interna e capitalismo dependente: uma reflexão a partir dos casos argentino e brasileiro. **Crítica Marxista**, [s. l.], n. 47, p. 55-74, 2018.

MARX, K. **Contribuição à crítica da economia política**. São Paulo: Expressão Popular, 2008.

MARX, K. **Miséria da filosofia**. São Paulo: Global, 1985.

MARX, K. **O 18 de Brumário de Luís Bonaparte**. São Paulo: Boitempo, 2011a.

MARX, K. **O capital**: crítica da economia política. São Paulo: Boitempo, 2017. Livro 2.

MARX, K. **O capital**: crítica da economia política. São Paulo: Boitempo, 2011b. Livro 1.

MARX, K. **Teorias da mais-valia**. Rio de Janeiro: Civilização Brasileira, 1980. v. 1.

MARX, K. **Grundrisse**: manuscritos econômicos de 1857-1858. Esboços da crítica da economia política. São Paulo: Boitempo, 2015.

MARX, K. **Manuscritos econômico-filosóficos**. São Paulo: Boitempo, 2004.

MARX, K.; ENGELS, F. **A ideologia alemã**. São Paulo: Boitempo, 2007.

MARX, K.; ENGELS, F. **Manifesto do Partido Comunista**. São Paulo: Boitempo, 1998.

MASSARI, R. *Teorías de la autogestión*. Bilbao: Zero, 1975.

MATE y Arcilla. Direção: Ak Krakk. Produção: Alavío. Neuquén: [s. n.], 2003. Son., color.

MATTOS, P. L. A entrevista não-estruturada como forma de conversação: razões e sugestões para sua análise. **Revista de Administração Pública**, [s. l.], v. 39, n. 4, p. 823-846, 2005.

MBEMBE, A. Necropolítica. **Artes & Ensaios**, [s. l.], p. 123-151, 2016.

MÉDA, D. *Società senza lavoro: per una nuova filosofia dell'occupazione*. Milano: Feltrinelli, 1997.

MESZÁROS, I. **Para além do capital**. São Paulo: Boitempo, 2002.

MINSKY, H. **Estabilizando uma economia instável**. São Paulo: Novo Século, 2010.

MLADENATZ, G. *Histoire des doctrines coopératives*. 5. ed. París: Les Presses, Universitaires de France, 1933.

MONTES, L. *Friedman's two visits to Chile in context. In: SUMMER INSTITUTE FOR THE STUDY OF THE HISTORY OF ECONOMICS*. Richmond, 2015. Disponível em: https://jepson. richmond. edu/conferences/summerinstitute/papers2015/ LMontesSIPaper. pdf. Acesso em: 28 jul. 2019.

MONTES, V. L.; RESSEL, A. B. *Presencia del cooperativismo en Argentina*. **Revista UniRcoop**, [s. l.], v. 1, n. 2, p. 9-26, 2003.

MORENO, Y.; SANABRIA, W. *Las empresas en cogestión y ocupadas en Venezuela, la lucha por el control obrero y el socialismo*. [S. l.: s. n.], 2006. Disponível em: http://freteco.elmilitante. org/content/view/24/30/. Acesso em: 28 jul. 2019.

MORFINO, V. Intersubjetividade e transindividualidade a partir de Leibniz e Espinosa. **Cadernos Espinosanos**, [s. l.], n. 17, p. 11-42, 2007.

MORFINO, V. O "materialismo da chuva" de Althusser: um Léxico. **Cadernos Cemarx**, [s. l.], v. 2, n. 2, p. 135-141, 2005.

MOTHÉ, D. Autogestão. *In*: CATTANI, A. D. *et al*. **Dicionário internacional da outra economia**. São Paulo: Almedina, 2009. p. 26-30.

MOTTA, F C. P. As organizações burocráticas e a sociedade. **Educação & Sociedade**, [s. l.], v. 1, 1979.

MOTTA, F. C. P. A co-gestão alemã: as conciliações do inconciliável. **Revista de Administração de Empresas**, [s. l.], v. 23, n. 1, p. 23-36, 1983.

MOTTA, F. C. P. Alguns precursores do participacionismo. *In*: VENOSA, R. **Participação e participações**: ensaios sobre autogestão. São Paulo: Babel Cultural, 1987.

MOTTA, F. C. P. Organização nascente, pré-capitalismo e manufatura. **Revista de Administração de Empresas**, [S. l.], v. 26, n. 4, p. 19-30, 1986.

MOTTA, L. E. **A favor de Althusser**. Rio de Janeiro: Faperj: Gramma, 2014.

MURÚA, E. [**Entrevista**]. [Entrevista concedida a] Gabriel Gualhanone Nemirovsky. IMPA, Buenos Aires, 5 set. 2017. MP3 (183 min).

NACE la Utep, nuevo sindicato de la economía popular. **Resumen Latinoamericano**, [Argentina], 21 dic. 2019. Disponível em: http://www.resumenlatinoamericano. org/2019/12/21/argentina-nace-la-utep-nuevo-sindicato-de-la-economia-po-pular-fotos-y-videos/. Acesso em: 4 jan. 2020.

NASCIMENTO, C. **A autogestão comunal**. Marília: Lutas Anticapital, 2019.

NASCIMENTO, C. *Anarquismo, autogestión y socialismo en "Nuestra América". In*: CORAGGIO, J. L. **Economía social y solidaria en movimiento**. Buenos Aires: Los Polvorines, 2016. p. 101-114.

NASCIMENTO, C. **Princípios da autogestão comunal: experiências históricas das lutas pela autogestão**. 2014. Disponível em: http://claudioautogestao.com. br/wp-content/uploads/2014/04/Tomo-2-.historia-exp-autog-mundo-Reparado. pdf. Acesso em: 16 jul. 2018.

NATALUCCI, A. *Aportes para la discusión sobre la autonomía o heteronomía de las organizaciones sociales: la experiencia del Movimiento de Barrios de Pie, 2002-2008*. **Lavboratorio**, [s. l.], n. 23, 2010.

NEMIROVSKY, G. G.; NOVAES, H. T. Educação operária anti-imperialista e anti-capital: revisitando o legado marxista de J. C. Mariátegui. **Trabalho & Educação**, [s. l.], v. 27, n. 1, p. 87-99, 2018.

NEURATH, O. *Economic writings: selections 1904-1945*. New York: Springer, 2005.

NEVES, R. B. D. **Adeus ao patrão**: experiência e consciência política dos trabalhadores das organizações piqueteiras e das empresas recuperadas na Argentina (1966-2011). 2013. Tese (Doutorado em História Social) – UFF, Niterói, 2013.

NOVAES, H. T. De tsunami a marola: uma breve história das fábricas recuperadas na América Latina. **Revista Lutas e Resistências**, Londrina, n. 2, p. 84-97, 1. sem 2007.

NOVAES, H. T. **O retorno do caracol a sua concha**: alienação e desalienação em associações de trabalhadores. São Paulo: Expressão Popular, 2011.

NOVAES, H. T. O trabalho associado como princípio educativo e a educação escolar: notas a partir das fábricas recuperadas brasileiras e argentinas. **Revista HISTEDBR On-line**, [*s. l.*], p. 70-88, 2015.

NOVAES, H. T. **Para além da apropriação dos meios de produção?** O processo de adequação sócio-técnica em fábricas recuperadas. 2005. Dissertação (Mestrado em Geociências) – Unicamp, Campinas, 2005.

NOVAES, H. T.; LIMA FILHO, P. A. **O que fazer quando as fábricas não fecham?** Balanço das políticas para a promoção do cooperativismo na Venezuela. Trabalho apresentado ao Seminário do Trabalho "Trabalho e Educação no Século XXI", 5., maio 2006, Marília, UNESP.

OBSERVATORIO IBEROAMERICANO DEL EMPLEO Y LA ECONOMÍA SOCIAL Y COOPERATIVA (OIBESCOOP). **Datos**: Facta. [España]: [*s. n.*], 2017. Disponível em: http://www.oibescoop.org/datos_y_estadisticas/. Acesso em: 21 set. 2019.

OFFE, C. Trabalho como categoria sociológica fundamental? *In*: **Trabalho & sociedade**. Rio de Janeiro: Tempo Brasileiro, 1989. v. 1.

OLIVEIRA, F. O surgimento do antivalor: capital, força de trabalho e fundo público. **Novos Estudos Cebrap**, [*s. l.*], v. 22, p. 8-22, 1988.

OLIVEIRA. F. As crises e as utopias do trabalho. *In*: KRAYCHETE, G.; LARA, F.; COSTA, B. (org.). **Economia dos setores populares**: entre a realidade e a utopia. Petrópolis: Vozes, 2000.

PABLO MARTÍ, J.; THUL, F.; CANCELA, V. *Las empresas recuperadas como cooperativas de trabajo en Uruguay: entre la crisis y la oportunidad*. **Revista de Economía Pública, Social y Cooperativa**, [España], n. 82, p. 5.-28, ene. 2014.

PACHUKANIS, E. **Teoria geral do direito e marxismo**. São Paulo: Acadêmica, 1988.

PANNEKOEK, A. A organização dos conselhos. *In*: PINHEIRO, M.; MARTORANO, L. **Teoria e prática dos conselhos operários**. São Paulo: Expressão Popular, 2013. p. 171-182.

PAUSÂNIAS. **Descrição da Grécia**. Coimbra: Classica Digitalia Universitatis, 2022. Livro 2.

PINHEIRO, J. Movimentos populares urbanos: um quadro interpretativo. **Lutas Sociais**, [*s. l.*], n. 25-26, p. 162-175, 2011.

PINHEIRO, J. Uma ruptura declarada. *In*: PINHEIRO, J. (org.). **Ler Althusser**. São Paulo: Cultura Acadêmica, 2016. p. 183-212.

PINHEIRO, M.; MARTORANO, L. **Teoria e prática dos conselhos operários**. São Paulo: Expressão Popular, 2013.

PIRES, A. S. **Fábricas recuperadas e os trabalhadores**: a autogestão entre a teoria e a prática. 2014. Tese (Doutorado em Sociologia) – UFSCar, São Carlos, 2014.

PIVA, A. *El desacople entre los ciclos del conflicto obrero y la acción de las cúpulas sindicales en Argentina (1989-2001)*. **Estudios del Trabajo**, [s. l.], v. 31, p. 23-52, 2006.

PLOTINSKY, D. *Orígenes y consolidación del cooperativismo en la Argentina*. **Revista Idelcoop**, Buenos Aires, n. 215, p. 157-178, 2015.

PODERTI, A. E. **Perón**: *la construcción del mito político 1943-1955*. 2011. Tese (Doutorado) – Universidad Nacional de La Plata, 2011.

POLANYI, K. **A grande transformação**: as origens da nossa época. Rio de Janeiro: Campus, 1980.

POTASH, R. U. *El ejército y la política en la Argentina*. Buenos Aires: Sudamericana, 1981. t. 1.

POULANTZAS, N. **As classes sociais no capitalismo de hoje**. Rio de Janeiro: Zahar, 1975.

POULANTZAS, N. **Poder político e classes sociais**. São Paulo: Martins Fontes, 1977.

POULANTZAS, N. **A crise das ditaduras**: Portugal, Grécia, Espanha. Rio de Janeiro: Paz e Terra, 1976.

PROVÍNCIA DE BUENOS AIRES. *Ley nº 13.828, de 28 de abril de 2008. Suspensión de procesos judiciales en fabricas recuperadas*. **Boletín Oficial**: La Plata, 25 jun. 2008.

PROVÍNCIA DE BUENOS AIRES. *Ley nº 5.708, de 24 de noviembre de 1952. LEY GENERAL DE EXPROPIACIONES*. **Boletín Oficial**, La Plata, 28 nov. 1952. Disponível em: https://normas.gba.gob.ar/ar-b/ley/1952/5708/9550. Acesso em: 8 nov. 2019.

RAMALHO, R. R. *Contribución a la propuesta de una etnografía militante. In:* **X Jornadas de Sociología**. Facultad de Ciencias Sociales, Universidad de Buenos Aires, 2013, p. 1-26.

QUIJANO, A. *Colonialidad y modernidad/racionalidad*. **Perú indígena**, [s. l.], v. 13, n. 29, p. 11-20, 1992.

RAMOS, M. *La economía política argentina: poder y clases sociales (1930-2006)*. Buenos Aires: Fondo de Cultura Económica, 2007.

RAPOPORT, M. *Historia económica, política y social de la Argentina (1880-2003)*. Buenos Aires: Emecé, 2017.

RANGEL, I. O ciclo médio e o ciclo longo no Brasil. **Ensaios FEE**, Porto Alegre, v. 3, n. 2, p. 31-42, 1983.

REBÓN, J. *Desobedeciendo al desempleo: la experiencia de las empresas recuperadas*. Buenos Aires: Picaso, 2004.

REBÓN, J. *La empresa de la autonomía: trabajadores recuperando la producción*. Buenos Aires: Colectivo, 2007.

REBÓN, J. *Trabajando sin patrón: las empresas recuperadas y la producción*. **Documentos de Trabajo**, [S. l.], v. 44, 2005.

REDECO. *Carta de los bachilleratos*. [Argentina]: [s. n.], 2008. Disponível em: http://www.redeco.com.ar/masvoces/informes/605-carta-de-los-bachilleratos--julio-2008. Acesso em: 16 abr. 2018.

REPRESIÓN en Impa: Luis Caro se mete con el MNER, divide a los trabajadores de Impa y pretende quedarse con la fábrica. **ANRed**, [Argentina], 24 abr. 2005. Disponível em: https://www.anred.org/2005/04/27/luis-caro-impa-y-las-fabricas-y-empresas--recuperadas/. Acesso em: 15 abr. 2019.

RESSEL, A. B. *et al*. *Manual teórico práctico de introducción al cooperativismo*. La Plata: Universidad Nacional de La Plata, 2013. 116 p.

ROBERTAZZI, M.; MURÚA, E. *Ocupar, resistir, producir*. **Revista Museo Impa**, Buenos Aires, n. 1, p. 1-60, 2013.

RODRIGUES, I. J. **Comissão de fábrica e trabalhadores na indústria**. São Paulo: Rio de Janeiro: Cortez; Fase, 1990.

RODRÍGUEZ, M. V. Peronismo: movimento popular democrático, ou populismo autoritário? (1945-1955). **Revista HISTEDBR**, Campinas, p. 1-24, 2006. Disponívelem:file:///C:/Users/Gabriel/Downloads/LA+VARIACI%C3%93N+EN+LAS+-CLASES+DE+GRAM%C3%81TICA+Zurlo.pdf. Acesso em: 9 nov. 2019.

ROJAS, G. A. **Os socialistas na Argentina (1880-1980)**: um século de ação política. 2006. Tese (Doutorado em Ciência Política) – USP, São Paulo, 2006.

RONCHI, V. **La cooperación integral**: historia de "El Hogar Obrero". Buenos Aires: Fabro, 2016.

RUDA, F. *Abolishing freedom: a plea for a contemporary use of fatalism.* Lincoln: University of Nebraska, 2016.

RUGGERI, A. [**Entrevista**]. [Entrevista concedida a] Gabriel Gualhanone Nemirovsky. Buenos Aires, 6 set. 2017. MP3 (221 min)

RUGGERI, A. **Empresas recuperadas pelos trabalhadores**: ocupação e autogestão na Argentina. Marília: Lutas Anticapital, 2018.

RUGGERI, A. *Reflexiones sobre la autogestión en las empresas recuperadas argentinas.* **Estudios: Revista de Pensamiento Libertario**, [s. l.], n. 1, p. 60-79, 2011.

RUGGERI, A.; ALFONSO, D.; BALAGUER, E. *Bauen: el hotel de los trabajadores.* Buenos Aires: Malba, 2017.

RUGGERI, A.; POLTI, N.; NOVAES, H. T. A educação de jovens e adultos nas empresas recuperadas por trabalhadores na Argentina. **Revista HISTEDBR On-Line**, [s. l.], v. 18, n. 3, p. 616-629, 2018.

RUGGERI, A. *et al.* **Cooperativa Textiles Pigüé**. Buenos Aires: Continente, 2014.

RÜHLE, O. Os conselhos (fragmentos). *In*: PINHEIRO, M.; MARTORANO, L. **Teoria e prática dos conselhos operários**. São Paulo: Expressão Popular, 2013. p. 115-118.

RUTA ARGENTINA DE COOPERATIVAS (RAC). **Red Gráfica Cooperativa**. [Argentina]: [s. n.], [2018]. Disponível em: https://rutacoop.com.ar/cooperativas/red-gra-iexcl-fica-cooperativa.html/1292. Acesso em: 4 fev. 2018.

SAAD FILHO, A. Neoliberalismo: uma análise marxista. **Marx e o Marxismo: Revista do Niep-Marx**, [s. l.], v. 3, n. 4, p. 58-72, 2015.

SAES, D. A. M. Classe média e escola capitalista. **Crítica Marxista**, [s. l.], v. 21, p. 97-112, 2005.

SAES, D. A. M. **República do capital**: capitalismo e processo político no Brasil. São Paulo: Boitempo, 2001.

SÁNCHEZ VÁZQUEZ, A. **El mundo de la violencia**. México D.F.: Fondo de Cultura, 1998.

SCHMIDT, A. **Colônia Cecília**. São Paulo: Brasiliense, 1980.

SE CONSTITUYÓ nuevo sindicato de la economía popular, que procura ingresar a la CGT. **Télam**, [Argentina], 2019. Disponível em: http://www.telam.com.ar/notas/201912/416487-economia-popular-gremios-cgt-utep-gabriel-berrozpe.html. Acesso em: 4 jan. 2020.

SELVA, S. **Ciudad y territorios en disputa**: *procesos de subjetivación política en los movimientos sociales. Caso: Movimiento Popular la Dignidad (Ciudad Autónoma de Buenos Aires, Argentina)*. 2016. Dissertação (Mestrado em Estudos Latino-Americanos) – 2016.

SHELLEY, M. W. **Frankenstein, ou o Prometeu moderno**. São Paulo: Landmark, 2016.

SINGER, P. Desenvolvimento capitalista e desenvolvimento solidário. **Estudos Avançados**, [*s. l.*], v. 18, n. 51, p. 7-22, 2004.

SINGER, P. **Introdução à economia solidária**. São Paulo: Perseu Abramo, 2010.

SMITH, A. **A riqueza das nações investigação sobre sua natureza e suas causas**. São Paulo: Abril Cultural, 1983.

SOUSA SANTOS, B. Reinventar a democracia: entre o pré-contratualismo e o pós-contratualismo. **Oficina do CES**, Coimbra, n. 107, p. 1-56, abr. 1998.

SOUSA SANTOS, B.; RODRIGUEZ-GARAVITO, A. *Introdución: para ampliar el canon de la producción. In*: SOUSA SANTOS, B. (coord.). ***Producir para vivir***: *los caminhos de la producción no capitalista*. México: FCF, 2011. p. 15-62.

SOUTHGATE, S. J. *From worker's self-management to State bureaucratic control: autogestion in Algeria. In*: NESS, I.; AZZELINI, D. ***Ours to master and to own***. Chicago: Haymarket Books, 2011.

SPINOZA, B. **Ética**. Belo Horizonte: Autêntica, 2009.

STALIN. J. ***Sobre el materialismo dialéctico y el materialismo histórico***. Madrid: UJCE, 1977.

STANDING, G. **O precariado**: a nova classe perigosa. Belo Horizonte: Autêntica, 2014.

SVERDLICK, I.; COSTAS, P. *Bachilleratos populares en empresas recuperadas y organizaciones sociales*. **Ensayos & Investigaciones del Laboratorio de Políticas Públicas**, Buenos Aires, n. 30, 2008.

TIRIBA, L. Cultura do trabalho, autogestão e formação de trabalhadores associados na produção: questões de pesquisa. **Perspectiva**, [*s. l.*], v. 26, n. 1, p. 69-94, 2008.

TRAGTENBERG, M. **Burocracia e ideologia**. São Paulo: Ática, 1974.

TROTSKY, L. **Balanço e perspectivas**. [*S. l.*: *s. n.*], 1906. Disponível em: https://www.marxists.org/portugues/trotsky/1906/balanco/index.htm. Acesso em: 3 set. 2018.

UNIVERSIDAD DE BUENOS AIRES (UBA). *Programa Facultad Abierta*. *10 anõs de Facultad Abierta: la universidad, los trabajadores y la autogestión*. Buenos Aires: Cooperativa El Zócalo, 2012.

UNIVERSIDAD DE BUENOS AIRES (UBA). *Programa Facultad Abierta*. *Datos preliminares del informe de situación de las empresas recuperadas por los trabajadores afines de 2017*. Buenos Aires: UBA, 2017.

UNIVERSIDAD DE BUENOS AIRES (UBA). *Programa Facultad Abierta*. *Informe del IV relevamiento de empresas recuperadas en la Argentina: las empresas recuperadas en el período 2010-2013*. Buenos Aires: UBA, 2014.

UNIVERSIDAD DE BUENOS AIRES (UBA). *Programa Facultad Abierta*. *Informe del relevamiento entre empresas recuperadas por los trabajadores*. Buenos Aires: UBA, [2003].

UNIVERSIDAD DE BUENOS AIRES (UBA). *Programa Facultad Abierta*. *Informe del tercer relevamiento de empresas recuperadas por sus trabajadores*. Buenos Aires: UBA, 2010.

UNIVERSIDAD DE BUENOS AIRES (UBA). *Programa Facultad Abierta*. *Informe: las empresas recuperadas por los trabajadores en gobierno de Mauricio Macri. Estado de situación a octubre de 2018*. Buenos Aires: Centro de Documentación de Empresas Recuperadas, 2018.

UNIVERSIDAD DE BUENOS AIRES (UBA). *Programa Facultad Abierta*. *Las empresas recuperadas en Argentina*. Buenos Aires: UBA, 2005.

UNIVERSIDAD DE BUENOS AIRES (UBA). *Programa Facultad Abierta*. *Las empresas recuperadas por sus trabajadores a comienzos del gobierno de Mauricio Macri*. Buenos Aires: UBA, 2016.

URETA, F. *et al. Aspectos legales del trabajo autogestionado*. **Cuadernos para la Autogesión**, Buenos Aires, n. 5, 2012.

VANOSSI, J. R. *La perspectiva histórica y la proyección actual de la Constitución argentina de 1826: una fuente señera y permanente. In*: MONTI, N. **Constituciones argentinas**: *compilación histórica y análisis doctrinario*. Buenos Aires: Ministerio de Justicia y Derechos Humanos de la Nación, 2015.

VARELA, R.; PAÇO, A. S.; ALCÂNTARA, J. O controle operário na Revolução Portuguesa 1974-1975. **Marx e o Marxismo: Revista do Niep-Marx**, [*s. l.*], v. 2, n. 2, p. 139-168, 2014.

VASAPOLLO, L. **Trabalho atípico e a precariedade**. São Paulo: Expressão Popular, 2005.

VIEITEZ, C. G.; DAL RI, N. M. **Trabalho associado**: cooperativas e empresas de autogestão. Rio de Janeiro: DPA, 2001.

VUOTTO, M. *El cooperativismo de trabajo en la Argentina*: *contribuciones para el dialogo social*. Lima: OIT, 2011.

WALDMANN, P. *El peronismo 1943-1955*. Buenos Aires: Hyspamérica, 1986.

WU, X. *et al. Data mining with big data*. **IEEE Transactions on Knowledge and Data Engineering**, [*S. l.*], v. 26, n. 1, p. 97-107, 2013.

ZIBECHI, R. *La emancipación como producción de vínculos*. [*S. l.*: *s. n.*], 2006. *Obtenido de Los desafíos de las emancipaciones en un contexto militarizado*. Disponível em: http://biblioteca.clacso.edu.ar/gsdl/collect/clacso/index/assocD,v. 2823, 2006. Acesso em: 2 jul. 2019.

ZIMERMANN, M. **A revolução nicaraguense**. São Paulo: Editora Unesp, 2006.

ŽIŽEK, S. *Subject before subjectivization*. [*S. l.*]: Vestnik: IMS, 1988.

ŽIŽEK, S. *The revolt of the salaried bourgeoise*. **London Review of Books**, London, v. 34, n. 2, p. 9-10, 2012.

ŽIŽEK, S. *Absolute recoil*: *towards a new foundation of dialectical materialism*. London: Verso, 2014.